逐鹿天下

漢化的鮮卑皇帝 VS 鮮卑化的漢族皇帝
中國歷史上政權更迭最頻繁時期的風雲史話

北齊和北周 526-581 四十年爭霸史

姜狼◆著

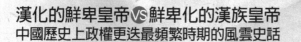

目錄

前言

說到中國歷史的幾大著名亂世，一般有兩個標準，一是正式的大分裂大動盪時期，比如春秋、戰國、漢末三國、東晉十六國、南北朝、唐末五代十國、金元與南宋。還有一種就是隱性的亂世，即名義上為統一政權，實際上內部已經四分五裂，外敵橫踞門下，虎視眈眈。如隋唐之際、元朝末年、明朝末年、清朝末年、民國初期。通常所說的亂世，主要還是指前一種。

說英雄，道英雄，究竟誰是英雄？每個時代都有自己的英雄，每個人也都有自己心中的英雄。要成為一個英雄，除了他的所作所為符合歷史發展的主流標準之外，非常重要的標準是氣勢磅礡，有血性，有擔當。正如《三國演義》中曹操對英雄的理解：「夫英雄者，胸懷大志，腹有良謀，有包藏宇宙之機，吞吐天地之志者也。」

由於《三國演義》的橫空出世，將三國這段本來與其他亂世沒有太大區別的歷史，渲染成中國人最為熟悉的歷史，甚至漢唐宋明清也不如三國的知名度響亮，更遑論其他同樣英雄輩出的亂世了。

其實就歷史階段劃分來看的話，真正屬於亂世只有三個時間段：春秋戰國、魏晉（五胡）南北朝，五代十國。從東漢中平元年（西元一八四年），張角發動黃巾起義以來，截止於隋開皇九年（西元五八九年），隋軍大舉滅陳，史學界一般將這段長達四百年的亂世稱為魏晉南北朝時期，三國只是這個大亂世的一個階段。

任何一個時代都不缺少英雄，而且英雄往往都是一窩蜂似的出現，讓人眼花繚亂。比如在五胡中期，北中國突然湧現出苻堅、王猛、慕容儁、慕容恪、慕容垂、姚萇、呂光等五胡史上著名的鐵血精英，這還沒有包括同時代的東晉那位可愛的「奸臣」桓溫。

總有一種感覺，群毆式的亂戰局面，遠沒有兩個死敵一對一的單挑，必有一人上天堂，必有一人下地獄，更能讓人熱血沸騰，就像普希金和他的情敵喬治・丹特斯的決鬥一樣。

在南北朝中前期，雙雄單挑的局面並不少見，比如拓跋珪單挑劉義隆，元宏連續單挑蕭道成、蕭賾、蕭鸞。只是這些雙雄單挑，在整體氣勢上總讓人覺得似乎少了一些精彩，過程和結果都相對有些沉悶。即使是拓跋珪和劉義隆連袂上演的那場著名的魏宋攻防戰，亂戰過後，除了漫天飛舞的雞毛，並沒有給後人留下深刻的印象。

好在這種無聊局面在南北朝中後期逐漸被打破，高潮不斷。梁武帝蕭衍單挑魏宣武帝元恪，以及元恪那位風騷多情的胡皇后，過程打得非常漂亮。

緊接著出場的是南朝傳奇名將陳慶之和北朝傳奇權臣爾朱榮的單挑，陳慶之北伐，在即將壽終正寢的北魏王朝的墳頭上又添了幾把土。

曾經累世強盛的北魏王朝，在內憂外患中最終堅持不住，轟然倒塌，只留下一堆堆華麗的歷史碎片，讓後人憑弔歎息。北魏漸漸分裂成一東一西兩個互相獨立，又互相仇恨的政權，史稱東西魏爭霸。

東魏和西魏，在名義上依然是鮮卑拓跋部建立的政權，因為他們的皇帝都是北魏皇帝的正牌子孫。但所有人都知道，東魏和西魏真正的主宰者，並不是他們，而是站在他們身後的那兩個絕世梟雄。

這對梟雄雙璧，就是鮮卑化的漢人高歡，和他一生的知音和對手——鮮卑化的匈奴人宇文泰。

在南北朝其他階段出現的雙雄對峙局面的時候，雙方其實都沒有打算吃掉對方，他們之間的戰爭，更像是爭奪山頭。今天你搶我一塊地皮，明天我再搶回來，最多也就是朝對方院子裡再扔幾塊磚頭。

而高歡和宇文泰的情況有所不同，在他們的鐵血生涯中，只有一個目標，就是要吃掉對方。所以東魏和西魏之間的戰爭打得異常慘烈，名局不斷，比如沙苑之戰、邙山之戰，以及殘酷至極、悲壯至極、精彩至極的玉璧攻堅戰。

如果從北魏分裂的那一年（西元五三四年）算起，高歡和宇文泰的雙雄爭霸戰打了整整十三年，直到西元五四七年，玉璧慘敗後，高歡淚流滿面地吟唱著《敕勒歌》，含恨離開人世。

高歡和宇文泰的雙雄爭霸，之所以過程如此精彩，結局如此悲壯，除了二人的雄才大略外，更不能忘記的，是站在他們背後的鐵血名將群。

高歡：斛律金　斛律光　竇泰　高敖曹　堯雄　彭樂　庫狄干　段榮　段韶　慕容紹宗　莫多婁貸文　侯景

宇文泰：賀拔勝　李弼　于謹　獨孤信　趙貴　王羆　王思政　侯莫陳崇　蔡佑　宇文貴　達奚武　楊忠　韋孝寬

三國名將如雲，是三國魅力經久不息的一個重要原因。而東、西魏爭霸時代的這些名將，整體素質之出眾，星光之燦爛，絲毫不遜於三國名將群。

即使是放在整個中國歷史上來衡量，高歡和宇文泰各自的名將群都是頂級的。

雲從龍，風從虎，高歡和宇文泰各自率領自己的弟兄們，用最為鐵血霸道的方式，向蒼天大地證明自己是頂天立地的熱血男兒。欺軟怕硬，專挑軟柿子捏，自詡先易後難、廟謨神算，算不得英雄好漢。

西元六世紀中葉，因為有了高歡和宇文泰，江湖上人聲鼎沸，熱鬧非凡，這是歷史的幸運。

高歡死後，宇文泰又多活了十年，直到西元五五六年，宇文泰才平靜地離開這個喧鬧的名利場。但在這十年間，宇文泰並不寂寞，因為高歡的兒子們都非常強悍，一個狠過一個。他們接過父親留下來的那杆鐵血戰旗，率領麾下將士，繼續和宇文泰進行著命運的決戰。

宇文泰準備進攻北齊，當聽說高歡次子高洋治軍嚴整，不禁長歎：「高歡有這樣的兒子，雖死猶生！」遂撤軍。

宇文泰的歎息，實際上並不是對自己無法征服天下的一種哀傷，而更像是對老朋友高歡的懷念。一個人的世界，終歸是寂寞的。宇文泰英雄惜英雄，就像曹操稱讚孫權的那句名言：「生子當如孫仲謀，若景升兒子，如豚犬耳。」

東魏和西魏，其實只是後來取代東魏之北齊、取代西魏之北周的前身，一副華麗的政治外殼而已。西元五五〇年，高洋廢掉東魏，建立北齊；西元五五七年，宇文泰的三子宇文覺在權臣宇文護的擺弄下，廢掉西魏，建立北周。北齊和北周的雙雄對峙，實際上是高歡、宇文泰時代的延續。物是人非，但雙方的爭霸戰依然盪氣迴腸。

在高歡、宇文泰時代，雙方的戰爭整體上呈東攻西守之勢。因為高歡佔領的地盤是北魏時期的黃金區域，經濟發達、人口眾多，所以發動戰爭的能力要強於宇文泰。雙方的幾次大戰，基本上都是高歡主動挑起的。

而進入雙方的第二代較量後，北周趁南梁陷入侯景之亂的災難中不可自拔，及時吃掉了南朝蕭梁王朝的西川、荊湖地區，實力暴漲。北齊也趁侯景之亂，吃進了南朝的淮南地區，在整體實力上，周、齊旗鼓相當。

高歡、宇文泰死了，但是他們的子孫還在！特別是兩個敵對政權的第二代接班人，整體素質之出眾，在歷史上也不多見。北齊方面有高澄、高洋、高演、高湛、高浚、高淹、高湝、高渙、高孝瓘（即大名鼎鼎的蘭陵王高長恭）。北周方面有宇文護、宇文毓、宇文邕、宇文憲、宇文盛、宇文達、宇文逌。

雙方從人才素質到綜合實力相差無幾，但最終卻是宇文家族笑到最後，一個最根本的原因就是，北周優質的第二代統治者戰勝了北齊劣質的第三代統治者。在北齊的第三代子孫中，同樣擁有不少才俊，比如高澄的幾個優秀兒子高孝瑜、高孝珩、高長恭、高延宗。但問題是，坐在金字塔頂端的，卻是高歡孫輩中最不成器的高緯。而高緯的對手，卻是宇文家族第二代精英中能力最強的宇文邕，結果可想而知。

西元五七七年，宇文邕率麾下將士攻克北齊國都鄴城，生擒高緯。高歡積二十年之功打拼出來的大齊帝國，在一瞬間煙消雲散。高歡地下有知，會做何感想？唐人李商隱嘆惜北齊的滅亡：「一笑相傾國便亡，何勞荊棘始堪傷。小憐玉體橫陳夜，已報周師入晉陽。」

人的一生，最值得回憶的，除了親情、友情之外，還有能讓你刻骨銘心的敵人。缺少了敵人，人生不會完美。北周的存在，實際上是因為有了北齊這個偉大的對手，才顯得更有意義。北齊的滅亡，宣告著這一段熱血激情歲月的終結。

歷史，漸漸歸於平淡。

宇文邕實現了父親吃掉北齊的夢想，他是勝利者，但北周宇文氏的勝利，僅僅維持了四年。西元五八一年，北周的天下落在了一個名叫普六茹那羅延的漢人之手，他的漢名就是楊堅——隋高祖文皇帝。

一切都結束了。

一　北魏王朝的崩潰

著名歷史學家黃仁宇先生在名著《中國大歷史》中，明確地將中國歷史劃分為兩個帝國階段，即中華第一帝國——秦漢四百年，中華第二帝國——隋唐三百年。在大多數中國人的歷史意識中，還沒有哪個時代會比這兩個偉大的時代更讓中國人感覺揚眉吐氣，由衷地迸發出強烈的民族自豪感。

秦漢以降，隋唐之前，中國歷史上還有一段轟轟烈烈的魏晉南北朝的大分裂時期。作為第一帝國和第二帝國之間的過渡階段，魏晉南北朝對上承秦漢、下啟隋唐，起到了極為重要的作用。甚至可以說，沒有這段充滿血腥和殺戮的夢幻時代的反襯，則秦漢失色，隋唐無光。

按照主流歷史觀來看待魏晉南北朝的歷史，我們就會發現，民族問題是無論如何都不可能繞過去的。在這段漢人與胡人兩種不同文明長達三百多年的碰撞中，有猜忌、有合作；有排斥，也有融合。但最終，融合是主流，以漢人為代表的農耕文明，以鮮卑人為代表的游牧漁獵文明，融為一體，從而開啟了隋唐第二帝國的瑰麗旅程。

自西晉統治崩潰後，活躍在中國北方的幾個主要民族，除了漢人外，還有匈奴人、羯人、氐人、羌人、鮮卑人。在這段特定歷史時期內，他們為了爭奪中原統治權，歷經百年廝殺，上演了一幕幕讓人熱血沸騰又扼腕歎息的人生大戲，高潮迭起。在這百年戰爭中，最終笑到最後的，是鮮卑人。

鮮卑人作為一個游牧與漁獵文明兼而有之的民族，對中國歷史的影響非常大。隋唐第二帝國的出現，就與鮮卑人有著直接的關係，隋唐的統治者都來自以鮮卑人為主的武川軍事集團。但如果說隋唐是鮮卑人建立的，現有證據並不足以證明這一點。

關於鮮卑的起源，最早見於《後漢書．鮮卑傳》，鮮卑本是東胡族的一個別支，後來遷徙到鮮卑山（大興安嶺北段）居住，以山名作族名，從此自稱鮮卑。在今內蒙古呼倫貝爾市鄂倫春自治旗境內的大興安嶺北段的峭壁上，有一座西南朝向的山洞，洞口周圍草木茂密，洞內陰涼濕潤。這座山洞名叫嘎仙洞，而鮮卑人正是從這裡走進中國歷史的大舞臺，創造了一段轟轟烈烈、盪氣迴腸的歷史，從而極大地改變了中國歷史的進程。

鮮卑是一個以漁獵為主要生活方式的民族，他們捕魚射獵，穿獸皮，居穹廬，在一望無際的白山黑水之間過著快樂的生活。歷史已經證明，鮮卑、契丹、女真這樣的漁獵民族往往比匈奴、柔然、突厥這些傳統的游牧民族更容易接受農耕文明。

在三大文明方式中，漁獵文明是介於農耕文明和游牧文明之間的一種過渡型文明，所以漁獵民族一旦和以漢民族為主體的農耕文明發生聯繫，很快就會被「封建化」。羌人和氐人，則是典型的山地農耕民族，與漢民族的生活方式非常接近，所以他們的漢化進程要比鮮卑人更早。

鮮卑人在競爭中脫穎而出不是偶然的。十六國中的前燕、後燕、南燕、西秦、南涼，以及不算在「五胡十六國」之內的代國、西燕、吐谷渾，均為鮮卑人所建。而其中的代國，則正是鮮卑拓跋部建立的北魏帝國的前身。

東晉南北朝時期，中國歷史有一個明顯的北亂南安、南亂北安的格局，即十六國在北方進行百年戰爭的時候，南方的東晉則相對比較穩定；而南朝宋齊梁三朝在不停地更換政權時，北方的鮮卑魏則相對比較穩定。

北魏的歷史，如果從西元三八六年，前代王拓跋什翼犍的孫子拓跋珪在牛川稱代王開始算起，截止於西元五三四年，孝武帝元修出逃長安，首尾長達一百四十八年。北魏歷史明顯可以分為三個歷史階段：

第一階段，朝陽初升，開拓期：從西元三八六年至四三九年。西元四三九年也是十六國正式被北朝取代的紀年。

第二階段，如日中天，守成期：從西元四三九年至五一五年，這也是北魏最為強盛的時期。

第三階段，殘陽西下，沒落期：從西元五一五年至五三四年，累世強盛的北魏帝國從混亂走向崩潰。

北魏最有名的皇帝，自然是孝文帝元宏，但北魏歷史最應該感謝的是處在帝國開拓期的三位鐵血帝王：太祖道武帝拓跋珪、太宗明元帝拓跋嗣、世祖太武帝拓跋燾。是他們祖孫三人，歷經五十三年的艱苦努力，將原來毫不起眼的鮮卑拓跋部，打造成威震天下的鐵血帝國。

不過在南北朝對峙形勢出現後，鮮卑魏帝國已經基本失去了再南下擴張的可能性，宋朝的塊頭太大，只能東一榔頭西一棒槌的零敲碎打。所以在拓跋燾死後，北魏開始了由擴張向守成的轉變，這也是符合北魏自身條件的政策定位。

在文成帝拓跋濬、獻文帝拓跋弘、孝文帝元宏統治的近五十年間，北魏很少發動對南朝的戰爭，而重點則是漢化改革，鮮卑歷史上最大規模的漢化運動就發生在這一階段。北魏漢化運動其實早在拓跋珪時代就已經開始，只是一個歷史結果需要一段歷史進程來證明。

北魏第二階段的漢化運動的主導者，有兩個人：北魏孝文帝元宏和他風華絕代的祖母馮（太皇）太后。因為元宏即位時只有五歲，政權實際上把持在馮太后手上。

鮮卑政權的漢化改革，是一場鮮卑貴族階層與漢族貴族階層公開的政治鬥爭，這次漢化運動受到了來自鮮卑貴族階層強大的阻力。身為漢人的馮太后以鐵腕手段堅持推行漢化改革，絲毫不向舊勢力妥協。而元宏雖然是鮮卑人，但他的母系血統卻以漢人血統為主，他本人繼承了祖母的改革基因，義無反顧地推行漢化。

元宏認為鮮卑人如果想要發展進步，就必須接受先進的漢文明，除此之外，沒有第二條路可走。站在歷史的高度來看，北魏漢化改革極大地打破了各民族之間的心理壁壘，推動了原來互相猜忌的各民族之間的大融合，為漢文明在北中國的進一步確定統治地位打下了堅實的基礎。

歷史的發展不會是一帆風順的，在特定的歷史階段總會出現一定程度上的反覆，甚至是全盤否定正確的路線。這次漢化改革激起了鮮卑各階層的強烈反抗情緒，不能就此指責他們固守陳規，畢竟老祖宗傳下來的生活習慣，不是靠一紙公文就能改變的。

對元宏的漢化改革，大量鮮卑貴族和維護鮮卑貴族階層利益的漢族大臣群起而攻之，而地方上的普通鮮卑人階層也對此極為不滿。元宏率鮮卑貴族南下接受漢化，這部分鮮卑人稱為「南遷鮮卑」，而在北魏與柔然接壤的六鎮，還有為數眾多的鮮卑人，稱為「原住鮮卑」。

在鮮卑漢化的過程中，南遷鮮卑得到的政策照顧遠遠高於原住鮮卑，北魏甚至把在政治鬥爭中失敗的大將貶到六鎮當鎮將，足見南遷鮮卑和原住鮮卑的地位差距。所以這也激起了原住鮮卑的不滿，他們拒絕接受漢化，依然從鮮卑舊俗。

在北魏推行漢化至北魏滅亡的四十年間，本來同根同脈的原住鮮卑和南遷鮮卑漸行漸遠，南遷鮮卑已經和漢人沒有區別，但原住鮮卑依然在大漠草原上孤獨地堅守著。雙方的文化心理認同的對立，最終導致原住鮮卑對漢文化的全面反攻，高歡、宇文泰就是這方面最典型的代表。

不過在孝文帝時代，兩支鮮卑的矛盾並沒有激化，最多是分道揚鑣，各走各的通天大道。至少元宏本人對原住鮮卑的反抗也有所妥協，他「理解」有些鮮卑人在短時間內難以改變舊俗，所以同時規定：「其年三十已上，習性已久，容不可猝革。」三十歲以上的鮮卑人允許講鮮卑語。實際上這也是元宏的無奈之舉，他知道有些人不願接受漢化，再過三十年，他們依然是不會有任何改變的。

魏太和二十三年（西元四九九年）初一，孝文帝元宏去世，太子元恪繼位，就是北魏宣武帝。元恪時代是北魏強盛期的最後一個階段，在他統治的十六年間，北魏帝國如同打了雞血一般，莫名其妙地亢奮起來，將南朝的梁武帝蕭衍打得灰頭土臉。雖然元恪時代也有鍾離之戰這樣的空前慘敗，但在北魏與梁朝的競爭中，整體上還是佔上風的。

北魏帝國的這一管「雞血」，其實就是孝文帝漢化改革後，漢族地主階層對北魏強烈的心理認同感的成果。漢化之前，漢族地主階層對鮮卑政權若即若離，一代智聖崔浩的「國史案」何其慘痛！之前的北魏是一個標準的鮮卑貴族政權，漢化之後，北魏已經華麗地蛻變成為一個標準的漢人式王朝。最重要的標誌就是，漢族地主階層與北魏拓跋政權融為一體。

北魏帝王的整體素質偏高，這是南朝那幫另類的行為藝術家劉義符、劉子業、劉昱、蕭昭業、蕭寶卷等人比不了的，北魏有暴君，無昏君，這也是北魏長治久安的重要保證。

延昌四年（西元五一五年），三十二歲的元恪壽終正寢，太子元詡繼位。因為元詡年齡小，所以由他的母親胡太后臨朝聽政，也正是從這位美豔風流、鐵腕手段都不遜於馮太后的女人坐在小皇帝旁邊的時候，北魏帝國的悲劇命運不可逆轉。

北魏國勢之所以在元詡時代發生逆轉，主要原因是上層政治的極度腐敗，導致整個北魏權力控制體系的大崩潰。胡太后喜好男色，這在道德上也沒什麼好指責的，武則天的面首更多。

但問題是胡太后取消了官僚系統攫取自身利益的上限，人性的貪欲被無限放大，導致的惡果是「朝政疏緩，威恩不立，在下牧守，所在貪惏。……文武解體，所在亂逆，土崩魚爛，由於此矣」。這是《魏書》對胡太后執政時期的定評。

不過真正導致北魏統治崩潰的是，原住鮮卑階層和南遷鮮卑（及漢族地主階層）在利益分配上的懸殊，再加上原住鮮卑不能接受漢化，從而導致的逆反心理，最終爆發了著名的六鎮起義。

六鎮是指北魏原國都平城北邊的七大軍事重鎮，即懷荒（今河北張北）、柔玄（今河北尚義西）、撫冥（今內蒙古四子王旗南）、武川（今內蒙古武川）、懷朔（今內蒙古固陽）、沃野（今內蒙古烏拉特前旗南），再加上設於孝文帝時代的禦夷（今河北赤城）。由於禦夷鎮設立較晚，所以通稱為六鎮。

六鎮的原住鮮卑堅持以鮮卑人利益優先的立場，拒絕漢化。其實所謂六鎮鮮卑是代北諸民族的共同體，並非單指鮮卑人，也包括生活在代北的漢人、匈奴後裔、丁零（又名高車或敕勒）、羯人（即契胡）等民族。

雖然六鎮以鮮卑人為主，但這些異族的豪強階層同樣可以得到相對的利益分配，所以，他們之間有民族矛盾，但在階級立場上，他們是一致的。真正處在六鎮社會底層的，是各族的普通牧民或編戶。一個階層從被壓迫到忍無可忍的反抗，這期間需要一個過程，也就是矛盾不斷激化的過程，最終導致被壓迫階層用暴力手段解決問題。

北魏正光四年（西元五二三年），沃野鎮的匈奴人破六韓拔陵最先舉起反壓迫的大旗。深受民族歧視和階級壓迫的「諸鎮華、夷之民」雲從回應，北魏末年聲勢浩大的六鎮起義正式拉開大幕。

雖然破六韓拔陵不久後失敗，但六鎮牧民的反抗已呈星火燎原之勢。孝昌元年（西元五二五年），柔玄鎮民杜洛周接過破六韓拔陵的反旗，起事於上谷（今北京延慶）。孝昌二年，原破六韓拔陵的部下鮮于修禮起事於定州。在這一年的八月，鮮于修禮被部下元洪業殺死，準備投降朝廷。但元洪業的發財夢還沒有醒，他的人頭就被鮮于修禮另一個部下砍下來，繼續舉旗「造反」，這位好漢就是北朝史上著名的「反賊」葛榮。

和歷史上大多數農民起義的性質和失敗的過程差不多，北魏末年的六鎮起義剛開始還有一點反抗壓迫的正義性，但慢慢就變了味。各大頭領開始稱帝建國，實際上都奉行流寇主義，四處流竄打游擊。最致命的是他們內部互相火拼，杜洛周就是被葛榮偷襲幹掉的，這樣的人物能成什麼大氣候？

魏武泰元年（西元五二八年）二月，葛榮在滏口（今河北磁縣附近）與北魏大將爾朱榮的決戰中失敗被俘。葛榮人頭落地的那一刻，標誌著北魏末年轟轟烈烈的六鎮大起義勝利結束。葛榮死後，北中國隨即進入一個更加驚心動魄的階段，就是北魏握有兵權的地方豪強開始了殘酷的兼併戰爭。

胡沙漫天、殘陽如血的中原大地上，先後有兩個男人站在舞臺的中間，鎂光燈對著他們不停地閃爍，風光不可一世。他們是爾朱榮、賀拔岳。

不過爾朱榮和賀拔岳也只是墊場演員，舞臺不屬於他們，而是屬於曾經在他們身邊跑龍套的兩個真正意義上的鐵血梟雄。

英雄不問出處，排名不分先後，他們是：高歡、宇文泰。

高潮，即將到來……

二　改變北魏國運的河陰之變

讓我們翻開已經發黃的、帶有濃重血腥味的史書，走進那個天高雲低、波瀾壯闊的草原英雄時代……

北魏是一個由鮮卑人為領導核心、輔以其他民族上層的統治集團，北魏歷史上的許多重要人物都不是鮮卑人，最典型的就是高歡。爾朱榮也不是鮮卑人，他是契胡人。其實早在爾朱榮之前二百年，契胡人就已經在中原大地上建立過屬於自己的王朝，就是石勒建立的後趙。契胡，就是著名民族羯族的別稱。

爾朱榮出身於契胡豪族家庭，他的祖先曾經以爾朱川為自己的領地，所以就以爾朱為姓。爾朱榮的高祖爾朱羽健就率領契胡族軍隊一千七百人投在北魏道武帝拓跋珪門下，跟著魏軍平定後燕，因功被封在秀容川（今山西忻州附近）。

從這之後，契胡爾朱氏與鮮卑拓跋氏的關係日益密切，爾朱榮的祖父爾朱代勤是北魏太武帝拓跋燾賀皇后的舅舅，而北魏帝王自文成帝拓跋濬以下，都是賀皇后親生子拓跋晃的後人。爾朱氏與北魏是姻親之國，再加上對朝廷非常恭順，要錢獻錢，要馬獻馬，所以終北魏一朝，爾朱氏都處在北魏統治集團的最頂層。

孝明帝時，爾朱榮的父親爾朱新興在得到了朝廷許可後，把爾朱部大酋長的位置讓給了兒子爾朱榮，爾朱榮正式走進歷史的前臺，上演了一幕幕熱血悲壯的人生大戲。

爾朱榮生於北魏孝文帝太和十七年（西元四九三年），比高歡大四歲，比宇文泰大十四歲。值得一提的是，爾朱榮是南北朝著名的大帥哥，身體潔白，容貌俊美，為人聰慧，又有一身好武藝，箭術極好。

在北魏胡太后統治後期，民族矛盾和階級矛盾愈演愈烈，最終引發了大規模的六鎮起義，破六韓拔陵、杜洛周、葛榮等人相繼起義，天下大亂。爾朱榮認定北魏這回是徹底沒救了，立刻散家財，募集強兵，訓練軍隊，就地等待朝廷的任命。有些人之所以浮出歷史的水面，就是因為他抓住了在河水的漩渦中不停打轉的稻草，大多數人沒有抓住，所以沉了下去。

爾朱榮為北魏朝廷立下的第一次軍功，是在正光五年（西元五二四年）八月，平定了南秀容川的「反賊」乞伏莫于和萬子乞真的叛亂，因功封為冠軍將軍。由於北魏局勢崩潰的速度太過猛烈，遍地都是反王，特別是六鎮一線。

此時的爾朱榮成了北魏王朝的消防隊長，哪裡有火警，哪裡就有爾朱榮的身影。爾朱榮率領軍隊在今山西北部一帶來回掃蕩，專吃這些草頭王。

每吃掉一個草頭王，爾朱榮就能從朝廷那裡多得到一份賞錢，爾朱榮的實力不斷壯大，野心也不斷膨脹。爾朱榮並不甘心只做北魏的滅火器，他想成為滅火器的主人。爾朱榮這幾年在代北連年掃蕩，但卻沒有自己固定的戰略根據地。

北魏似乎也有意在利用爾朱榮的同時，限制他的發展，爾朱榮立功卓著，朝廷卻只賞名號，將軍的頭銜一大串，但就是沒有封地。爾朱榮知道，如果做不到這一點，自己的理想只能是一場春秋大夢。

面對朝廷的鐵公雞作派，爾朱榮終於忍無可忍要動手了。孝昌二年（西元五二六年）八月，爾朱榮率軍奇襲他的家鄉肆州（今山西忻州），活捉肆州刺史尉慶賓。不過爾朱榮並沒有留在肆州，而是留叔父爾朱羽生留守肆州，自己則回到離肆州不遠的秀容川。有了自己的戰略根據地，爾朱榮的腰板也硬了起來，「自是榮兵威漸盛」。

爾朱榮在沒有朝廷的許可下強行攻城，這是大逆不道的行為，但此時的朝廷已經沒有能力制止爾朱榮了，只能默認既定事實。對此，南宋遺民胡三省評價的好：「此時爾朱榮已有無魏之心矣。」爾朱榮正在複製東漢末年董卓從邊將蛻變成權臣的過程。

朝廷雖然對爾朱榮強併肆州無能為力，但胡太后還是盡可能地遏制爾朱榮的發展，最好的辦法就是不給爾朱榮立功的機會。此時葛榮在山東（太行山以東）的事業越做越大，官軍圍剿不利，爾朱榮看準了機會，陰陽怪氣的給胡太后上書，請朝廷准許他發精兵三千，東進圍剿葛榮。

官兵在圍剿葛榮等人的軍事行動中屢戰屢敗，胡太后被弄得灰頭土臉，但這個女人知道，她寧可被狼追得滿世界逃竄，也絕不能放出籠中的那隻餓虎！狼只能傷人，而餓虎出籠，必將吃人。爾朱榮的要求立刻被胡太后拒絕。胡太后搪塞爾朱榮說朝廷已經派了北海王元顥率兩萬精銳進討葛榮，無須勞將軍出馬。

蛋糕就這麼大，胡太后一個人想獨吞，別人吃什麼？爾朱榮不服氣，接著上書，對胡太后搪塞他的理由逐條駁斥。爾朱榮在奏疏中極力誇大朝廷所面臨的軍事威脅，一會說葛榮勢大難敵，一會說北方的柔然部落要乘虛南下。爾朱榮請胡太后給他分一塊蛋糕，允許他「嚴勒部曲，廣召義勇，北捍馬邑，東塞井陘」，截斷葛榮的後路。

爾朱榮的小算盤打得劈啪亂響，胡太后也不是傻子，她早就看穿了爾朱榮的心思。面對爾朱榮的步步緊逼，這個強悍的女人不但沒有讓步，反而用反間計離間爾朱榮的部下，但效果應該不是很好。爾朱榮沒想到這個風騷的女人居然還會玩這一手，恨得咬牙切齒。

不過爾朱榮的機會很快就來了。

北魏武泰元年（西元五二八年）二月二十五日，年僅十九歲的皇帝元詡突然暴崩於顯陽殿。元詡的死因其實非常簡單，他是被自己的親生母親胡太后毒死的。

都說虎毒不食子，但凡事皆非絕對，在權力場上本就沒有什麼親情可言，看看南朝宗室的骨肉殘殺就知道了。之所以出現母親毒死兒子的人倫慘劇，原因是元詡漸漸長大，早就到了親政的年齡，但胡太后一直不肯放權，這導致了元詡對母親的極度不滿。

元詡的死，其實和爾朱榮有一定關係，元詡對老娘專權不滿，他曾經暗中和爾朱榮聯繫，密詔讓爾朱榮派兵南下，逼迫母親放權。爾朱榮自然不會放過這個機會，派出了一位他非常器重和信任的大將率兵南下，不過不知道出於什麼原因，在爾朱榮的軍隊剛出發沒多久，就被元詡密詔給請回去了。可能是消息洩漏，引發了胡太后的強烈不滿。

這件事，應該就是元詡被殺的導火線，兒子居然敢和外人聯手要殺自己的母親，這讓胡太后已經忍無可忍。既然兒子不認自己這個母親，那麼她也就沒有必要再講什麼母子親情。

胡太后是個耐不住寂寞的女人，讓她珍愛生命，遠離權力和男人，簡直是不可想像的。忍到不能忍時，便無須再忍，一副毒藥送她的親生兒子上西天，同時也斷送了北魏帝國的國運。

元詡死後，胡太后糊弄天下人，將元詡剛出生一個多月的女兒抱出來，對外詐稱皇子，繼承元詡的帝位。但沒過幾天，胡太后在各方面的壓力下，被迫承認所謂皇子其實是個公主，隨後她又把孝文帝元宏的曾孫元釗拎到桌子上，成為她權力生涯中的第三個小木偶。

胡太后以為元詡的死不會在國內引發局勢動盪。但讓她沒有想到的是，她毒殺親生子，恰恰給了早就蠢蠢欲動的爾朱榮最合理、最能博得天下人同情的出兵藉口。

爾朱榮聽到元詡被毒殺的消息後，心中一陣狂喜，他要的就是這樣千載難逢的機會！

爾朱榮讓人起草了一份措辭非常激烈的表章，矛頭直指胡太后。

爾朱榮在這份表章中向胡太后開出了自己的政治價碼，他要求胡太后准許他率兵入洛，「預參大議」，實際上就是要胡太后把最高權力以和平的方式交給他。爾朱榮的言外之意非常明確，如果胡太后敬酒不吃吃罰酒，那麼他就用暴力手段解決問題。

其實爾朱榮根本就沒有對胡太后向他交權抱有任何希望，這個女人從來就是個不見棺材不掉淚的主。爾朱榮的辦法非常高明，他從政治上直接否定掉了胡太后立的小皇帝元釗的合法性，拋開孝文帝這一支帝系，擁立獻文帝的孫子元子攸做皇帝。

爾朱榮之所以選擇元子攸，主要原因是元子攸的父親彭城王元勰是北魏公認的第一賢王，在官場民間威望極高。而且元勰是被奸臣高肇無端陷害致死，各階層對元勰的冤案深表同情。爾朱榮抬出元子攸，就是想利用元勰在官場民間的超高人氣，達到推翻胡太后統治的目的。

如果不是出了這場事變，作為帝室旁系的元子攸，是絕無可能做皇帝的。從私心上講，元子攸也願意爾朱榮替他除掉胡太后，自己取而代之。所以他和爾朱榮一拍即合，勾搭在一起。至於事成之後如何，元子攸沒有多想。

在爾朱榮的秘密安排下，元子攸被偷偷地帶出洛陽，渡過黃河，在河陽與爾朱榮第一次會面，商談了具體的合作事宜。魏武泰元年（西元五二八年）十一日，元子攸在河陽即位稱帝。而爾朱榮則得到了元子攸給他開出的巨額支票，具體價碼是「使持節、侍中、都督中外諸軍事、大將軍、尚書令、領軍將軍、領左右，封太原王」，就差冊封爾朱榮為太上皇了。

有了元子攸做政治擋箭牌，爾朱榮就能放開手腳做事，不用再忌諱胡太后的政治合法性。當然更重要的是，元子攸的父親元勰在洛陽官場的超高人氣，給爾朱榮帶來的額外紅利，洛陽百官已經對那位風騷的皇太后失去了興趣，巧克力吃久了也會膩的，該換換口味了。

面對爾朱榮的軍事高壓，胡太后憂心如焚，她不知道自己的人生在不久後將會面臨怎樣的結局。她強壓心中的恐懼，與大臣們商議對策，但這些人已經不再把她當成神一樣崇拜了，全都在裝啞巴。現在還有什麼好說的，他們早就準備跳槽了。

只有胡太后的幾個心腹在大庭廣眾之下跳來跳去，徐紇就大言不慚地安慰胡太后：「爾朱榮算個雞毛！太后不必憂心，我們現有的實力足以對付這個羯胡，只要他敢來，保證讓他站著進來、摸著出去。爾朱榮千里奔襲，我們扼守險地，以逸待勞，可一戰擒之。」

徐紇是個書呆子，且不說人心的向背，單從軍事角度，爾朱榮的部隊就在黃河北岸，距離洛陽不過幾十里的路程，根本就不存在所謂懸軍千里長途奔襲的劣勢。他所謂以逸待勞的優勢也無從談起。

胡太后連最基本的識人之明都沒有，她所起用的那些將軍和她根本就不是一條心，比如鎮守北中城（今河南孟縣南）的鄭先護，鄭先護雖然是權臣鄭儼的堂弟，但他卻是元子攸的死黨！

所以當爾朱榮的軍隊開到北中城下時，鄭先護立刻開門迎降。至於另外一位胡太后的「心腹」武衛將軍費穆，他和爾朱榮的私交甚好，北軍一到，他也做了倒戈將軍。而總督河南防線的胡太后情夫——陳留侯李神軌，聽說鄭先護投降，嚇得連夜逃回洛陽。

一夜之間，胡太后苦心經營的黃河防線土崩瓦解，門戶洞開之際，就是她香消玉殞之時。爾朱榮的軍隊在沒有受到任何抵抗的情況下，異常輕鬆地渡過了黃河，風一般地殺進了繁花似錦的洛陽城。

胡太后的時代終於結束了，百官們將吃膩了的巧克力搬下了貨架，騰出地方，擺上他們喜歡吃的夾心餅乾。武泰元年（西元五二八年）十二日，公卿大臣們奉皇帝璽綬、備車駕，浩浩蕩蕩地竄到連接黃河兩岸的河橋，恭迎皇帝陛下，舞蹈山呼，場面非常壯觀。

作為這場權力爭奪戰的失敗者，胡太后知道一切都無可挽回了。在元子攸入城之前，胡太后倉皇躲進寺廟，落髮為尼。她希望能用這種方式向爾朱榮證明，自己已絕紅塵欲念，請爾朱榮留她一條活路。

爾朱榮並沒有打算放過胡太后。十三日，爾朱榮派騎兵將胡太后和元釗從寺廟裡如雲的尼姑堆裡揪了出來，押到河陰來見他。落架的鳳凰不如雞，胡太后為了活命，不顧皇太后的面子，跪在爾朱榮面前苦苦哀求。爾朱榮冷笑，你也有今天！你以為我會放過你麼？

爾朱榮不再理會這個女人，拂衣而去，左右武士知道爾朱榮這個動作的意思，立刻拿下胡太后，輕輕地舉起這具曾經讓天下男人興奮得流鼻血的香軟玉體，拋進了滾滾黃河。而三歲幼童元釗，也被爾朱榮當成垃圾一樣扔進了黃河。絕望的胡太后在河中做無謂的掙扎，最終還是沉到了河底。

陪同她一起沉入河底的，還有曾經威震天下的鮮卑魏帝國。

當胡太后在黃河中掙扎的時候，爾朱榮在岸邊笑得非常燦爛。這場帝國最高權力的博弈戰，爾朱榮最終笑到了最後。其實不能責怪爾朱榮對胡太后下手太狠，權力場上的鬥爭向來都是你死我活的，如果爾朱榮落在胡太后手上，照樣難逃一死。

除掉了胡太后，元子攸春風滿面地坐在洛陽太和殿上，接受公卿大臣們的伏拜山呼，其中也包括爾朱榮本人。爾朱榮雖然按臣禮給元子攸下拜，但在他看來，他只是在拜一個會說話的木偶，僅此而已。

爾朱榮敢於與胡太后翻臉，最終刀兵相見，絕不是趕跑一個菩薩，再立一個羅漢，他沒那麼傻。爾朱榮無非是出於政治上的考慮，他和元子攸只是暫時穿一條褲子，只要元子攸敢對自己的專權表露一絲不滿，翻臉是遲早的事情。

其實爾朱榮心裡是清楚的，洛陽百官拋棄了胡太后，迎接的是大魏皇帝元子攸，而不是什麼不倫不類的契胡族大酋長。北魏漢化以後，南遷鮮卑和漢族士大夫集團在政治上已經融為一體，元子攸已經完全漢化，他們的感情自然會偏向於元子攸。但爾朱榮連鮮卑人都不是，更別說漢化了。

這一點爾朱榮已經考慮到了，而且爾朱榮本人並沒有打算駐紮洛陽，而是回到河東，畢竟他在洛陽沒有一點政治基礎。在這種情況下，爾朱榮對公卿大臣以及漢化的元魏宗室很不放心，在費穆的勸說下，爾朱榮決定除掉這些人，讓元子攸變成一條毫無權力基礎的政治光棍，只有這樣，爾朱榮才敢放心地回去。

爾朱榮的部下慕容紹宗勸爾朱榮不要胡來，殺了這些頂級精英，會喪失天下人的支持。慕容紹宗說的沒錯，但他沒有看透一層，爾朱榮的羯人身分，決定了無論爾朱榮殺不殺這些大臣，漢族士大夫集團都不可能支持他。爾朱榮沒有聽說任何人的勸說，他決定了的事情，沒有誰可以改變。

現在對爾朱榮來說，元子攸還有很大的利用價值，所以必須在保證元子攸安全的情況下對王公大臣們動手。這並不是什麼高難度的問題，爾朱榮設計將百官引到河陰西北三里處的陶渚行宮，提前將元子攸支開，然後打著祭祀天地的幌子，把百官聚集在一起。

當公卿大臣們有說有笑地來到爾朱榮指定的地方後，發現這裡並沒有擺設祭壇，也沒有祭品，卻看到數千爾朱榮的鐵騎部隊橫刀站在他們面前，他們頓時有了一股不祥的預感。祭品？也許自己才是爾朱榮對上天的祭品！

果然，爾朱榮翻臉比翻書還快，他站在高處，大聲指責著百官是胡太后的幫兇，是殺害孝明皇帝元詡的從犯！你們不死，天理不容！還沒等百官為自己做無罪辯護，就見爾朱榮一聲冷笑，抬頭看著湛藍的天空。數千契胡騎兵知道動手的時間到了，他們揮舞著手中的馬刀，呼嘯著衝進了人群……

這是一場大屠殺，北魏的漢族和漢化鮮卑兩千多人的頂級精英集團，幾乎被誅殺殆盡，這就是北魏歷史上著名的河陰之變。這場河陰之變與唐朝末年朱溫與李振發動的那場白馬之變，成為不尊重士人最典型的兩大惡性事件，後世的士大夫對此恨得咬牙切齒。

南宋遺民陳櫟在《歷代通略．北朝篇》中將爾朱榮罵得狗血淋頭：「爾朱榮興晉陽之甲，直指伊洛，母后幼主沉之於河，公卿百官血濡馬足，死者兩千餘人，縉紳之禍，未有酷於此者。」明末思想家王夫之也對爾朱榮屠殺士大夫非常不滿，「河陰之血已塗郊原，可為寒心甚矣。」

但是，爾朱榮根本就不在乎這些。他不相信靈魂，他不相信因果報應，他只相信利益。爾朱榮已經殺紅了眼，乾脆一不做二不休，連根剷除掉元子攸的近親集團。

元子攸本來是彭城王元勰的第三子，他的哥哥無上王元劭和弟弟始平王元子正都還健在。爾朱榮命令手下執行了這項殘忍的任務，將元子攸三兄弟強行分開，然後將元劭和元子正就地處死。

元子攸眼睜睜看著親兄弟身首異處，早已淚流滿面……

當初元子攸接受爾朱榮出價的時候，他把爾朱榮當成自己通向金字塔最頂層的墊腳石。只是元子攸萬萬沒想到爾朱榮下手會這麼狠，將自己賴以生存的政治基礎連根拔掉。不過元子攸並非沒有翻盤的機會，鹿死誰手，尚難預料。

元子攸在屈辱中等待著機會。

三　短暫的爾朱榮時代

爾朱榮雖然有時做事不講道理，但他的軍事能力毋庸置疑。在爾朱榮短暫的人生中，他最值得驕傲的戰績，就是消滅了北魏歷史上頭號草頭王葛榮。

就在爾朱榮處心積慮地攫取北魏王朝最高統治權的這段時間，葛榮已經將北魏在太行山以東地區的統治翻了個底朝天！葛榮兵鋒已經嚴重威脅到洛陽的戰略安全。即使爾朱榮不打算日後定都洛陽，而他的根據地河東距離葛榮也太近，所以爾朱榮必須除掉這個與自己同名的鮮卑人。

北魏永安元年（西元五二八年）的九月，爾朱榮親率七千名最精銳的契胡族騎兵，風馳電掣地直撲葛榮。

葛榮對外號稱有百萬大軍，再從爾朱榮自知與葛榮「眾寡非敵」來看，葛榮軍至少也有數十萬。葛榮聽說爾朱榮只帶了七千騎兵，大笑著告訴嘍囉們：「弟兄們每人準備一條繩子，等羯奴到來時，把他放倒了捆上。」一眾嘍囉鼓噪一片。

葛榮一聲令下，數十萬流民軍隊從鄴城以北，列成一個方圓幾十里的超級大陣，各部依次向前移動，旗幟飄揚、煙塵漫天，鮮卑語的戰術命令不斷在戰場上傳達。不過爾朱榮並沒有瞧上葛榮的這群烏合，爾朱榮帶來的是「精騎」，平時訓練有素，紀律嚴明，戰鬥力非常強悍。這豈是葛榮那群嘍囉兵可以相比的？

爾朱榮也知道葛榮人多勢眾，強攻未必能佔多少便宜，如果把自己手上這支僅有的精銳騎兵打光了，元子攸就隨時有可能翻盤，所以他決定智取葛榮。爾朱榮下令：軍中諸將每三人為一組，各率幾百騎兵，在各處擊鼓揚塵，製造人數眾多的假象，干擾葛榮的判斷。

爾朱榮用契胡語下達了攻擊命令，隨後他親自縱馬前衝，他是個將軍，所以他必須要起到帶頭作用。見大哥親陷敵陣，弟兄們熱血沸騰，數千名極度亢奮的契胡騎兵緊跟在身後，風一般地衝進了葛榮軍中，身後狼塵滾滾……

按照爾朱榮的作戰部署，契胡騎兵每人都配備了一枝短棒，準備在與敵軍短兵相接的時候，用短棒直接去砸敵人的腦袋。看的出，這次爾朱榮確實是豁出去了。

爾朱榮和他的騎兵戰隊，以玩命的姿態揪住葛榮往死裡打。葛榮和他的嘍囉們從來沒和這樣的亡命徒交過手，再加上他們本就是烏合之眾，實戰能力遠不如契胡人。結果葛榮越打越沒脾氣，最終慘敗，一代草頭王葛榮在陣上失手被擒。

當契胡兵將被捆成粽子的葛榮推到爾朱榮面前時，滿臉是血的爾朱榮在馬上仰天大笑！

這場一對一的輪盤賭，爾朱榮贏了，他知道自己距離天堂又近了一步。而失敗者葛榮則提前一步下了地獄，葛榮被用一輛驢車押到洛陽斬首。爾朱榮在處理葛榮餘黨時的政策也非常值得稱道，爾朱榮不追究葛榮餘黨的責任，反而將他們在各州郡進行妥善安置，擇其能者，擢為將帥，給他們鋪開了一條光明大道。

爾朱榮通過政治手段瓦解安撫葛榮餘部，效果極佳，葛榮餘部「群情大悅」，頓時星散，回家種地去了。自此，「冀、定、滄、瀛、殷五州皆平」，本來對北魏非常不利的河北、山東局勢被爾朱榮徹底扭轉。可以說，爾朱榮是北魏末年六鎮大起義的真正終結者。

最重要的是，爾朱榮用和平而溫情的方式遣散葛榮餘部，得到了北魏朝野上下的高度好評，官場上一片叫好聲。漢族士大夫集團對這個羯人刮目相看，這無形中拉近了爾朱榮和他們的心理距離，在政治上對爾朱榮是極為有利的。

在爾朱榮的軍事生涯中，有兩個最具分量的對手，一個是葛榮，已經被爾朱榮給敲掉了，而另一個，就是大名鼎鼎的梁朝名將陳慶之。就在爾朱榮平定葛榮的當月，也就是梁大通二年（北魏永安元年，西元五二八年）十月，白袍將軍陳慶之奉大梁皇帝蕭衍之命，帶著蕭衍所冊立的「大魏皇帝」元顥，率七千漢族騎兵北上。

陳慶之的騎兵部隊渡過煙波浩渺的長江，高舉著大梁旗幟，迎風浩蕩北上。從銍城（今安徽睢溪縣臨渙鎮）開始，梁軍所向披靡，接連拔掉魏軍的重要據點。最值得一提的是，陳慶之率七千漢族騎兵部隊在滎陽城下，打敗了爾朱榮侄子爾朱兆等人率領的二十萬裝備精良的魏軍騎兵部隊，震驚了北魏朝野。

元子攸作夢也沒想到他的大魏國會有陷落的一天，為了避免做姚泓第二，元子攸倉皇逃出洛陽，渡過黃河避難。北魏永安二年（西元五二九年）二十五日，「大魏皇帝」元顥在北魏王公大臣的簇擁下，大搖大擺地進了洛陽城。

面對南朝政權的強勢反擊，爾朱榮知道他遇到了一個偉大的對手。如果不及時打掉陳慶之，任由南朝勢力在北方蔓延，遲早有一天，梁朝的旗幟會插遍中原所有的城牆，到時爾朱榮連個落腳的地方都沒有。

爾朱榮率領契胡騎兵星夜南下，他要和陳慶之單挑。爾朱榮和陳慶之在黃河岸邊血戰了三天，大小戰役十一場，爾朱榮竟然沒有佔到絲毫便宜，反而讓陳慶之吃掉了他的主力部隊。

陳慶之率七千白袍騎兵進入北魏境內以來，幾乎是打遍北魏無敵手，一時風光無限。但陳慶之有一個致命的弱點，這個弱點其實也是蕭衍造成的。由於陳慶之只帶了七千梁軍北上，而一路上大小戰役數十場，肯定會有不少的傷亡。

梁軍在敵國孤軍作戰，無法有效補充兵源。蕭衍作為軍事家，他應該知道不及時給陳慶之補充兵源有什麼樣的後果，但菩薩皇帝一直按兵不動，坐視陳慶之自生自滅，讓人無法理解。

打到現在，陳慶之已經有些後勁不足。更加致命的是，他手上的傀儡皇帝元顥開始有意要和陳慶之劃清界限，元顥盤算著如何踢掉陳慶之，自己獨享勝利的果實。陳慶之一方面要應付爾朱榮，另一方面還要防備元顥暗中放冷箭，形勢非常被動。

鷸蚌相爭，漁翁得利，元顥和陳慶之「內訌」不斷，最直接的受益人，就是蹲在黃河北岸看風景的爾朱榮。碉堡從來都是從內部攻破的，形勢對爾朱榮越來越有利。

爾朱榮的優勢還有一點，就是有相當數量漢族士大夫對爾朱榮的支持，或者說，這些士大夫支持的是元子攸。爾朱榮被陳慶之堵在黃河北岸，再加上沒有船渡河，爾朱榮有些心灰意冷，他準備暫時避開陳慶之的鋒芒，回到河東，以圖後舉。

黃門郎楊侃和高道穆批評了爾朱榮的畏難情緒，二人從爭取人心的角度勸爾朱榮知難而上：「島夷北犯，國家正處在生死存亡的關頭，而大王卻畏難不進，必然讓天下人失望。大王欲做齊桓、晉文，匡扶王室，就不能有畏難情緒。否則人心一去，大王還靠誰掃蕩天下？」

至於船隻的問題，並不難解決，河北岸有的是木材，我們可以打造木筏渡河。而且元顥所部要防守幾百里黃河沿岸，元顥的兵力有限，河道防線必然存在著漏洞，我們乘虛而入，必能獲勝。爾朱榮大喜，立刻讓堂弟爾朱世隆等人連夜打造大量木筏。

楊侃給爾朱榮出了一個絕妙的主意，就是把這些木筏放在河北岸，都保持隨時渡河的姿態，讓元顥無法確定北軍將從哪個河段渡河，戰略主動權就回到了爾朱榮的手上，元顥反而處處被動。

爾朱榮接受了楊侃的建議，隨後命令部隊在嚮導伏波將軍楊櫆的帶領下，乘著夜色，從馬渚渡口（今三門峽澠池硤口鎮）划著木筏，悄無聲息地渡過了風平浪靜的黃河。

事態的發展也在楊侃和高道穆等人的預料之中，北軍一過黃河，立刻對元顥的軍事據點發動襲擊。因為毫無準備，元顥的寶貝兒子元冠受成為爾朱榮的戰利品。臨時和元顥結盟的安豐王元延明等人見元冠受栽在爾朱榮的手上，知道元顥就要完蛋了，立刻帶著妻兒老小竄到江南，找蕭衍要齋飯吃去了。

洛陽城中的「大魏皇帝」元顥聽說南岸失守，來不及心疼兒子，帶著幾百個心腹騎兵，連夜逃出洛陽城，準備再逃回江東避難。元顥顯然沒有元延明的好運氣，他逃到臨潁縣的時候，因為目標太大，被臨潁縣卒江豐發現，一刀砍死。

至於陳慶之，他這支騎兵部隊的戰鬥力已經達到了極限，弦繃得太緊，遲早會斷的。陳慶之知道他的傳奇到了謝幕的時候了，陳慶之長歎數聲，下令部隊結陣南還。

爾朱榮聽說陳慶之要跑，立刻率領最精銳的契胡騎兵，風一般地追擊陳慶之。

但一場突如其來的洪水，衝破了爾朱榮的如意算盤，也衝破了陳慶之差一點就全軍而還的奇蹟。就在陳慶之準備渡河的時候，嵩高河水突然暴漲，這支近乎百戰百勝的梁軍部隊沒有倒在契胡人的馬刀下，卻被洪水沖散，死傷殆盡，陳慶之狼狽逃回建康，向蕭衍請罪，蕭衍知道過不在陳慶之，釋之不問。

爾朱榮隔著滾滾洪流，看著遠去的陳慶之，無語。

雖然爾朱榮沒有生擒陳慶之，但能將失地收復，對爾朱榮來說已經是莫大的成功。爾朱榮的人望急驟提高，在北魏朝野，已經成為公認的第一人。至於元子攸，所有人都知道，元子攸只是爾朱榮的玩具，當爾朱榮對這個玩具不再感興趣的時候，元子攸就會被爾朱榮丟到垃圾堆裡。

關於這一點，元子攸心裡非常清楚。

對於爾朱榮屢立奇功，元子攸的內心是非常矛盾的。一方面他從大魏帝國的利益考慮，希望爾朱榮能打敗這些勁敵；另一方面，他知道爾朱榮立的功越多，自己的地位就越低。

元子攸在想什麼，爾朱榮心知肚明，再加上他殺害了元子攸的親兄弟，元子攸不恨他，那就沒有天理了。所以爾朱榮為了避免元子攸對他下黑手，他一直住在晉陽。

爾朱榮是不會給元子攸一點反抗機會的，爾朱榮在洛陽朝廷的要位中都安插了自己的心腹親信，「榮身雖居外，恒遙制朝廷，廣布親戚，列為左右，伺察動靜，大小必知」。元子攸的一舉一動，都在爾朱榮的嚴密監控之下。

元子攸其實也曾經嘗試學習勾踐的隱忍，不過他似乎沒有修練到火候，面對爾朱榮的步步緊逼，血氣方剛的元子攸終於忍不住了。爾朱榮越來越不尊重元子攸，甚至爾朱榮派到朝廷的狗腿子也敢當著皇帝的面吆三喝四，元子攸怒不可遏。

為了報復爾朱榮，元子攸將爾朱榮關於爾朱系人馬出任河南諸州刺史的申請全部駁回，絲毫不給天柱大將軍面子。爾朱榮的心腹元天穆沒想到元子攸居然有勇氣駁爾朱榮的面子，他「好心」勸皇帝：「陛下為了區區幾個州刺史的任命得罪了天柱大將軍，實在不值得。現在天柱控制全國軍政，別說幾個州了，就是他要得到上至朝廷，下及地方的所有官員任命，陛下能阻止得了嗎？不如順水推舟，送個人情。」

元子攸的回答很有血性：「朕知道天柱有大功於天下，朕的位子也是他給的。如果他想取代朕，他直說，朕這就讓。但朕在位一天，就要有天子威儀，難道君臣有別的道理，天柱也不懂麼?!」

元天穆默然。

很快，就有人把元子攸的原話告訴了爾朱榮，爾朱榮大怒，指天劃地地大罵元子攸：「他難道忘記了他的位子是誰給的？過河拆橋，小人之舉！現在翅膀硬了就想單飛，須知我尚未死！」

隨著爾朱榮對元子攸越來越不尊重，元子攸對爾朱榮的自卑感逐漸轉化成了一種刻骨的仇恨。

不過元子攸很清楚自己的處境，自己只是爾朱榮最終建立新王朝的過渡工具。為了活命，或者往大了說，為了奪回本屬於鮮卑拓跋部的天下，元子攸決定鋌而走險，尋找機會除掉爾朱榮。爾朱榮的專權，也讓一部分王公大臣的政治利益受損，比如城陽王元徽和侍中李彧。

另外，參與這場密謀的還有侍中楊侃、尚書右僕射元羅、膠東侯李晞，濟陰王元暉業等人。楊侃當初支持爾朱榮打退梁軍的進攻，僅是出於維持北魏漢化政權的考慮。從派系上說，楊侃是帝黨，而不是相黨，高道穆也是如此。這些漢族士大夫在北魏皇室已經完全漢化之後，不太可能選擇一個尚未脫粗野氣息的契胡人。

元子攸知道雙方實力懸殊太大，對元子攸來說，他唯一能除掉爾朱榮的機會，就是把爾朱榮騙到洛陽，然後伏兵殺之。元子攸畢竟是皇帝，養幾百個親衛士兵還是可以的。

可能是元子攸的保密工作實在太差，亦或是其他什麼原因，他的密謀沒過多久，就成了官場公開的秘密。大批士人逃出洛陽，朝野上下一片亂象。爾朱系的人馬也從這些異常的情況中嗅出了異味，雖然他們並沒有最直接的證據證明元子攸要對爾朱榮下手。

可就在這個形勢異常微妙的時刻，爾朱榮偏偏要入朝覲見。身邊的人都懷疑元子攸有不利於爾朱榮的密謀，那爾朱榮本人更不可能沒有察覺。他之所以敢在一個不恰當的時間去洛陽，一個最重要的原因，就是爾朱榮根本不相信元子攸有能力除掉他，他相信即使自己赤手空拳地站在元子攸面前，元子攸都未必有膽量拿刀捅他。

出於這種極度的自信，無論是爾朱榮的堂弟爾朱世隆，還是爾朱榮的老婆北鄉長公主（不姓元），他們都勸爾朱榮不要去虎穴冒險，爾朱榮根本聽不進去。

爾朱世隆為了阻止爾朱榮南下，甚至匿名寫了「揭發信」，然後交給爾朱榮。爾朱榮依然無法相信元子攸會有膽量，或者是說有能力謀害自己。爾朱榮見爾朱世隆如此膽小，不禁怒不可遏，他將所謂「揭發信」撕得粉碎，扔到爾朱世隆的臉上，唾啐道：「你這個膽小如鼠的飯桶！在這個世界上，除非我自殺，否則敢殺我的人還沒出生！」

不過爾朱榮嘴上說不在乎元子攸的憤怒，但實際上他來洛陽時還是留了一手。魏永安三年（西元五三〇年）九月，爾朱榮率四千多鐵甲騎兵，離開晉陽，風捲殘雲般地衝進了洛陽城。

當爾朱榮進入洛陽城門的那一刻，洛陽朝野關於爾朱榮和元子攸了斷恩怨情仇的傳聞甚囂塵上，大街小巷都在討論皇帝和天柱大將軍的這場命運決戰。

元子攸雖然實力不濟，但他也有自己的優勢。他是洛陽本地人，加上他父親元勰積累的威望，元子攸在官場上的人脈甚深。爾朱榮在洛陽官場基本上沒什麼勢力，一些高層人物都站在元子攸一邊。強龍壓不過地頭蛇，元子攸如果想順利對爾朱榮下手，其實條件也是寬鬆的，只要爾朱榮上殿覲見時不帶太多的衛兵，元子攸就幾乎可以吃定爾朱榮。

爾朱榮此次來洛陽，必然要上朝覲見的，元子攸下手的機會其實很多。但元子攸多了個心眼，爾朱榮的心腹、太宰元天穆還留在晉陽，一旦他現在就下手，勢必會逼反元天穆，元子攸決定把元天穆騙過來，然後將爾朱榮和元天穆一鍋燉了。

元天穆雖然號稱北魏宗室，但元天穆的遠祖拓跋孤是代王拓跋什翼犍的弟弟，和北魏帝室的血緣關係極為疏遠。不過元天穆能成為爾朱榮集團的二掌櫃，是爾朱榮的頭號心腹重臣，能力可想而知。

爾朱榮以兄禮待元天穆，爾朱家族的重要成員如爾朱世隆、爾朱兆等人，見著元天穆都要行晚輩禮，甚至以巴結元天穆為榮。元子攸認為只要斬掉這兩棵大毒草，其他人就不足為慮。在爾朱榮來到洛陽的半個月後，元天穆來到洛陽。看到兩個獵物都進入了自己的埋伏圈，元子攸開始慢慢收網。

可還沒有等到元子攸尋找合適的機會下手，他的密謀又外洩了，又被長了一對兔耳朵的爾朱世隆聽到了，告訴了爾朱榮。爾朱榮雖然也在提防元子攸，但更多的是心理預防，爾朱榮根本不相信元子攸有這個膽量對岳父下手。

元子攸對外受制於爾朱榮，對內受制於爾朱皇后，這種窩囊的日子，元子攸實在受夠了。事情不能再拖下去了，先下手為強，後下手遭殃，元子攸決定再和命運賭最後一次，一切聽天由命。

如何才能將爾朱榮騙進宮？城陽王元徽出了個主意，就是對外聲稱爾朱皇后喜誕龍子，爾朱榮作為外祖父，自然會來宮中探望「外孫」，可趁機殺之。元子攸覺得有道理，就這麼定了。

北魏永安三年（西元五三〇年）九月十五日，決戰的時刻終於來了，元子攸有些緊張。但是當他想到自己的哥哥元劭臨死前的慘叫，仇恨，幾乎讓元子攸不能自持，他咬牙切齒地在明光殿東閣安排伏兵，然後讓元徽去爾朱榮府上，請天柱大將軍進宮。

當元徽趕到爾朱榮府上的時候，天柱大將軍正在和元天穆進行賭博，二人拿著骰子猜大小，狂呼亂叫，房間裡雞毛亂飛。元徽的演技非常精湛，為了不讓爾朱榮看出破綻，元徽按照鮮卑禮節，自來熟地摘掉了爾朱榮的帽子，頂在手上來回抖動。元徽甚至跳起了歡快的鮮卑舞蹈，大笑著說：「恭喜太原王！皇后喜誕龍子，皇家有後了。陛下請大王入宮，一起慶賀。」

聽說自己當上了外公，爾朱榮非常開心，也沒心思賭錢了，拉著元天穆來到了明光殿東閣，來看望實際上子虛烏有的「外孫」，同行的還有爾朱榮的兒子爾朱菩提，以及車騎將軍爾朱陽等三十多人。

當爾朱榮來到殿上的時候，他看到元子攸含笑向自己示意，也沒多想什麼，大搖大擺地坐在了元子攸的對面。正當爾朱榮準備起身恭喜元子攸時，他一個不經意的斜視，卻發現光祿少卿魯安和典御李侃晞等人拎著刀竄了進來，爾朱榮心裡一沉，知道上當了，這是一場鴻門宴！

爾朱榮的反應奇快，他知道在這種極度不利的局面下，自己唯一的逃生之計，就是當場劫持元子攸。爾朱榮以迅雷不及掩耳之勢，撲向元子攸，眾人一片驚呼。爾朱榮以為元子攸會讓魯安等人對自己下手，所以他賭元子攸身邊沒有刀。可惜爾朱榮再次猜錯了大小，元子攸身邊偏偏有刀！

元子攸為了防身，在自己的膝下放著一把鋒利的短刀，因為有案子遮擋，所以爾朱榮根本沒有發現這把刀。當爾朱榮即將撲到元子攸面前，元子攸爆發出一陣令人毛骨悚然的大笑：「爾朱天寶！朕等這一天，已經好久了。」

元子攸用盡平生的力氣，帶著刻骨銘心的仇恨、屈辱，將刀捅進了爾朱榮的胸膛。元子攸不停地哭喊：「還我無上王！還我始平王！」

這時的爾朱榮已經沒有任何反抗能力了，只是瞪著血紅的眼睛，看著元子攸，慢慢倒在地上。

為了防止爾朱榮詐屍，魯安等人撲在爾朱榮身上，亂刀齊下，一代梟雄爾朱榮就這樣以非常突兀的方式，畫上了自己生命的句號。爾朱榮和東漢末年的大權臣董卓一樣，都是在沒有任何心理防備的情況下被人幹掉的，爾朱榮在當時人眼中，就是董卓的化身。元子攸一直認為爾朱榮就是董卓的後世投胎。

爾朱榮死了，但他在地下不會孤獨，同行的元天穆等三十多人都陪著爾朱榮下了地獄。只有爾朱榮的老婆北鄉長公主，在這場陰謀中僥倖逃出生天，這位強悍的異姓公主帶著爾朱世隆，率數千契胡騎兵放火燒掉了西陽門。

北鄉長公主望著洛陽城中巍峨高聳的明光殿，想著暴屍於天下的丈夫，公主淚流滿面。她仰望天空，舉刀發誓，一定要為丈夫報仇。

當得知爾朱榮被皇帝手刃之後，壓抑許久的洛陽朝野爆發出陣陣的歡呼聲，「皇帝陛下萬歲！」的聲音響徹在洛陽城的上空，王公大臣連袂入殿，伏拜山呼，恭賀皇帝為國家除此巨賊。

爾朱榮作為契胡勢力的總代表，他和漢化鮮卑人以及漢族士大夫集團在政治上格格不入，當初爾朱榮要用北人任河南諸州刺史的舉動，得罪了南人政治集團。所以爾朱榮的死，對他們來說是個好消息。

元子攸春風滿面地登上洛陽閶闔門，下詔大赦天下，他迫不及待地告訴天下人：權奸已除，大魏中興。這是於公的方面，於私，元子攸為兄長和弟弟報了一刀之仇；於己，元子攸向天下人證明了，自己是一個有血性的男人。

元子攸用很男人的方式，除掉了爾朱榮，感動了無數人，但他永遠無法感動另一群人。

這群人和元子攸的利益是完全對立的，元子攸殺了爾朱榮，幾乎刨掉了他們的根，他們豈能善罷甘休！這群人就是盤踞在河東的爾朱榮親黨，如爾朱兆、爾朱世隆、爾朱彥伯、爾朱仲遠、爾朱天光等人。

元子攸向來只把爾朱榮和元天穆當成自己的敵人，在元子攸的潛意識中，他根本就瞧不起這些爾朱家族的少爺們。但元子攸並沒有意識到，頭狼的鮮血，往往更能刺激失去頭狼的群狼的攻擊性。失去了頭狼，群狼會聚在一起，用淒厲的號叫聲，向他們的仇人發起進攻。

在當年的十月，驃騎大將軍爾朱世隆派衛將軍爾朱度律率一千名身披喪服的契胡騎兵，風馳洛陽，在城下高聲叫喊，讓元子攸無條件地交出爾朱榮的屍首。元子攸站在大夏門上，面無表情地看著城外的契胡人，不知道他是否後悔當初謀殺爾朱榮。

對於元子攸來說，爾朱榮必然要殺，爾朱榮對他造成的威脅，遠遠大於爾朱兆、爾朱世隆等人對他造成的威脅。不殺爾朱榮，今天必死；殺了爾朱榮，明天有可能死。在這兩個選擇中，如果是心智正常的人，必然會選擇後者。

「鷸蚌相爭，漁翁得利。」這場事關兩個家族、兩種文化的終極較量，最終的勝利者，不是他們其中任何一方。真正從元子攸與爾朱家族火拼中受益的，是另外一個人。如果爾朱榮不死，這個人基本不可能做出什麼大事業，他在江湖上發展的極限，也只是晁蓋健在時的宋江。晁蓋不死，宋江威望再高，也是無法和晁蓋相提並論的。

這個人，一直潛伏在爾朱榮身邊，而且深受爾朱榮的賞識，甚至在某種程度上，他擔任著爾朱榮幕後軍師的角色。但這個人卻不是爾朱家族的嫡系，他在爾朱榮帳下做事，只不過是他職業生涯中的普通一站，等他到了目的地，自然會下車的。

現在，江湖大哥爾朱榮死了。他的機會，終於來了。

這個人，就是高歡。

四 初出江湖的高歡

人生就像一場戲，大幕漸漸拉開，幾個次要的演員在臺上耍槍弄棒。然後，退下。接著，真正的主角閃亮登場，上演了一齣震撼歷史的人生活劇。

我們先來了解一下高歡的身世。

高歡檔案：

姓名：高歡

性別：男

洋名：賀六渾

籍貫：渤海蓨縣

民族屬性：漢

民族認同：鮮卑

出生年份：四九六年

去世年份：五四七年

婚姻狀況：妻妾成群，號稱一夜能禦數女

職務：東魏大丞相

爵位：渤海王

根據《北齊書》的記載，高歡出自渤海高氏。在南北朝時代，渤海高氏是當時公認頂級的名門望族，特別是進入北魏後，渤海高氏名臣輩出，星光燦爛。

渤海高氏的始祖，最早可追溯到東漢早期，高洪出任渤海太守。從此，高洪子孫便以渤海為郡望。

《北齊書》記載的高歡世系傳承是這樣的：

西晉玄菟太守高隱——後燕司空高慶——後燕吏部尚書高泰——北魏右將軍高湖——北魏蘭台御史高謐——北魏鎮遠將軍高樹——高歡。

北魏丞相參軍高韜——北魏化石級重臣高允。

從高湖開始，渤海高氏進入北魏統治集團核心層，特別是高允的出現，讓渤海高氏的江湖地位提高了不止一個檔次。高允早在太武帝拓跋燾時代，就是與一代智聖崔浩齊名的重臣。歷代北魏皇帝，包括馮太后，都對高允極為尊崇，不直呼其名，可以說高允是北魏中期官場的旗幟性人物，地位類似於東漢袁安。

古代的士大夫對出身郡望是非常看重的，要不然劉備也不會在士大夫那裡找不到合作者。在古代出身低微的強人們取得政權後，往往都會捏造世系，亂認祖宗，以證明自己是龍子龍孫，有資格坐龍廷。

而在魏晉南北朝時代，歧視庶族或寒人出身的不正常現象更加突出，所以在學術界一直對高歡自稱渤海高氏持懷疑態度。有觀點認為高歡不是鮮卑化的漢人，他就是一個鮮卑人。還有觀點認為高歡是高句麗人，但都沒有確鑿的證據，更多的是一種推論。

在中國的文明發展史上，胡人接受漢化是主流，但同時也有相當程度上的漢人胡化現象存在，尤其是在胡人政權強勢的時代。唐朝末年的大文學家司空圖就有一首《河湟有感》：「一自蕭關起戰塵，河湟隔斷異鄉春。漢兒盡作胡兒語，卻向城頭罵漢人。」這都是正常的文明之間的融合與衝突，不值得大作文章。

高歡的祖父高謐因為犯了事，被貶到北魏最北邊的懷朔鎮居住。從此，高謐再也沒有機會回到錦繡如畫的中原，帶著家眷，默默地站在大漠草原上，看朝陽升起，夕陽落下，牛羊遍野，胡沙漫天……

北魏孝文帝太和二十年（西元四九六年），一代梟雄高歡呱呱墜地，開始了所有人都沒有想到的輝煌人生歷程。高歡的出身情況和在他之前的另一位鐵血梟雄劉裕非常的相似，二人的母親都是生他們的時候因難產而去世，他們同樣寄養在親戚家中。

高歡是漢人，但他從小生活在鮮卑文化濃厚的六鎮地區，自然不可避免地接受了鮮卑文化的薰陶。所以高歡從小就學會講鮮卑語，甚至他的表字也是鮮卑化的。高歡字什麼？賀六渾！在民族心理認同上，高歡也開始認可自己是鮮卑人，而不是漢人。

據說高歡長得高大英俊，眼睛炯炯有神，長頭高顴，齒白如玉。不清楚高歡的母系血統中是否有鮮卑基因，高歡生母姓韓，而在鮮卑部落中有一支出大汗氏，後來改姓韓氏。

高歡生而家貧，史書上也沒說高家到底窮到了什麼程度，但我們可以從高歡買不起馬的情節上推理一下。南北朝時代，一匹普通的戰馬大約需要三萬錢，高歡的家底顯然是在三萬錢的生活水準以下，但還不至於像朱元璋那樣的赤貧光棍，應該屬於生活水準較低的城鎮居民階層。

家庭經濟狀況的拮据，並沒有讓高歡的金錢觀扭曲變態，反而讓高歡養成了視金錢如糞土的豪爽性格。

高歡窮得叮噹響，但他卻喜歡廣交江湖朋友，成天和一群狐朋狗友在街上遊蕩。或者大家湊份子，拼些錢買來酒肉，坐在大樹下吆五喝六，猜枚行令，好不痛快。由於高歡性格豪爽，所以他在懷朔鎮青少年圈子裡威望很高，「為豪俠所宗」。弟兄們願意跟著這樣的大哥闖蕩。

成天在社會上遊蕩，對於高歡這樣的窮二代來說，總不是個辦法。像高歡這樣身高馬大的，他唯一的出路就是參軍。先不說參軍是出身貧寒的亂世梟雄們成功的直接因素，至少在軍中能有口飽飯吃，即使將來不能成大事，也可以積攢一些錢，娶個老婆，生一雙兒女。

某個薄霧繚繞的清晨，懷朔鎮上的熱血少年高歡，跪在地上，朝著家的方向磕了幾個頭。當高歡站起來時，已是淚流滿面……

人生自古傷離別，高歡不知道他這次離開，是否還有機會回來。畢竟這裡是他的家鄉，骨肉血脈相連的地方。

高歡知道自己的命運只有兩種可能，要麼填身溝壑，要麼身居萬重。無論各行各業，成功從來都是小機率事件，成千上萬的人爭奪一塊蛋糕，但最終只有一個人或少數幾個人能吃到美味的蛋糕。成功雖然只屬於少數人，但如果不努力，如何知道自己就不是那幾個成功人士之一？其實通過自己的努力，證明了自己是最終的失敗者，也是一種成功，雖然絕大多數人並不喜歡這樣的成功。

高歡擦乾淚水，背著一個包袱捲子，頭也不回地走進了屬於他的世界，報名參軍，做了一名普通的士兵。

讓高歡沒有想到的是，當他踏上這條充滿未知和艱險的奇妙人生旅程時，等待他的，不僅是橫行天下、做人上人的夢想，還有一位絕代風華的奇女子，以及一段轟轟烈烈的愛情傳奇。

這位奇女子就是南北朝歷史上有名的一代賢后婁昭君。婁昭君出生在一個錦衣玉食的鮮卑貴族家庭。她的祖父婁提是代北有名的大富豪，家裡有一千多個奴僕，牛馬無數。北魏獻文帝被馮太后毒死後，真定侯婁提號啕大哭，拔劍欲自殺，被人攔下，馮太后非常欣賞婁提的忠誠。也是因為這個原因，婁提被《魏書》和《北史》列入《節義傳》，在北魏官場的名聲很好。

作為含著金鑰匙出生的富家女，她未來的婚姻注定是要帶有某種政治性的，漢唐和親的公主們要不是為了娘家的外交政策需要，她們才不會去沙漠裡喝西北風。婁昭君及笄後，權貴豪強們派來的媒嘴子踏破了婁家的門檻，鞋子都擠掉了無數雙。

媒婆們開始對婁昭君放連珠炮，把自己的事主誇成了一朵花，這個氣倒宋玉，那個羞死潘安，但全部被婁昭君拒絕。她想要得到的那個男人，並不在這些每天只知道飛鷹跑馬的富家少爺裡面。

直到有一天，婁昭君在一次逛街時，偶然間看到了正在城中服役的高歡。面對這個身材魁梧、氣宇軒昂的大頭兵，婁昭君眼都直了，臉色緋紅，芳心大動，大驚曰：「他就是我要等的男人！」

婁昭君和西晉的豪門小姐賈午一樣，敢愛敢恨，她看上的男人，就會不惜一切代價，把這個男人搶過來。賈午敢深更半夜地「偷男人」，婁昭君就敢暗中向高歡拋媚眼。

其實不用婁昭君去搶，像高歡這樣窮嗖嗖的丘八爺，根本沒有人願意把女兒嫁給他。嫁過去倒是容易，吹吹喇叭放盤鞭炮就可以了，關鍵是，他養得起嗎？誰願意把女兒嫁給個窮光棍受苦？所以，婁昭君發動的是一場沒有敵人的戰爭。高歡，注定是屬於她的。

婁昭君讓自己最貼身的丫頭秘密去找高歡，說明了婁昭君的意思。

天上有掉餡餅的，也有掉板磚的，但很少有掉老婆的，偏偏高歡就能交上這份桃花運。高歡作夢都笑醒了，抱著枕頭嘿嘿傻笑。男歡女愛，人之本性。

婁昭君看中高歡，不單純是高歡的相貌堂堂，更重要的是，她一眼就能看出高歡不是凡品，將來必成大事，所以投資狠砸這個潛力股，最終讓她賺得盆滿缽溢。

但對高歡來說，笑完之後，一個非常現實的問題擺在他面前：他一貧如洗，拿什麼娶婁小姐？就算婁小姐不嫌棄他，婁家的老爺太太豈能把女兒嫁給一個窮光棍？

這事難不倒婁昭君，不就是彩禮嗎？她出這筆錢！婁昭君經常派心腹人暗中給高歡送錢，讓高歡拿著這筆錢，光明正大地來迎娶自己。錢的問題解決了，高歡大搖大擺地來到婁家，把錢拍在桌子上，說我要娶你們的女兒。

婁昭君的父親婁內干對女兒的選擇非常不滿，放著那些達官顯貴的公子你不要，偏偏選這個來路不明的高歡。而且婁內干也不知道高歡所謂的彩禮錢，實際上還是從他們婁家拿過去的。婁昭君鐵了心要嫁高歡，婁內干和夫人拗不過女兒，再加上高歡拿出了足夠的彩禮錢，他們只好勉強答應了這樁親事。

從此，一個傳奇男人和一個傳奇女人，連袂上演了一段轟轟烈烈的愛情傳說。一個成功的男人背後，往往都會站著一個賢慧的女人。當婁昭君默默地站在高歡背後時，高歡的人生注定不會平凡。

婁昭君嫁給高歡之後，她需要替高歡做兩件事，一是替高歡生兒育女，二是為高歡的事業提供資金支持。人都是見錢眼開的主，不給人家塞銀子，誰給你辦事？收了錢都未必辦事，更何況你一毛不拔？

宋江之所以人見人愛，關鍵是宋押司肯砸銀子。同樣的道理，高歡要想結交更多的江湖好漢，沒錢絕對不行。所以婁昭君經常拿出大筆銀子，交給丈夫，讓他上下打點，為日後的事業鋪路。最讓人佩服的是，婁昭君還是高歡的幕後軍師，高歡後來的成功，婁昭君要記上頭功。

自從高歡傍上了富姐，手頭也寬綽了，能買得起馬了。加上高歡用老婆的銀子餵飽了上司，高歡從一個大頭兵升級為隊主，當上了小頭目。由於高歡在軍中的表現比較出色，所以他又升任為函使，專門負責地方與京師洛陽的信息溝通，相當於駐京辦的辦事員，這是個肥差。

高歡做了六年的函使，經常去洛陽公幹，見識了洛陽的繁花似錦，對出身貧寒的高歡來說，不能不說是個無法抗拒的誘惑。但在北魏神龜二年（西元五一九年），高歡最後一次從洛陽回來後，他立刻散盡家產，廣交天下豪傑。家人對高歡這個沒頭沒腦的舉動感到不解，高歡給出的理由是天下將亂！

其實這時的北魏正處在鐵腕太后胡氏的統治時期，北魏王朝的國勢依然如日中天，軍事強大，經濟發達，文化昌盛。但高歡卻在一片繁榮的假象中看到了北魏不久必然大亂的苗頭，原因是朝廷重臣張彝被打事件。

冀州大中正張彝及其次子張仲瑀堅決反對提高武人集團的社會地位，「不使預在清品」，得罪了武人集團。這些人對張彝恨之入骨，羽林軍千餘人闖進尚書省，要捉拿張彝及其長子張始均，結果張彝不在。這夥強人又竄到張彝家中，將張彝幾乎打死，燒死張始均，張仲瑀被打成重傷。這起武人對文人的惡性報復事件轟動朝野，但朝廷已經漸漸失去了對武人集團的控制力，不敢得罪武人，所以對這夥人無法無天的行為視而不見。

雖然朝廷暫時還維持統一局面，但此時的北魏局勢就像是一隻巨大的火藥桶，只需要一個火星，就將引發一場空前的大爆炸！

高歡嗅出了異味，提前抬腳溜了，這就是梟雄與眾不同的地方。大多數人都沒有意識到大難即將臨頭，依然沉醉在紙醉金迷之中。

高歡不是半仙，但他絕對是一個有政治預見力的強人。也許在高歡的潛意識中，他苦苦等待的，就是天下大亂。只有這樣，像他這樣出身社會底層的邊緣人才會有出人頭地的機會。高歡告訴親友：「朝廷政治昏亂，天下就要亂了，與其死守這些錢財，不如拿這些錢來做更有意義的事情。」

高歡為人豪爽，再加上孔方兄鳴鑼開道，所以身邊聚集了不少同樣不安分的朋友，比如尉景、段榮、蔡俊、司馬子如、劉貴、賈顯智、孫騰，以及後來著名的羯人侯景。其中尉景是高歡的姐夫，高歡小時候就寄養在尉景家中，二人關係非同一般。

高歡的預見，果然在幾年之後就應驗了。正光四年（西元五二三年），破六韓拔陵撕下了北魏帝國的最後一塊遮羞布。

兩年後，柔玄人杜洛周在上谷做起了山大王。高歡覺得杜洛周是個潛力股，便帶著家眷朋友投奔了杜洛周。高歡近距離觀察杜洛周後發現，他買錯股票了，一時眼拙，買了一支垃圾股。

換成別人，也許就捲舖蓋走了，另投大哥發財。高歡做事夠狠，他想既然杜洛周不成器，不如取代他，利用杜洛周的資金，自己開公司做老闆。不過還沒等高歡下手，他的陰謀就被杜洛周發現了。杜洛周大怒，要殺高歡，高歡帶著家眷狼狽出逃。

這時高歡有了一個兒子，就是後來的花花大少高澄。另外至少有兩個女兒，其中一個就是後來東魏孝靜帝元善見的皇后。婁昭君膽戰心驚地懷抱三個年幼的兒女，騎著一頭牛，跟在她的男人身後，在蒼茫大地間奪路狂逃。

在這種隨時可能掉腦袋的危險時刻，不知道婁昭君是否後悔嫁給這個窮酸男人？應該沒有，她相信自己的男人，或者說，她相信自己的眼光。

也許天生就是個不安分的主，年幼的高澄好幾次從牛背上掉下來，當然這也可能是牛背太滑的原因。眼看著追兵越來越近，高歡急得直罵這小崽子是個禍水。高歡一狠心，取出弓箭，準備射死高澄，以爭取逃命速度。

婁昭君不忍拋棄自己的親骨肉，大聲呼叫段榮幫忙，段榮跳下馬，將高澄抱在懷裡，這才躲過高歡這一箭。好在高歡命不該絕，僥倖逃過了杜洛周的追殺。

跳槽的高歡並不愁沒有買家，滿世界都是山大王，去不了桃花山，那就上二龍山，總能有個落腳的地方。高歡投奔了當時事業已經做得非常大的葛榮，但可能是高歡同樣瞧不起葛榮，在葛榮那裡領了幾份工錢後，突然炒了葛榮的魷魚，投奔了實力比葛榮更強大的秀容川契胡族大酋長爾朱榮。

五　高歡艱難的起步過程

每個成就大業的英雄人物，在他們的人生歷程中，都會遇到一個或多個「貴人」。高歡的運氣就很不錯，當高歡踹掉葛榮，轉投爾朱榮之時，他早期充滿陰霾的人生道路，才能撥開雲霧見青天。人可以在生活上穿錯衣，在婚姻上爬錯床，但不可以在政治上站錯隊，否則一切歸零。

其實要說爾朱榮是高歡遇到的第一個貴人有些勉強，因為當高歡風塵僕僕地逃到爾朱榮帳下時，爾朱榮根本沒瞧上這個鮮卑化的漢人，爾朱榮覺得高歡不過是「雞鳴狗盜」之流的尋常人物，賞仨瓜倆棗就給打發了。

真正發現高歡這支潛力股的，是爾朱榮身邊的騎兵參軍劉貴。劉貴是鮮卑人，他在歷史上籍籍無名，但劉貴有一句名言卻流傳千古：「一錢漢，隨之死！」劉貴認為漢人沒有存在價值。

正是在劉貴的力薦下，爾朱榮才勉強見了高歡，不過見歸見，總要考察一下高歡的為人見識如何。爾朱榮給高歡出的考試題很有意思，他命人牽出了一匹生性頑劣的惡馬，這匹馬的毛很長，爾朱榮指著馬，命令高歡剪掉這匹惡馬的長毛，然後爾朱榮坐在一旁，觀察高歡的一舉一動。

高歡確實有兩把刷子，他並不在乎眼前的這匹惡馬，杜洛周那麼惡的人他都沒怕過，何況一匹馬。按道理說，給馬剪毛，需要將馬蹄子捆起來，不然馬會踢人。但高歡沒有這麼小心翼翼，而是直接抄起了一把大剪刀，在馬身上來回修剪。讓爾朱榮震驚的是，這匹馬居然沒有發脾氣！

爾朱榮很好奇地問高歡：「馬大爺胡為不怒乎？」高歡微笑著告訴爾朱榮：「馬惡，人更需惡！只要如此，便能制服頑劣之徒。無論是馭馬，還是馭人，都是這個道理。」爾朱榮大奇之。

隨後爾朱榮又讓高歡分析當下時局的發展，高歡抵掌而談，他說魏室將亡，將軍可以「清君側」為名，率軍入洛，霸業必成。其實高歡所說的這些並不算什麼戰略遠見，中人之才，皆能做如此預見。真正讓後人佩服的，還是高歡馭馬時的那份從容和霸道。

要說起馭馬，高歡還不算是最狠的，最狠的是一代女皇武則天。有一次唐太宗李世民想考察一下武則天的馭人觀，讓她去馴服一匹烈馬，沒想到武則天下手夠狠，一刀就把馬給宰了。與武則天相類似的，還有高歡的寶貝兒子高洋，後來高歡拿來一團亂麻讓兒子們解開，二少爺高洋懶得去解繩子，直接拿刀將麻繩斬斷，大喝：「亂者必斬！」

武則天和高洋的用人觀比較粗暴，屬於那種「順我者昌，逆我者亡」的霸道實用哲學，算不上多高明，只不過他們處在強勢位置上，換了誰都可以這樣做。而高歡的用人觀則相對來說比較柔性，他並沒有對馬採用暴力手段，只要依靠自己心中強大的小宇宙，就能征服這匹惡馬。高歡馭人，更偏向於柔性征服。

高歡有能力，有智數，有權變，一切成功的條件他都具備。現在對高歡來說，他需要等待合適的機會。正如羅貫中在《三國演義》中替劉備揑造的那首詩：「數年徒守困，空對舊山川。龍豈池中物，乘雷欲上天！」

有一次爾朱榮突然問身邊人：「如果有一天我死了，你們認為誰可以主持軍政？」當時所有人的回答都只有一個答案，就是爾朱兆。爾朱兆是爾朱家族中的重量級人物，而且能力也不是很差，所以大家都認為爾朱兆最有機會成為第二代領導者。但爾朱榮本人卻給出了一個讓所有人都震驚的答案：「非也！我觀爾朱兆，也不過是個尋常將才。如果真有那麼一天，能代我治天下者，只有賀六渾！」

當然，作為爾朱家族的大掌櫃，爾朱榮自然不希望高歡有一天取代爾朱家族的統治，但他又不能隨便殺掉高歡。爾朱榮能做到的，只是告誡爾朱兆等人，要努力提高自己的做事能力，否則早晚要成為高歡砧板上的魚肉。「爾非其匹，終當為其穿鼻！」

像高歡這樣絕頂聰明的人物，他應該能夠察覺到爾朱榮對自己的微妙態度，但他也知道，自己人才難得，爾朱榮不會輕易對自己下手。

在爾朱榮時代，高歡參與過兩次重大的軍事行動，一是西元五二八年十月，高歡與魏僕射于暉、爾朱陽都等人，在泰山大破叛魏的魏泰山太守羊侃。二是西元五二九年四月，高歡跟隨元天穆，在濟南大破起義軍大頭領邢杲。

在這兩次戰役中，高歡的表現並不比其他將領出色，但也是立有大功的，所以為了表彰高歡，爾朱榮提拔高歡做了晉州刺史。北魏時的晉州轄境就相當於東漢三國時的河東郡，也就是現在的山西西南部，晉州治所在白馬城（今山西臨汾）。

晉州位於爾朱榮河東本部與洛陽、長安的大三角地緣帶的核心，戰略位置非常重要。爾朱榮把晉州給了高歡，不僅說明了他對高歡的信任，而且高歡也由此擠進官場上的准一線行列，為日後的崛起埋下了重要伏筆。

北魏永安三年（西元五三〇年）九月十五日，早就對爾朱榮恨之入骨的皇帝元子攸在明光殿東閣發動突然襲擊，殺掉了毫無防備的爾朱榮。

元子攸以為殺掉爾朱榮，就可以找回大魏帝國昔日的無上榮耀，但是元子攸想錯了。爾朱榮的死，更像是一根已經被點燃的導火線，引爆了北魏這隻巨大的火藥桶，之前被爾朱榮勉強穩定下來的北魏局勢徹底崩盤。

爾朱榮的意外被殺，最受影響的，其實是內部暗流洶湧的秀容川爾朱氏軍事集團。爾朱榮不死，以他的威望，爾朱家族內部沒有誰敢動邪念。爾朱集團內部的權力裂痕因為爾朱榮的存在，所以被無限縮小了，但爾朱榮一死，這道裂痕立刻被無限放大，變得非常刺眼，最終毀掉了爾朱家族的前程。

在爾朱家族內部，不算總舵主爾朱榮，有兩派勢力比較強大，一是爾朱世隆，一是爾朱兆。論輩分，爾朱世隆是爾朱兆的堂叔，而且爾朱世隆在河東軍事集團的地位也僅次於爾朱榮和元天穆。大當家的和二當家的掛掉之後，爾朱世隆自然是新任掌櫃的熱門人選。

不過熱門不一定就是最終的勝利者，歷史上大倒熱灶的事情多了。爾朱世隆雖然也自認為最有資格接替爾朱榮，但爾朱世隆的美夢還沒有開始作，就被野心勃勃的爾朱兆一腳給踹醒了。

爾朱兆和爾朱世隆雖是同宗，但權力場無父子，無何況是堂叔侄，爾朱兆自然不希望讓爾朱世隆拿走所有的蛋糕。而且爾朱世隆為人兇暴，能力中下，讓立功卓著的爾朱兆憑什麼服他？

這兩個爾朱在爾朱榮死的時候，都不在河東首府晉陽，這也就意味著，他們二人誰最先趕回晉陽，誰就有九成的把握成為新任大哥。此時爾朱兆在汾州任刺史，而爾朱世隆逃出洛陽後連夜北返，但直線距離要遠於爾朱兆之於晉陽的距離。

最要命的是，爾朱世隆在北返路過建州（今山西晉城）時，被建州刺史陸希質拒絕過境。等爾朱世隆七手八腳拿下陸希質，又屠殺建州城後，得到了一個讓他非常沮喪的消息，近水樓臺的爾朱兆已經先於他到了晉陽。

爾朱世隆知道這意味著什麼，但生米已成熟飯，爾朱世隆也出於某種利益考慮，暫時和爾朱兆結盟。畢竟在眼前，他們還有一個共同的敵人，那就是殺害爾朱榮的仇人元子攸。爾朱兆和爾朱世隆等人的爭權奪利屬於「人民內部矛盾」，但外敵當前之時，他們還是具有利益共同點的。

為了否定元子攸的政治地位，爾朱兆等人又效仿當年爾朱榮立元子攸的故事，於永安三年（西元五三〇年）十月某日，擁立名將中山王元英的侄子長廣王元曄，在長子（今山西長治南）稱帝，改元建明。

在隨後的權力分配中，爾朱兆得到了分量最重的「大將軍」，確立了老大的地位，爾朱世隆任尚書令、太傅、司州牧。其他爾朱家族成員都擔任重要職務，如爾朱度律任太尉、爾朱彥伯任侍中、爾朱仲遠任車騎大將軍。所謂皇帝元曄，不過是爾朱家族手上的一個提線木偶。

傀儡立起來了，諸爾朱們接下來要做的，就是興兵南下，消滅元子攸。

六　高歡和爾朱兆互相算計的精彩片段

高歡一直在關注著爾朱兆和元子攸之間的這場戰爭。

由於高歡已經有了脫離爾朱集團獨立發展的想法，站在高歡的利益立場上，如果元子攸能打敗爾朱兆，或者雙方在黃河一線僵持不下，對高歡最為有利。高歡可以遊走於爾朱兆和元子攸兩大集團之間，坐地起價，吃完上家吃下家，就像孫權通吃劉備和曹操一樣。

在這場賭局中，高歡把寶押在了元子攸身上，押元子攸至少不輸。所以高歡拒絕了爾朱兆讓他一起出兵南下。

但讓高歡沒有想到的是，元子攸是這麼的不經打！

在與契胡兵的對抗中，魏軍屢處下風，被契胡兵輕易地突破了黃河防線。爾朱兆在此次南下的軍事行動中，採取了正確的「以偏師制其兩翼，以主力制其腹心」的戰略，具體做法是讓爾朱仲遠等人攻其側翼，自己則率主力部隊取晉陽至洛陽的直線距離，以最快的速度直撲元子攸。

永安三年（西元五三〇年）十二月某日，爾朱兆在丹谷（今山西晉城南）大破官軍，官軍的高級將領或死或降或逃。丹谷位於太行山脈最南部，過了丹谷，就是一路平坦的河洛平原。等到元子攸發現黃河防線被爾朱兆突破後，大勢已去了。

賭局很快就結束了，元子攸賭輸了所有的身家。契胡士兵呼嘯著衝進皇宮，將準備攜款出逃的元子攸拿了個現行，隨後被押到附近的永寧寺中軟禁，聽候爾朱兆的發落。

元子攸很絕望，爾朱兆很興奮，高歡很著急。之前得罪了爾朱兆，高歡本指望通過元子攸撈一把，結果老本差點賠個精光！

不過現在的局勢還不算很糟，至少高歡還有一個補救的辦法，那就是高歡把天下公認的皇帝元子攸從爾朱兆手上搶過來，然後「挾天子令諸侯」，樹立自己政治上的優勢。

也許爾朱兆也察覺到了高歡的陰謀，通過秘密管道，將元子攸押到晉陽，在永安三年（西元五三〇年）十二月二十三日（注：按西曆計算，已經是西元五三一年一月二十六日），二十四歲的元子攸被爾朱兆下令縊殺於三級佛寺。

高歡的「三角大戰略」玩砸了，現在爾朱兆的對手只有實力偏弱的高歡，以爾朱氏強大的騎兵實力，強行吃掉高歡並非難事，高歡現在的形勢非常危急。好在天意並不絕高歡，就在高歡成天提心吊膽的時候，突然從半路殺出來了一個莫名其妙的「河西賊帥」紇豆陵步蕃，讓高歡看到了扳倒爾朱兆的希望。

紇豆陵步蕃的地盤在黃河西岸的陝北一代，和秀容川隔河相望。作為亂世豪強，紇豆陵步蕃的野心同樣很大，爾朱兆想得到的一切，他同樣想得到。其實早在元子攸誅殺爾朱榮的時候，元子攸就密詔紇豆陵步蕃出兵騷擾秀容川，以達到牽制爾朱氏兵力南下的目的。

爾朱兆攻陷洛陽活捉元子攸後，沒有在洛陽多做停留，而是立刻押著元子攸趕回晉陽，原因就是爾朱兆擔心紇豆陵步蕃隨時有可能攻陷自己的根據地。紇豆陵步蕃當然知道一旦自己得到河東，就可以一夜暴富，更何況他有元子攸的詔書，出兵南下名正言順。

北魏建明元年（西元五三〇年）十二月，紇豆陵步蕃終於和爾朱兆短兵相接了，雙方交戰的地點就在爾朱兆的家門口——秀容川。都說強龍壓不過地頭蛇，可沒想到爾朱兆卻是個主場蟲，在自己的一畝三分地上，被紇豆陵步蕃暴打成了豬頭，死傷慘重。爾朱兆在萬般無奈之下，只好暫時放棄和高歡的恩怨，派人到晉州，請高歡看在過去的情面上，雙方聯合起來，共同對抗紇豆陵步蕃。

雖然部下勸高歡，小心這是一場鴻門宴，但高歡相信正是由於來自紇豆陵步蕃施加的強大軍事壓力，爾朱兆才被迫邀請自己的。所以在紇豆陵步蕃被打敗之前，爾朱兆沒有任何理由對自己下手。

就在高歡準備北上的時候，他的部下賀拔仁給高歡出了個好主意，勸高歡暫時不要北上，笑看爾朱兆被暴打，爾朱兆輸得越慘，我們之於爾朱兆的重要性就越大。等爾朱兆快撐不下去的時候，我們再動手，到時我們就能獲得更多的利益。

高歡直呼這個辦法絕妙！高歡不顧爾朱兆的催促，帶著弟兄們慢慢騰騰地往前爬，一路上遊山玩水曬太陽。當然高歡這麼做是有底線的，就是不能讓爾朱兆崩盤，否則讓紇豆陵步蕃變成第二個爾朱榮，日後更難剷除，貽害無窮。

等到爾朱兆被紇豆陵步蕃打得吱哇亂叫，甚至被迫撤軍出晉陽時，高歡知道，自己發財的機會到了。高歡下令：各部以最快的速度，向樂平方向集結，務必要將獵物從老虎爪子下救出來！

史書對這場戰役的記載不詳，《資治通鑑》只是說「歡與兆進兵合擊，大破之（紇豆陵步蕃）」。紇豆陵步蕃眼看就要拿下爾朱兆，卻沒想到高歡從半路殺出來，不僅毀掉了自己的發財夢想，連自己這唯一一顆人頭也送給高歡做見面禮了。

對爾朱兆來說，高歡簡直就是上天派來的天使。從《北齊書》記載這件事情的語氣來看，爾朱兆對高歡的感激之情是發自肺腑的，「（爾朱兆）深德神武（高歡），誓為兄弟。」

高歡選擇和爾朱兆暫時結盟，無疑是一個正確的決定。爾朱兆的綜合實力被紇豆陵步蕃這麼一折騰，只剩下了半條命。紇豆陵步蕃已經死了，爾朱兆實際上反而缺少了一個用來制衡高歡的力量。高歡現在的對手，只有一個半死不活的爾朱兆。

歷史已經大量證明，平衡的權力，或者是平衡的國際格局，才是最安全的。任何一家獨大，都必然會破壞這種平衡原則，導致多方利益受損。爾朱兆不懂這個道理，如果他留紇豆陵步蕃一條命，用來牽制高歡，對他更為有利。

爾朱兆在高歡的幫助下吃掉了紇豆陵步蕃，但爾朱兆的敵人依然多如牛毛，比如當初鮮卑起義軍大頭領葛榮二十多萬殘部。這些六鎮鮮卑人在葛榮失敗後，潮水一般闖進了河東，在爾朱家族的地盤上覓食吃。

已經控制河東的契胡人並不歡迎這些六鎮鮮卑，河東就這麼大點地方，成天讓鮮卑人胡吃海喝，自己早晚會被吃窮。雙方為了有限的生存空間，成天打群架。雖然鮮卑人死傷慘重，但還剩下十幾萬人，在爾朱兆的門前跳來跳去。

鮮卑人和契胡人無法相容共存的問題已經成為爾朱兆的心頭大患，爾朱兆於是問高歡如何處理這件棘手的事情。高歡勸爾朱兆不要對鮮卑人採取強硬手段，民族仇恨，僅靠著殺戮是解決不了問題的，如果想征服一個民族，分化瓦解遠比屠殺更為有效。

高歡的具體戰略是讓爾朱兆派最得力的心腹去管理鮮卑人，一旦鮮卑人再反，只殺帶頭鬧事的，不殺普通民眾。爾朱兆對高歡的回答非常滿意。只是現在的問題是：由誰來出面主持安撫鮮卑人的工作？

其實就當時爾朱兆身邊的人來看，高歡無疑是最合適的人選，不僅是高歡的能力出眾，而且高歡也是「鮮卑人」。

十幾萬的鮮卑人，就意味著有足夠的兵力資源，這對實力不太雄厚的高歡來說，具有極大的吸引力，這個世界上沒有人會嫌錢多咬手。不過高歡也明白，爾朱兆對他還是有疑心的，如果讓爾朱兆看出自己的心思，事情就不好辦了。

就在高歡糾結的時候，高歡的心腹、燕郡公賀拔允突然向爾朱兆推薦了高歡。

當賀拔允剛說完推薦高歡時，高歡就敏銳地抓住了一瞬而過的機會，成功地打消了爾朱兆對自己可能存在的猜忌。雖然這樣做有些對不住賀拔允，但機會難得，不能錯過，而且事後高歡向賀拔允說明一下情況就行了。高歡的表演超級精彩，細節如下：

賀拔允站起來推薦高歡，剛要坐下時，座中諸人突然聽到一聲獅子般的怒吼：「賀拔允，王爺在此，你休得胡言！」就見高歡站起、跳躍，同時伴隨著案子被踢倒的聲音，案上的酒菜灑了一地。

沒有等賀拔允反應過來，就已經被高歡撲倒在地，賀拔允不知道高歡為什麼要這樣對自己，剛要說話。高歡哪裡會給他說話的機會，否則好戲就演砸了。高歡一個天馬流星拳，打在了賀拔允的嘴上。高歡下手真夠狠的，接著又是幾記重拳，將賀拔允打得口吐鮮血，吱哇亂叫……

高歡邊打邊罵：「你這個無賴潑皮，敢在大王面前胡說八道，看我今天不打死你！大王用誰，這是大王的權力，輪得到你這個奴才插嘴麼？」等高歡打累了，從地上爬起來，指著被揍得七葷八素的賀拔允，厲聲對爾朱兆說：「天下大柄，取捨在王，賀拔阿泥敢在大王面前噴糞，妄議大事，這種小人斷不能留，請大王下令，我為大王殺之！」

從跳起來，到暴打賀拔允，再到起身說話，高歡一氣呵成，在座諸人都看得目瞪口呆。

「殺？殺……誰？」爾朱兆半天沒有緩過神來。

爾朱兆過一會兒才算明白高歡為什麼要暴打賀拔允，爾朱兆感動極了，他大聲地告訴在座所有人：「為人臣者，首先要忠！如高將軍者，可謂忠矣！這事我決定了，由高將軍統領鮮卑部眾，為我後援，我們一起掃平天下，同享富貴！」

高歡伏地拜謝，心裡樂開了花。

此時，賀拔允還躺在地上，手裡拿著被高歡打掉的一顆門牙，痛苦地呻吟……

當天晚上，爾朱兆設宴請高歡喝酒，算是餞行。席間，高歡數次慷慨激昂地向爾朱兆表忠心，爾朱兆大笑。高歡的酒量應該是不錯的，或者他根本就沒有多喝，爾朱兆喝得爛醉如泥，高歡卻清醒異常。

高歡雖然暫時騙過了爾朱兆，但他不敢保證爾朱兆酒醒以後，會不會放棄對自己的承諾。高歡現在最需要做的，就是將生米煮成熟飯。時間不等人，高歡趁爾朱兆還在帳中呼呼大睡的時候，他來到帳外，大聲告訴所有人：「大王有敕，今授我節制六鎮部眾，為國先驅。敢違大王敕者，斬不赦！」

高歡本就是爾朱榮帳下的得力大將，估計高歡在軍中當過散財童子，所以高歡非常得人心。而爾朱兆治軍比較失敗，不得軍心，當士兵們聽說高歡受到重用時，無不歡呼雀躍，紛紛投靠在高歡的門下。至於還在睡夢中的爾朱兆，在將士們眼中，只是一具行屍走肉而已。許多人相信，爾朱兆遲早會被高歡幹掉。

通過讓人眼花繚亂的表演，高歡從爾朱兆手上騙來了十幾萬的人力資源，但接下來高歡又遇到一個棘手的問題，就是這些人的吃飯問題如何解決。

河東地盤太小，沒有多少糧食可吃，唯一的辦法，就是去物產豐饒的山東就食！古代所指的山東，並不是單指現在的山東省，而是泛指太行山以東、常山以南、黃河以北的廣大地區（包括山東省）。

為了讓爾朱兆放行，高歡派心腹劉貴去完成這項難度並不大的任務。劉貴沒別的本事，就是會說。他針對河東地區霜旱、糧食連年欠收的實際情況，勸說爾朱兆允許高歡率鮮卑人遠赴山東覓食，等解決溫飽問題後再請大王決定這些鮮卑人的去留。

劉貴所說「并、肆頻歲霜旱，降戶掘田鼠而食之，面無穀色」的情況，爾朱兆當然是知道的。十幾萬鮮卑人在他的地盤上吃飯，用不了多久，就會把爾朱兆吃成大負翁。爾朱兆也有讓鮮卑人離開河東的意思，所以劉貴一張口，爾朱兆就答應了。

雖然大將慕容紹宗勸爾朱兆不要相信高歡，但爾朱兆根本聽不進去，反而將慕容紹宗軟禁起來。在爾朱兆看來，高歡是他的兄弟，不會背叛他的。爾朱兆派人給高歡下令，讓他立刻率領鮮卑人去山東擴展業務。

爾朱兆相信高歡對自己的忠誠，他開始盤算他「最忠誠的兄弟」在山東打出一片新天地，然後畢恭畢敬地來請自己接管山東諸州，然後，然後……

但爾朱兆的美夢還沒有醒，他的臉上就被高歡結結實實地賞了幾個響亮的耳光，讓爾朱兆在慕容紹宗面前丟盡了面子。

當初爾朱榮被元子攸殺死後，爾朱榮的老婆北鄉長公主逃出洛陽，而公主身邊正好有三百匹良馬，便順路北上，準備返回晉陽。北鄉長公主逃出洛陽後，並沒有取直線距離回晉陽，而是繞了個半弧形，從今河北邯鄲附近的滏口進入并州地界。沒想到就在滏口，北鄉長公主遇到了高歡。

高歡當初在爾朱榮手下做事，自然是認識北鄉長公主的。當高歡與長公主相遇的那一刻，高歡一眼就看中了長公主身邊攜帶的三百匹駿馬。

優良戰馬是冷兵器時代的緊俏戰略物資，誰見了都會眼紅，高歡的部隊人多，但缺少好馬。現在三百匹好馬就在眼前，高歡大喜，真是想什麼來什麼。

高歡下令部隊將三百匹好馬盡數搶過來，不過確切地說，高歡不是搶馬，而是換馬，就是高歡把自己軍中的三百匹劣質馬送給長公主，強行換來好馬。看著北鄉長公主帶著三百匹劣馬，哭哭啼啼地消失在如血殘陽下，高歡再也忍不住了，他騎在馬上仰天大笑！他笑這個女人不識好歹地拿她的死鬼丈夫來壓自己。「太太死了壓斷街，老爺死了沒人抬。」人走茶涼的道理她都不懂？真把自己當公主了？公主又如何，元子攸還是皇帝呢，照樣被人吊在橫樑上！

晉陽城中的爾朱兆聽完叔母的哭訴後，差點氣炸了肺，也差點臊紅了臉。前者是因為他沒想到高歡會做出如此齷齪的事情，後者是因為他終於明白，慕容紹宗的那些苦口相勸，是真正的忠臣之言。

爾朱兆立刻釋放慕容紹宗，厚著老臉向慕容紹宗致歉，並將高歡幹的好事告訴慕容紹宗，問慕容將軍該如何應付越來越難纏的賀六渾。慕容紹宗給爾朱兆出的主意也沒什麼稀奇的，無非就是勸爾朱兆火速追上高歡，一來質問高歡為何搶公主的馬，二來找機會對高歡下手，除掉這個心頭大患。

爾朱兆現在也沒有什麼好辦法，只能試一下了。

不過爾朱兆還是慢了一步，當他緊趕慢趕，追上高歡時，高歡剛剛渡過漳河。爾朱兆站在河對岸，能清楚地看到，高歡站在河的另一岸，正在面無表情地看著自己。隔著寒流滾滾的漳河，爾朱兆大聲質問高歡：「賀六渾！天柱大將軍生前待你不薄！今天柱已薨，你便強奪長公主的馬匹，你這麼做，對得起天柱大將軍麼！」

高歡也許早就料到會有這麼一天，所以他早就準備好了臺詞，高歡下馬，在河對岸給爾朱兆下拜，假裝滿臉無辜地大聲為自己辯解。高歡說自己並沒有搶公主的馬，只是借馬。

這次爾朱兆來追債，其實倒不是要和高歡翻臉，至少爾朱兆沒有做好這個準備。爾朱兆似乎更熱衷於在高歡那裡找回自己的面子，不然以後還有什麼臉面見慕容紹宗？也許高歡看透了這一點，所以他才敢揪住爾朱兆的七寸狠打。

高歡用威脅的口氣告訴爾朱兆：「所以借公主馬，非有他故，備山東盜耳。王信公主之讒，自來賜追，今不辭渡水而死，恐此眾便叛。」高歡說這話有兩個意思，一是如果你不讓我去剿滅山東「盜」，這些「盜賊」殺到晉陽城下，後果你自負。二是如果你今天把我逼急了，我就死在你面前。我死了無足輕重，但我手下這些弟兄會立刻向你發起進攻。

爾朱兆覺得自己又一次誤解了高歡，為了安撫高歡，爾朱兆不知道從哪來的勇氣，他騎著白馬，泗水過河，孤身來到河對岸，他要用行動來向高歡證明自己的清白。

爾朱兆情緒似乎非常激動，他來到高歡面前，拔出自己的佩刀，強行塞在高歡手上，然後把脖子伸出老長，略帶哽咽地說道：「我若有害高將軍之心，天打五雷轟，出門讓狗咬。今日我落在你手，你可殺我，以證明我對高將軍的一片赤誠。」

爾朱兆此行出乎所有人的意料，連高歡也沒想到爾朱兆居然會單純到這種程度。爾朱兆根本就不了解高歡，他怎麼知道高歡就不敢對他下手？南宋遺民胡三省對此有段精彩評論：「古之豪雄推赤心置人腹中者，必其威望有以服其心，智力足以制其命，然後行之以安反側，然亦未至如爾朱兆之輕率也。」

爾朱兆的運氣很不錯，高歡沒有殺他的意思，至少不是現在。高歡不會選擇在這個時候殺爾朱兆，一個最重要的原因，高歡不想替爾朱家族清理廢品。殺了爾朱兆容易，但萬一爾朱家族再選出了一位英明的統治者，那高歡征服天下的美夢就將化為泡影。所以留下爾朱兆繼續管理爾朱家族，對高歡更為有利。

還有一點，契胡兵的實力非常強悍，如果高歡和契胡人糾纏不休，極有可能會出現其他勢力跳出來撿便宜。正如高歡後來對勸他殺掉爾朱兆的部下們說：「若英雄乘之而起，則為害滋甚，不如且置之。兆雖驍勇，兇悍無謀，不足圖也。」

高歡的演技超級精彩。

高歡突然跪在地上，抱住爾朱兆的大腿，淚流滿面地說道：「大王何出此言！我賀六渾早先落魄無依，是天柱大將軍收留了我，給我一口飯吃。天柱與我，恩同再造之父母，賀六渾雖愚魯，亦知滴水之恩，當湧泉相報！今天柱已薨，大王乘時而起，萬眾歸心。四海之內，孰敢不服？賀六渾生是爾朱家人，死是爾朱家鬼！蒼天在上，神明可鑒！」話還沒說話，高歡已經哭倒在地。

高歡很無恥，爾朱兆很單純，他聽完高歡的「肺腑之言」，幾乎也落了淚。

為了表示自己的誠意，爾朱兆將自己騎乘的白馬摁倒在地，一刀放了血。爾朱兆指著這匹倒楣的白馬，指天劃地地與高歡約誓，無非是「皇天在上，后土在下，我若害高將軍，不得善終」之類的毒誓。高歡強忍著笑，和爾朱兆一起完成了所謂的歃血為盟。

隨後，二人抱來幾個大酒罈子，坐在帳中胡吃海喝。爾朱兆喝得昏天黑地，胡亂睡了一夜後，第二天一早，爾朱兆騎著高歡送的一匹馬，過河回到了對岸。可能是酒醒的緣故，爾朱兆突然感覺自己昨天的表現有些太幼稚了，賀六渾是個什麼樣的人，自己難道還不清楚嗎？

為了試探高歡對自己的忠誠度，他派人過河，邀請高歡去他的大帳議事。高歡倒是爽快，準備上馬過河去見爾朱兆。經過這幾次戲耍爾朱兆，高歡越來輕視爾朱兆，對爾朱兆的戒備也越來越輕。

這時的高歡已經明顯有些自信心膨脹，他相信自己即使孤身深入虎穴，也有足夠的辦法應付爾朱兆。在高歡眼中，爾朱兆不過是一塊浮雲，但在高歡的部下孫騰眼中，爾朱兆依然爪尖牙利，一旦爾朱兆變卦，高歡就將死無葬身之地。孫騰勸止了高歡。

高歡沒有過河見爾朱兆，就等於當眾扇了爾朱兆的耳光。爾朱兆總算看清了高歡的嘴臉，氣得在河邊指著高歡破口大罵，高歡微笑著欣賞爾朱兆氣急敗壞的表演……

七　高歡的人才儲備情況

高歡此時的生存環境，和三百多年前的魏武帝曹操所面臨的生存環境非常相似。有五個共同點：

一、他們都面對著殘暴的權臣統治集團，曹操的對手是董卓，高歡的對手是一群爾朱。

二、當時的他們都是官場不太顯眼的二線人物。

三、他們都是離開當時的權臣統治中心向東發展。

四、他們的龍興之地都在山東地區。

五、他們都在招攬精英人才。

特別是第五點，是他們最終成功的關鍵原因。難以想像，如果曹操不是在創業早期儲備了大量的高精尖人才，如荀彧、程昱、夏侯惇、夏侯淵、曹仁、曹洪等人，曹操會取得什麼樣的成就。高歡也是如此，後來成為北齊名臣名將的許多人，都是在這個時候聚到高歡大旗下的。

南北朝後期的北齊、北周雙雄爭霸的這四十年，之所以能成為極為精彩的歷史片段之一，最主要的原因就是高歡和宇文泰身邊聚集了一批頂尖的文臣武將。這些人物放在任何一個時代，都是頂級的。正是由於他們的存在，才是高歡和宇文泰最終從亂戰群雄中脫穎而出的關鍵因素。

高歡時代的一線精英人才大致有如下這些人：

文臣：孫騰、孫搴、高隆之、司馬子如、封隆之、封子繪、李元忠、盧文偉、魏蘭根、崔㥄、陳元康等人。

武將：段榮、段韶、庫狄干、韓軌、潘樂、斛律金、斛律光、慕容紹宗、堯雄、蔡俊、莫多婁貸文、薛孤延、張保洛、慕容儼、唐邕等人。

不文不武：竇泰、尉景、侯景等人。

如果從與高歡的關係來看，又可以分為心腹派和事業派。心腹派是最早跟著高歡闖蕩江湖的那一批元老舊人，或者是和高歡私下有交情的，比如孫騰、竇泰、尉景、段榮、段韶、劉貴、斛律金、司馬子如、蔡俊、賀拔允、任延敬、高市貴等人。其他人，多是為了實現個人價值最大化才投奔高歡的，可稱為事業派。

如果以民族成分來論，高歡手下的文臣多是漢人，武將則多是鮮卑人或丁零人。在亂世時代，武將的地位重於文臣，所以高歡的武將多不是漢人，這也是高歡身為漢人卻堅持鮮卑立場的一個主要原因。因為高歡所代表的，是一個以鮮卑武人為代表的軍政集團，在這種情況下，高歡只能以鮮卑人自居。

高歡手下人才濟濟，甚至還有高級鮮卑語翻譯，比如高歡幕下頭號文膽孫騫。孫騫是孫騰的同宗，他文才非常了得，深為高歡所器重。最讓高歡滿意的是，孫騫身為漢人，卻講一口極流利的鮮卑話。所以高歡讓孫騫當上了「宣傳部長」，有史為證，《北齊書・孫騫傳》：「又能通鮮卑語，兼宣傳號令。」高歡對孫騫器重到了什麼程度？高歡賞給了孫騫一名極為美麗的仕女韋氏，有才有貌，時人都非常羨慕。高歡是出了名的好色之徒，他能捨如此絕色不享用，卻賞給部下，足見孫騫在高歡心中的地位。

從時間上來看，自高歡離開河東單飛之後，最早投在高歡懷抱中的頂尖人物，是龍驤將軍高乾。高乾在歷史上的知名度並不高，但他有一個著名的弟弟——北齊超級名將高敖曹。在相當程度上，高乾的精彩人生被弟弟的耀眼光芒給掩蓋住了。

《北齊書．高乾傳》記載：「性明悟，俊偉有知略，美音容，進止都雅。少時輕俠，數犯公法，長而修改，輕財重義，多所交結。」這樣的男人，放在任何一個時代，都是極品中的極品。

我們都知道北齊第一美男非蘭陵王高長恭莫屬，但高乾完全有資格和高長恭競爭北齊第一美男的稱號。高乾其實和高歡是同宗，都是渤海蓨縣人，只不過高歡鮮卑化了，而高乾則堅持自己是漢人的民族認同。

從政治派系來說，高乾等兄弟四人（高乾、高慎、高敖曹、高季式）是孝莊帝元子攸的人馬。當初元子攸被爾朱榮控制時，元子攸就將高乾兄弟攏在袖中。高乾接詔時，跪在地上痛哭流涕，高敖曹則在旁邊拔劍起舞，以死自效，場面非常悲壯。

漢人的民族性格被儒化是在宋朝以後，唐朝安史之亂前的漢人奔放大氣、熱血澎湃。歷史早已經證明，只有外向的民族性格，勇於開拓，甚至是鐵血擴張，才是本民族在世界上強勢生存的最大保證。花錢是買不來和平的，只圖一時苟安，最終戕害的，必然是民族的未來。

高乾和爾朱家族公開對抗的導火線，是爾朱兆派監軍孫白鷂去冀州，準備強行徵收高乾所部的馬匹。在冷兵器時代，優良馬匹是極為稀缺的戰略資源，豈能平白讓人？高乾當場幹掉孫白鷂，打著為孝莊皇帝復仇的旗號，和爾朱兆準備刀兵相見。正好此時劉靈助「造反」，高乾就順勢掛在了劉靈助的名下。

此時的高乾和高歡還沒有什麼交集，但他對高歡的大名早有耳聞。或許高乾早已經有了跟著高歡闖蕩江湖的意思，當高歡率眾東下，進入冀州首府信都（今河北冀縣）時，冀州人士認為高歡此來不善，但高乾卻力挺高歡，並說服了大家，決定奉高歡為主，聚義河北，共討國賊爾朱兆等人。

高歡對高乾集團的歸順，驚喜異常。

不過高歡有一點值得商榷，就是他對鮮卑強烈的民族認同，導致他有些輕視，甚至是歧視漢人。論輩分，高乾兄弟是高歡的堂叔，但高歡依然對他們的能力有所懷疑，特別是武將高敖曹。

高敖曹本名是高昂，敖曹是他的字，在兄弟中排行老三。

高敖曹的性格，以及他為人處世的風格，是那個時代的漢人習武者最典型的特徵。「幼稚時，便有壯氣。長而俶儻，膽力過人，龍眉豹頸，姿體雄異。其父為求嚴師，令加捶撻。昂不遵師訓，專事馳騁，每言男兒當橫行天下，自取富貴，誰能端坐讀書作老博士也。」這是《北齊書》對高敖曹早期言行的記載。

好笑的是，高家四兄弟曾經在山上做過劫道攔財的無本買賣。鄉親們對高家兄弟非常反感，但敢怒不敢言。高敖曹的父親高翼拿這幾個兒子沒辦法，但他也看出了這幾個兒子將來必非凡品，他對親戚們說：「此兒不滅我族，當大吾門，不直為州豪也。」

高氏兄弟剛剛投奔高歡，還沒有太多表現的機會，高歡輕視他們是在所難免的，高家兄弟還在等待一鳴驚人的機會。

因為是亂世，所以高歡手下的武將，相比於文臣來說更加有名。但縱觀歷史數千年，沒有一個亂世統治者只依靠武力就能獲得成功的，沒有幕後謀士的籌畫，是不可能成功的。

高歡自然懂得這個道理，所以他也不遺餘力地拉攏文人，孫騫就是一個典型。其實在北齊的高層人物中，有一個文士非常的另類，這位行事風格非常搞笑的人物，就是北齊重臣李元忠。

李元忠出身於北魏頂級的漢人士族——趙郡李氏，家世非常顯貴。他的曾祖父李靈曾經做過北魏文成帝拓跋濬的老師，祖父李恢任安西將軍，父親李顯甫任安州刺史。

李元忠是一個風流名士，他涉獵的範圍非常廣泛，他不僅飽讀史書，而且會陰陽八卦、會彈箏、善醫術。最難得的是，李元忠身上沒有其他名士所通有的孤傲，和底層百姓打成一片。李元忠為人非常善良，每次看到家庭貧困的患者，他免費為窮人治病。還有就是鄉里鄉親欠了他家的債，他從來不要人家償還，還把債券燒了。李元忠的種種善行，深得鄉親們愛戴。

其實李元忠這些年在鄉間隱居，並不代表他沒有入世的想法，只是在亂世中待價而沽。以李元忠的實力，對他有興趣的買家並不在少數，但不是所有人都能出得起李元忠開的價碼。

李元忠向來就對爾朱家族的統治非常不滿，他一直在苦苦尋找自己政治生命中的貴人。聽說高歡渡河東來，李元忠大喜。名士到底是名士，即使是來求名利，也與眾不同。李元忠坐在一輛無蓋露車上，車上放著一個大酒罈子和一張箏，李元忠一邊彈著箏，一邊喝著酒，吟唱著喜愛的詩篇，搖搖晃晃地來到了高歡的大營前。李元忠把名刺（相當於現在的名片）遞給門衛，說趙郡李元忠來謁見高將軍。

其實高歡對李元忠早有耳聞，但在高歡的想像中，李元忠只是一個不通經濟世務的酒鬼，見有何用，高歡就拒絕見他。李元忠並沒有生氣，而是抱著酒罈子下車，箕踞於地，從懷中掏出一塊肉，從容吃喝。

喝得差不多了，李元忠醉醺醺地告訴門衛：「我聽說高將軍招攬天下賢士，故來投奔。奈何國士臨門，卻不效周公吐哺，恭迎大才，其待賢輕慢如此，豈是做大事之人！你進去，告訴賀六渾，把我的名刺還給我。」

李元忠不拿高歡當盤菜，反而引起了高歡的濃厚興趣，立刻引見。

李元忠當名士當上了癮，在見高歡之前，他又跳到車上，撫琴高歌，歌聲悲愴感人。在隨後的會談中，李元忠展現他對時局的精準把握，他要向高歡證明，他不僅是一個名士，更是一個謀士。

李元忠給高歡定的發展戰略是「殷州小，無糧仗，不足以濟大事。若向冀州，高乾兄弟必為明公主人」。李元忠的意思是勸高歡拉攏高乾兄弟，以冀州作為戰略根據地。其實高歡早就把高乾兄弟拉過來了，只是當著李元忠的面死不承認。高歡對李元忠的能力考察是非常滿意的，正如孫騰所說：「此君天遣來，不可違也。」

如果以時間來劃分的話，可以將在高歡出道之初就聚集的那些人稱為第一代從龍元勳（六鎮派），比如竇泰、尉景、侯景、段榮、段韶、劉貴、孫騰、高隆之等人。而高歡出滏口之後，招攬的這些精英人才，稱為第二代從龍元勳（信都派），比如高乾兄弟、李元忠、封隆之、張保洛等人。

之後投奔高歡帳下的風雲精英，可以稱為第三代從龍元勳（以攻克洛陽為界，即洛陽派），甚至是第四代。而第三代從龍精英中的司馬子如，其實是高歡的發小（**北京話的一個方言詞。指從小一起長大，長大了還能一起玩的朋友，一般不分男女。**），二人私交極好。只不過由於種種原因，直到高歡攻破洛陽後，司馬子如才正式歸隊。屬於信都派的大將蔡俊也是這樣的情況，雖然蔡俊算是第二代元勳，但他也是高歡的發小，從小就和高歡穿一條褲子。

八　爾朱家族覆滅記

高歡在暗中磨刀，刀口對準爾朱們。

爾朱們並沒有察覺到來自高歡的威脅，他們依然陶醉在自己的世界中。也許在爾朱們眼中，天下只有一片樹葉那麼大。

一葉障目，不見泰山。

在打倒爾朱家族共同的敵人元子攸之前，諸爾朱們還能勉強團結起來，收拾掉了元子攸。但爾朱們也因為沒有了共同敵人，他們之間的裂痕越來越大，甚至到了公開翻臉的程度。爾朱們翻臉的直接導火線，是坐鎮洛陽的爾朱世隆等人踢開坐鎮晉陽的爾朱兆，擅自廢掉傀儡皇帝元曄，改立廣陵王元恭。

爾朱世隆突然來這麼一手，明顯就是衝著爾朱兆去的。元曄論與孝文帝的血緣比較疏遠，他是北魏太武帝拓跋燾的玄孫，而元恭則是孝文帝的侄子。但爾朱世隆廢掉元曄的真實目的，是因為元曄是爾朱兆所立，在政治上不可靠。立了元恭，元恭必然對自己感激涕零，爾朱世隆可以效法爾朱兆，做新皇帝身邊的頭號權臣。

北魏建明二年（西元五三一年）二月二十九日，爾朱世隆將僅僅做了四個月皇帝的元曄趕下臺，將另一個傀儡元恭拎上臺，開始了精彩的滑稽戲表演。爾朱世隆當上了「太上丞相」，但爾朱世隆獨吞美味的蛋糕，卻惹惱了爾朱兆。

就雙方的整體實力來看，爾朱兆明顯更勝一籌，爾朱榮留下的契胡精銳部隊都在爾朱兆手上。爾朱世隆這時還不敢得罪爾朱兆，他先派了城陽王元鷙去勸爾朱兆息怒，但爾朱兆不認元鷙是哪根大蔥，氣咻咻地大罵爾朱世隆。

直到爾朱兆的堂叔爾朱彥伯親自出馬，好說歹說，爾朱兆才勉強賣給堂叔一個面子。爾朱世隆的面子是買到了，但爾朱家族的裂痕卻越來越大。對爾朱集團來說最致命的是，他們的家族不是分成兩塊，而是四塊。

具體的割據形勢是：潁川王爾朱兆據河東、樂平郡王爾朱世隆據河南、彭城王爾朱仲遠（爾朱榮堂弟）據山東（山東省）、關西大行台爾朱天光（爾朱榮堂侄）據關中。

爾朱仲遠和爾朱天光是站在爾朱世隆陣營中的，但他們也是獨立的割據勢力，與爾朱世隆不是上下級的關係。這四位爾朱都各據一方，稱王稱霸，誰也不服誰。比如爾朱仲遠地盤上所徵收到的租稅，一毛錢也不上繳朝廷。

面對這樣一幫飯桶，換了誰沒有想法？其中自然包括雄心勃勃的高歡。

但讓所有人意外的是，第一個跳出來公開反抗爾朱氏統治的，卻是半仙出身的車騎將軍、幽州等四州大行台劉靈助。劉靈助也算是爾朱榮的心腹，經常抱著烏龜殼子替爾朱榮算命，深得爾朱榮信任。

劉靈助和高歡一樣，看到爾朱們內訌，就有了自立門戶的想法。說來好笑，劉靈助之所以有膽量敢公然反抗爾朱氏統治，還是靠他所謂卜卦算出來的。最好笑的還在後面，劉靈助為了讓人相信爾朱氏當滅，劉氏當興，他養了一隻大鳥，說此鳥是上天降賜的祥瑞，滿世界地為自己打廣告：

「欲知避世入鳥村。」

古代的科學技術水準比較低，絕大多數人無法用科技手段來解釋奇異的自然現象，所以封建迷信大行其道，很難有分辨是非的能力。劉靈助滿嘴跑驢車，大多數老百姓都深信不疑。雖然進了鳥村就要成為鳥人，但人們還是彙集在劉靈助的妖旗之下，聲勢浩大。劉靈助也趁機提高了自己的「行政級別」，自稱燕王。

其實各路勢力早就不滿於爾朱家族的統治，但一直沒有人當出頭鳥，現在看到劉靈動第一個跳出來，他們都壯了膽，跟著劉靈助起鬨架秧子。劉靈助起兵後，「諸州豪右咸相結附」，在這些「豪右」中，也有高歡的身影。

面對劉靈助的背叛，坐鎮洛陽的北魏「太上皇」爾朱世隆非常的憤怒，他不允許任何人質疑自己的權威。爾朱世隆需要用實際行動來證明，他有資格接替爾朱榮，主宰天下。在「徵得」玩偶皇帝元恭的同意下，調驃騎大將軍叱列延慶、大都督侯淵、殷州刺史爾朱羽生率兵北上，聲討妖人劉靈助。

普泰元年（西元五三一年）的三月，魏軍開到了定州固城（今河北正定北），遇到了如趕廟會一般亂哄哄南下的「燕軍」。雖然劉靈助鬧的動靜比較大，但他卻是個銀樣蠟槍頭，根本不是做大事的材料。魏軍大都督侯淵僅僅率一千精銳騎兵趁夜偷襲劉靈助位於城北的軍營，就將「燕軍」殺得勢如崩山，燕王殿下的人頭也被摘了下來，送到洛陽當球踢了。

鎮壓了劉靈助，爾朱世隆原來有些脆弱的自信心開始出現奇異的膨脹，他開始崇拜自己，覺得自己無所不能。既然天下將成為爾朱世隆的囊中物，那麼，爾朱世隆可以隨意做自己喜歡做的事情。比如，對得罪過爾朱家族的漢族士大夫進行殘酷報復。

這次遭到爾朱世隆毒手的，是北魏的一線漢族豪門——恒農楊氏。恒農楊氏在北魏的代表人物是楊播，楊播的身世非常顯赫，他的母親王夫人是北魏馮太后的姑媽，與拓跋氏為姻親之交。楊播至入仕到去世，一直處在北魏官場的第一線，在官場上威望甚隆。

爾朱世隆之所以選擇恒農楊氏作為報復目標，原因就在於出身恒農楊氏的侍中楊侃在元子攸設計伏殺爾朱榮的政變中，起到了極為重要的作用。爾朱世隆下手實在過於狠毒，雖然楊侃「對不住」爾朱榮，殺楊侃一個人就可以了，爾朱世隆想將輝煌百年的恒農楊氏連鍋端掉！

由於楊侃已經嗅到了異味，逃出洛陽，返回老家華陰，但最要命的是，洛陽和華陰都在爾朱氏控制之下。爾朱統治集團內部的權力鬥爭非常激烈，但在為爾朱榮復仇的這一原則立場上，他們取得了驚人的一致。

普泰元年（西元五三一年）七月初四深夜，控制華陰的爾朱天光將楊侃騙到府上，一刀砍死。

楊侃的死，拉開了爾朱各派勢力對漢族士大夫殘酷血洗的大幕。爾朱世隆見時機成熟，上表誣陷楊氏謀反，請誅楊氏滿門。元恭當然知道這是爾朱世隆的政治誣陷，他本來並不同意這麼做。但在爾朱世隆的威脅之下，元恭只好違心地下詔殺人。

人頭滾滾，血流成河……

北方的頂級清流豪門——恒農楊氏的滅族慘案，震驚天下，「時人莫不冤痛之」。爾朱家族對恒農楊氏的血腥報復，激起了漢族士大夫階層在感情上的強烈反彈，唇亡齒寒的道理再淺顯不過。

爾朱集團在政治上的失敗，還有一點非常重要，就是他們在屠殺楊氏之後，又開始毫無意義的內訌，互相廝咬起來。特別是爾朱世隆和爾朱兆，他們之間鬥得最為兇狠，這些年來，二人為了爭權奪利，沒少爭風吃醋，結下了很深的樑子。

雖然他們還能維持表面上的同盟關係，在爾朱世隆勸皇帝元恭納爾朱兆的女兒為皇后之後，二人關係稍有緩和，「（兆）並與（世隆）天光、度律更立誓約，復相親睦。」但這種所謂的同盟關係根本就靠不住，當事人都明白這一點。

就在爾朱們互相算計的時候，高歡在山東招納賢才，厲兵秣馬，積蓄實力。先不說高歡與爾朱集團在武力上的差距日益縮小，在政治上，爾朱們完敗於高歡。高歡在河北期間，「約勒士卒，絲毫之物不聽侵犯。每過麥地，歡輒步牽馬，遠近聞之，皆稱高儀同（高歡為開府儀同三司）將兵整肅，益歸心焉。」

高歡在河北根基日益穩固。其實爾朱氏對高歡向來是非常厚待的，比如在普泰元年（西元五三一年）的，爾朱世隆就以皇帝元恭的名義，封高歡為大都督、東道大行台、冀州刺史，承認了高歡在河北的統治。但高歡從來就不是一個容易滿足的男人。小富即安，這不是高歡的人生追求。

高歡要想統一天下，爾朱家族四大勢力是高歡必須要吃掉的，而且速度一定要快，否則就有可能替別人做嫁衣裳。

論整體實力，高歡已經有了叫板爾朱集團的本錢，關鍵在於機遇。爾朱集團內部雖然問題成堆，互相絆馬腿，但此時的高歡並沒有完全的把握戰勝他們。之所以說高歡對此信心不足，不在於爾朱氏的實力有多麼強大，而在於高歡對自己手下這些鮮卑人是否忠誠於自己，心存疑慮。

為了鞏固手下將士對自己的忠誠，高歡演了一齣漂亮的苦肉計，成功地爭取到了鮮卑人的支持。

高歡的苦肉計分為以下幾步：

第一步，高歡以爾朱兆的名義寫了一封徵兵帖，然後高歡拿著所謂的徵兵帖在營中四處造謠，說爾朱兆準備調弟兄們回河東，分給契胡人當奴隸。同時把弟兄們當成契胡人的炮灰，去征討步落稽部落。鮮卑人當年在契胡人手下吃盡了苦頭，沒有一個人願意回去送死，「眾皆憂懼」。

第二步，高歡假裝不敢違抗爾朱兆的命令，抽調了一萬人的精銳人馬，準備遣返北上。臨出發前，高歡淚流滿面地給弟兄們餞行，胡說什麼此次一別，永難再見，把氣氛搞得異常悲慘。鮮卑人哪知道高歡這是在演戲，眾人號啕痛哭，聲震天地。

接下來，高歡要火上澆油，煽動鮮卑人對契胡人的仇恨。高歡流著淚告訴大家：「我們兄弟都是落難之人，好容易逃出虎口，如今卻讓兄弟們回去送死，賀六渾心如刀割！但大王之命又不能違抗，奈何！奈何！」說完，高歡失聲痛哭，場面非常感人。

第三步，高歡把問題拋給了傻乎乎的鮮卑人，無數鮮卑人操著鮮卑語，怒吼著回答：「羯奴不讓我們活，我們就和他拼了！今日之事，唯有反耳！」高歡要的就是這個答案，他差點沒笑出聲來。

前三步走得非常漂亮，高歡緊接著跟進第四步，就是確定自己在這支鮮卑流浪集團中的領袖地位。高歡示意大家安靜：「今日之事，不反又能如何！但現在我們面臨一個最重要的問題，就是誰來當我們的老大？」

高歡一直就是這支鮮卑流浪軍團的領導者，他在軍中威望極高，除了高歡，也不可能有第二個人選。高歡這麼做，只是想給自己掙一個正式的名分。

第五步，高歡接下來要做的就是給這支野馬一樣的流浪軍團戴上一隻緊箍咒，頒布自己的軍法制度。否則一盤散沙，早晚會被人吃掉。這支由六鎮鮮卑組成的軍隊，所遇到的一個最大問題，就是他們如何和漢人相處。

自孝文漢化後，六鎮鮮卑與漢人（包括南遷鮮卑）的利益之爭日趨激烈，所以高歡在起事之後必須解決好這個問題。高歡知道，他打天下要靠六鎮鮮卑，但要以後坐穩天下，還是要靠漢人，特別是漢族士大夫階層的支持。他身邊就有不少漢族士人，漢族士人的利益必須得到有效保障。

高歡下令：「我知汝等野性難馴，但欲成大事者，必有軍令為先。吾有二令，一不得欺侮漢人，二唯我令是從。敢犯吾二令者，斬無赦！」眾人早已經被高歡治得服服帖帖，老大有令，敢不遵從？上萬鮮卑人跪在地上，以首叩地，同聲答道：「諾！敢不唯將軍是從！」

北魏普泰元年（西元五三一年）六月二十二日，北魏東道大行台、冀州刺史、第一鎮人酋長高歡在信都起兵，開始了他波瀾壯闊的人生歷程。

高歡起兵後，他第一個進攻目標是殷州（今河北隆堯）。殷州位於冀州的西南方向，是冀州通往河東和河南的必經之地，無論高歡是進攻河東，還是進攻河南，殷州都是必須拿下的。

殷州的守將是爾朱榮的堂叔爾朱羽生，他在爾朱氏集團是個並不起眼的小角色，高歡對付他太容易了。高歡指使李元忠率兵做出攻打殷州的姿態，然後派高乾打著救援殷州的旗號入城，趁爾朱羽生不備，一刀剁下人頭。高歡之所以讓李元忠和高乾出馬，說白了，就是高歡還是有些信不過他們，讓他們撕下一張肉票，就像林沖想上梁山，大頭領王倫讓林沖殺個人入夥是一個道理。

高歡起兵的消息在爾朱集團內部引起了很大的震動，特別是坐鎮晉陽的爾朱兆。爾朱兆是個直脾氣，他一直把高歡當兄弟，結果第一個出賣他的，就是這個所謂的兄弟。惱羞成怒的爾朱兆終於放下與爾朱世隆的矛盾，雙方聯手，再加上爾朱仲遠、爾朱度律的部隊，共同剿滅這個吃裡扒外的賀六渾。

雖然爾朱兆來勢洶洶，率兩萬精銳東出井陘口，第一戰就嚇跑了鎮守殷州的李元忠。但在高歡眼中，爾朱兆只是一朵浮雲。在高歡的日程表上，抵抗爾朱兆排在後面，現在高歡要做的，是另外一件大事。

站在高歡的立場上考慮，他既然已經和爾朱集團翻了臉，那麼高歡如果再承認爾朱氏控制的傀儡皇帝元恭的合法性，在政治上會對高歡很不利。高歡的首席謀士孫騰就給高歡提建議，勸高歡拋棄元恭，另立新皇帝。

孫騰的妙計，並沒有引起高歡的興趣，但在孫騰的堅持下，高歡最終決定在政治上撈一票。至於新傀儡的人選，高歡選中了渤海太守元朗。

元朗是北魏景穆太子拓跋晃的玄孫。在胡太后執政時期，胡太后有次帶王公大臣到府庫，說這裡的絹帛隨便拿，章武王元融因為扛得太多，結果不小心扭傷了腳。胡太后大笑著讓人奪去元融的絹帛，元融只好垂頭喪氣地空手而出，成為官場著名笑柄。這個元融，就是元朗的父親。從哪方面來說，元朗都不是最合適的人選，高歡估計是被孫騰逼得沒辦法，胡亂拉元朗出場湊數的。

北魏普泰元年（西元五三一年）十月初六日，在高歡的擺布下，元朗在信都城西設壇稱帝，改元中興。高歡自然收到了豐厚的政治支票，如下：「侍中、丞相、都督中外諸軍事、大將軍、錄尚書事、大行台。」和當初元子攸對爾朱榮一樣，就差點封高歡為太上皇了。

鬧劇結束後，高歡立刻將元朗踢到一邊，全力準備應對即將到來的大決戰。因為高歡的「兄弟」爾朱兆已經率十萬精銳騎兵，衝出井陘口，風馳電掣般地向信都殺來……

不過爾朱兆的「十萬大軍」雞飛狗跳般地殺到了距離信都東南一百多里的廣阿（今河北隆堯東），卻突然停了下來。

原因很簡單，高歡在竇泰的建議下，使出一招破壞爾朱家族團結的反間計。高歡派人四處放詐彈，一邊說爾朱世隆、爾朱仲遠等人要陷害爾朱兆，另一邊又說爾朱兆將和高歡聯手除掉爾朱仲遠。爾朱兆和爾朱世隆等人本就面和心不和，經過高歡這麼一攪和，他們彼此之間的不信任立刻被放大。結果「迭相猜貳，徘徊不進」，這就給高歡騰出了寶貴的準備時間。

等爾朱兆醒悟過來，高歡已經做好了應戰的一切準備。

北魏中興元年（西元五三一年）十月十五日，高歡率軍北上，在廣阿與爾朱兆進行了一場大規模陣地戰，這是這對「兄弟」第一次刀兵相見。爾朱兆企圖在戰場上挽回顏色的努力又失敗了，此戰爾朱兆慘敗，被高歡揍得找不著北。高歡在這場戰役中獲得的最大紅利，是收編了爾朱兆手下裝備精良的五千多帶甲步兵。看著爾朱兆狼狽逃竄的背影，高歡再次仰天大笑。

高歡下一個軍事目標，是鄴城。

從三國以來，鄴城就是北中國的著名國都，先後在這裡建國的有曹魏（陪都）、前燕（正都）。北魏雖然沒有定都鄴城，但鄴城一直是北魏的第二大城市，戰略意義非常重要。鄴城是河北首鎮，而且鄴城是南下攻取洛陽的必經之地，所以高歡能攻下鄴城，進可圖中原，退可守河北。

鎮守鄴城的是相州刺史劉誕。劉誕可能是爾朱集團的骨幹成員，否則一不會做上如此高的位置，二不會高歡來了，他居然不開門。劉誕倚仗鄴城城池高大，拒不開門。劉誕倚在城頭上，陰陽怪氣地看高歡的笑話：賀六渾，有本事你進來呀！

劉誕還是小看了賀六渾。沒錯，在正常情況下，高歡是無法進入鄴城，但難道還不能允許高歡走「歪門邪道」麼？活人總不能讓尿給憋死，只要肯動腦筋，辦法總是有的。

高歡的辦法其實也不算什麼高難度，就是挖地道進城！不過高歡挖地道，不是破地而出，而是塌城。具體辦法是高歡派一支工兵挖到了鄴城的地下，然後在地下表層立起一根根大木柱。

鄴城的地面表層雖然安好無恙，但地下已經被高歡給掏空了。然後高歡放了一把火，木支架被燒成了灰，地面上也自然塌了下來。劉誕作夢也沒想到高歡會玩這一手，城塌之時，就是劉誕被擒之日。中興二年（西元五三二年）正月十七日，高歡以勝利者的身分進入這座歷史名城。

高歡佔領北方重鎮鄴城，在高歡的創業史上，具有里程碑的意義。正是從這一刻起，高歡在群雄逐鹿的亂戰中佔有了戰略優勢，就如上面講到的，鄴城的地理位置絕佳，進可取中原，退可守河北。

高歡攻克鄴城，震驚了爾朱集團所有人……

控制河東的爾朱兆、控制河南的爾朱世隆、控制山東的爾朱仲遠，正好形成一個三角格局。而高歡控制下的鄴城，偏偏就在這個三角格局的中間。高歡「進可圖中原、退可守河北」的戰略目標達到了，但爾朱兆等人卻感受到了巨大的戰略威脅。

一股強烈的寒意，襲過他們心頭。

為了爾朱氏共同的戰略利益，這幾位大爺終於達成了難得的共識：槍口一致對準賀六渾。賀六渾不死，咱們就得死！

就在高歡扶持的傀儡皇帝元朗率百官入駐鄴城不久，也就是北魏中興二年（西元五三二年）閏三月初九日，爾朱兆、爾朱世隆、爾朱仲遠，外加從關中遠道而來的爾朱天光，四支爾朱家族的軍隊，總計二十萬人（《周書・賀拔勝傳》作「十餘萬人」），浩浩蕩蕩地開到了鄴城郊外，在鄴城南郊的洹水岸邊下營。

高歡站在城上，望見遠處旌旗獵獵，狼煙滾滾，默然無語。他知道決定自己和爾朱家族的命運大決戰，即將到來。

中興二年（西元五三二年）閏三月二十七日，這場驚心動魄的命運大決戰，正式拉開大幕。

爾朱陣營中第一個出場的是爾朱兆。爾朱兆率本部人馬率先攻西城，但鄴城城高牆厚，爾朱兆啃了半天，大牙硌掉好幾顆，鄴城絲毫無損。兩天後，輪到高歡上陣。高歡手下人馬並不多，馬不過兩千匹，步兵不過三萬。

高歡下令，將營中的牛馬驢騾堵在陣後，擺出了一副玩命的架勢。今天就是死，也要像個爺們，誰都不能後退，違者斬！由於高歡甚得軍心，老大以戰死為榮，弟兄們豈能落後？這些從六鎮逃出來的鮮卑人，情緒激動地紛紛表態願與爾朱兆決一死戰。

高歡這次帶到韓陵的兵力有限，但也分成了三個大陣：高歡本人坐鎮中軍，高敖曹坐鎮左軍，鎮東將軍高岳坐鎮右軍，高岳是高歡的堂弟。

率先和爾朱軍隊交手的是高歡的中軍，這也是高歡的主力部隊。但讓高歡沒想到的是，他居然沒打過爾朱兆！雖然高軍鬥志激昂，人皆願效死，但雙方的實力差距是顯而易見的。高歡被爾朱兆打得潰不成軍，連連後撤，爾朱兆興奮地大叫：「賀六渾，你也有今天！」

其實爾朱兆高興得太早了，高歡的中軍是沒有打過他，但他卻忘了高歡還有兩支生力軍——高敖曹的左軍、高岳的右軍。此次韓陵之戰，是高敖曹和高岳出道以來的第一場硬仗，他們以後能在高歡集團中混成什麼樣，全看今天的表現了。高岳與部將韓匈奴率本部五百名精銳騎兵，「舉麾大呼，橫衝賊陣。」同時別將斛律敦收整了不少中軍的敗卒，跟在高岳身後衝了上來。

左軍的高敖曹自然不肯落在高岳之後，與都督蔡俊率一千多名精銳騎兵從栗園，斜刺裡殺進了爾朱兆的陣中。高敖曹一直憋著一口窩囊氣，所以他比高岳更渴望表現的機會。

在出兵之前，高歡就不太信任高敖曹，他對高敖曹手下的漢人軍隊的戰鬥力產生懷疑，高歡帶有污辱性地要給高敖曹調派一千多名鮮卑士兵。高敖曹非常不高興，拒絕了高歡的「好意」。

正是出於這個原因，高敖曹在戰場上特別的賣力，不僅救出了高歡，還將爾朱兆打得鼻青臉腫，狼狽逃竄。

爾朱兆在這場慘敗後，幾乎輸掉了老本。因為在韓陵與高歡大戰的，只有爾朱兆系的部隊，而爾朱仲遠、爾朱度律等人根本沒把自己的部隊派上前線，笑看爾朱兆被高敖曹暴打。爾朱仲遠等人見死不救的原因非常簡單，他們希望能利用高歡之手，除掉爾朱兆。

爾朱度律的部分目標實現了，經此一敗，爾朱兆一蹶不振。但爾朱度律本人的損失也非常大，他的部將賀拔勝見爾朱度律心胸狹窄，不足成大事，率本部人馬在陣前投降了高歡。高歡的部隊乘勝追殺在旁邊看笑話的爾朱度律，爾朱度律也被打成了豬頭，狼狽逃回東郡（今河南滑縣）。

這場鄴城之戰，是高歡輝煌人生的起點，也是秀容川爾朱家族輝煌的終點。打個比喻，爾朱集團就像是一棵大樹，高歡用斧頭將這棵大樹砍得遍體鱗傷，但最終推倒這棵大樹的，卻不是高歡，而是爾朱度律的部將斛斯椿。

和高歡早期投奔爾朱榮不受重視相比，斛斯椿卻是爾朱榮最為信任的心腹重將之一，經常躲在爾朱榮身後，搖著狗毛扇子，替爾朱榮出謀劃策。但就是這個被爾朱榮視為心腹的斛斯椿，在爾朱集團崩潰的前夜，惡狠狠地反戈一擊，幾乎將爾朱集團的重要成員一網打盡。

其實和斛斯椿一起出賣爾朱氏的，還有兩個人，就是衛大將軍賈顯度和他的弟弟、驃騎大將軍賈顯智。賈氏兄弟在爾朱榮手下只是邊緣人，他們對爾朱榮也沒什麼感情。這幾位好漢密謀多日，終於制定出了一個完美的定點清除計畫。

北魏中興二年（西元五三二年）初一，斛斯椿在北中城突然發動兵變，「收爾朱部曲盡殺之」，先刨掉爾朱氏在洛陽的關係網，爾朱世隆等人就成了光棍，一舉可擒之。事態的發展非常順利，爾朱度律和爾朱天光驚聞兵變，沒跑多遠就全部被活捉。再加上沒逃掉的爾朱彥伯和爾朱世隆，爾朱家族的重要成員，除了晉陽的爾朱兆外，悉數落網。

不知道出於什麼原因，斛斯椿等人殺掉了爾朱世隆和爾朱彥伯，但沒有殺爾朱度律和爾朱天光，而是把爾朱世隆、爾朱彥伯的人頭，連同爾朱度律、爾朱天光，送往鄴城，算是給高歡大丞相的見面禮。

爾朱集團統治的崩潰，最開心的，除了高歡，還有一個人，就是爾朱世隆所立的節閔帝元恭。元恭天真地認為，除掉了爾朱氏，他就可以收回軍政大權，堂堂正正地做大魏皇帝。然後……

但是他忘記了，當幾頭惡狼在他眼前消失的同時，站在他面前的，是一隻攻擊性遠強於惡狼的猛虎。這隻猛虎，就是高歡。

在歷史拋棄了爾朱集團後，盤踞在鄴城的高歡已經成為天下第一大鎮，這是沒有任何疑問的。這也就意味著元恭將要和高歡經常打交道，但最大的問題是：高歡身邊已經有一個傀儡皇帝元朗，難道讓高歡同時去拜兩個玩偶？

元恭不知道高歡在自己和元朗之間，他會選擇誰。這個問題同樣困擾著元朗。

但讓元恭和元朗都沒有想到的是，高歡的選項根本就不是他們中的任何一個人，而是另外有一個人選。這個備選玩偶就是孝文皇帝的嫡孫、廣平武穆王第三兒——平陽王元修。

高歡之所以放棄元朗，原因比較簡單，元朗是北魏的疏遠宗室，在政治上沒有太大的票房號召力。至於放棄元恭，表面上的原因是元修是孝文嫡孫，而元恭只是孝文的侄子。

但真正的問題並不在於此，而是高歡派僕射魏蘭根入洛，對元恭進行全面考察後，發現元恭為人太有城府，「少端謹，有志度，長而好學。」最難得的是，元恭侍奉祖母和嫡母是出了名的孝順，在官場上口碑極佳。而元修好「武事」，做事不成熟，如果立了元修，更利於高歡控制。

在魏蘭根、高乾兄弟、黃門侍郎崔㥄等人的建議下，高歡決定廢掉元恭，將元恭囚禁於崇訓寺中，然後迎接元修入宮。

除元修之外，高歡其實還有一個人選，就是正在梁朝避難的孝文帝的第五子、汝南王元悅。可等高歡把元悅召回鄴城一看，才發現元悅比元修還不如。

元悅為人輕狂輕脫，喜近男色，經常拿自己的妃妾當奴婢一樣打罵。如果立元悅當皇帝，難說不會給高歡帶來什麼麻煩，還是算了吧。

自從孝明帝元詡被毒死後，北魏皇帝走馬燈似的輪番上場，每人在舞臺上表演幾分鐘，然後下場領盒飯。帝國天子的威嚴早已經蕩然無存，不管誰當皇帝，都只是權臣手上的玩偶，別說享受榮華富貴，能活到哪一天都不知道。

對於這一點，元修非常清楚，當高歡派斛斯椿找上門來時，元修嚇得臉色煞白。他不想淌這個渾水。但胳膊擰不過大腿，元修還是不情不願地被斛斯椿強行拽到了鄴城。

至於現在的傀儡皇帝元朗，高歡也給足了他面子，效仿當初元曄「禪位」於元恭，以「內禪」的方式，讓元朗有尊嚴的下臺。

北魏中興二年（西元五三二年）二十五日，平陽王、尚書左僕射元修在高歡的安排下，在洛陽東郊設壇稱帝，改元太昌。作為頭號權臣，高歡自然從中分到了最大的一塊政治蛋糕，「以高歡為大丞相、天柱大將軍、太師，世襲定州刺史。」而且高歡所享受到的食邑非常誇張：十五萬戶！

天柱大將軍終於後繼有人了，不過可能是出於爾朱榮被殺的忌諱，高歡最終還是辭掉了天柱大將軍，高歡可不想做第二個爾朱榮。

這場鬧劇一樣的登基儀式看起來與元子攸、元曄、元恭、元朗等人沒什麼區別，但後人卻從這場看似普通的儀式中，嗅出了一股殺氣騰騰的味道。因為在元修即位時，他居然廢棄了自孝文帝以來的漢族儀式，而是改用鮮卑拓跋部最古老的「代都舊制」！

這是一個明顯的政治信號。

元修在高歡的指使下進行的這場鮮卑化復古事件，標誌著孝文帝漢化運動的徹底失敗。孝文漢化後，南遷鮮卑以及漢族士大夫集團獨享美味的蛋糕，而六鎮鮮卑只能分到一些殘羹剩飯。

利益的強烈落差，導致了六鎮鮮卑對漢化的極度仇恨。在六鎮起義之後，特別是河陰之變後，南遷鮮卑以及漢族士大夫集團受到了毀滅性的打擊，他們留下的政治真空就很自然地被六鎮鮮卑佔領。六鎮鮮卑取得了絕對的控制權，立刻對漢化運動進行反攻倒算，他們要奪回「原本」屬於他們的那塊蛋糕。

高歡是漢人，但他卻是以鮮卑人自居的，最重要的是，高歡手下的主流武將集團以及主力部隊，基本上都來自六鎮鮮卑。即使高歡對漢人還有最基礎的民族感情，為了自己的現實利益，他也必須要迎合六鎮鮮卑的利益。就如同孝文帝元宏是鮮卑人，但他同樣要迎合漢人精英集團的利益一樣。

高歡並沒有留在洛陽，而是回到了自己的戰略根據地鄴城。至於元修，已經處在高歡的嚴密監視之下，對高歡來說，元修只是一隻在籠子裡不停歌唱美好生活的金絲雀。

還有一點很重要，就是高歡把自己的女兒嫁給了元修，表面上是獻女侍奉皇帝，其實高皇后只是父親安插在元修身邊的氣象預報員。一旦元修這裡有什麼風吹草動，高歡可以第一時間做出應對方案。

高歡回到鄴城做的第一件事，就是把被暫時扣在鄴城的爾朱度律、爾朱天光押回洛陽斬首，算是高歡給中原的漢族士大夫集團一個見面禮。高歡在政治上奉行鮮卑人至上的原則，但他也知道，如果沒有漢人精英集團的支持，他遲早會變成第二個爾朱榮。

爾朱集團幾乎全軍覆滅，但高歡並沒有忘記，爾朱集團還有一條肥大的漏網之魚——他的「兄弟」爾朱兆。斬草不除根，終留後患。而且高歡早就看中了「四塞之地」的晉陽，打算以晉陽作為自己的第一戰略根據地，再加上鄴城，形成高歡集團權力中心的雙頭鷹格局。

北魏太昌元年（西元五三二年）七月初十日，高歡率軍出滏口，高歡的妹夫、廣平郡公庫狄干率軍出井陘口，對盤踞在晉陽的爾朱兆發起總攻。其實經韓陵一敗，爾朱兆精銳喪盡，已成驚弓之鳥，高歡只不過像戰國時的神射手更贏一樣，輕輕撥動了一下弓弦，爾朱兆就嚇得魂飛魄散，倉皇逃回了老家秀容川。

高歡進入晉陽後，第一件事就是在晉陽設立了大丞相府，晉陽將成為高歡的統治中樞。第二件事，自然就是收拾如同喪家之犬一般的爾朱兆。此時的爾朱兆已經完全失去了反擊的能力，只能依仗著秀容川的險要地勢，據險死守。

高歡對爾朱兆採取的是瞞天過海戰術。高歡為了麻痹爾朱兆，四次召回了即將出征秀容川的部隊，給爾朱兆造成高歡沒有做好進攻準備的假象，爾朱兆果然放鬆了警惕。

總攻時間到了。

高丞相一聲令下，京畿大都督竇泰率精銳騎兵為先鋒，奇襲秀容川，高歡率主力部隊離開晉陽，為竇泰後援，他將親眼見證爾朱家族的覆滅！

時間是北魏太昌二年（西元五三三年）的正月，高歡算定了貪吃的爾朱兆一定會舉辦新年宴會。

果然，當竇泰的突擊部隊率先抵達秀容川時，發現爾朱兆正在新年宴會上大吃大喝。塞了一嘴肉的爾朱兆根本沒想到竇泰會不請自到，爾朱兆嚇得上馬狂逃。竇泰這次來，就沒打算空手回去，一直追到了赤洪嶺（今山西離石附近）。

竇泰是個聰明人，作為一個臣子，無福消受這份天大的功勞，這塊蛋糕是高歡的。竇泰知趣地閃到一邊，由高歡來完成對爾朱兆的最後一擊。這是一場完全不對稱的戰爭，爾朱兆慘敗，被他的「兄弟」高歡趕上了絕路。

在走投無路之下，爾朱兆終於做出了一個明智的決定，「殺所乘白馬，自縊於樹。」在雙腳騰空的那一刻，爾朱兆大徹大悟，可惜為時已晚。

當高歡趕到樹林裡，看到懸在半空的這具屍體，心裡感慨萬千。爾朱兆雖然是自己前進路上必須搬掉的一塊絆腳石，但他和爾朱兆沒有私仇。高歡歎息著，下令將爾朱兆的屍體取下來，以王禮厚葬。算是對當年厚遇過自己的爾朱兆最後一次報答。

秀容川爾朱家族的時代結束了。取而代之的，是屬於高歡的時代。

此時的高歡，已經完全取代爾朱榮，成為主宰天下的第一權臣，一時風光無限。許多人相信，當年爾朱榮沒有做到的事情，即取代鮮卑拓跋部的統治，成為北中國唯一的主人，高歡可以做到。

很少有人懷疑這一點。但有一個人除外。

他，就是宇文泰。

九　初出江湖的宇文泰

六世紀的北中國，是一對梟雄雙璧的共同舞臺，如果沒有宇文泰的出現，即使高歡統一了北方，含金量也要大打折扣。正因為有了宇文泰，高歡的人生才不會寂寞。

先來看一下宇文泰檔案：

姓名：宇文泰
性別：男
籍貫：代北武川
民族屬性：匈奴
民族認同：鮮卑
出生年份：《北史》記載為五〇七年，《周書》記載為五〇五年
去世年份：五五六年
婚姻狀況：妻妾成群
職務：西魏大丞相
爵位：安定郡公

黃仁宇先生曾經將隋唐比成中華第二帝國，這沒有任何異議，但其實真正開啟中華第二帝國的，正是著名的「武川軍事貴族集團」的創始人——宇文泰。

宇文部加入鮮卑的時間，大致在東漢末年至三國，而南北朝前期則是宇文部最為活躍的時期。南北朝史上有一個著名人物——宇文部大頭領宇文逸豆歸，就是被前燕開國皇帝慕容皝所滅，時間是東晉穆帝永和元年（西元三四五年）。

據《周書》記載，宇文泰是宇文逸豆歸的五世孫，世系如下：

宇文逸豆歸——宇文陵——宇文系——宇文韜——宇文肱——宇文泰

宇文泰是武川軍事貴族集團的創始人，不過第一個來到武川定居的宇文家族成員，卻是宇文泰的高祖父宇文陵。宇文陵遷徙武川的時間是北魏天興元年（西元三九八年）十二月，道武帝拓跋珪「徙六州二十二郡守宰、豪傑、吏民二千家於代都（今山西大同）」。武川即今內蒙古呼和浩特北郊的武川縣。

自從宇文逸豆歸之後，宇文部在歷史上一直沒沒無聞。作為軍人世家，宇文家族在北魏末混得一團漆黑，再加上孝文漢化後，六鎮鮮卑的地位日益低下，宇文家族似乎永遠也看不到重振家族雄風的那一天了。

但幸運的是，宇文肱生下了一個英雄兒子宇文泰，正因為宇文泰的橫空出世，不僅實現了宇文家族的強勢復興，同時也極大地影響了中國歷史的進程。

宇文泰有個著名的表字——黑獺，和高歡的表字——賀六渾一樣，都是他們各自最有名的代稱。

關於宇文泰的出生年份，如果按《周書》的記載，宇文泰生於北魏宣武帝正始二年（西元五〇五年），而《北史》則記載宇文泰生於正始四年（西元五〇七年），《資治通鑑》採用了《北史》的說法。《周書》又說在西元五二六年（葛榮殺鮮于修禮時），宇文泰十八歲。按古人虛長一歲計算，宇文泰出生的時間卻是西元五〇九年。《北史》也出現了這個錯誤，導致宇文泰具體的出生時間模糊不清。

論年齡，宇文泰比他的「另一半」、生於西元四九六年的高歡小了九歲或十一歲。但宇文泰初出江湖的時間，卻和高歡相差無幾。高歡是在西元五二五年出山投奔了杜洛周，而宇文泰跟隨父親宇文肱投奔鮮于修禮的時間，不會晚於西元五二六年。

大家都是出來混飯吃的，要論人品，誰也不比誰高尚多少。但有一點宇文泰要比高歡做得更有人情味，就是對自己老大的態度。高歡當初投奔杜洛周時，發現杜洛周不成器，就想殺掉老大，結果事敗，高歡騎牛狂逃。其實宇文泰也發現他的前任老大葛榮不成大器，雖然葛榮想重用他，宇文泰還是瞧不上葛榮，但宇文泰只是密謀逃出葛榮的魔爪，並沒有殺害葛榮的意思。

高歡和宇文泰很有意思，他們一前一後，跟著兩個江湖大哥混社會。高歡踹掉葛榮後，宇文泰後腳跟進。等高歡跳到了爾朱榮陣營後不久，因為葛榮被滅，宇文泰也來到了爾朱榮的帳下討飯吃。

和高歡初來爾朱榮帳下不受重視不同，宇文泰剛來時，爾朱榮就感覺宇文泰的氣場太強大，懷疑這個鮮卑人將來必是自己的剋星。爾朱榮雖然沒殺宇文泰，但卻尋個不三不四的藉口殺了宇文泰的三哥宇文洛生。

不過宇文洛生的死，卻給了宇文泰一個精彩表演的機會。宇文泰跪在爾朱榮面前，情緒激動地慷慨陳詞，無非是替三哥叫屈，並訴說自己對天柱大將軍的忠誠。宇文泰的表演也是影帝級的，騙個傻乎乎的爾朱榮不在話下，爾朱榮「感而免之」，從此宇文泰成為爾朱榮的親信。從後來的歷史記載來看，高歡和宇文泰是不認識的，二人也沒有見過面。

此時的宇文泰僅僅是步兵校尉，連爾朱集團的二線人物都算不上。對宇文泰來說，他政治生涯中真正的貴人，是爾朱榮身邊的紅人──武衛將軍賀拔岳。

我們對賀拔岳不算陌生，當初為了騙取爾朱兆的信任，被高歡暴打的賀拔允，就是賀拔岳的大哥。賀拔允不太知名，而賀拔岳和哥哥賀拔勝，則是當時名震江湖的兄弟組合。

賀拔岳是鮮卑人，小名阿斗泥，而且戶籍所在地也是武川，和宇文泰是標準的同鄉，二人私交非常好。所以在北魏永安三年（西元五三〇年）正月，鮮卑人萬俟醜奴在關中造反，爾朱榮派賀拔岳率兵出討萬俟醜奴，賀拔岳就帶上了宇文泰，一起西征。

有一點需要說明的是，這次看似不起眼的西征行動，卻為後來的西魏、北周在關西立國打下了最堅實的人才儲備基礎。因為除了賀拔岳和宇文泰這兩位西魏（北周）的實際開創者，後來西魏（北周）官場一線的文臣武將，大多數都在這次西征的名單之中。

具體人物如下：

賀拔岳、宇文泰、寇洛、李弼、于瑾、趙貴、侯莫陳崇、李虎、李穆、達奚武、豆盧寧、王雄、王盟、韓果、梁椿、王勇、耿豪。

在西魏（北周）歷史上，有兩個著名的群體，即八柱國大將軍和十二大將軍，這些人都是宇文泰軍事集團最核心的成員。而上面這些西征的人員中，有六個柱國大將軍，十二大將軍中也至少有五個人西征，可見人物之鼎盛、星光之燦爛。

在這份星光燦爛的名單中，有唐高祖李淵的祖父李虎。甚至可以從某種角度說，正是因為李虎參加了此次西征，才有了日後威赫千古的大唐帝國。

在這支西征的軍隊中，名義上的主帥是爾朱天光，不過爾朱天光只是掛個名而已，真正在軍中拿主意的還是賀拔岳。賀拔岳的主帥位子是爾朱榮欽定的，但為了打消爾朱榮對自己的懷疑，賀拔岳很聰明地拉了爾朱天光，成功取得了爾朱榮的信任。

像萬俟醜奴這樣的草頭王，分量不比破六韓拔陵、杜洛周、葛榮重多少。賀拔岳西征是在北魏永安三年（西元五三〇年）二月，僅僅用了兩個多月的時間，西征軍就將萬俟醜奴生擒，押往洛陽斬首。值得一提的是，和萬俟醜奴一起造反，一起被擒的還有一個重量級人物，就是南齊亡國時，逃到北魏的建安王蕭寶寅，時任萬俟醜奴的太傅。

生擒萬俟醜奴的是後來的西魏名將、時任建威將軍的侯莫陳崇，侯莫陳崇在萬人陣中，單槍匹馬直挑萬俟醜奴，一戰擒之。所以在這場平定萬俟醜奴的戰爭中，侯莫陳崇是首功，這一點也是賀拔岳承認的。

宇文泰在此次西征時並沒有立下顯赫的戰功，估計也就是在賀拔岳身邊跑跑腿。沒有功勞，也有苦勞，平定叛亂時，宇文泰得到了一塊行原州（今寧夏固原）刺史事的大餅。

宇文泰的性格特點和高歡有很大的不同，高歡性格比較外向活潑，而宇文泰則相對有些內斂，處事更為穩重。高歡做事，除了要追求實際效果，也注重場面上的好看，而宇文泰則相對比較樸實，他不求過程，只求結果，不像高歡那樣喜歡招風耍寶。

關於宇文泰早期的地方治政，《周書》只留下了一段記載：時關隴寇亂，百姓凋殘，太祖（宇文泰）撫以恩信，民皆悅服，咸喜曰「早值宇文使君，吾等豈從逆亂。」宇文泰後來的成功不是偶然，歷史也證明了，單純靠軍事一條腿走路的，不可能笑到最後。軍事從來都是政治的延續，在政治上失敗，卻在軍事上成功，這樣的事情聞所未聞。

不過在亂世時，軍事和政治的主次關係往往不是那麼突出，有時軍事更重於政治。宇文泰的成功，首先是軍事上的成功，如果不是後來宇文泰頂住了高歡的三板斧，他哪還有機會施展自己的政治才華？

此時的宇文泰，官職不顯，還沒有獨自展示自己軍事才華的機會，只能依附於賀拔岳，慢慢地等待機會，宇文泰現在的角色更像是一個軍師。宇文泰最出彩的一場謀略戰，是替賀拔岳剷除了爾朱氏在關中的勢力，這可以算是宇文泰人生道路上掘到的第一桶金。

這場精彩的謀略戰發生在北魏普泰二年（西元五三二年），也就是爾朱天光率軍與爾朱兆等人聯合，東討高歡的時候。爾朱天光是親自東征的，他走後，留下弟弟爾朱顯壽鎮守關中。

關中現在有三股比較強大的勢力，分別是爾朱天光、賀拔岳，以及秦州刺史侯莫陳悅，三派力量互相制衡，但爾朱天光的實力明顯要強於另兩派。

現在爾朱天光東征，留下了巨大的權力真空，賀拔岳眼饞得不得了，只是他的實力尚不足以對付爾朱顯壽，所以他必須和侯莫陳悅聯手。問題隨之而來，侯莫陳悅已經接到爾朱天光的調令，率本部人馬出關，共同討伐高歡。如果賀拔岳不能說服侯莫陳悅留在關中，那麼他的完美計畫就將泡湯。

這時候站出來替賀拔岳出主意的，是宇文泰。宇文泰精通於人情世務，不知道他和侯莫陳悅的關係如何，但宇文泰對侯莫陳悅的性格瞭若指掌。

宇文泰告訴賀拔岳：「如果將軍現在貿然遊說侯莫陳悅，現在高歡和爾朱氏的戰爭勝負難料，侯莫陳悅一定還會繼續觀望。一旦此人倒向爾朱天光，我們都得完蛋。不過我知道侯莫陳悅為人輕脫，在軍中威信不高。只要我們能說服他的部下，通過迂迴戰術，強行留下侯莫陳悅，大事可成。」

賀拔岳現在也沒什麼好辦法，只好讓宇文泰去淌這個渾水。

史書上沒記載宇文泰在侯莫陳悅的軍中都說了些什麼，但卻成功地說服了侯莫陳悅的部下，然後通過這些人，逼迫侯莫陳悅答應賀拔岳開出的價碼——幹掉爾朱顯壽，我們哥倆平分天下。侯莫陳悅和賀拔岳一樣，早就瞄上了爾朱天光留下的權力真空。

侯莫陳悅陣倒戈，宇文泰的計畫得到了完美的實施。侯莫陳悅和賀拔岳談妥了條件，雙方合兵偷襲長安，賀拔岳部的「正印先鋒官」是宇文泰。

宇文泰認為爾朱系在長安沒留下多少部隊，與其說聯軍是去偷襲，不如說是去接收，爾朱顯壽根本沒有力量阻止。

而且宇文泰料定爾朱顯壽是個廢柴，一定會被聯軍嚇跑，目的地也肯定是洛陽。爾朱顯壽是爾朱家族的重要成員，活捉爾朱顯壽比得到一個空城更有價值。宇文泰沒有去接收長安，而是倍道兼行，果然在華山追上了狼狽東逃的爾朱顯壽，一戰擒之，拎著領賞去了。

爾朱天光桌子上的蛋糕，被賀拔岳和侯莫陳悅瓜分。而賀拔岳的那份蛋糕，又被宇文泰美美地咬上了一口。因為這次極為出彩的表現，宇文泰得到了賀拔岳的無比信任，引為心腹。

宇文泰的職務也水漲船高，升為左丞、雍州刺史府長史，加散騎常侍銜，「（賀拔岳）事無巨細，皆委決焉。」賀拔岳的旗下頭牌，非宇文泰莫屬，沒有人不服氣，這也為後來宇文泰主政關中埋下了伏筆。

爾朱天光離開關中，從此再也沒有回來。

就在爾朱顯壽被宇文泰生擒後不久，爾朱天光就如願見到了他朝思暮想的高賀六渾，不過是以俘虜身分。很快，爾朱天光又被高歡送回了洛陽，與爾朱度律一起見證一代梟雄高歡的強勢崛起。

秀容川爾朱家族曾經的無比輝煌，都已經煙消雲散。天下，從此換了主人。

當時的北魏中央政權早已經名存實亡，沒有人相信被軟禁在洛陽宮中的傀儡皇帝元修，還有機會重振鮮卑拓跋部的天下。人們更願意相信，高歡將在不久的將來完成北方的統一。

高歡崛起的速度實在驚人，僅僅用了幾年時間，他就從一個中下層的將吏，一躍成為主宰天下的權臣。自除掉爾朱集團後，高歡唯一還沒有征服的地方，就是關中！這裡說的「征服」，是指實力相對比較強大的，至於其他一些小軍閥，比如夏州刺史斛拔彌俄突勝、靈州刺史曹泥等人，高歡從來就沒放在眼裡。

真正讓高歡不放心的，還是他的老朋友賀拔岳。

高歡和賀拔岳當年都曾在爾朱榮帳下效力，二人在爾朱榮心中的地位也相差無幾，此二人存在著競爭關係。在爾朱榮控制洛陽朝廷之後不久，高歡就曾密勸爾朱榮稱帝，爾朱榮的左右心腹都附和高歡的意見，唯獨賀拔岳極力反對。賀拔岳請爾朱榮殺高歡以謝天下，雖然爾朱榮沒殺高歡，但高歡是不會忘記賀拔岳的，二人的樑子就此結下。

高歡要統一天下，就必須要吃掉賀拔岳。賀拔岳也知道高歡是絕不會放過自己的，他們之間必有一場血戰。不過眼下他們暫時都還沒有做好決戰的準備，二人以假應假，穩住對方。賀拔岳派行台郎馮景去晉陽，與高歡歃血為盟，約為兄弟。高歡和賀拔岳根本就沒有私交，這比高歡當初和爾朱兆的兄弟關係還不靠譜。

馮景回來之後就告訴賀拔岳：「高歡專以詐取人，將軍千萬別拿他當兄弟，賀六渾是專門出賣兄弟的。」賀拔岳大笑。

高歡現在已經成為北魏政治舞臺的男一號，宇文泰對這個活在神話中的傳奇人物非常感興趣，他決定去晉陽會會高歡。在徵得賀拔岳的同意後，宇文泰打馬如飛，直奔晉陽城。

宇文泰是以賀拔岳使者的身分來的，高歡自然要設宴款待。宇文泰和高歡自然不會和對方講真話，說的無非都是一些不著四六的官場黑話。真正讓高歡感興趣的，是宇文泰的長相。

高歡倒不是喜歡男色，關鍵是宇文泰長得太英俊了，一米八的個頭，寬額濃眉，虎背熊腰，再加上面部泛著紫光，一看就非凡品。高歡以前沒見過宇文泰，自然就對他談不上了解，高歡想把宇文泰收為心腹，「將留之」。

宇文泰在和高歡近距離接觸之後，發現賀六渾也沒什麼稀奇的，不過爾爾。對於高歡的盛情邀請，宇文泰婉言謝絕。他當然不會留下來，在賀拔岳身邊，他是二掌櫃的，一人之下，萬人之上。在高歡身邊，他連前十名都排不進去，留下來做什麼，給高歡打醬油？

在宇文泰的堅持下，高歡最終放宇文泰回長安。雖然後來高歡還是捨不得宇文泰，派人去追，但沒有得手。高歡的騎兵眼睜睜看著宇文泰一騎絕塵，飛馳潼關。當騎兵回晉陽覆命時，高歡隱隱感覺這個名叫宇文泰的年輕人，將來必然會給自己帶來巨大的麻煩。

歷史也證明了這一點。

宇文泰回到長安，賀拔岳立刻接見這位愛將，他要從宇文泰那裡得到有關高歡備戰的一切情況。宇文泰這次晉陽之行，更加強化了之前他對高歡的判斷。宇文泰從全域的戰略角度，給賀拔岳分析時局，如下：

高歡非人臣也。逆謀所以未發者，憚公兄弟耳。然凡欲立大功、匡社稷，未有不因地勢、總英雄而能克成者也。侯莫陳悅本實庸才，遭逢際會，遂叨任委，既無憂國之心，亦不為高歡所忌，但為之備，圖之不難。今費也頭控弦之騎不下一萬，夏州刺史斛拔彌俄突勝兵之士三千餘人，及靈州刺史曹泥，並恃其僻遠，常懷異望。河西流民紇豆陵伊利等，戶口富實，未奉朝風。今若移軍近隴，扼其要害，示之以威，服之以德，即可收其士馬，以實吾軍。西輯氐羌，北撫沙塞，還軍長安，匡輔魏室，此桓文舉也。

我們對諸葛亮的《隆中對》、魯肅的《榻上對》已經非常熟悉了，劉備和孫權之所以能與曹操三分天下，二人功不可沒。但後人往往很少注意宇文泰的這一段話，對北魏分裂後的形勢發展產生何等巨大的影響，可以將之稱為《西歸對》。

賀拔岳和宇文泰的分工非常明確：賀拔岳側重於軍事，宇文泰側重於政治。北魏永熙二年（西元五三三年）七月，宇文泰潛入洛陽，和高歡控制下的傀儡皇帝元修取得聯絡。

元修和高歡，幾乎就是當年元子攸和爾朱榮的翻版，元子攸是怎麼死的，元修再清楚不過。元子攸之所以失敗，一個重要的原因就是他沒有外援。元修有鑑於此，特別看重關西軍的力量。

元修當著宇文泰的面，做出一個驚人的舉動，他用刀割破胸前的肌膚，滲出血來，放在容器裡，讓宇文泰帶給賀拔岳，以示君臣同力，共除國賊之決心。在政治上，元修也極力拉攏賀拔岳與宇文泰，以皇帝的名義封賀拔岳為雍州刺史，都督二十州軍事；宇文泰為武衛將軍。

在軍事上，八月，賀拔岳出兵西涼，實際上是武力恫嚇，逼迫斛拔彌俄突等人歸順自己。賀拔岳的大棒政策取得了非常好的效果，周邊各路小軍閥紛紛歸附，只有靈州刺史曹泥不買賀拔岳的賬，依然和高歡眉來眼去。

靈州就是現在的寧夏靈武，自古就是邊塞重鎮，戰略地位異常重要。賀拔岳統治集團的核心是長安（今陝西西安），在長安與靈州之間，地位最重的一個州是夏州（今陝西靖邊北），即南北朝時著名的夏國國都統萬城。

夏州扼靈州之腹背，只要賀拔岳控制住夏州，曹泥就不敢輕舉妄動。所以鎮守夏州的人選必須是對賀拔岳絕對忠誠的，但除了宇文泰，賀拔岳似乎沒有更合適的人選。宇文泰是賀拔岳的中樞大腦，賀拔岳想讓宇文泰留在身邊當軍師。但在眾人的強烈推薦下，賀拔岳猶豫之後，決定讓宇文泰去夏州赴任。

讓賀拔岳和宇文泰都沒有想到的是，宇文泰此次北上赴任，竟成永別！

有宇文泰在身邊，可以幫助賀拔岳拿主意，及時糾正賀拔岳的錯誤決策。現在宇文泰不在身邊，有人暗中竊喜不已。

誰呢？侯莫陳悅！

十　宇文泰的上位之戰

關西形勢現在分為三角格局，賀拔岳實力最強，侯莫陳悅次之，曹泥最弱。如果賀拔岳對曹泥下手，侯莫陳悅當然知道下一個倒楣的就是自己。在這種生存壓力下，侯莫陳悅決定鋌而走險，除掉賀拔岳。

侯莫陳悅不會愚蠢到去和賀拔岳拼刀子，因為他的肌肉沒有賀拔岳強壯。強攻不行，那就智取。侯莫陳悅表面上接受了賀拔岳的邀請，共同出兵討伐曹泥，然後找機會接近賀拔岳，伺機殺之。

其實賀拔岳這次消滅曹泥的計畫，遭到了宇文泰的極力反對，他對賀拔岳派來通知他這次軍事行動的趙貴說：「曹泥孤城偏遠，自守尚不足，何能圖我？我們最大的敵人是侯莫陳悅。將軍攻曹泥，就等於逼侯莫陳悅造反。與其如此，不如直接攻侯莫陳悅。」但賀拔岳已經被勝利沖昏了頭腦，沒聽宇文泰的。

侯莫陳悅將動手的地點選擇在靈州西南方向的河曲（應是現在的寧夏青銅峽），這裡距離曹泥統治的靈州只有一步之遙。侯莫陳悅動手的時間是在北魏永熙三年（西元五三四年）的二月，他把賀拔岳騙到自己的帳中喝酒，在席間，侯莫陳悅假裝肚子痛，離席而去。還沒等賀拔岳反應過來，侯莫陳悅的打手元洪景已經橫刀站在賀拔岳面前……

慘叫一聲，賀拔岳倒地而亡。

賀拔岳被殺後，侯莫陳悅安撫了雍州系軍隊，說自己奉皇帝密詔，只除賀拔岳一人，與汝等無涉。但侯莫陳悅卻沒有利用這次難得的機會將雍州系軍隊收在麾下，而是讓他們返回關中，自己則回到隴西。

賀拔岳被殺後，軍中不可無主帥，雍州系高層立刻召開推薦新主帥的會議，商量由誰來接替賀拔岳做上第一把金交椅。侯莫陳悅今天放我們回來，難說他明天就不會過來來砸弟兄們的飯碗。還不只是侯莫陳悅，東邊的高歡已經嗅出腥味了，派人來關西，企圖渾水摸魚。所以必須及早確定新任大哥。

在高層會議上，最先被推薦的是右都督寇洛。在所有雍州系高層將領中，寇洛的資歷最老，「洛於諸將之中，最為舊齒。」這一年（西元五三四年），寇洛已經四十八歲了，算是宇文泰的父輩。但面對大家的熱情舉薦，寇洛卻婉言謝絕。寇洛拒絕出頭的理由是自己才疏學淺，其實寇洛真實的想法可能是對雍州軍事集團的前景感到悲觀。不過寇洛同意在新任領導核心確定之前，他暫時代理集團事務。

在鎮北將軍趙貴和京兆太守雷紹的舉薦下，雍州集團的高層們很快確定了新任領導核心的人選，就是宇文泰。趙貴推舉宇文泰的理由是：「宇文夏州，英姿不世，雄謨冠時，遠邇歸心，士卒用命。加以法令齊肅，賞罰嚴明，真足恃也。」

宇文泰的資歷不如寇洛，但他在軍中的威望遠高於寇洛。所以趙貴推薦宇文泰，得到了高層的普遍擁護。

宇文泰面對邀請並沒有遲疑，在成功勸說想把他留下的夏州百姓後，立刻打馬趕回平涼。在賀拔岳死後，宇文泰不可能沒有一點私心。如果宇文泰慢了，那個眼熱的位子被別人佔了去，到時就沒地方買後悔藥了。就如他的幕僚韓褒說的那樣：「此天授也，又何疑乎！」

宇文泰對時局的判斷是對的，即使雍州系高層支持他，不代表高歡就不會渾水摸魚。果然，宇文泰在安定（今甘肅涇川）遇上了高歡派來拉攏雍州系人馬的長史侯景。

宇文泰當然知道侯景來關西不是觀光旅遊的，正色告訴侯景：「賀拔公雖死，宇文泰尚在！」侯景這才知道雍州系已經選出宇文泰當大哥了，既然關西人心已定，那他還待在關西做什麼，立刻回晉陽向高歡交差去了。

宇文泰來到平涼之後做的第一件事，就是給前任老大賀拔岳哭靈。宇文泰這麼做，一方面確實有收買人心，樹立自己仁義形象的考慮。而另一方面，賀拔岳和宇文泰也是血雨腥風中闖出來的生死交情，現在賀拔岳慘死，宇文泰念及兄弟舊情，也是很正常的。宇文泰在賀拔岳靈前哭得死去活來，把將士們感動得鼻涕一把淚一把，大家慶幸終於找對了人。

因為宇文泰很久以前就已經是雍州集團的二把手，他在軍中人脈深厚，所以他主軍以來，不需要過渡的管理時間。因為大家對宇文泰已經非常了解了，再加上大家都服他，所以宇文泰很快就把局面穩定了下來。

關西的形勢與賀拔岳時代相比，並沒有什麼顯著的變化，曹泥還統治著靈州，侯莫陳悅依然在隴西稱王。在表面上，曹泥和侯莫陳悅都算是獨立的軍閥勢力，但實際上宇文泰非常清楚，在曹泥和侯莫陳悅的背後，都有高歡幽靈一般的影子……

高歡在取得關東的控制權之後，他的下一個目標自然就是關西。高歡欲染指關西，就必須在關西內部尋找能維護自己利益的代理人，曹泥早就歸附高歡了，但曹泥實力太弱，影響不到大局。對高歡來說，他在關西最合適的盟友，就是侯莫陳悅。侯莫陳悅也需要在外部找一個強大的勢力做靠山，來制衡京兆集團，雙方一拍即合。

對宇文泰來說，他現在最需要做的，是搶在高歡進攻關西之前除掉侯莫陳悅。這麼做，有兩個好處：一是為賀拔岳報仇，更進一步地樹立自己的仁義形象；二是打掉高歡的內應，不然高歡總攻關西時，侯莫陳悅必然跳出來搗亂。

時間不等人，宇文泰決定立刻動手。宇文泰選定的第一個攻擊目標，是他曾經任職的原州。原州不僅處在京兆——隴西——靈州大三角區域的核心，攻下原州，宇文泰進可攻，退可守。而且讓宇文泰不能容忍的是，賀拔岳的死，在很大程度上是因為原州刺史史歸的背叛。宇文泰先打史歸這個內賊，也是想殺雞給猴看，讓手下弟兄們都學聰明點：誰敢背叛我，就是這個下場。

雖然侯莫陳悅已經在原州布局，派了二千精銳幫助史歸死守原州，但還是沒有抵擋住雍州軍前進的步伐。最讓侯莫陳悅惱火的是，這次雍州軍的主將是他的同宗——安北將軍侯莫陳崇。而且侯莫陳崇只帶了一千名騎兵，就輕而易舉地拿下原州，至於內賊史歸，自然難逃一死。

拿下原州，就等於切斷侯莫陳悅與曹泥、高歡的聯繫通道，形成「關門打狗」之勢。再加上宇文泰治軍有方，氣勢如虹，而侯莫陳悅為人陰狡，生性多疑、鼠目短淺，他哪裡是宇文泰的對手！

宇文泰對侯莫陳悅的攻擊戰略，一言以蔽之：閃電戰！北魏永熙三年（西元五三四年），宇文泰親率主力部隊，以騎兵的極限速度，迎著漫天飛舞的大雪，狂奔三百里，奇襲侯莫陳悅的駐地水洛（今甘肅莊浪）。

侯莫陳悅根本就不敢和宇文泰交手，連連後撤，先退至略陽（今甘肅秦安西北），再退至天水

（今甘肅天水），最後退到一個山溝裡。

侯莫陳悅退到山溝裡，估計是想打游擊戰，但沒想到他剛準備出山和宇文泰兜圈子，手下弟兄們就一哄而散了。宇文泰不會放過這個千載難逢的機會，按住侯莫陳悅就是一頓暴打，「大破之」。此戰結束後，宇文泰「虜獲萬餘人，馬八千匹。」

宇文泰發了一筆橫財，侯莫陳悅卻變成了窮光蛋。被打成豬頭的侯莫陳悅像無頭蒼蠅一樣在山溝裡轉了好幾天，糧食也吃光了，在心腹人的勸說下，侯莫陳悅同意去靈州，找曹泥討碗飯吃。或者侯莫陳悅還有一種打算，就是借道靈州，然後東渡黃河，投奔高歡。

現在的侯莫陳悅已經不是當初那個呼風喚雨的大軍閥了，他現在窮得連一匹馬都沒有，只剩下一頭騾子。侯莫陳悅騎著騾子，手下幾十號弟兄徒步，在山中東搖西晃地狼狽前行。

宇文泰是不會放過侯莫陳悅的，他派快馬去原州，命令原州都督宇文導（宇文泰大哥宇文顥的次子，宇文顥的第三子就是宇文護）在隴西去靈州的必經要道上攔截侯莫陳悅。同時派都督賀拔穎率輕騎在後面追殺。

前有追兵，後有阻截，侯莫陳悅上天無門，入地無路，在牽屯山被兩支雍州軍隊合圍，下場只有一個字：死！侯莫陳悅自知不免，找棵歪脖子樹上吊了。

除掉了侯莫陳悅，他戶頭上的所有銀子，都被宇文泰名正言順地裝進自己的兜裡。

從此，北魏有兩個大財主，一個是高歡，另一個是宇文泰。

至於名義上的大財主——傀儡皇帝元修，他只有一頂政治帽子，帽子上寫著五個鋁合金大字：我是大財主。除此之外，元修一無所有。

十一　高歡、元修、宇文泰的三角大博弈

歷史總在不停地重複。

現在元修的處境，和幾年前元子攸的處境一模一樣。元修是元子攸的複製品，高歡是爾朱榮的複製品。但有一點，元修比元子攸更為有利。在元子攸時代，爾朱榮幾乎控制了北魏所有州郡，元子攸想找個足夠分量的外援都沒有。元修不一樣，自從賀拔岳控制關西之後，元修就一直盯著賀拔岳，他知道賀拔岳是高歡的死敵，所以他在盡最大的努力，將賀拔岳拉過來，共同對付高歡。

雖然賀拔岳死了，但繼之而起的宇文泰能力又強於賀拔岳，而且宇文泰已經掃平了關西，實力已經可以和高歡平起平坐。只要能把宇文泰拉過來，元修就可以利用關西之力來制衡高歡，從中漁利。《北史．周本紀上》：「時神武（高歡）已有異志，故魏帝（元修）深仗於帝（宇文泰）。」

宇文泰取代賀拔岳主政關西，是北魏政治生活中的一件大事，北魏各方勢力都在密切關注宇文泰的一舉一動，其中自然包括高歡。高歡對賀拔岳知根知底，但他對宇文泰並不熟悉，高歡曾經試過拉攏宇文泰，或者說是試探宇文泰對自己的態度。

高歡派使者去長安，帶著一堆甜言蜜語和數不清的財寶，直言想和宇文將軍交個朋友。宇文泰不但不領高歡的人情，反而將高歡寫給他的信原封不動地送給元修，當眾抽了高歡一記響亮的耳光。

宇文泰在政治上拒絕高歡，對宇文泰、高歡、元修三方來說，各有好處。

對宇文泰來說，他在承認並尊重洛陽朝廷的前提下拒絕高歡，有兩點好處：一、樹立自己的忠臣形象；二、可以拉攏官場上的反高歡勢力。

對高歡來說，他遭到宇文泰的拒絕，好處是摸清了宇文泰的底線：黑獺不會做自己的附庸。如果宇文泰表面上接受高歡，背地裡卻給高歡拆臺，還不如直接拒絕。

對元修來說，宇文泰拒絕高歡，就等於向自己發出暗示：宇文泰是自己可以倚重的力量。

鑒於元子攸因為沒有外援而失敗，所以元修現在工作的重點，就是全力拉攏宇文泰。元修對於自己的生存策略，可以分為上中下三策：

一、上策：建立自己的軍隊，再加上宇文泰的配合，消滅高歡，奪回帝室權力。想在亂世中混江湖，手上沒有槍桿子是萬萬不能的。

二、中策：在上策做不到的情況下，元修本人逃離洛陽，前往關西，直接利用宇文泰的力量消滅高歡。

三、下策：什麼都不用做，乖乖地給高歡當玩偶。

下策顯然可以直接否定掉，上中二策的風險都非常大，一旦失敗，元修都將死無葬身之地。但就二策而言，元修顯然更傾向於上策，至少他可以在宇文泰和高歡之間遊走，有一定的主動權。如果採取中策，元修極有可能成為宇文泰的玩偶，那過去還有什麼意思？

在三方角逐中，宇文泰的態度其實是非常明確的，就是在軍事實力（相比高歡）不佔優勢的情況下，盡可能地在政治上多撈分，以此抵消高歡在軍事上的優勢。現在唯一能在政治上超過高歡的辦法，就是把元修置於自己的控制之下，挾天子令諸侯！

第一個向宇文泰提出迎天子定都長安的，是宇文泰手下大將于謹。于謹從姓名到籍貫都已經完全漢化，但他卻是一個鮮卑人。于謹原來姓勿忸于，在孝文漢化後，土斷為河南洛陽人，改漢姓為于。于謹屬於南遷鮮卑，和以宇文泰為代表的六鎮鮮卑不算一路人，于謹之所以能成為西魏北周頂級的元勳重將，就在於他向宇文泰提出了對武川軍事貴族集團發展意義極為重大的兩條戰略構想：一、定都長安；二、挾天子令諸侯。

雍州的治所在長安，但宇文泰一直沒有確定本集團的駐地。在于謹提建議時，宇文泰還在平涼。自潼關以西，州郡數十，而最符合建都條件的，只有長安。

宇文泰問于謹為什麼要定都長安，于謹的回答是：「關中是秦漢建都所在，而且關中北有大漠，可有牛馬之資；南憑巴蜀，可得豐饒物產。最重要的一點是，關中地勢險要，進可圖天下，退可守隴涼。」

接著，于謹又提出了「挾天子令諸侯」的政治主張。于謹認為元修不甘心受制於高歡，元修現在正在苦苦尋找外援，而我們是元修唯一合適的買家。于謹建議宇文泰對元修講清三方之間的利害關係，說服元修遷都長安。如是，我們則佔據政治上的極大優勢，「奉王命以討暴亂，桓文之業，千載一時也。」宇文泰聽完大笑。

出於對制衡高歡的共同戰略需求，宇文泰和元修在暗中談好了價錢，買賣成交。但這筆生意不能讓高歡看出破綻，所以雙方依然在暗中準備，等待合適的機會進行戰略交易。

雙方開始戰略配合，元修提高了宇文泰的政治級別，以便於宇文泰更好地控制關西。元修晉封宇文泰為「侍中、驃騎大將軍、開府儀同三司、關西大都督」，爵位為略陽縣公。

對於元修不斷釋放出的善意，宇文泰心領神會。在元修的要求下，宇文泰不斷向東增兵，派雍州刺史梁禦率五千步騎兵出鎮東雍州（今陝西華縣），宇文泰隨後也會趕到。

元修讓宇文泰向東增兵，有兩個目的：一、元修準備北伐高歡，宇文泰出兵與其共同作戰；二、一旦北伐不利，宇文泰的軍隊隨時可以接應自己入關。

元修也有膽量討伐高歡？這不是個笑話，元修真的就是這麼準備的。

高歡消滅爾朱氏後，回到晉陽根據地，高歡對洛陽的控制也是間接性的。洛陽城中真正的「太上皇」是侍中斛斯椿。斛斯椿是北魏末年官場的著名滑頭，他當初除掉爾朱世隆等人，也不是為了高歡。斛斯椿為人反覆無常，受到高歡的猜忌，出於自保的目的，斛斯椿勸元修培養忠於帝室的精銳武裝力量，一方面增加親衛部隊的人數，另一方面在河南各州郡徵兵。

不知道是元修太得人心，還是高歡太不得人心，或是元修的徵兵手段高超，元修居然徵到了十幾萬人馬！

當然在這十幾萬軍隊中，許多都是反高歡勢力的人馬，比如斛斯椿的本部兵，以及根本就不會打仗的壯丁。真正屬於元修嫡系的並不多，只有千餘人。

元修偷襲晉陽之前，必須確保計畫的保密性，所以元修運用雙重「聲東擊西」之計。元修在公開場合宣稱要南下討伐偽梁蕭氏，但他在暗中卻給高洋遞給假情報，說朕的真實用意並不是蕭衍，而是宇文泰和賀拔勝這兩個大反賊（賀拔勝時任荊州刺史）。元修的用意很明確，就是利用假的戰略規劃來干擾高歡的判斷。

對於元修的小算盤，老奸巨猾的高歡早就看穿了。在高歡最強，宇文泰次之，元修最弱的三方格局中，元修不去聯盟對付高歡這個主要之敵，反而去自相殘殺，這種事情只有孫權做得出來。

高歡的對策非常厲害，說得通俗點，就是就坡滾驢，順著元修的杆子往上爬，讓元修啞巴吃黃連，有苦說不出。高歡表面上非常支持元修，說宇文泰和賀拔勝這兩個反賊早就該除掉了，臣身為當代忠臣，自當為陛下分憂，云云。

高歡出手非常快，還沒有等元修反應過來，高歡的重兵已經南下。高歡兵分三路：

一、恒州刺史庫狄干、瀛州刺史郭瓊、汾州刺史斛律金、前武衛將軍彭樂所部，共四萬精銳。

二、領軍將軍婁昭、相州刺史竇泰、前瀛州刺史堯雄、并州刺史高隆之所部，共五萬精銳。

三、冀州刺史尉景、前冀州刺史高敖曹、濟州刺史蔡俊、前侍中封隆之所部，共十二萬精銳，（此路軍的戰略目的是牽制宇文泰）

其中五萬騎兵。

高歡壞笑著，上表說軍隊已經調動完畢，只等陛下一聲令下，我等便浩浩蕩蕩開赴前線，為陛下拋頭顱、灑熱血，上刀山、下火海……

看完高歡的奏疏，元修差點沒氣吐血：朕還是小看賀六渾了。高歡把陣勢搞得這麼大，根本就是衝著自己來的。「帝知歡覺其變」，元修這場騙中騙的大戲，已經演不下去了。如果高歡的軍隊來到洛陽，自己將無法收拾殘局，難道真要在高歡軍隊的監視下去討伐賀拔勝？

元修現在最需要做的，就是想辦法阻止高歡南下。還有一點，高歡始終對北魏帝室定都洛陽持反對態度，高歡希望元修能來鄴城居住，以便自己更好地控制朝局。元修當然不願意去鄴城，至少他在洛陽還算有行動自由的，誰願意去當金絲雀？

不過元修對高歡是否會叫停準備南下的三路大軍沒有太大的信心，但有一點元修可以肯定：他不能再在洛陽待下去了。即使高歡這次不南下，下次呢？洛陽離河東太近，一旦高歡想除掉他，河東軍隊可以輕而易舉地殺到洛陽城下，元子攸就是這樣輸給爾朱兆的。

元修立刻召集群臣會議，商量去什麼地方避難，大家對此進行了熱烈的討論。結果很快出來，群臣有四種建議：一、去江東投奔蕭衍大法師，在同泰寺裡當個小和尚；二、去荊州投奔賀拔勝；三、去關西投奔宇文泰；四、哪都不去，留在洛陽和高歡決一死戰。

第一個觀點純粹是逗元修玩的，去江東當個傀儡王爺，還不如在高歡翼下當個傀儡皇帝。第四個觀點毫無建設性，如果要留下來決戰，還有必要討論去哪嗎？真正有價值的建議，只有第二條和第三條。

在選擇賀拔勝還是宇文泰的問題上，元修比較傾向於去關西。賀拔勝的的地盤大致在今河南省西南部，即南陽附近地區，實力明顯弱於宇文泰，既然是逃命，自然要去一個安全係數更高的地方。

中軍大將軍王思政也勸元修去關西，理由是：「關中據高山大河之險，一夫當關，萬夫莫開。而且關西兵強馬壯，糧草物資豐足。陛下若去關西，進可圖高歡，退可守關西。陛下欲興復祖業，捨卻關西，別無他路。」王思政是元修的心腹大將，元修非常信任他。王思政所言，正合元修之意。此時賀拔勝已經出局，元修已經基本決定去關西。

元修和宇文泰素未謀面，也不知道黑獺為人如何，千萬別像賀六渾那樣老奸巨猾。為了穩妥起見，元修派散騎侍郎柳慶入關找宇文泰談話，考察關西是否具備迎駕的條件。宇文泰對考察團的到訪表示十二分的歡迎，並陪同柳慶檢查了長安的各角落，柳慶對長安的申辦工作也表示滿意。

柳慶回到洛陽後，元修在第一時間就秘密召見了他。這時的元修似乎對去關西心存疑慮，他又提出了去荊州找賀拔勝的備選方案。柳慶勸元修不要三心二意，宇文泰比賀拔勝更合適，柳慶的原話和王思政基本一致，不再重複。

元修和宇文泰眉來眼去，晉陽城中的高丞相看得一清二楚。

元修要跟宇文泰勾搭在一起，一旦宇文泰得到了這個政治資源，對高歡是非常不利的。高歡也不是等閒人物，既然元修敬酒不吃吃罰酒，那就別怪高歡霸王硬上弓了。

高歡的應對策略非常毒辣，他下令增派三千名精銳騎兵駐守建興（今山西晉城北），同時將洛陽附近州郡的糧食悉數搬到鄴城。高歡這麼做，用意有兩個：一、用武力威迫元修就範，乖乖地遷都鄴城，以便高歡拉近控制。二、一旦元修西逃，那就不能讓元修帶走一粒糧食。人可以走，但糧食必須留下。

高歡這招果然給元修造成了非常大的壓力，氣急敗壞的元修給高歡下詔，責備高歡心術不正。高歡本來還打算用武力脅迫元修就範，但元修軟硬不吃，高歡非常惱火。

既然雙方的關係即將破裂，高歡也覺得沒必要再給元修好臉色看了，乾脆上表，大罵宇文泰和斛斯椿、王思政等人奸邪亂政。高歡這是在給元修下套，只要元修投奔宇文泰，那就說明元修信用奸邪小人，那高歡再公開反對元修，就有理論依據了。

元修的利益和高歡的利益是完全衝突的，他們之間，已經沒有任何可以互相讓步的可能。既然日子過不下去了，那就離婚吧。

元修接著連出兩招：

一、試探洛陽官場的北方籍官員對帝室的忠誠度，「敕文武官北來者任其去留」，願意跟著我的都留下來，想跟高歡發財的趕快走人。

二、下詔暴高歡之惡，公告天下，把高歡的醜事都抖出來，讓賀六渾顏面掃地。元修公開宣稱要討伐逆臣高歡，打掉高歡在自己身上賺到的政治優勢。

元修的《罪逆臣高歡檄》被好事者傳到了晉陽，高歡鐵青著臉看完了這份詔書。

軍事角度上講，高歡根本不怕元修那些烏合之眾，但問題出於政治上。元修是天下承認的皇帝，反不得。再說元修是高歡自己擁立的，如果直截了當地反元修，高歡豈不是打自己耳光？

當然這種事情在技術上沒什麼難度，打著「清君側」的旗號就行了。至於要「清」誰，除了在元修身邊上躥下跳吐壞水的斛斯椿，還能有誰？高歡立刻昭告天下，指責斛斯椿亂政禍國，但高歡隻字不提元修，只說「今者南邁，誅椿而已」。

誰也不是傻子，高歡攻陷了洛陽，元修還有活路嗎？元子攸失敗的教訓就在眼前！看來高歡對元修已經產生了審美疲勞，元修在臺上跳來跳去，成天給他找麻煩，是時候換人了。

換掉元修，再扶持一個聽命於高歡的宗室上臺當傀儡，這就意味著，宇文泰當初砸的大額投資將血本無歸。事實上高歡準備拿下元修，就是衝著宇文泰去的，宇文泰當然不能無動於衷。

在兩弱對一強的格局下，一強對兩弱中的任何一弱動手，其最終目標都是剷除另外一弱。元修要是倒了台，對宇文泰最大的損失倒不是政治上的優勢，而是河洛地區相對獨立（於高歡）的三角戰略格局。如果高歡控制河洛之後，再拿下荊州，就會對宇文泰呈「關門打狗」之勢。

宇文泰自然不會坐以待斃，他的對應戰略是：欲保關西，必先保洛陽，至少也要保下元修本人。高歡軍事實力強大，可以不在乎這個政治資源，但實力相對弱小的宇文泰卻非常需要。就像袁紹不屑迎獻帝，而曹操卻顛巴巴的把獻帝迎過門當祖宗一樣供著。

此時在政治上，形勢對宇文泰相對有利，因為高歡以大臣的身分和皇帝大打出手，而宇文泰則堅定地站在皇帝陣營，這就容易給外人造成一種印象：高歡欺君，宇文泰忠君。

宇文泰連出五招：

一、派前秦州刺史駱超率一千名關西最精銳的騎兵趕赴洛陽，協助元修，鼓勵中央軍的鬥志。

二、派涇州刺史王羆率一萬重甲步兵鎮守華州（今陝西大荔），一旦河東軍隊不是進攻洛陽，而是進攻關西，王羆可作為關西的北線防禦陣地。

三、右大都督寇洛率馬步軍萬人東進，如河東軍進攻洛陽，那麼寇洛的這支軍隊就立刻東渡黃河，偷襲晉陽，抄了高歡的老巢。

四、宇文泰令他的盟友、荊州刺史賀拔勝率軍北上，作為接應。

五、宇文泰本人率主力部隊出潼關，駐屯恒農郡（今河南三門峽），如洛陽失守，河東軍西進，那麼這支軍隊就將作為關西的南線防禦陣地。

就在宇文泰緊鑼密鼓地進行戰略布局時，高歡和元修都已經亮劍出鞘，大戰在即……

高歡的軍隊已經大舉南下，而且行軍速度極快，借宇文泰的話說：「數日行八九百里。」

高歡用兵的方式非常不理智。高歡和元修已經公開翻臉，元修也做好了迎戰準備。在這種情況下，高歡沒有必要一天急行上百里，消耗軍隊的體力，等到了河南，高歡的軍隊也已經筋疲力竭了，「強弩之末，勢不能穿於魯縞。」

高歡不可能不知道這個道理。

高歡犯了一個明顯的戰爭邏輯錯誤，而作為高歡的直接對手，元修卻犯了一個更為愚蠢的戰術錯誤。

北魏永熙三年（西元五三四年）七月初九日，元修糾集各派勢力的十幾萬人馬，離開洛陽，駐紮在黃河南岸的邙山至河橋一帶。

元修犯的戰術錯誤，正在於他沒有渡河，而是死守黃河南岸的河橋。河橋確實是河洛地區黃河兩岸唯一的橋樑要道，元修認為欲守住洛陽，就必須先守住河橋，否則一旦讓高歡的野戰軍衝過黃河，後果不堪設想。但元修如何能夠肯定高歡的軍隊一定會從河橋過河？沒有橋，高歡難道不會造浮橋過河麼？

死守黃河南岸，這是被動的消極防禦戰略。斛斯椿就看出了元修用兵的敗筆，他提出「請帥精騎兩千夜渡河掩其（高歡）勞弊」，就是想變被動防禦為主動防禦。元修本來也同意斛斯椿這個禦敵於國門之外的戰術，沒想到「輕薄無行」的侍中楊寬卻投了反對票，楊寬私下勸元修：「如果斛斯椿過河能戰勝高歡，那麼，斛斯椿將吞併高歡的地盤，又將成為陛下的死敵。」元修大悟，立刻叫停斛斯椿的行動。

斛斯椿站在黃河南岸，看著河北風雲變色，痛暲楊寬奸邪誤國。

以斛斯椿的能力，一旦他消滅了高歡，他必然會變成第二個高歡，反過來威脅元修。但元修沒有想明白的是，斛斯椿對自己的「威脅」是將來式，而高歡對自己的威脅則是「現在式」。輸給斛斯椿是將來死，而輸給高歡，現在就得死！元修只看到了斛斯椿將來對自己的潛在威脅，卻忘記了高歡對自己的現實威脅。

元修在軍事上是非常自信的，原因是他並沒有將軍隊全部集中在河橋，而是分散在各個重要渡口，只要各部能守住這些險隘，高歡就別想過河。在元修的潛意識中，他對高歡戰略的底線是保住河南，而不是吃掉高歡。所以元修認為斛斯椿不過河，他一樣能守住河南。

除了在河橋集結的中央軍外，還有許多反高歡的軍閥在黃河南岸駐防，計有：大行台長孫承業、大都督元斌之守虎牢關（今河南鞏義西北），汝陽王元暹守石濟津（今河南滑縣西南），行台長孫子彥守恒農、賈顯智、豫州刺史斛斯元守滑台（今河南滑縣）。

元修自認為他的南岸防禦戰略已經非常嚴密，但問題還是老生常談：他知道高歡將從哪個口岸渡河？

高歡早年跟在爾朱榮身邊時，就親身經歷了爾朱榮是如何突破元顥黃河防線的，同樣的問題擺在他面前，他根本不用動腦筋，照抄老文章就行了。

不過高歡並沒有選擇西線的恒農，原因很簡單：宇文泰的軍隊已經過來了，如果選擇從恒農渡河，勢必過早地和宇文泰交火，反而便宜了元修。很快，賈顯智就成了高歡的座上客。

高歡選擇的突破口是東線，即石濟津和滑台。高歡下令：竇泰、左廂大都督莫多婁貸文、安東將軍張保洛攻滑台，建州刺史韓賢攻石濟津。賈顯智是北魏官場與斛斯椿齊名的大滑頭，他在江湖上混的不是忠誠，而是利益。賈顯智當年能出賣爾朱世隆，現在同樣能出賣元修。

元修沒想到高歡會從滑台渡河，有些手忙腳亂。但元修還是沒有看透高歡，高歡在滑台的軍事行動其實是虛晃一槍，他的理想過河地點並不是滑台，而是野王（今河南沁陽）。高歡「聲東擊西」，他在滑台的軍事行動是有意識地給元修製造將從滑台渡河的錯覺，干擾元修的判斷。

野王位於河橋的偏北方向，距離洛陽也不過百里之遙，如果從這裡渡河，能最大限度地爭取時間。高歡從野王率部南下，準備渡河。不過為了顯示自己「仁至義盡」，高歡又給洛陽城中心跳不斷加速的元修寫了一封信，陳述自己對朝廷的忠誠。現在已經沒人相信高歡的這一套了，哄鬼去吧。

得到被元修拒絕的消息後，高歡大笑。

北魏永熙三年（西元五三四年）七月二十六日，高歡的軍隊風馳電掣般地渡過了黃河……

元修傻眼了。

他沒想到高歡「聲東擊西」之計運用得如此爐火純青，他還憋著一肚子壞笑想要高歡呢，結果又被高歡給耍了。

現在想這些已經沒有任何意義，當務之急是趕快逃離高歡的魔爪。洛陽是絕對不能待下去了，現在元修唯一能去的地方，只有宇文泰控制的關西。

七月二十七日，元修將洛陽中的宗室緊急集合起來，帶著他僅有的五千騎兵，夜宿於洛陽城外，準備投奔宇文泰。元修高估了自己在這些人中的威信，並不是所有人都願意跟著他亡命關西，他們更想留在故土。他們並不在乎誰來統治他們，他們只在乎誰能保障自己的利益。

當天晚上，有許多人開始從營中逃出來，五千人逃出了至少兩千五，甚至連清河王元亶、廣陽王元湛這樣的宗室都背叛了元修，悄悄逃回洛陽城，只有南陽王元寶炬沒有離開。

現在的元修已經管不了他們了。

七月二十八日，元修帶著二千多人倉皇西逃，在下令起程的那一刻，元修淚流滿面。他看了最後一眼遠處巍峨高大的洛陽城，然後頭也不回地縱馬西去。他知道，這次離開，也許就是永別。

七月二十九日，元修前腳剛走，高歡的軍隊就氣勢洶洶地殺進了洛陽城。

高歡進城之後，當務之急是盡快選擇一個傀儡皇帝，繼續當高歡的政治擋箭牌。高歡知道，元修落在宇文泰手上，宇文泰自然要利用元修的皇帝身分大作文章。高歡做事非常刁猾，他在選擇新君之前，先把洛陽百官痛罵一頓，說他們都是大飯桶，君有過而臣不糾，君出亡而臣不陪從，臣節安在！

高歡冷笑著，下令將幾個「罪臣」斬首示眾，這幾頭替罪羊是：尚書左僕射辛雄、開府儀同三司叱列延慶、吏部尚書崔孝芬、都官尚書劉廞、度支尚書楊機、散騎常侍元士弼。

接下來高歡要做的，就是扶持一個傀儡皇帝上臺。至於人選，高歡看中了清河王元亶，元亶是孝文皇帝的孫子、清河王元懌之子。和元子攸的父親元勰一樣，元懌也是名滿天下的賢王，在官場民間威望甚高，而且元懌也是被奸臣害死。

高歡選擇元亶，不僅是考慮到要藉元懌在官場上積累的人氣。更重要的是，西逃的元修必然淪為宇文泰的政治資源，而元修是孝文皇帝的嫡孫，所以在候選皇帝的血統上，高歡絕不會選擇一個宗室旁支，只能選擇和元修同級別的親王。而此時的元修，正在逃往關西的路上。

也許元修已經預感到了高歡是不會放過他的，他幾乎是以最快的速度向西狂奔。高歡派出的兩路人馬，如婁昭和高敖曹，都沒有追上元修，只好悻悻而回。正因為走得急，元修沒帶足夠的乾糧和水，走了幾天，人饑馬乏，一路上只能吃野果喝泉水充饑。

元修一行非常狼狽地逃到潼關，才得到潼關大都督毛鴻賓的熱情款待。一群餓鬼看到毛鴻賓安排的豐盛飯菜時，眼都綠了，直流口水，搶成一團。元修一邊摸著圓鼓鼓的肚皮，一邊稱讚毛鴻賓：「寒松勁草，所望於卿也。事平之日，寧忘主人。」

離開潼關後不久，元修就遇上了奉宇文泰之命特來迎駕的趙貴和梁禦，二將對元修畢恭畢敬，不敢少禮。元修深受感動，站在渭水河邊，元修感慨道：「此水東流，而朕西上。如果有一天朕能殺回洛陽，重整大魏天下，朕必不忘卿等之功。」元修說完，痛哭流涕，眾人號哭不休……

在北魏永熙三年（西元五三四年）七月一個炎熱的日子，元修終於見到了傳說中的關西大行台宇文泰，地點在長安東面的東陽驛（今陝西渭南東郊）。東陽驛距離當年項羽設鴻門宴的地方，只有一步之遙。

宇文泰表演的時間到了。

宇文泰摘下帽子，跪在元修面前號啕痛哭：「為人臣者，不能救君於水火，反使陛下播越流離，臣罪不可赦！」元修當然知道宇文泰是在演戲，但他當然不能揭穿宇文泰說：「卿演技一流，可得最佳男演員獎。」何況天下公認的最佳男演員，是高歡。

元修這幾年跟著高歡混，演技提高了不少，他扶起宇文泰，深情地說道：「宇文將軍忠名久著，朕早知之。朕無才無德，上愧祖宗，下愧黎庶，以致今日。高歡作惡於九州，萬方無策，惟賴將軍英雄，挽我大魏江山於即倒。朕今日得將軍，必有一日能報賀六渾之辱！以後軍國大事，皆由將軍決斷。」

元修說了半天，其實最後一句話才是最關鍵的，這就意味著元修以皇帝的名義，正式承認了宇文泰對關西的統治。元修還算聰明，關西是宇文泰的地盤，他說不說這句話，關西的事情都由宇文泰做主，還不如自己主動說出來，撈個空頭人情。

宇文泰知道元修會這麼說，他早安排好了劇情，元修話音剛落，三軍將士齊呼皇帝陛下萬歲，簇擁著元修，進入千年古都長安。

當元修心情複雜地踏進長安城時，他已經意識到了，他的祖先們積一百多年之功才打拼下來的大魏帝國，將正式分裂。

在歷史上，關於北魏分裂的年代斷限是元修西奔這一年，也就是西元五三四年，但卻是以東魏皇帝元善見登基為標準的。至於西魏，史學界一般都將元寶炬在西元五三五年登基視為西魏建國之始。元修的歷史身分是北魏末代皇帝，但其實元修應該是西魏第一個皇帝，只不過一人分飾二角，在技術上處理有些麻煩，所以史家們就把元修放在了北魏史。

詔下，封宇文泰為大將軍、領雍州刺史、兼尚書令。「軍國之政，咸取決焉。」為了進一步拉攏宇文泰，元修還犧牲了自己的妹妹，把馮翊長公主嫁給了宇文泰。其實早在洛陽時，元修就已經決定要嫁妹妹了，只不過當時沒來得及操辦婚事。

元修嫁妹，與其說是對宇文泰的獎勵，不如說是給自己買的一份政治保險。一旦公主和宇文泰感情和睦，並生下事業繼承人，即使以後他和宇文泰翻臉，宇文泰也要給大舅子一個面子，不至於像爾朱兆殺元子攸那樣。

元修還是太天真了，他一直認為高歡是頭惡狼，宇文泰是隻溫順的綿羊。

其實，宇文泰也是一頭惡狼，他和高歡的區別，也只在於他披著一張羊皮而已。狼總是要吃肉的，宇文泰就是高歡想要吃到的那塊肥肉。高歡已經意識到，元修逃到長安之後，宇文泰必然會發動大規模的反擊，與其被動防守，不如主動出擊，趁宇文泰在關西立足未穩之時，進一步確定對宇文泰的戰略優勢。高歡沒有在洛陽多做停留，而是率軍沿著黃河向西挺進。關西與河東勢力的分界點，就是潼關。潼關位於黃河與渭河的匯流處，是關東進入關西的必經之地，戰略地位極為重要。東方軍隊進入潼關後，豐饒的關中大地便無險可守。只要拿下潼關，長安就在高歡眼前。

北魏永熙三年（西元五三四年）九月十一日，高歡的軍隊蝗蟲一般撲到了潼關城下。大都督毛鴻賓還沒反應過來是怎麼回事，就成為高歡的俘虜。隨後高歡繼續向西推進，又拿下了關西重鎮華州（今陝西華陰）。

拿下潼關和華州後，高歡的軍隊在關西有了落腳點，進可圖關西，退可守河東。高歡把刀插在宇文泰的腹部，提前搶到了賽點，只要高歡能至少守住潼關，就可以確定「高歡可攻可守，宇文泰只能守不能攻」的格局，這對高歡是非常有利的。

高歡派行台尚書長史薛瑜留守潼關，薛紹宗守華州，自己隨後撤離關西，高歡下一個軍事目標是盤踞在荊州的賀拔勝。賀拔勝和宇文泰是穿一條褲子的，高歡的對敵戰略「圍點打援」，暫時不對宇文泰下手，但要清除掉宇文泰所有的盟友。

不過像賀拔勝這樣實力相對弱小的對手，不需要高歡親自出馬，殺雞焉用牛刀。替高歡出面教訓賀拔勝的，是時任吏部尚書的侯景。

侯景出生於西元五〇三年，與梁武帝蕭衍的次子蕭綱同年出生。蕭衍在隔岸觀火的時候，根本沒有意識到，高歡手下那個並不太起眼的羯人侯景，對自己來說意味著什麼。

侯景和高歡的關係，幾乎就是當年高歡之於爾朱榮的翻版。在爾朱榮時代，高歡老老實實地給爾朱榮做打手，積攢了不少銀子，侯景同樣如此。高歡一天不死，借侯景一百個膽子，他也不敢造高歡的反。

大丞相令下，侯景立刻率軍南下收拾賀拔勝。在元修西逃期間，賀拔勝已經接到了元修的調令，率本部北上準備與宇文泰會合，共同對付高歡。賀拔勝也是個滑頭，他不想當宇文泰的炮灰，慢慢騰騰地往前爬。等高歡攻陷潼關時，賀拔勝才來到淅陽（今河南西峽），行軍里程不過百餘里。

賀拔勝是當時著名的武將，史稱「便弓馬，有武幹」。而他的對手侯景自小就跛了一條腿，論上馬拉弓，一百個侯景也玩不轉賀拔勝。但侯景的優勢在於謀略，侯景曾經跟著名將慕容紹宗學過孫子兵法，灌了一肚子的「壞水」。

賀拔勝在南陽和侯景大打出手，關於這場戰役，史書上記載不詳，只是說「勝軍不利」。但從「（賀拔勝）率麾下數百騎南奔梁」來看，賀拔勝應該是慘敗。值得一提的是，和賀拔勝同時南逃的還有兩個人：隋文帝楊堅的父親楊忠，以及楊忠後來的兒女親家、唐高祖李淵的外祖父獨孤信。

侯景在打跑了賀拔勝之後，並沒有立刻收兵，而是繼續在魏梁邊境上轉悠，尋找可口的美味。東荊州（今河南泌陽）刺史馮景昭曾經接受過元修的調令，算是元修的人馬，所以侯景必須打掉馮景昭。侯景率軍直趨穰城（今河南鄧縣），在「內奸」楊祖歡的協助下，將誓死效忠元修的馮景昭打敗，馮景昭下落不明。

掃清了來自荊州方向的威脅，高歡後顧無憂，可以集中全力對付宇文泰。

高歡對宇文泰採取的戰略是：軍事上進行高壓，政治上進行分化。前面講了，元修逃到關西之後，高歡已經確定由清河王元亶來接元修的位置，一切準備就緒，只差舉辦結婚儀式了。

但讓高歡沒想到的是元亶還沒有正式稱帝，已經擺出皇帝的架子，元亶出入都要帶上大批武士。高歡對此非常反感，元亶沒稱帝都敢翹尾巴，一旦稱了帝，豈不是要蹦上天？高歡需要的是聽話的玩偶，而不是擺譜的祖宗。

不知道是聽了誰的主意，還是高歡靈光一現，他把主意打到了元亶的兒子元善見身上。

元善見是元亶的嫡生世子、孝文皇帝最年長的嫡曾孫，而且最讓高歡滿意的是，在這一年（西元五三四年），元善見只有十一歲。元修和元亶都是成年人，不利於高歡的控制，但年幼的元善見顯然不會給高歡帶來什麼麻煩。

高歡決定拋棄元亶，他直截了當地告訴元亶：「欲立王，不如立王之子。」元亶作夢也沒有想到，自己的皇帝夢居然毀在了兒子手上，已經擺過皇帝架子的元亶羞愧難當，一怒之下，南下去投靠蕭衍。元亶沒跑多遠，就被高歡派人追了回來，踢到一間黑屋子裡當太上皇。

北魏永熙三年（西元五三四年）十月十七日，天寒地凍，北風呼嘯，十一歲的元善見在高歡的擺布下，即位於洛陽，改元天平，大赦已經混亂至極的「天下」。元善見的稱帝，意味著北魏長達一百四十八年的輝煌歷史正式走進墳墓。取而代之的是東魏、西魏——兩個由外姓控制的空殼帝國。東西魏的出現，也意味著高歡和宇文泰這對絕代梟雄的直接對抗正式拉開大幕……

北魏分裂還有一個負面效應，就是繁花似錦的洛陽城，已經不再適合做國都了。

東西魏對峙局面出現後，高歡和宇文泰的地盤以潼關為分界點，而洛陽離潼關實在太近。且不說宇文泰一旦攻陷洛陽，會對高歡造成多大的戰略壓力，如果元善見再被某個多事者拐跑，難道再讓高歡立一個傀儡？這豈不讓天下人笑話。這種事情做過一兩次就足夠了，做多了，觀眾會產生審美疲勞的。

高歡做出了一個不算特別艱難的決定——遷都鄴城。東魏天平元年（西元五三四年）十月二十七日，元善見奉「太上丞相」高歡之命，從洛陽出發，前往這個聰慧兒童眼中的陌生世界。高歡做事，從來都是非常狠毒的，反正洛陽已經不再適合建都，不如把洛陽整體搬遷過來，不給宇文泰，或者蕭衍留下一塊蛋糕。經過一百多年的和平發展，特別是孝文遷都以來四十多年，洛陽成為北中國的政治經濟文化中心，僅常住居民就有四十萬戶。

由於事發倉促，四十萬戶（人口可能達到百萬）洛陽居民在一片亂象中「狼狽就道」，這次洛陽居民整體搬遷也是南北朝歷史上最大規模的城市人口遷徙。上至皇帝，中至王公貴族，下至黎庶，都因為高歡的一己之私而飽嘗了背井離鄉之苦。

站在高歡的利益立場上，掏空洛陽無疑是一個正確的決定。

就在元善見稱帝後不久，高歡就從西線戰場上得到一個壞消息：宇文泰率軍攻陷潼關，斬守將薛瑜（《周書．文帝紀上》作「薛瑾」），高歡留在潼關的七千精銳部隊，一轉手就成了宇文泰的私產。高歡氣得大罵薛瑜是個大飯桶。

潼關落在高歡手上，對宇文泰產生的巨大戰略威脅，所以宇文泰不惜一切代價也要把潼關奪回來。

宇文泰並沒有把戰線拉得太長，雖然宇文泰在奪回潼關後，派信武將軍元慶和去討伐東魏，但元慶和帶的是偏師，對東西並峙的格局根本產生不了太大的影響。宇文泰意識到，他和高歡的戰爭將是長期的持久戰。既然一時半會兒拿不下高歡，那現在就沒有必要把精力全部放在高歡身上。

宇文泰主持關西軍政，從賀拔岳被侯莫陳悅殺害算起，到現在也不過八個月的時間，宇文泰在關西的政治基礎也不是很堅實。所以宇文泰現在的首要任務是鞏固權力，先紮好自家的籬笆牆。

宇文泰在關西有許多對手，但沒有哪個對手比他的大舅子元修更讓宇文泰頭疼。嚴格來說，元修初來關西，他和宇文泰正處在一個政治蜜月期，一時半會還翻不了臉，所以此時元修還算不上是宇文泰的敵人。

問題出在元修的私生活上。

元修在洛陽時曾經娶了高歡的女兒做皇后，這是一樁明顯的政治婚姻。元修和高皇后與其說是夫妻關係，不如說是牢頭和犯人的關係，高皇后就是高歡安插在元修身邊的「內奸」，他們之間的感情可想而知。

元修所喜歡的，是另外三個女人。

男歡女愛，人之常情，但問題是，這三個元修喜歡的女人，都是他的堂妹！這三位公主分別是：南陽王元寶炬的姐妹平原公主元明月、東魏皇帝元善見的姑母安德公主，以及名叫「蒺藜」的宗室公主。

在這三位公主中，最受元修寵愛的是元明月，元修逃離洛陽時，唯一帶在身邊的就是元明月。元修初來時，宇文泰對元修禮敬有加。但當元明月風騷妖嬈地站在宇文泰面前時，宇文泰傻眼了，他作夢也沒想到，元修居然亂倫！

當初宇文泰千方百計要把元修迎到長安，不僅因為元修是正牌皇帝，更重要的是元修在官場上的好人品，「性沉厚，學涉，好武事。」可現在元修出了這種事情，會影響他的政治形象，進而影響宇文泰要打的這張皇帝牌。

宇文泰也是個厚黑派，如果他對元修和元明月的亂倫不滿的話，可以旁敲側擊點一下元修，如果元修不同意，再動手不遲。宇文泰根本就沒有和元修商量，直接指使元魏宗室騙殺了元明月。

元明月的死，極大地刺激了元修，現在元修才看清了宇文泰的本來面目——這是一頭披著羊皮的惡狼！早知如此，自己又何必從東邊的虎狼窩跳進西邊的虎狼窩，有什麼區別？

元修很後悔，但他現在被宇文泰控制，還不敢公開和宇文泰翻臉，但已經是非常的「不悅」。元修的隱忍術沒有練到家，每次想到明月的慘死，元修都怒不可遏。他一會兒拉弓射箭，一會兒踢翻案子，來發洩自己的憤怒。

這一切，宇文泰都看在眼裡，他知道，元修的發狂，都是衝著自己來的。宇文泰本來就沒把元修當盤菜，他請元修來關西，是來當玩偶的，不是讓他來做自己的祖宗。

西魏永熙三年（東魏天平元年，西元五三四年）閏十二月十五日，元修在逍遙園宴請賓客後，因為覺得口喝，又喝了一杯酒。

這是一杯毒酒！

《北史．魏紀五》：「帝飲酒，遇鴆而崩，時年二十五歲。」至於是誰在其中做的手腳，地球人都知道，說出來就沒意思了。

元修死後，宇文泰假惺惺地替元修大辦喪事，跪在元修靈前號啕痛哭，並追謚為孝武皇帝。演戲誰不會？

至於由哪位親王來接替元修的工作，宇文泰已經有了中意的人選，就是南陽王元寶炬。元寶炬和元修一樣，都是孝文皇帝的孫子。在高歡已經選擇孝文皇帝曾孫元善見的情況下，宇文泰自然不會選擇疏遠宗室。

二十八歲的元寶炬不情不願地坐於火坑上面，任由宇文泰擺布。但他不敢反抗。元修是怎麼死的，元寶炬不可能不知道。

東魏天平二年（西元五三五年）正月初一日，元寶炬在長安西郊正式稱帝，國號還是大魏，改元大統元年。元寶炬是西魏歷史上第一個皇帝，從他坐在御床上的那一刻開始，歷史上著名的東西魏爭霸史，正式開始上演。

當然，元寶炬和元善見都只是沉默的旁觀者，他們有看戲的權利，但沒有發表自己觀點的權力。

有高歡和宇文泰在，所有人都是配角。

十二　小關之戰

東魏和西魏之間的大戰，其實並不是始於西元五三五年，早在去年底，宇文泰就已經派信武將軍元慶和率軍進攻東魏。不過元慶和純粹是給高歡撓癢癢的，他手上那些蝦米兵，根本無法撼動高歡。對於這一點，高歡和宇文泰心照不宣。

從西魏大統元年（東魏天平二年，西元五三五年）初春到西魏大統三年（東魏天平四年，西元五三七年）正月，高歡和宇文泰都忙於內政，調整權力結構。

在這兩年時間內，東魏和西魏爆發過兩場「上檔次」的戰爭。第一場是在大統元年的正月底，高歡派大行台司馬子如、大都督竇泰、太州刺史韓軌率軍進攻潼關。

東魏軍進攻潼關，很可能是虛晃一槍，他們的真正目標是城防工事還不太完備的華州。東魏軍雖然很快就架梯子爬進了城，但接下來卻上演了一齣鬧劇。鎮守華州的是西魏名將王羆，王羆聽說東魏兵攻城，光著膀子，操起一根大白棒子，衝出了衙門。

不知道高歡派來的都是些什麼軍隊，一個光棍般的王羆，居然就能將東魏兵嚇得連連後退。隨後西魏兵大舉殺到，揪住東魏兵，劈頭蓋臉就是一頓胖揍，司馬子如等人灰頭土臉逃回去了。

第二場戰役發生在西魏大統二年（東魏天平三年，西元五三六年）正月，高歡親自率一萬名精銳騎兵，以迅雷不及掩耳之勢，從晉陽出發，僅用了四天就渡過黃河，殺到西魏的北方重鎮夏州城下。

因為高歡這場偷襲戰保密程度非常高，西魏方面毫無察覺，等夏州刺史斛拔俄彌突發現城下突然出現東魏騎兵時，已經來不及了。當天夜裡，高歡下達了攻城令，數不清的東魏鮮卑族士兵瘋狂爬城，活捉斛拔俄彌突。

高歡攻夏州，用意是打通河東與靈州曹泥，以及曹泥女婿劉豐生控制的涼州之間的聯繫管道。如果靈州、涼州能和夏州、河東連成一片，那麼高歡就將進一步壓縮宇文泰的北線防禦體系。

高歡能想到的，宇文泰當然也會想到，留曹泥在自己腹背，總是個禍害。隨後宇文泰親自帶隊強攻靈州，甚至不惜挖開黃河，水淹靈州城。宇文泰把耳光扇在曹泥臉上，疼的卻是高歡，他當然不能讓宇文泰得逞。就在靈州城即將被淹沒的關鍵時刻，高歡火速電令阿至羅部落的三萬鐵騎渡河直襲西魏軍的背後，捅了宇文泰一刀，搶了西魏軍五十匹戰馬。宇文泰吃了一點小虧，對曹泥也失去了興趣，罷兵回長安。高歡隨後將曹泥、劉豐生（劉豐也稱劉豐生）等各部落五千戶遷到河東，至於灌滿水的靈州城，留給宇文泰養魚吧。

除了這兩場鬧劇般的戰役，兩魏之間還爆發過一場嘴仗。這是在西魏大統元年（東魏天平二年，西元五三五年）七月，宇文泰以皇帝元寶炬的名義，下詔聲討高歡二十條大罪，並嚇唬高歡說：「朕將親總六軍，與丞相掃除凶醜。」高歡根本不吃宇文泰這一套，隨後也以東魏皇帝元善見的名義，下詔大罵宇文泰，其檄云：「分命諸將，領兵百萬，刻期西討。」

就雙方實力來看，西魏傾國之兵進攻東魏是不現實的，宇文泰更多的是在打宣傳戰。而東魏經濟發達，人口稠密，兵強馬壯，高歡有足夠的能力大規模進攻西魏。高歡說他要砸宇文泰的雞毛小店，並不是恐嚇之言，只不過高歡在等待合適的時機下手。

東魏天平三年（西元五三六年）十二月十一日，高歡正式做出了討伐西魏的決定。

這次大舉伐西魏，高歡兵分三路：

北路：高歡率主力部隊從晉陽出發，沿黃河南下至蒲阪（今山西永濟西，黃河東岸）。

中路：大都督竇泰率軍攻潼關。

南路：司徒高敖曹、行台尚書元暹攻上洛（今陝西商縣，西魏洛州治所）。

高歡在蒲阪的黃河東岸建造了三座浮橋，從高歡的動作上來看，高歡極有可能從這裡搶先一步渡過黃河。至少宇文泰手下許多將軍都是這麼判斷的，但宇文泰的分析卻出乎所有將領之外。

高歡在蒲阪大張旗鼓地造浮橋，表面上看是要從這裡渡河，這反而引起了宇文泰的懷疑。直來直去從來就不是高歡用兵的風格，高歡無論是做人還是用兵都非常地狡詐。宇文泰非常自信地告訴諸將：「你們都被賀六渾給騙了。」

眾人不解。宇文泰耐心給弟兄們解釋：「這次高歡三路來攻，其中最精銳的一路軍就是竇泰所部，如果高歡要渡河直接和我們開戰，他不可能把精兵交給竇泰，此其一。高歡在蒲阪做造橋渡河的假象，意在把我們的主力吸引到蒲阪，減輕竇泰進攻潼關的難度，此其二。」

宇文泰繼續講他的戰情判斷：「其實此次竇泰率主力前來，正中吾下懷！公等豈不聞驕兵必敗之理？竇泰所部確實多精銳，但驕傲輕敵，善游者多溺於水。我乘竇泰輕我之機，一鼓擊之，必梟泰首於馬前。若克竇泰，高歡詭計已為吾所破，必走。」

沒想到宇文泰噴了半天唾沫，大家卻不相信宇文泰這個判斷，大哥，你也太扯了。如果按大哥說的，我們去打竇泰，萬一高歡真的過河怎麼辦？到時可沒地方買後悔藥。不如我們兩頭並重，同時對付高歡和竇泰。

宇文泰大笑：「賀六渾固然狡猾，但我早就給他下了套。你們還記得上次賀六渾偷襲潼關，我率軍只停留在灞上麼？那是我故意向賀六渾示弱，以驕其輕敵之心。今日賊再來，而我軍依然沒有遠征，就給賀六渾造成了我軍膽怯不敢戰的假象，必然放鬆警惕。諸公勿複言！五日之內，看我取竇泰首級！」

為了進一步迷惑高歡，宇文泰故意放出風聲，說他要率軍隊前往隴西，造成宇文泰不敢應戰的假象。同時，也就是西魏大統三年（東魏天平四年，西元五三七年）正月十五，宇文泰躡手躡腳地帶著六千騎兵，溜出了長安城。

宇文泰下令部隊以極限的速度前進！在夜色的護下，六千西魏騎兵僅用了一天多時間，就趕到了長安以東三百里的小關（潼關以西附近）。而得到虛假情報的竇泰正優哉遊哉地享受著冬日裡的暖陽，根本沒想到宇文泰會出現在他面前。

竇泰慌手慌腳地想依山列陣，和宇文泰決一死戰，但宇文泰不會給他這個機會。東魏軍「未及成列」，宇文泰就下達了攻擊令，西魏騎兵呼嘯著衝進了東魏軍的陣中……

竇泰帶來的一萬多人還沒怎麼打，就全都投降了宇文泰。竇泰本人見大勢已去，羞愧難當，一狠心，拔劍抹了脖子。宇文泰心情愉快地割下了竇泰的人頭，傳首長安，在自己的功勞簿上畫了一條粗粗的紅槓。

其實在竇泰遇上宇文泰的時候，高歡就已經得到前線軍報，但當時高歡根本就沒有打算造浮橋。即使想踩著黃河的冰層過去，因為冰層太薄，高歡無可奈何，只能眼睜睜看著竇泰戰死。

竇泰死後，高歡垂頭耷腦地撤軍回到晉陽。高敖曹隨後也撤軍回去。

十三　沙苑秋風起

高歡和宇文泰第一回合的較量結束了。

從結果上看，宇文泰吃掉了竇泰的一萬多精銳，高歡拿下了長安東南方向的重鎮上洛，但隨後高歡就放棄了洛州，宇文泰勉強佔了一點上風。但高歡實際上也沒有損失什麼，東魏名將如雲，精銳數十萬，折了一個竇泰和一萬多精銳，對高歡來說不算致命傷。

而上洛的失而復得，足以讓宇文泰驚出一身冷汗，同時也給宇文泰上了一堂深刻的地緣戰略課。

站在長安防禦體系的角度來看，欲阻止東面之敵進犯長安，必須守住長安東面的三座軍事重鎮，從北往南依次是：華州、潼關、上洛。潼關是關中第一險道，華州是河西重鎮，一旦潼關和華州失守，東魏軍就可蜂擁進入關中腹地。

出於重點防禦的考慮，宇文泰將主要兵力都投放在華州和潼關，對上洛的重視性不足。其實若論對長安的戰略重要性，上洛絲毫不遜於華州和潼關。長安的東南方向有兩座軍事重鎮，近一點的是著名的藍田關，遠一點的就是上洛。一旦上洛為高歡控制，必然導致長安東南無險可守，東魏軍不必再從潼關，直接走上洛，只要東魏軍再拿下藍田，宇文泰就只能裸奔了。

當然宇文泰輕視上洛防線也是有苦衷的，西魏軍事力量明顯不如東魏強大，有限的軍力不能過於分散使用，只能選擇重點防禦。但讓宇文泰糾結的是，上洛是無論如何也不能放棄的，能想像高歡主動放棄洛陽嗎？

在無法提高上洛防禦級別的前提下，唯一能守住上洛的戰略，就是打掉離上洛最近的東魏軍事據點。從地圖上看，對上洛（包括潼關）威脅最大的東魏軍事重鎮，是位於潼關以東、黃河南岸的恒農郡（今河南三門峽）。

東魏主力部隊一般分為河東和河南兩大部分，河東軍區由高歡直接領導，他可以沿汾河南下，通過蒲阪造浮橋渡過黃河。而河南方向的東魏軍通常會在洛陽集結，然後經過恒農，抵達潼關，或順勢南下進攻上洛。

也就是說，只要宇文泰能拿下恒農，可以達到一箭三鵰的戰略目的：一、擴展潼關和上洛的防禦周邊，也就是戰略縱深；二、反制高歡，對洛陽製造強大的軍事壓力；三、一旦高歡再走蒲阪，駐在恒農的西魏軍就可以過河偷襲蒲阪，讓高歡腹背受敵。

自東魏和西魏分家之後，雙方以黃河的陝西與山西段為分界線，至潼關再向南延伸，相當於現在的陝西與河南的兩省邊界。其實宇文泰這次大動干戈，目標絕不只是恒農，而是整個今河南與山西交界的大片地區，其中就包括蒲阪。戰略縱深推得越遠，對自己越安全。

西魏大統三年（東魏天平四年，西元五三七年）七月，宇文泰調集各路精銳，彙集於咸陽郡（今陝西涇陽），操練人馬，準備對高歡發起新一輪秋季攻勢。

一個月後的八月十四日，西魏大丞相宇文泰親自率領雄師舉旗東進，隨行的還有十二位虎將，他們是：雍州刺史李弼、領軍大將軍獨孤信、尚書右僕射梁禦、車騎大將軍趙貴、驃騎大將軍于謹、驃騎將軍若干惠、車騎大將軍怡峰、車騎大將軍劉亮、北雍州刺史王德、大都督侯莫陳崇、征東大將軍李遠、東秦州刺史達奚武。

順便提一下，三年前被侯景從荊州趕跑的三位西魏大將賀拔勝、獨孤信、楊忠因為梁朝生活不習慣，在得到梁武帝蕭衍的允許後，又跑回了長安，臨階請罪，有詔釋之不問。

宇文泰特別注重約束軍紀。在抵達潼關後，宇文泰在潼關舉行誓師大會，他站在臺上，發表了一番充滿激情的講話：「與爾有眾，奉天威，誅暴亂。惟爾士，整爾甲兵，戒爾戎事，無貪財以輕敵，無暴民以作威。用命則有賞，不用命則有戮。爾眾士其勉之。」宇文泰經過幾場漂亮的大勝，已經確定了他在西魏軍界至高無上的威望，眾人山呼萬歲，皆曰：「諾！」

潼關至恒農的直線距離大約一百五十里，對西魏軍有利的是，恒農除了北靠黃河，面對從河南岸進攻的西魏軍，幾乎無險可守。

宇文泰冒著傾盆大雨，在恒農城下指揮督戰，西魏軍士氣高昂，登城如飛，生擒東魏大將高乾和陝州刺史李徽伯，俘虜東魏軍八千人。時間是西魏大統三年（東魏天平四年，西元五三七年）八月二十七日。

西魏軍攻克恒農，東線防禦體系向東推進了近二百里，極大地緩解了長安所面臨巨大的戰略壓力。一般來說，在軍事重鎮附近應該還要有幾個輔助型軍事據點，與主據點形成掎角之勢。宇文泰雖然攻克恒農，但恒農河北岸的許多郡縣依然在高歡控制之下，如果不敲掉這些據點，恒農北岸的戰略安全是得不到保障的，所以宇文泰必須掃掉棋盤上這些卒子。

宇文泰對這些地區不是很熟悉，也沒有什麼人脈，很難擠進這裡的土豪圈子。說來很巧，宇文泰手下的黃門侍郎楊檦正好就是河北岸的正平郡人，楊檦的家族在當地是著名土豪，人脈甚廣，而且楊檦的父親楊猛就在恒農北岸的白水縣（屬邵郡，今山西垣曲縣古城鎮）當縣太爺。

這麼優質的關係網，現在不用，過期作廢，宇文泰立刻安排楊檦回鄉搞策反。因為東魏實力強於西魏，所以這一地區的豪強們多掛靠在高歡名下。不知道楊檦都給這些地頭蛇們許下了什麼承諾，這些人都答應反水，「密相應會者三千人」，約定好時間，裡應外合，拔掉了邵郡，將邵郡太守程保和四位倒楣的縣太爺斬首。

在半個月時間內，恒農北岸大大小小二十個郡縣都歸順了宇文泰，宇文泰笑得合不攏嘴。其中較大的城鎮有：正平郡（今山西新絳）、高涼郡（今山西稷山）、北鄉郡（今山西萬榮縣西南）、宜陽郡（今河南宜陽）。

雖然西魏這次大捷並沒有給高歡造成致命的威脅，但高歡進攻西魏的幾條戰略通道幾乎全被宇文泰封死，以後高歡還怎麼敲打宇文泰。最讓高歡難以承受的是宜陽的丟失，宜陽離洛陽實在太近了，一旦宇文泰偷襲洛陽得手，那麼高歡在河南的統治就有可能瞬間崩盤。

東魏天平四年（西魏大統三年，西元五三七年）閏九月初二日，東魏大丞相高歡率二十萬精銳部隊，浩浩蕩蕩出了晉陽城，向西南方向挺進。來到壺口（今山西吉縣壺口鎮）後，再沿黃河東岸南下，像一把鋼刀，直插蒲津渡。

高歡的作戰意圖非常明確：從蒲津渡河進入關西，在宇文泰的後院放上幾把大火。宇文泰不會坐視後院起火而不救，必然撤軍回關西。如此，新歸附西魏的那些郡縣在高歡眼中便成了浮雲，此為「圍魏救趙」之計。

即使如此，高歡依然沒有對收復河東諸郡掉以輕心，他派出手下頭牌大將高敖曹率兵三萬進攻恒農。其實與其說高歡讓高敖曹去收復恒農，不如說讓高敖曹保衛洛陽。高歡應該考慮到了宇文泰在關西受攻擊的情況下，有可能「圍魏救趙」，通過偷襲洛陽來迫使高歡從關西撤軍。

高歡這步棋看似閒筆，實則妙招。只要高敖曹能阻止西魏軍偷襲洛陽，高歡就可以安心地直插關西。但在主力部隊是否渡河的問題上，東魏集團高層卻產生了爭議。

丞相長史薛琡（鮮卑人，原姓叱幹）反對大規模地用兵關西，理由是：「宇文泰所以以寡兵攻我恒農，貪恒農之食粟。而今高司徒（即高敖曹）已經圍住恒農，一粟一飯皆不得西入。宇文泰進攻恒農的計畫實際上已經失敗，我們現在要做的就是高壘深溝，不與之戰，餓死宇文泰！不及一年，關西無糧，其眾必星散瓦解。到時王師再出，必能擒賊。」

參與會議的吏部尚書侯景也支持薛琡的意見，但侯景又有一個補充建議，侯景認為：「這次用兵二十萬，是否有些太多了？萬一戰事不利，就可能影響到我們的排兵布陣。我的意見是不如將二十萬分成兩隊，每隊十萬，先由第一隊進攻，如果第一隊不利，再由第二隊接替。」

薛琡的建議屬於政治經濟範疇，宇文泰現在的經濟條件非常窘迫，所以宇文泰比高歡更好戰，因為宇文泰要以戰養戰。

侯景的建議則屬於戰術範疇，他從管理學角度講如何規避在混亂狀態下保持執行力的問題。對付兵力有限的西魏，不用說二十萬人馬，十萬都已經很多了。而且人越多，管理起來越麻煩。

薛琡和侯景的判斷都是正確的，但此時的高歡自信心極度膨脹，他站在歷史的高處，似乎已經看到了宇文泰的末日就要到來，拒絕了二人的建議。

高歡一聲令下，二十萬大軍風捲殘雲般渡過了蒲津渡……

聽說賀六渾又來了，宇文泰火速撤回關西，準備迎接高歡的挑戰。

高歡過河之後，面對的第一道西魏防禦重鎮就是華州。一旦華州被高歡攻陷，東魏軍就將如潮水般地殺到長安城下。所以宇文泰不惜一切代價也要保住華州，不然真的要去喝西北風了。

王羆算是宇文泰的嫡系，宇文泰根本不用擔心王羆對他的忠誠度，王羆氣壯山河的告訴來使：「有我老羆坐鎮，高歡這頭老狐狸休想從此經過！」來使回報宇文泰，宇文泰聞言大壯之，直誇王羆是個爺們！

王羆治軍嚴酷，但他對手下將士卻非常厚待，甚至每逢大會，王羆都要親自給將士們稱酒分肉，在軍中威望極高。就憑這一點，宇文泰也相信王羆能出色地完成守城任務。

沒過幾天，高歡率二十萬大軍像蝗蟲一樣，黑鴉鴉撲到了華州城下。高歡讓王羆出來答話，高歡手執馬鞭，指著身後望不到盡頭的東魏軍，微笑著問王羆：「何不早降！」

王羆罵道：「爺爺也是嚇大的，怕你這個？賀六渾，在你眼中，這是華州城，但在我眼中，這就是我老羆的墳墓！生當為吾居，死當為吾塚，少說廢話，有本事攻城，沒本事滾蛋！」王羆喜歡自稱老羆，所謂羆，其實就是熊。

既然王羆不降，那高歡就沒必要在華州和王羆糾纏，他真正的目標是宇文泰。只要能吃掉宇文泰，華州成為一座孤城，王羆到時是降是戰，已經無關大局了。

高歡下令，部隊撤離華州，火速向許原（今陝西大荔的洛河南岸）集結。

王羆坐鎮華州，陪高歡鬥嘴，這就在最大限度上給宇文泰排兵布陣爭取到了難得的時間。

宇文泰不在乎高歡的二十萬大軍，但他手下的高層將領們卻已經被高歡驚天動地的陣勢給嚇壞了，都勸宇文泰不要冒充熱血青年，拿雞蛋碰石頭是沒有好下場的。不如我們先撤一步，放高歡進來，然後關門打狗。

「關門打狗」有一個必要的先決條件，就是我眾敵寡，才能使用紮口袋的戰術。現在敵眾我寡，如果放二十萬東魏軍進關西，人數有限的西魏軍根本形成不了對東魏軍「關門打狗」的戰術優勢。

真理往往掌握在少數人手上，宇文泰沒有理會這些人胡說八道，下令工兵部隊在渭河搭建浮橋，自己率輕騎率先渡過渭河，主力部隊隨後跟進，慢者斬！

既然宇文泰沒有紮口袋的戰術本錢，那就禦敵於國門之外。縱敵深入是個不錯的戰術，但也要根據具體情況，如果敵人實力非常強大，而己方實力相對弱小，那麼，縱敵深入無異於戰略自殺。

西魏大統三年（東魏天平四年，西元五三七年）十月初一，西魏的先頭部隊在宇文泰率領下，抵達了距離許原東魏軍駐地只有六十里的沙苑，沙苑的大致位置在今陝西渭南的渭河北岸與洛河匯合處偏西方向。

由於對這支東魏軍的情況不太了解，宇文泰派東秦州刺史達奚武去執行偵察任務，達奚武奉命帶著三個精幹士兵，穿上東魏軍的軍服，在夜色的掩護下，溜到了距離許原不足百米的地方，偷聽到了東魏軍的夜間巡營口令……

達奚武大搖大擺地進去東魏軍營，以東魏軍將領的身分公然偵察敵情。

東魏軍有二十多萬，互相之間不認識很正常。他們見達奚武氣勢霸道，有將軍的氣派，再加上達奚武穿的是東魏軍裝，根本沒人起疑心。

達奚武為了讓演技更逼真，不停地拿鞭子抽打那些在夜間違犯軍規的東魏軍士兵。越是這樣，東魏軍越相信眼前的這位霸道將軍確實是高丞相派來巡營的。等達奚武把東魏軍的情況摸清楚後，趁人不注意，溜了出來，把這些極具軍事價值的情報交給宇文泰，宇文泰大笑！

也許是達奚武在營中過於招搖，引起了高歡的懷疑，或者是想給宇文泰製造更大的軍事壓力，第二天一早，高歡下令部隊開拔，向沙苑進發！

從沙苑到許原的直線距離不過六十里，不太適合展開大規模陣地戰，但高歡的二十萬大軍卻可以依靠人數上的巨大優勢，強行吃掉宇文泰的那些小蝦米。東魏軍人主要是由粗悍的鮮卑人組成，屬於典型的游牧風格部隊，擅長騎兵作戰和陣地戰。而西魏軍隊中的漢人較多，而且騎兵較少，所以西魏軍是典型的漢族式作戰風格，善於城戰，而不善於野戰。

如果西魏軍在相對狹小的平原地帶和東魏軍作戰，將會死得非常難看。現在對宇文泰來說，唯一可行的對抗戰術，就是避開平原地帶，找一處地形比較複雜的區域，盡量避開東魏軍的野戰優勢，然後再尋機破敵。

雍州刺史李弼給宇文泰出了個主意：「在沙苑以東十里處有個河灣，那裡河道縱橫，有很多蘆葦雜草，不利於賊軍大規模作戰。我們不如把賊軍引過去，然後伏兵殺之，可獲大勝。」

宇文泰覺得這個辦法可行，立刻率軍狂奔到河灣，將軍隊分成兩個部分，隱藏在渭河北岸的蘆葦叢中。李弼帶右軍，趙貴帶左軍，悄無聲息地消失在了浩蕩的蘆葦叢中。宇文泰則率小股部隊充當餌兵，把高歡引過來。宇文泰和李弼、趙貴約定，以鼓為號，聽到鼓聲響起，你們就衝出來……

十月初二的傍晚，東魏大丞相高歡率二十萬大軍，踏著夕陽的餘暉，在宇文泰的「引導」下，順利地進入了西魏軍的埋伏圈。高歡騎在馬上，已經遠遠望見了狼狽逃竄的宇文泰，高歡大喜，生擒黑獺，就在今日！

眼前複雜的地勢，高歡不是沒有看到，但他並不相信宇文泰有膽量在這裡布局，這裡能埋伏人嗎？大都督斛律羌舉看著浩蕩的蘆葦叢，總感覺有些不對勁，宇文泰如果要逃命，應該逃到平原地帶，怎麼會逃到河邊的泥潭裡？

斛律羌舉提醒高歡，小心中了宇文泰的詭計。斛律羌舉提出了一個與高歡不同的意見，他認為這裡的地勢不利於我們大規模剿滅黑獺，宇文泰不走大道，偏跑到這裡，擺明了是要設埋伏坑咱們。宇文泰的主力部隊應該就在這裡，長安一定是空虛的，大王不如趁其虛直搗長安（《北齊書·斛律羌舉傳》作「咸陽」）。等我們攻下長安，黑獺西逃無路，一舉可擒之。

斛律羌舉這個建議極其毒辣，一旦高歡採納此計，正如胡三省評論的那樣：「使斛律羌舉之計行，西魏殆哉。」

可惜，高歡的自信心已經極度膨脹，他沒有採納斛律羌舉的奇招。高歡不想放棄生擒宇文泰的機會，也許有另一層考慮。

在攻克長安和生擒宇文泰之間，高歡毫不猶豫地選擇了後者，「擒賊先賊王」，只要拿下宇文泰，殲滅西魏的主力部隊，長安反正已經是座空城，可不費吹灰之力而得之。不過高歡還是想出了一個折中的辦法，既然斛律羌舉認為宇文泰在使詐，他又不想放棄生擒宇文泰的機會，那不如放上一把火，燒死宇文泰。

如果高歡採用火攻，其實是可以取得與斛律羌舉之計同樣的效果，只不過先後順序不同而已。

想必斛律羌舉對火攻也沒有什麼異議，但吏部尚書侯景卻堅決反對用火攻，他反對的理由讓人感覺很荒唐。

侯景勸高歡：「宇文泰躲在這裡，上天無路，入地無門，必為我擒。能捉到活的，何必要死的。再說，我們說燒死了宇文泰，天下人也不相信，不利於大王的威望。」這叫什麼理由？簡直就是扯淡！

胡三省說侯景「此言固亦有恃眾輕敵之心」，有道理，但並不全面。如果說侯景是宇文泰的臥底，也沒有什麼證據。但侯景之所以說出如此荒誕的建議，一個最大的可能就是：侯景不想讓宇文泰這麼早死掉！

原因其實很簡單：如果宇文泰被燒死，則高歡統一北方必成定局。像侯景這樣的人物，如果離開了亂世，就無法實現個人價值的最大化，看看盛世時代有幾個名將就知道了。或者侯景在防備高歡，一旦高歡統一，不排除出於高歡穩定高家統治的考慮，除掉侯景等老資歷武將，然後再提拔新人。

所以侯景有自己的小算盤，只要宇文泰不死，他必然是高歡最大的勁敵。宇文泰活一天，高歡就必須重用自己，這反而確保了侯景本人的安全。

出於這種深層次的考慮，侯景極力反對採用火攻，不過侯景的反對意見在邏輯上漏洞百出。但就是這樣不三不四的反對理由，居然被高歡採納了，唯一能解釋的理由是：高歡的腦袋肯定被驢踢了。

高歡下令軍隊向前推進，二十萬人擠在一個狹小的空間裡，根本就顧不上陣形了，亂哄哄搶成一團。東魏弟兄們都知道黑獺就藏在這個爛泥潭裡，誰不想立頭功？大家又擔心別人搶先下了嘴，沒少暗中下黑腳使絆子。本來很有形的東魏戰陣，變成了一群無頭蒼蠅，人喊馬叫，中間還夾雜著幾句響亮的咒罵聲。

宇文泰藏在不遠處的蘆葦蕩中，不停地竊笑，他知道，自己名揚天下的機會來了。

等到東魏軍即將接近河灣的時候，宇文泰大聲喝令身邊的鼓手：「擊鼓！」隨著戰鼓「咚咚」地響起，西魏軍的左路趙貴、右路李弼激動地下達了攻擊命令。

由於東魏軍所處的位置偏左，所以趙貴、于謹等六部西魏軍呼嘯著從蘆葦蕩中殺出來，衝擊東魏軍「麻團」陣的腰部。李弼等右路軍從側翼協助左路軍，李弼率領的是西魏最精銳的騎兵部隊，衝擊力非常強悍。

東魏軍將士已經擠成一團，地窄人多，不要說列陣了，就是武器都無法舉起來。西魏軍以強悍的衝擊力，在瞬間就將東魏軍斬成兩斷，在各位將軍的率領下，西魏軍將士有條不紊地進行作戰，層次分明。

這場沙苑之戰，與其說是一場戰役，不如說是一場屠殺！西魏軍「絕其（東魏）軍為二隊，大破之。」其中殺得最狠的是李弼的弟弟、帳內都督李櫆和征虜將軍耿豪（本名令貴）。

李櫆騎著馬，橫著大矛，在麻團陣中來回衝殺，見人就刺，東魏軍死傷無數。耿豪也是個狠人，史稱「性兇悍」，耿豪為人粗野，連宇文泰都不放在眼裡，經常出言不遜，更何況這些東魏軍。耿豪殺得興起，東魏軍人頭橫飛，鮮血濺滿了耿豪的盔甲。

東魏軍已經徹底失去了抵抗能力，任由西魏軍進行屠殺。大將彭樂在亂戰中被刺傷落馬，腸子都掛在了外面。彭樂在戰前喝了不少的酒，可能是藉著酒勁，彭樂大吼一聲，用手將腸子塞回體內，用戰袍包著傷口，繼續和西魏軍血戰。但此時的彭樂基本沒有什麼戰鬥力，純粹是亂打王八拳，又被刺了幾刀，所幸沒有成為俘虜。

高歡是個輕易不認輸的人，雖然形勢對他非常不利，但高歡依然不想撤退，他丟不起這個人。汾州刺史斛律金勸高歡不要逞英雄，留得青山在，不怕沒柴燒，先避一避風頭要緊。高歡不聽，眼看著西魏軍圍了上來，斛律金一狠心，用鞭子狠狠抽打高歡騎乘的馬匹。

駿馬四蹄騰空，載著高歡向東逃去。到了黃河西岸，高歡率殘部極其狼狽地爬上了船，西風送爽，一帆東下，順利地抵達黃河東岸。

這場歷史上著名的沙苑之戰，以西魏的全面勝利而結束。

高歡的二十萬精銳部隊，在沙苑的秋風蕭蕩中，被宇文泰吃掉了七萬（《資治通鑑》記載為八萬）！另外高歡還丟掉了十八萬副精製鎧甲，至於糧草牛馬，更是不計其數。

西魏是個小國，土地貧瘠，人口稀少，為了在殘酷的競爭中生存下來，宇文泰唯一可行的辦法就是「以戰養戰」，通過戰爭獲得敵人的戰略物資（包括士兵）來滿足自己的生存需要。歷史也證明了，越是像西魏這樣生存條件惡劣的國家，其戰鬥力越強悍，因為他們如果想活下來，就一條路：燒殺搶掠！

為了慶祝這場空前的大捷，宇文泰下令西魏將士們每人在戰場上種下一株柳樹，「以旌戰功」。宇文泰要讓歷史牢牢記住這個地方——沙苑！

因為這裡銘記著宇文泰的驕傲。

唐人胡曾有首《詠史詩·沙苑》，如下：

馮翊南邊宿霧開，
行人一步一裴回。
誰知此地凋殘柳，
盡是高歡敗後栽。

十四　亂戰河橋

沙苑大勝，給宇文泰帶來的不僅是江湖名望的提高，以及豐厚的戰爭紅利。更重要的是，這場戰役在戰略上打破了東魏對西魏壓倒性的優勢，給之前畏首畏尾的西魏將士帶來了空前的信心，這才是宇文泰最大的收穫。

從雙方綜合實力來看，依然是東強西弱，但東魏在戰爭發動能力上，相比於西魏，已經沒有對峙初期那麼大的優勢。如果說在沙苑之戰前，宇文泰最大的戰略目標就是保住關西，做一方偏霸。但在沙苑大勝後，宇文泰的野心被撩了起來，他開始盤算要吃掉高歡，一統天下。

不過，東魏的整體實力依然遠強於西魏，所以，對宇文泰來說，一口吃成大胖子是不現實的，吃得太多，小心噎著。宇文泰對東魏的兼併戰略是「敲牛皮糖」，零敲碎打，在戰爭中不斷消耗高歡的兵力，同時攻城掠地，擠壓高歡的地緣生存空間。

在沙苑大勝十六天後，也就是西魏大統三年（東魏天平四年，西元五三七年）十月十八日，西魏行台宮景壽、都督楊白駒率領一支孤魂野鬼般的軍隊，悄悄地離開潼關，向洛陽方向竄進。

這支西魏軍隊人數不詳，但應該不會太多。對於東魏洛州刺史韓賢來說，宮景壽的這支軍隊只是一碟小菜，即使加上洛陽土豪韓木蘭從內部作戰，策應西魏軍的進攻，韓賢也沒有放在眼裡。七七八八之後，西魏軍被打得找不著北，狼狽逃回。唯一可惜的是，在撲滅韓木蘭叛亂時，韓賢被一個無名小賊亂刀捅死。

在表面上，東魏取得了這場小規模的洛陽保衛戰的勝利，但韓賢的戰死，導致洛陽防線出現了重大的人事變動，這對宇文泰來說，是千載難逢的機會。

宮景壽這一支西魏軍發動的針對洛陽的第一波進攻，基本實現了宇文泰「架梯子」的戰略目的，接下來宇文泰要做的，就是爬到樹上摘果子。

宇文泰選擇洛陽作為攻擊目標，無疑是正確的戰略選擇。晉陽是高歡的總部，兵力雄厚，如果宇文泰進攻晉陽，無異於以卵擊石，勝算幾乎為零。論東魏政治格局中的地位，晉陽最重、鄴都次之、洛陽最輕。

但對宇文泰來說，攻克洛陽，將意味著東線防禦縱深向東推進數百里，能極大地緩解長安面臨的軍事壓力。東魏的疆域南北長、東西窄，而洛陽正處在東魏的腰部，如果高歡失去洛陽，則極有可能導致東魏在河南、荊州統治的崩盤。

這正是宇文泰進攻洛陽的用意所在。

西魏軍第二波攻擊隊準點出發，帶頭的是馮翊王元季海和領軍將軍獨孤信。

宇文泰對此次的洛陽爭奪戰志在必得，他配給元季海和獨孤信兩萬精銳人馬，對西魏來說，兩萬人不是個小數目。為了配合這支主力部隊的作戰，宇文泰還派出兩路偏師，北路：中軍大都督賀拔勝、雍州刺史李弼出華州，過黃河，圍攻蒲阪；南路：洛州（上洛）刺史李顯沿丹水東下，進攻荊州。

這次東征洛陽出奇的順利。不僅是中路軍沒遇到東魏軍像樣的抵抗，北路軍賀拔勝他們也幾乎是兵不血刃，就佔據了重鎮蒲阪。

沙苑戰敗後，高歡留下了從西魏投降過來的薛崇禮為秦州刺史，鎮守蒲阪。

用降將倒沒有不妥，歷史上建立偉大功勳的降將多如牛毛，而且事後薛崇禮的表現也證明了降將並非不可用。問題在於，薛崇禮身邊的幾個同宗都是親西魏派，最典型的就是薛崇禮的堂弟、秦州別駕薛善。

西魏的北路軍過河將蒲阪團團圍住，薛崇禮並沒有回歸西魏的打算，倒是薛善在堂兄面前上躥下跳，非常活躍。當天晚上，薛善就糾合一夥族人強行打開蒲阪城門，熱烈歡迎大魏王師進城。薛崇禮嚇得騎馬逃竄，但沒跑多遠，就被西魏軍活捉。

從地緣戰略角度看，蒲阪之於長安的重要性，甚至要遠遠大於洛陽之於長安的重要性。從洛陽到長安，中間至少還有二三座重鎮，比如恒農和潼關。蒲阪過了河就是華州，一旦讓東魏軍突破華州，長安便無險可守。也正是這個原因，高歡才經常從蒲阪過河。

西魏軍佔據蒲阪，戰略意義非常重大，宇文泰非常開心。得到捷報後，宇文泰立刻率軍過河抵達蒲阪，以蒲阪為跳板，收復了之前曾經收復過的高涼等郡。

宇文泰選擇在河東用兵，戰略目的是給高歡的晉陽總部製造生存壓力，戰術目的是牽制高歡的主力部隊，不讓高歡給洛陽方面增兵，這樣有利於元季海在洛陽的軍事行動。

西魏主力部隊的前鋒獨孤信所部行軍速度非常快，在出潼關之後，高舉著大魏旗幟，沿著黃河南岸浩蕩東進。東魏官場上的著名飯桶、廣陽王、洛州刺史元湛風花雪月是把好手，但他哪是打仗的料子？獨孤信剛到新安（今河南澠池東），離洛陽還有八丈遠，元王爺就棄城逃跑。

東魏大將高敖曹雖然率兵來救洛陽，但他離洛陽至少有十丈遠的距離。這也就是說，獨孤信面對的是一座空城！獨孤信沒有遇到任何抵抗，大搖大擺進了這座千年古都。

洛陽雖然已經不再是孝文時代那座繁花似錦的國際大都市了，但洛陽的地緣優勢，在北魏分裂之後非常的突出。西魏軍佔領洛陽，就像一把利刃，將東魏的兩北兩部分攔腰斬斷，這對高歡在河南、荊州地區的統治來說，幾乎是致命的威脅。

不知道是高歡在東魏官場上太不得人心，還是有些人的生存原則過於油滑，西魏軍隊進入洛陽之後，河南、荊州地區爆發了大規模的反水鬧劇。東魏的潁州（今河南長葛）、襄州（今河南唐河西南）、梁州（今河南開封）、廣州（今河南魯山）各地的東魏官員要麼投降西魏，要麼被傾向於西魏的當地土豪趕跑。

轉眼之間，本來放在高歡桌子上的這些華麗的珠寶，就被宇文泰以迅雷不及掩耳之勢，揣進自己的兜裡……

現在河南丟了，宇文泰的觸角隨時可以伸到淮河流域，一旦淮河流域再丟了，宇文泰就將對高歡呈兩面合圍之勢。

高歡不會坐以待斃，立刻下令：徐州刺史任祥率行豫州刺史事堯雄、廣州刺史趙育、揚州刺史是雲寶，各率本部人馬，向潁川進發，務必要收復潁川。高歡之所以選擇潁川為突破口，是因為潁川正好處在河南地區的中心位置，就如同洛陽之於整個東魏的戰略地位一樣。

宇文泰也特別看重潁川的戰略地位，一旦潁川被高歡奪去，新得的河南地區很有可能崩盤。但宇文泰的兵力實在有限，只能羞澀地調撥兩千步騎兵，交給大都督宇文貴和車騎大將軍怡峰前去保衛潁川。《資治通鑒》說任祥有四萬人馬，而《周書•怡峰傳》卻說任祥只有萬餘人，而怡峰只有五百騎兵，未詳孰是。

和元湛一樣，任祥也是東魏官場著名的大飯桶，元湛好色，喜歡美女；任祥好貪，喜歡財貨，「在州大受其納」。高歡屢次敗給宇文泰，與其說戰術不對頭，不如說用人太沒眼光。不過這一次，與西魏軍在潁川對峙的並不是任祥，而是東魏名將堯雄，任祥率軍在後面悠閒地圍觀。

堯雄和任祥，是東魏官場正反兩個典型人物，任祥好貪，堯雄則視金錢如土。當官場好漢們聚在一起大肥其私的時候，只有堯雄孤獨地堅守自己的官品。

堯雄是武將，從小練得一身好武藝，精於騎射。他出道以來，主要負責南線戰場，經常和梁朝大打出手，曾經將一代名將陳慶之打得抱頭鼠竄。這次西魏進攻潁川，也在堯雄的南線防區之內。

堯雄的能力非常強悍，但堯雄的對手趙貴也不是等閒之輩。而且最要命的是，由於雙方兵力的差距很懸殊，堯雄產生了輕敵情緒。西魏軍只有兩千人，而堯雄手下至少有一萬多人。西魏軍的將領對懸殊的人數差距也心存畏戰情緒，但趙貴卻指責這些鼠將膽小怕事。堯雄雖勇，但卻輕敵，我可趁其不備，連夜據守潁川，背城一戰，必破賊軍。

趙貴是主將，前線戰事他說了算。在趙貴的率領下，西魏軍星夜趕赴潁川，據守險要。等堯雄大搖大擺來到潁川城下時，西魏軍早就擺好了陣勢，而且還有以逸待勞的體能優勢。

雙方在潁川城下扭打成一團，雞毛亂飛，結果是東魏軍慘敗，堯雄抱著馬脖子，拍馬落荒而逃，東魏軍一萬多人被兩千多人的西魏軍俘虜。不過西魏軍容不下這麼多吃閒飯的，趙貴下令，將這一萬多好漢悉數趕回去，哪來的回哪去吧。

在遠處悠閒地觀戰的任祥，見堯雄被打成了豬頭，嚇得連夜後撤。趙貴當然不會放過這個草包，拍馬就追。在宛陵（今河南新鄭東北）追上了抱頭鼠竄的任大人，西魏軍再發神威，「擊之，祥軍大敗。」一任祥終於品味到了做豬頭的滋味。

區區兩千軍隊，就能將東魏兩支數萬人的精銳打得吱哇亂叫，不知道是西魏軍太勇猛，還是東魏軍太爛。看到堯雄和任祥都被打成了豬頭，與堯雄同行的趙育、是雲寶可不想做豬頭，直接在陣上做了倒戈將軍，大旗一換，成了西魏軍的高級將領。

東魏軍屢戰屢敗，極大地刺激了驕傲的高歡。想當年，高歡以風捲殘雲之勢，強行吃掉秀容川爾朱氏集團，一時風光無限！現在卻被宇文泰輪番抽耳光，打完左臉打右臉，高歡怒火中燒。如果不給宇文泰一點顏色嘗嘗，讓高歡在天下人面前如何自立，豈不被人恥笑？

就在潁川慘敗之後不久，東魏就拉開了大反擊的序幕。

打響東魏軍反擊頭炮的是陽州刺史段粲，段粲在蓼塢（潼關西十幾里處）和西魏大行台楊白駒大打出手。段粲有兩把刷子，七七八八之後，楊白駒被暴打成了豬頭，吱哇亂叫地跑了。

蓼塢之戰只是一場小規模的戰鬥，但這場勝利卻極大地鼓舞了東魏軍有些委靡的鬥志，就像餓狼嗅到了濃重的血腥味一樣。

接下來出彩的是東魏東荊州（今河南泌陽）刺史慕容儼。在河南失陷後，唯一在城頭上高揚東魏旗幟的，就是東荊州。西魏軍圍困東荊州長達二百多天，連撲帶咬，始終拿慕容儼沒有辦法。西魏軍強攻不下，反而被慕容儼偷襲得手，將西魏荊州刺史郭鸞打得鬼哭狼嚎，斬首三百多級。

段粲和慕容儼都只是東魏軍的偏師，高歡大反擊中真正的主力部隊，是大都督賀拔仁、大行台侯景的兩支虎狼之師。根據高歡的戰略部署，賀拔仁主攻晉陽東南方向的南汾州（今山西稷山），侯景主攻深處河南腹地的廣州。

高歡的戰略企圖是攻擊這兩個戰略要點，然後將點連成線，徹底收復失地。賀拔仁確實很給高歡爭氣，很快就攻克了南汾州，在最大限度上捍衛了晉陽的南線安全。

至於侯景，西魏的廣州刺史駱超根本不拿侯景當個腕，無論侯景在城下怎麼折騰，駱超都笑而不語。而且最讓侯景煩心的是，西魏的援軍已經馬不停蹄地向廣州狂奔而來。如果拿不下廣州，侯景就分不到蛋糕；如果分不到蛋糕，侯景就得餓肚子……

侯景身邊的代理洛州刺史盧勇很聰明，他給侯景出了一個絕妙的主意。

盧勇用的是「虛張聲勢」之計，具體辦法是：盧勇自告奮勇，帶著一百個騎兵，每個騎兵再牽著一匹馬，來到大隗山（今河南新鄭境內），在樹林繁茂的地方，插上無數面旗幟，然後將百騎分成十隊，拖著樹枝來回奔跑，製造大量灰塵，並不停地吹響號角，彷彿這裡有千軍萬馬。

西魏軍被盧勇的小兒科計策嚇得魂飛魄散。盧勇順勢發起攻擊，大獲全勝。盧勇帶著一百個弟兄，哼著小曲，牽著俘獲的三百匹戰馬，回到了大營。

廣州城上的駱超見援軍被吃掉了，他知道自己該怎麼做。「遂以城降東魏」。

高歡和宇文泰的大博弈中再下一城。宇文泰好不容易搶到了一塊大蛋糕，只聞到了蛋糕的香味，還沒來得及圍好餐巾，拿著刀叉下嘴，又被高歡給搶回去了。

現在宇文泰在河南只有金墉城（洛陽西郊）這個軍事據點，還被高歡親率的東魏大軍團團圍住，駐守金墉城的獨孤信危在旦夕，急忙向宇文泰發出求救信號。

現在已經是西魏大統四年（東魏元象元年，西元五三八年）的七月，驕陽似火，宇文泰心如火燎。時間不等人，宇文泰不能坐視獨孤信被吃掉，更不能容忍河南得而復失。

宇文泰脅迫傀儡皇帝元寶炬，打著回洛陽掃陵的旗號，率領西魏最精銳的部隊，挾風裹雨，以最快的速度向東挺進。這支西魏軍隊打頭陣的是李弼和達奚武。

西魏大統四年（東魏元象元年，西元五三八年）八月初三，宇文泰抵達新安縣的穀城（在今函谷關附近）。

對於宇文泰的不請自來，東魏軍兩大主帥侯景和高敖曹老謀深算，一致認為當守為主，伺機再戰。宇文泰軍糧不多，我們就和黑獺耗糧食，看誰能耗得過誰。

這個戰術非常符合實際，但東魏軍總有個不好的傳統，每當有人提出正確的戰術時，總會有人跳出來搗亂。上次高歡準備放火燒死宇文泰，被侯景給破壞掉了。這次侯景提出正確戰術，又被南道大都督莫多婁貸文給破壞掉了。

莫多婁貸文是個典型的武夫，有勇無謀，自恃武藝高超，瞧不起別人。

莫多婁貸文強烈反對侯景的保守戰術，無非說黑獺有什麼好怕的，他也不是三頭六臂。侯景和高敖曹根本不理莫多婁貸文，你算哪根大蔥？一邊涼快去吧。

被人當眾羞辱，對男人來說，是莫大的恥辱。莫多婁貸文本來就是個粗野之人，他哪裡嚥得下這口氣！你們不讓我去？我偏去！你們這幾個孫子能把爺爺怎麼著？莫多婁貸文氣咻咻地走出大帳，立刻點上一千名輕騎兵（《周書．李弼傳》作「數千」），渡過瀍澗，他要和宇文泰決鬥。

西魏軍的前鋒是李弼，他帶了一千騎兵，至少不會比東魏軍多。在實力相等的情況下，如果硬吃對方，即使獲勝，也是「慘勝」，不如用計取之。李弼用的辦法其實就是上面講到的盧勇用過的

「虛張聲勢」之計，李弼讓弟兄們把樹枝拴在馬尾巴上，來回奔馳，製造大量灰塵，同時擂鼓吶喊，造成西魏軍人多的假象。

換成是侯景，絕對不會上這個當，但莫多婁貸文不是侯景。最可氣的是，莫多婁貸文剛才還指天劃地地說自己是個天不怕地不怕的爺們，可當他看到「西魏大軍」到來時，也不上竿子冒充爺們了，嚇得連連後退。想跑？要問問李弼答不答應！李弼率部追擊莫多婁貸文，一戰斬莫多婁貸文於馬下，將東魏軍的騎兵悉數俘獲，然後送到恒農宇文泰麾下報功。

不過肥肉總不能都讓弟兄們吃了，宇文泰作為大哥，自然要吃那塊最肥的肉。宇文泰立刻率領輕騎渡過瀍澗，此時的侯景一邊罵著莫多婁貸文吃飽撐的去送死，一邊後撤至河橋、邙山之間的大片空地上，準備據險死守。

侯景用兵非常謹慎，在沒有必勝把握的前提下，他絕對不會像莫多婁貸文那樣衝動。侯景的戰術是鐵桶陣，四邊密不透風，就像一個烏龜殼子，任由宇文泰如何撲咬，能聽到的，只是宇文泰大牙被硌掉的聲音。

宇文泰屢戰屢勝，但他並不是神，他同樣會驕傲輕敵，就像曹操是軍事天才，同樣幹過不少蠢事一樣。東魏軍是西魏軍的好多倍，而且東魏軍還佔據了有利地勢，在這種情況下，宇文泰應該耐心等到大部隊到來，然後再想辦法破敵。但由於過去以寡勝眾的戰例太多，所以宇文泰還是太過於自信了，人多又如何？

明知道前面是塊臭石頭，宇文泰這個臭雞蛋還是義無反顧地撞了上去。

宇文泰很有血性，但僅有血性是不能解決所有問題的。有血性，沒實力，血性只是能變成血的教訓。

宇文泰帶著弟兄們衝進了侯景的鐵桶陣，兩軍扭打成一團，從遠處看，只見無數根雞毛在半空中飛舞。更搞笑的一幕出現了：不知道是東魏軍中哪位神箭手，胡亂地放箭，結果有一支利箭，不偏不倚，正中宇文泰的馬屁股。

戰馬一聲慘叫，前蹄騰空，將正在作戰的宇文泰從馬背上顛了下來，馬大爺一邊罵著侯景無恥，一邊衝出了亂陣。眨眼的工夫，這匹馬跑得無影無蹤。宇文泰根本沒想到他的坐騎居然臨陣脫逃，一個不小心，被摔了個狗啃屎。

西魏軍將士看到大哥的坐騎跑了，個個義憤填膺，追那匹馬討說法去了。

唯一留在宇文泰身邊的，是都督李穆。

情況萬分危急，李穆抽了宇文泰一鞭子，罵道你這個兵頭子怎麼不去和敵人血戰，東魏軍以為宇文泰不過是個小卒長，繼續向前追擊。

等東魏軍過去之後，李穆又找來一匹馬，把宇文泰扶上馬，二人狼狽逃出生天。

看著西魏軍被揍得鼻青臉腫，侯景得意地笑了。他以為這場戰役將以他的勝利結束，但侯景的笑容卻在瞬間凝固了。

遠處，一支看不到盡頭的軍隊出現在他的視野內，旌旗漫天，殺聲陣陣……

這是西魏軍的主力部隊。

東魏軍眼裡只有浮雲，沒有西魏軍，但雙方交戰的結果，卻讓侯景等人傻了眼，東魏軍被西魏軍一塊一塊吃掉。

侯景不服！高敖曹不服！所有東魏將士都不服！

特別是高敖曹，他出道以來，仗矛橫行天下，聞者喪膽。可現在卻被西魏人屢次在戰場上打得找不著北，高敖曹覺得非常丟面子。為了找回面子，高敖曹窩著一肚子的無名火，在黃河南岸擺了一個大陣，挑釁西魏人：爺們就是不服你們，有種的過來和爺爺單挑！

不服？打的就是你高敖曹！

西魏軍在敵眾我寡的時候，都能將東魏軍打得狼狽不堪，更何況現在西魏軍人多勢眾，更沒有理由怕什麼高敖曹。

西魏軍像一頭被激怒的公牛，盡其所有精銳，衝進了東魏軍的大陣中。

這場戰鬥打得非常慘烈，「魏人盡銳攻之，（東魏）一軍皆沒。」東魏的名將高敖曹，居然被打成了光棍！高敖曹根本沒想到會是這個下場，此時活命要緊，也顧不得什麼名將尊嚴了，一個人孤零零地騎馬向河橋附近的河陽南城逃竄，企圖從這裡渡過黃河，逃回河東。西魏軍當然不會放過高敖曹，在後面緊追不捨……

看到西魏軍離自己還有段距離，而高敖曹此時已經在河陽城下，高敖曹鬆了一口氣。只要自己進了城，西魏軍就得悻悻滾蛋。高敖曹在城下叫門，但城門始終沒有打開。

駐守河陽的是東魏北豫州刺史高永樂（樂讀音為「洛」）。

如果在城下叫門的不是高敖曹，河陽城的城門早就打開了。偏偏是高敖曹，這門，不開！

高永樂和高敖曹有仇麼？恭喜你答對了，高永樂和高敖曹就有一段私仇。史書上沒有明載高敖曹因為什麼事得罪過高永樂，但從高永樂拒絕給高敖曹開門來看，還不是一般的過節。

平時高敖曹牛氣沖天，誰都瞧不起，高永樂拿高敖曹沒奈何。現在高敖曹落在自己手上，高永樂站在城樓上，笑瞕：「高老三，你也有求我的時候！活該你今天犯在我手上，高爺今天就是要看你的笑話！」

高敖曹作夢也沒想到高永樂會公報私仇，氣得高敖曹在城下破口大瞕：「我死了，看你怎麼向大王交代！」高永樂當然知道拒絕救援高敖曹的後果，但過去的那段仇恨卻讓高永樂已經顧不及後果了，他今天就是要看高敖曹的笑話。

西魏軍已經追到了城下，高永樂依然沒有開門的意思，高敖曹情急之下，跳下馬，藏在門橋的下面。

西魏軍很快就發現了高敖曹的藏身之所，哄笑著請高將軍出來吧，河水太涼，不宜殉國。

高敖曹知道今天是躲不過去了，骨子裡深藏的血性讓高敖曹為自己的逃避行為感到羞恥，高敖曹從橋下伸出頭來，大喝：「爺爺今天栽在你們這幫孫子手上，無話可說，來吧，割我頭，可得萬戶侯開國公！」

高敖曹是東魏頭號名將，江湖地位極高，西魏軍將士當然知道高敖曹人頭的分量，下半輩子的富貴，就指望今天了。當然僧多粥少，最終能喝到粥的，只能有一個幸運兒。

宇文泰下令：重賞這個幸運者，賞布絹萬段。

不過宇文泰並沒有一次付清賞賜，而是分期給的，每年給一部分。不知道是西魏（北周）的經濟太差，還是宇文家族太小氣。這一萬匹布絹，直到四十年後北周滅亡時，還沒有給清。

高歡得到高敖曹被殺的噩耗，哭得死去活來，這可是他的頭號大將啊，就這麼被可恨的高永樂給葬送了。高歡哭完，咬牙切齒地把高永樂召進大帳，命人將高永樂撲倒在地，狠狠打了二百軍棍，替九泉之下的高敖曹出了一口惡氣。

這場河橋之戰，西魏軍大獲全勝，斬殺東魏軍一萬五千人，並得到大將高敖曹、開府儀同三司李猛、西兗州刺史宋顯的人頭，東魏軍跳黃河自殺者上萬。

宇文泰出道以來，連戰連捷，這讓他對高歡的軍事指揮能力產生了懷疑。高歡真的是一代梟雄麼？在宇文泰眼中，高歡更像是一個豬頭。宇文泰想趁熱打鐵，一舉消滅高歡主力，解決高歡，就在今日！

宇文泰隨後督促各部集合，準備在洛陽城下打一場大的殲滅戰。兩支已經殺紅眼的魏軍在洛陽城下對峙，西魏軍要擴大戰果，東魏軍要一雪前恥。

此時的天氣非常不好，大霧瀰漫，十步之外根本看不清人和物。這場大霧的突然降臨，讓宇文泰感到很惱火，蒼天為何保佑賀六渾。宇文泰硬著頭皮，下令進攻，但霧氣實在太大，西魏軍打了大小數十場戰鬥，但輸多贏少。甚至西魏軍各部連宇文泰和皇帝元寶炬在哪都不知道，像一群無頭蒼蠅般亂撞。

幾位大將一合計，這仗是打不下去了，以後再說吧。李弼、獨孤信、趙貴、李虎等人在聯繫不到宇文泰的情況下，丟下在霧中團團亂轉的弟兄們，溜了。等霧稍稍散去之後，宇文泰突然發現，西魏軍陣前就他一個人在指揮戰鬥。

宇文泰一邊大罵這幾個飯桶，一邊放火燒掉大營，狼狽撤軍。

十五　高歡和宇文泰之間的互相拆臺

雞毛亂飛的河橋之戰，在一片混亂中結束了。

宇文泰雖然最終沒有得到洛陽，獨孤信等人在洛陽公費轉了一圈，就被東魏軍給趕了出去。但宇文泰畢竟是在高歡的地盤上打砸搶，所有損失都是高歡的，宇文泰沒吃什麼虧，還順走了超級大將高敖曹的人頭，賺了。

在地盤上，宇文泰收穫不小，從廣州、襄州以西，也就是現在陝西與河南的邊界處的大片地區被宇文泰實際控制。本來相對比較完整的東魏版圖，硬生生被宇文泰伸進一隻腳。宇文泰在南陽地區立足，不僅打破了東魏對西魏的北、中、南三線進攻體系，而且在南線對洛陽保持著強大的軍事壓力。

時間已經到了西魏大統五年（東魏元象二年，西元五三九年）的正月，高歡和宇文泰都打累了，該坐下來喘口氣了。這樣折騰下去，誰都受不了。宇文泰搶到了原本屬於高歡的許多蛋糕，他需要時間來消化這些食物。高歡敗得很慘，但未傷及元氣。

宇文泰也知道高歡打累了，一時半會也沒精力再過河搗亂，所以宇文泰的主要精力都放在內政改革上。在西魏大統七年（東魏興和三年，西元五四一年）的七月，宇文泰在度支尚書蘇綽的協助下，開始了一場轟轟烈烈的大改革運動，對政治、經濟、文化、法律進行全面整改。關於這場改革，以後會用一個專題來講解。

在與西魏停戰的這幾年時間裡，高歡也沒有閒著。在軍事上，高歡沒有什麼大動作，只是和西魏軍屢有摩擦，時而發生幾場小的戰鬥，無關大局。高歡也是人頭陣中滾出來的一代梟雄，他的成功也絕不是用幸運二字就能涵蓋的，歷代成大事者，或多或少都會有點運氣。高歡屢敗給宇文泰，也不能證明高歡就不如宇文泰，曹操屢次在孫權面前栽跟頭，也不能證明曹操就不如孫權。

宇文泰在歷史上之所以名聲響亮，有兩個原因：一、在軍事上戰果輝煌；二、西魏大改革對隋唐歷史的空前影響。而歷史對高歡的注意，主要集中在他與宇文泰的雙雄決戰中，卻或多或少忽略了高歡在政治經濟上的成就。

在高歡時代，東魏更像是個軍事機器，但如果沒有良好的政治構架與合理的經濟結構，高歡早就垮掉了。高歡在經濟上的改革雖然不如宇文泰著名，但對東魏、北齊來說，卻是影響殊大的。關於高歡的經濟改革，以後也會專門詳解。

高歡這幾年忙於內政，家事也亂成一鍋粥，幾個兒子也長大了，特別是長子高澄已經二十歲，早就娶妻生子了。高澄年齡也不小了，要出來做事，在官場上歷練，為將來高家天下接班做準備。

高澄雖然有些好色，甚至勾搭過父親的小妾鄭大車，被高歡臭揍了一頓，但對於高澄的能力，高歡還是非常滿意的。但有一點始終讓高歡不太放心，就是如果讓高澄面對宇文泰，高澄能對付得了黑獺嗎？

為了能給兒子們打造出一片清澈的藍天，高歡拼了這把老骨頭，也要消滅宇文泰。高歡不知道自己能不能實現這個願望，但如果不去做，永遠不會實現。

自從河橋亂戰結束以來，到這一年（西元五四二年）的八月，已經過去了四年。期間高歡沒有和宇文泰進行大規模的戰爭，要論休養生息，恢復元氣，四年的時間足夠了，該出來活動活動這把老骨頭了。

北風蕭瑟，天高水長……

東魏大丞相高歡率精銳部隊略顯悲壯地走出了晉陽城，沿著汾河東岸，朝西南方向挺進。

自河橋之戰後，今山西省西南的三角區域被宇文泰奪去，對高歡的總部晉陽產生了很大的戰略威脅。即使高歡知道一時半會吃不掉宇文泰，也要把汾河與黃河大拐彎處匯合的三角區域奪回來。

天氣越來越冷。不知道高歡怎麼會選擇這個天寒地凍的季節出兵，他本人可以穿著錦衣毛裘，圍著火爐取暖，士兵們則沒有他這麼享受，披著冰冷的盔甲，扛著冰冷的武器，在北風的呼嘯中，哆哆嗦嗦地前進。

東魏興和四年（西魏大統八年，西元五四二年）十月初六，高歡率部抵達了稷山縣西南十二里的重鎮玉壁。

汾河南岸的玉壁本來不是什麼軍事重鎮，是西魏驃騎將軍王思政及早發現了玉壁的軍事地緣價值，在得到宇文泰的允許後，王思政在玉壁建立了城防工事。王思政確實很有眼光，玉壁是東魏、西魏邊境的第一座軍事橋頭堡，只要西魏能守住玉壁，蒲阪便無恙；蒲阪無恙，華州則安；華州無恙，則長安固若金湯。

此時的高歡，並沒有把玉壁這座小城和王思政放在眼裡，他打不過宇文泰，難道還奈何不了王思政麼？高歡在勸降王思政被拒絕之後，下令攻城，他要打開通往蒲阪的通道。

東魏軍的將士們一邊咒暪著這該死的天氣，一邊強打起精神，向玉壁發起攻擊。

王思政是西魏第一流的智將，能攻能守，野戰城戰都是行家，他根本就沒把高歡當盤菜。史稱

「守禦有備」，東魏軍晝夜攻城，東魏隊的前鋒們圍著西魏隊的球門狂轟濫炸，但在對方守門員王思政的左撲右擋之下，東魏隊一球沒進。

高歡尷尬地抱著這個大鴨蛋，破口大罵王思政。

高歡可以悠閒地坐在大帳裡罵人，但城下的東魏軍將士卻苦不堪言，他們拋妻棄子，在冰天雪地中為了高歡的紅頂子在玩命，老天爺卻不停地給他們添亂。從東魏軍開始圍攻玉壁之時，天空就不停地下雪，東魏軍圍攻玉壁九天，雪越下越大。

東魏軍將士都是肉身凡胎，再加上他們穿的單薄，甚至飲食供應都成了問題，哪經得起這場嚴寒大雪，數日之間，餓死凍死無數。

高歡咒罵著這該死的鬼天氣，拋下被凍死的將士們的屍骨，悻悻離去，回到晉陽曬太陽去了。

王思政在歡呼高歡滾蛋的同時，也歡呼自己又在宇文泰那裡撈到一塊大餅。王思政因守衛玉壁有功，長安有詔來，晉封王思政為驃騎大將軍。王思政是西魏一流名將，有王思政坐鎮玉壁，高歡基本上就斷絕了從蒲阪渡河的可能，西魏的北線戰略安全在最大程度上得到了保障，宇文泰當然有理由開心。

不知不覺間，宇文泰在江湖闖蕩了近二十年，雖然他依然很年輕，這一年（西元五四二年），宇文泰也不過三十六歲。如果從元修西逃那一年（西元五三四年）算起，宇文泰和高歡已經打了九年的交道。

值得宇文泰驕傲的是，本來小本經營的他，通過不斷的努力，從高歡那裡搜刮出來許多可口的大餅。但宇文泰並不滿足，他還想從高歡那裡得到更多的大餅，自己吃不了，可以留給兒孫們吃。

不過宇文泰也知道，像高歡這樣的大塊頭，宇文泰再有本事，三拳兩腳也從高歡身上拔不下幾根雞毛。企圖用速決戰來消滅高歡是不現實的，對宇文泰來說，最現實的戰略還是打持久戰。

東魏和西魏的對峙，嚴格來說，不是國與國之間的關係，而是一個國家內部的分裂狀態。因為這兩個魏國都自稱是北魏的合法繼承人，互不承認對方。在這種情況下，對兩魏的官員來說，互換東家是再正常不過的事情。

宇文泰天天盼望著東魏統治集團發生重大內亂，只有這樣，東魏的頂級精英才會投奔到自己的帳下。宇文泰運氣真不錯，想什麼來什麼。

西魏大統九年（東魏武定五年，西元五四三年）的二月十二日，駐守虎牢關的東魏北豫州刺史高慎（字仲密）突然向宇文泰發出信號，公開投靠宇文泰。

高慎是高歡帳下柱石級大臣高乾的二弟、東魏超級大將高敖曹的二哥。由於這個原因，高慎算得上是高歡統治集團的核心成員，高歡對高慎也非常重用，高慎沒有任何理由背叛高歡。

這次高慎的突然叛亂，源自一起荒唐的姦妻醜聞。

高慎在東魏娶過兩房老婆，第一任妻子是吏部郎崔暹的妹妹。崔暹出自一流豪門——博陵崔氏，家世極為顯赫，不過到了崔暹父親崔穆這一代，混得並不太好，再加上連年的兵荒馬亂，崔暹沒在官場上混出來，就跑到渤海，跟著高乾混日子。為了報答高乾的收留，崔暹把妹妹許配給了高乾的二弟高慎。

不知道出於什麼原因，高慎和妻子的關係非常差，也許是高慎並不喜歡這場拉郎配，對妻子不滿意。後來高慎就把崔氏給休了，趕回娘家，從此就和崔暹結下了樑子。

而此時的崔暹已經得到了高歡賞識，平步青雲，在官場上威風八面。特別是高澄出道以來，崔暹官運亨通，一躍成為高澄手下的頭牌。不過崔暹雖然對高慎休掉自己的妹妹耿耿於懷，但沒有暗中使絆子黑高慎，倒是高慎做賊心虛，一直懷疑崔暹要報休妹之仇，其實這只是他的迫害症幻覺。

問題不是出在崔暹身上，而是出在高慎的第二任妻子李氏。李氏出身不詳，但從李氏「豔而慧」的良好修養來看，應該出於一流豪門隴西李氏或趙郡李氏。李氏擁有驚人的美貌，高慎得到了這位大美女，是上輩子修來的好福氣。

一個顛撲不破的真理：美女容易被色狼盯上。

在高慎抱著嬌妻享受魚水之歡的時候，有一雙色瞇瞇的眼睛一直盯著李氏。這位流著三尺長口水的大爺，就是高歡的大公子高澄。

高澄好色，是出了名的，雖然高澄在十二歲那年就娶了孝靜帝的妹妹馮翊長公主，但這廝一直沒改掉饞嘴的毛病。只要看到美女，高澄的眼就直了，不弄過來嘗嘗鮮，高澄是絕不甘休的。

高澄第一次見到李氏的時候，他的口水就沒停過，雖然他知道李氏是高慎的女人，但這又如何，高澄想要，這就足夠了。高澄開始想辦法靠近李氏，並在一個他認為適合的場合抱住李氏，企圖強姦這個美麗的女人。

讓高澄沒想到的是，李氏對他並不感冒，拼命反抗，二人扭打成一團，雞毛亂飛。

高澄可能是因為太年輕了，力氣不夠，他撕破了李氏的衣服，而自己的臉上也留下了一個美麗而鮮豔的掌印，這是李姑奶奶賞他的。

李氏掙扎著跑掉了，高澄呆呆地坐在地上，氣喘吁吁地大罵李氏不識抬舉。不過高澄對此並沒有放在心上，即使李氏把這件事情告訴高慎，高慎又能把自己如何？

高慎作為一個下屬，面對老大的兒子對自己老婆進行性騷擾，他只能裝做什麼都沒有發生過。雖然這件醜事不是高歡做的，但高歡總要落一個「教子不嚴」的罪名，高慎記住了這筆賬。

還有一點，高慎的大哥高乾和三弟高敖曹都已經去世多年，高慎在東魏官場已經沒有了靠山。此時的高慎已經有了改換門庭的想法，原因很簡單：只要高歡一死，高澄肯定接班，這個小淫棍能放過自己和老婆？另外，還有一個人嫌狗憎的崔暹成天在高澄身邊上躥下跳，以後這日子怎麼過？

高慎如果背叛高歡，只有兩條路可以選擇：往南投奔蕭衍；往西投奔宇文泰。從李氏被高澄欺負後，高慎請出任北豫州刺史來看，高慎的下一站肯定是宇文泰，而不可能是蕭衍。

高慎坐在虎牢關的城頭上，成天盤算當逃兵，不知道哪個環節出了問題，高歡開始懷疑高慎的忠誠度，並派城防都督奚壽監督高慎的一舉一動。高慎見事情就要敗露，事不宜遲，於東魏武定元年（西魏大統九年，西元五四三年）二月十二日，設計擊殺奚壽，在虎牢關樹起反旗。

其實高慎也知道，虎牢彈丸之地，根本不可能抵抗住高歡的進攻。現在高慎唯一的出路不是等宇文泰出兵相救，而是棄城西逃。按照當時制度，官員外任時，家眷都要留在京城當人質，所以高慎沒有帶李氏赴任。現在高慎已經顧不上老婆了，等去關西後再想法把老婆接出來，現在逃命要緊。

隨後，高慎給駐守永安（今山西霍州）的四弟、前代理晉州刺史高季式寫信，勸四弟和自己一起西逃。高季式接到書信後，確實動身起程了，但不是往西，而是往北，狼狽逃回晉陽，向高歡請罪。高歡念其忠誠，釋之不問。

高慎長歎，人各有志，不能強求。從此兄弟天各一方，自求多福吧。

十六　邙山生死劫

接到高慎的救援請求後，宇文泰大喜。

河橋之戰到現在，已經過去了五年。五年前搶到的大餅，宇文泰已經吃完了。坐吃山空總不是辦法，是時候出山再搶新的大餅了。宇文泰的生存戰略就一個字：搶！

宇文泰一聲令下，西魏的精銳部隊連夜離開長安，以最快的速度穿過潼關，沿著黃河南岸向洛陽挺進。

高歡得知高慎叛變後，暴跳如雷，他大罵崔暹壞事，要殺崔暹，卻絲毫不責怪自己的寶貝兒子高澄。如果不是高澄企圖強姦高慎的老婆，也不會惹出這場叛亂。高歡偏心如此，崔暹心裡一萬個不服！好在高澄把崔暹當個寶，費盡周折，把崔暹從老爹的狗頭鍘下救了出來。

其實高歡心裡很清楚，高慎叛亂，並不是宇文泰出兵的真正理由。沒有高慎的叛變，等宇文泰搶到的那些大餅吃完了，黑獺依然會找上門的。

為了保護自己好容易從爾朱氏手上搶來的大餅，高歡不會讓宇文泰得逞，立刻點齊十萬人馬，星夜南下，捍衛自己的尊嚴。

高歡的速度並不快，等東魏軍亂哄哄地來到黃河南岸時，宇文泰早就把洛陽附近的東魏據點吃掉了。隨後，西魏軍進圍河橋南城，企圖阻止東魏軍過河。

河橋是黃河在洛陽附近流域的唯一一座橋樑，高歡如果要過河，其實可以建造浮橋，十萬大軍建幾座浮橋是不成問題的。但問題是，現在的時間太緊張了，已經來不及造浮橋。可現在別說浮橋了，就是河橋這唯一的通道，宇文泰都沒打算放過。宇文泰知道高歡除了過河橋，沒有第二條路可走，已經事先在黃河中下了先手。宇文泰的戰術非常簡單：就是放火燒掉河橋。具體辦法是調撥一些小船，在船上放置硝石柴草等引火之物，然後堆在河橋下面……

過不了河，高歡這回南下恐怕連醬油都打不成，難道讓高歡眼睜睜看著河南數十郡肥腴之地都成為宇文泰的盤中餐麼？當然不能，所以高歡要不惜一切代價，保衛河橋的安全！

高歡精挑細選了兩員大將，來完成這項艱苦的任務，他們是大司馬斛律金和行台左丞張亮。

在河橋多為木質材料的情況下，單純的護橋辦法是行不通的，唯一可行的，就是想辦法阻止西魏軍的火船靠近河橋。

東魏軍護橋的辦法是：張亮派出一百多隻小船，每條船上都放著大鐵鎖，每條鐵鎖的前部都有一枚大鐵釘。這些釘船就停在河橋下面，每當有西魏軍的火船浮過來，東魏水軍就把火船牽過來，然後用鐵釘釘住，再用鐵鎖拉著火船到北岸。

這個辦法非常奏效，西魏軍的火船沒有一隻漂到河橋下面，倒全成了高歡的戰爭物資。宇文泰在岸上跳腳大罵張亮，想出這個破主意，壞了他的好事。高歡在黃河北岸欣賞完了宇文泰的表演，然後下令過河，十萬軍隊氣勢洶洶地渡過了河橋，在邙山下擺好了一個大陣。

經過前幾次慘敗，這回高歡學聰明了，在軍隊人數較多的情況下快速用兵是非常不理智的，很容易中了宇文泰的圈套。高歡決定穩紮穩打，東魏軍佔據邙山後，並沒有急著追趕宇文泰，而是就地下營，高歡想看看宇文泰還能整出什麼妖蛾子。

宇文泰知道如果倉促地打陣地戰，西魏軍不是東魏軍的對手，宇文泰是個知道進退的人，暫時達不到目的，那就後退三步，再尋找戰機破敵。

宇文泰下令，軍隊把輜重放在離河橋較遠的瀍曲（今河南洛陽北，瀍水與谷水匯合處），全軍輕裝前進，準備趁著朦朧夜色，偷襲東魏軍設在邙山的大營。

西魏軍隊人數不少，但卻沒有攜帶乾糧和水，所以只能打速決戰。而高歡已經從偵察兵那裡得到了西魏軍的情況，高歡才不會上宇文泰的當，下令各部嚴陣以待，沒有他的命令，不許出擊，他要和西魏軍耗後勤。

西魏大統九年（東魏武定元年，西元五四三年）二月十八日，黎明時分，朝霞紅透東方……

宇文泰氣勢洶洶地殺到陣前，點名要賀六渾出來送死，高歡理都不理他。

東魏軍旌旗高揚，士兵如虎如翼，刀戈森森，在初春寒陽的映射下，露出陣陣寒氣。高歡騎著一匹高頭大馬，手執馬鞭，嘴角帶著微笑……

「黑獺，多年不見，別來無恙。你瘦了。」高歡的問候聲中帶著明顯的嘲諷。

「……」宇文泰無語。

就在宇文泰發呆的那一瞬間，從西魏軍陣的北側，傳來一陣異樣的喊殺聲。還沒等宇文泰反應過來，東魏大將彭樂已經帶著數千東魏精銳騎兵，出現在宇文泰面前。

之前東魏軍屢次被西魏軍暴打，在西魏軍面前抬不起頭來，現在好容易進行角色互換，東魏軍豈能放過這個報仇的機會。東魏軍呼嘯著衝進已經亂成一團的西魏陣中，盡情地享受著他們從來沒有享受過的屠殺快感……

復仇，是這場邙山戰役的主題。

所有的東魏軍將士都要為以前的恥辱復仇，其中自然包括彭樂。

還記得六年前的那場沙苑之戰嗎？彭樂永遠都不會忘記個地方。輕敵的東魏軍在河曲中了西魏軍的埋伏，死傷慘重，彭樂本人也不知道挨了多少刀。雖然高歡並沒有責怪彭樂，但作為武將，以如此恥辱的方式結束一場戰爭，彭樂很沒面子。

六年來，彭樂一直沒有機會找宇文泰復仇，彭樂心裡非常憋屈。現在機會來了，也許彭樂只有這麼一次機會復仇。彭樂當然要大開殺戒，把曾經的恥辱全部還給宇文泰。

彭樂殺得興起，慘叫聲震天，鮮血如注，人頭橫飛，彭樂狂笑著釋放著屠殺的快感。

看到眼前的場景，高歡坐在馬上，似乎還有些莫名其妙。攻擊令是誰下的？彭樂居然敢不聽自己的號令，擅自發動攻擊，萬一中了宇文泰的埋伏怎麼辦？難道，彭樂這不是在殺敵，而是投降宇文泰？

真是想什麼來什麼，高歡還在懷疑彭樂陣前投敵，突然就有人來報，說彭樂率部叛變，此時正和宇文泰討價還價呢。不知道這位報信的大爺是不是和彭樂有仇，他什麼眼神？

高歡大怒！指著西北方向大罵彭樂：「畜生！我待汝不薄，安敢叛我！」彭樂臨陣投敵，宇文泰必然知道我軍的布陣，這還了得！高歡下令，各部做出戰鬥準備，和叛賊彭樂決一死戰。

高歡話音未落，突然又有人來報，彭樂將軍在西北角重創賊軍，大獲全勝。

真相永遠只有一個，很快，高歡就確定第二個情報才是準確的。高歡遠遠望見，東魏軍將士高唱著勝利的歌曲，押著幾十個衣著光鮮的西魏官員，緩緩向高歡走來。

彭樂搶先一步，縱馬來到高歡面前，下馬後，單膝跪地，一手側指著那些俘虜，大聲報功。高歡仰天大笑……

大丞相下令，各部向西魏軍發起總攻！

旌旗撲獵，喊殺聲震天……

西魏軍剛才被彭樂攪得頭暈眼花，還沒等眼前晃來晃去的金星散去，東魏軍將士手中冰冷的刀戈，已經刺進了他們溫熱的胸膛。

一場南北朝軍事史上罕見的大屠殺上演。

東魏軍殺紅了眼，在東魏軍的強勢攻擊下，西魏軍已經完全喪失了反抗能力，任由東魏軍宰殺！是役，東魏軍大獲全勝，俘獲西魏高級官員四百多人。

關於被東魏軍斬殺的西魏軍人數，同一部《北史》，卻給出兩個截然相反的數字。在《齊神武紀》中，記載為「斬首六萬級」，但在《彭樂傳》中，李延壽卻記載「斬首三萬餘」，整整相差一倍。《北齊書》記載的也是六萬，而《資治通鑑》卻採用了《北史‧彭樂傳》的記載。對於這一點，胡三省也有些糊塗，他也搞不清邙山之役，西魏軍到底損失了多少人，只好附注說明存疑。

不論是六萬，還是三萬，都已經是宇文泰出道以來最大的慘敗！

西魏人口稀少，兵源不足，這次宇文泰帶的是西魏主力部隊，幾乎是宇文泰闖蕩天下的全部本錢。本來宇文泰還想在邙山狠狠搜刮高歡一票肥肉，結果肉沒吃到，自己反倒賠掉了老本。

看著遍地的屍骨，宇文泰欲哭無淚，當他自信滿滿地離開長安時，何曾想到會是這個結局。

但現在宇文泰已經沒有時間哭了，因為東魏大將彭樂已經縱馬追了過來，彭樂的目標自然就是自己。宇文泰嚇得魂飛魄散，他無法想像如果自己落在高歡手裡，會遭到怎麼樣的羞辱。

宇文泰撥轉馬頭，拼命地向遠處逃竄。

彭樂流著三尺長的口水，打馬直追宇文泰。宇文泰早就落了單，孤零零地朝著西邊奔跑狂逃。彭樂的馬速非常快，在一個空曠的地帶，彭樂追上了宇文泰。彭樂壞笑著問候宇文泰：「大丞相，跑了這麼久不累嗎？你的馬該吃草了，休息一下吧，咱們聊聊。」

看到彭樂就在自己的身邊並行，宇文泰知道這回是躲不過去了。以彭樂的塊頭，他真要上來收拾自己，自己哪裡是這個傻二的對手？宇文泰停下馬，表情異常尷尬地和彭樂打招呼：「彭兄找我有事嗎？」

彭樂笑得差點沒從馬上栽下來，「宇文兄，你說我找你能有什麼事，跟我回去一趟吧，我家丞相有請。」

宇文泰當然知道彭樂找他幹嘛的，真要光棍一般地被彭樂帶回去見高歡，一世英名就要毀於一旦。

宇文泰腦海中突然閃過一個念頭，有辦法了！

宇文泰「嘿嘿」乾笑兩聲，緊緊勒住轀繩，罵彭樂：「你這個傻瓜大笨蛋，死到臨頭了還這麼得意。」

彭樂懷疑自己的耳朵是不是出現了聽覺障礙，誰死到臨頭了？彭樂一頭霧水。

宇文泰見機會來了，立刻給彭樂上了一堂生動的、嚴肅的、深刻的、活潑的、免費的生存教育課。

「說你是大笨蛋，沒有冤枉你！你也不想想，高歡除掉我之後，必然統一天下。你們這些功狗對高歡來說，就可有可無，難道你不知道韓信、彭越是怎麼死的麼？如果今天你放過我，我依然是高歡最大的敵人。有我在，就有你們的用武之地，還愁沒有功名富貴？」

「……」彭樂突然沉默了下來。

彭樂不得不承認，宇文泰說的確實有道理，他雖然沒有讀過多少書，但「兔死狗烹」的道理他還是懂的。真要把宇文泰捉回去報功，固然可以發一筆橫財，但以後呢？等高歡統一天下之後，還用得著我們這些功狗麼？南方還有一個梁朝，依然可以成為高歡的勁敵，但彭樂顯然並沒有想到這一點，只是不停地點頭，認可宇文泰的觀點。

宇文泰笑了：「孺子可教也！快回去吧，我的大營中有許多金銀財寶，就藏在某某角落裡，去晚了，就被人拿走了。」彭樂仔細嚼了嚼宇文泰的話，越想越有些後怕，高歡是個什麼樣的人，他再清楚不過了。

彭樂一狠心，調轉馬頭，往大營的方向狂奔。

等彭樂跑遠了，宇文泰長出了一口氣，他摸摸自己的胸口，心臟不停地狂跳。

宇文泰差點沒哭出來。

馬蹄聲由近而遠，如血的殘陽下，只留下一道長長的背影……

彭樂的運氣不錯，等他竄到西魏大營的時候，果然在宇文泰說的那個地方，挖到一大袋子的金銀財寶。

此時，邙山的硝煙早已經散盡，西魏軍在這場戰役中被全殲，能僥倖跑回潼關的都沒幾個。如果算上彭樂生擒的那四十多名西魏高官貴族，邙山大捷後，東魏軍共計擒獲西魏軍自督將以下四百多人，在高歡的大帳前黑鴉鴉跪成一片。

高歡出道以來，也不是沒有打過這樣的大勝，但他的對手都太弱，不是像爾朱兆這樣的弱智，就是像劉蠡升這樣的草頭王，含金量大打折扣。一個身材魁梧的壯漢打贏一個小孩子，說出去也不光彩。

而宇文泰不一樣，作為當今頂級的軍事天才，高歡和宇文泰交手多次，但勝少負多。能戰勝宇文泰這樣的對手，而且此役是完勝，高歡找回了丟失多年的面子，這才是這場邙山大捷之於高歡的主要意義，難道高歡還貪圖宇文泰大營的金銀財寶嗎？

說到金銀財寶，高歡突然想到，彭樂追宇文泰已經好久了，怎麼還沒回來？高歡相信以彭樂的身手，活捉黑獺不成問題，高歡甚至開始準備見到宇文泰時的臺詞，無非就是「黑獺，你也有今天！」然後就是一陣解恨的狂笑。

一陣風吹過，一陣雜亂的腳步聲由遠而近，彭樂已經跪在了高歡的面前。除了面部表情有些緊張的彭樂，高歡並沒有發現宇文泰。

「人呢？」高歡有些不悅地問。

彭樂無語。

關於彭樂是如何回覆高歡的，《北史》和《資治通鑒》的記載稍有不同。《資治通鑒》記載，彭樂的回答是宇文泰太油滑，一不留神，就讓黑獺給溜掉了。而《北史‧彭樂傳》也記載說不小心讓黑獺溜了，但隨後彭樂又把宇文泰給自己講的那些私密話和盤告訴了高歡。不過為了打消高歡對自己的猜忌，彭樂又自辯說宇文泰逃走，絕不是因為他對自己說了這些話。

彭樂還在笨嘴拙舌地進行自我辯解，高歡的臉色已經沉了下來。什麼都不用說了，高歡已經明白了一切：宇文泰肯定是彭樂私下放跑的。

高歡勃然大怒，這幾乎是他唯一有可能消滅宇文泰的機會，就這樣被彭樂給放了，高歡氣得牙根直癢癢。高歡跳下榻，走到彭樂近前，揪住彭樂的頭髮，使勁地往地上磕。

彭樂知道自己罪孽深重，大氣也不敢出，任由高歡發洩怒火。彭樂自甘受虐，反而更加激起了高歡的暴虐情緒，高歡拔刀出鞘，將利刃放在彭樂的脖子上，然後高高舉起……

眾人一片驚呼，難道高王要殺掉彭樂？

高歡的刀是高高舉起了，但卻輕輕地放下，彭樂的脖頸上，只是感覺到一絲微涼，並沒有受到什麼傷害，眾人長出一口氣。高歡似乎不太甘心就這麼饒過彭樂，這廝太可恨了。隨著眾人的兩次驚呼，高歡兩次把刀架在了彭樂的脖頸上，但始終沒有見血。

從高歡的猶豫動作來看，高歡一直下不了殺彭樂的決心，或者說高歡根本就沒有殺彭樂的打算，他只是想教訓一下彭樂。彭樂私放宇文泰，確實壞了高歡的大事，但高歡再想，如果不是彭樂奮勇拼殺，在邙山慘敗的還不一定是誰呢。

被磕得滿臉是血的彭樂，也似乎猜出了高歡的用意，他大聲向高歡請戰：「請大王付我五千精銳，我必擒黑獺至此。」彭樂的大話還沒說完，高歡的一口唾沫就啐在彭樂臉上：「拉倒吧你，現在黑獺早就回營了，要是五千人能解決黑獺，孤還用得著你這個混蛋麼？」彭樂嘿嘿傻笑，他知道高王已經原諒了自己。

看到彭樂如此不要臉，高歡也氣笑了，命人抬進三千匹上等好絹進帳，還沒等彭樂反應過來，這些絹布就全部倒在彭樂的背上。

高歡坐在榻上，懶洋洋地告訴彭樂：「私放黑獺，其罪非輕，念汝侍我甚誠，兼有破敵大功，功過相抵，此絹，可賞汝！」彭樂保住了小命，激動地從絹堆中爬出來，膝行數步，跪在高歡腳下，不停地叩頭，淚流滿面。

高歡輕輕地歎息。

就在高歡痛打彭樂的時候，在距離東魏大營不遠處的邙山腳下，他的朋友宇文泰正坐在地上，看著月亮發呆。

其實從彭樂的魔掌下逃出來之後，宇文泰完全可以選擇逃到長安，這樣更加安全。但宇文泰實在嚥不下這口惡氣！年年都在吃高歡的免費大餅，可今年卻差點讓高歡把自己當成大餅吃掉。不服！嚴重不服！面子從哪裡丟的，就從哪裡找回來，這才是宇文泰的性格。

第二天一大早，宇文泰就帶著從邙山逃出來的西魏軍殘部，蓬頭垢面地站在高歡的面前。

高歡知道這是宇文泰想找回失去的面子。

對高歡來說，黑獺來得正好，將這夥殘兵敗將一鍋燴了，從此永絕後患。高歡也很欣賞宇文泰的血性，這才像個爺們。但僅有血性就能解決問題麼？高歡看著西魏軍那副落魄樣，搖頭苦笑。

勝利一定是屬於高歡的。

邙山之戰後，東魏軍士氣高昂，和宇文泰打了這麼多年，從來沒像今天這樣揚眉吐氣過，但問題也隨之而來，就是輕敵。高歡的性格有時很不穩定，會從一個極端跳到另一個極端，這種性格也傳染給了東魏軍。

邙山戰前，東魏軍面對西魏軍比較自卑，總覺得自己矮人一頭。但邙山戰後，東魏軍又開始鄙視對手，覺得西魏軍不過如此。因為輕敵，所以東魏軍在迎戰西魏軍的時候，也沒列出有效的攻防陣形，亂哄哄地擠在一起看笑話。

高歡猜對了一半，宇文泰是來復仇的，但高歡沒有猜對的另一半，是宇文泰對這次復仇有著非常縝密的計畫安排，至少在陣形上如此。西魏軍的人數並不多，但有利之處是陣形比較完整，宇文泰坐鎮中軍，趙貴為左軍，若干惠為右軍，各部雁翅形排開，只等大丞相一聲令下，弟兄們就要找高歡復仇。

宇文泰此時已經看到了正揚揚得意的高歡，宇文泰大怒，這老東西還在品嘗送給我的那場恥辱，今天一定要讓你好看！

宇文泰馬鞭一指，大喝：「不怕死的給我上！」

西魏軍早就憋著一口氣，此戰不洗清邙山之恥，枉為男兒！在宇文泰的率領下，西魏軍中、左、右三部將士睜著血紅的眼睛，舉著殘破的旌旗，迎著呼嘯的寒風，悲壯地衝進東魏軍的大陣中。

高歡有些不屑地下令迎戰，今天黑獺的死期到了！

宇文泰堅信自己一定能笑到最後。

結果很快就出來了：宇文泰大勝。

這場戰役的具體過程：宇文泰率領中路軍、若干惠等人率右路軍，以鉗形戰術夾擊東魏軍，將輕敵的東魏軍殺得片甲不留，將東魏步兵全部生擒。最讓宇文泰開心的並不是這些蝦米兵，而是他親眼看到，那個醜陋的賀六渾在亂戰之中，從馬上掉了下來，東魏大將赫連陽將自己的馬送給高歡，高歡拼命逃竄。雖然趙貴等五人率領的左軍作戰不利，但宇文泰已經顧不上這些了，他只想得到活的高歡。

「活捉賀六渾！」西魏軍喊殺聲震天。一支西魏特戰小分隊以迅雷不及掩耳之勢，追到了高歡的身後……

高歡已經看到了西魏追兵，嚇得肝膽俱裂。

高歡沒有想到命運會如此捉弄人，昨天自己還差點活捉宇文泰，今天就輪到自己成為宇文泰的階下囚了。高歡欲哭無淚，命運怎麼可以這樣無情！

西魏軍就在高歡身後，看著高歡的窘相，無不大笑。上次一個弟兄割走了高敖曹的人頭，就拿到了一萬匹上等好絹，而高歡的價值遠在高敖曹之上，只要得到高歡，能得到的賞賜何止一萬匹絹！

雖然西魏軍人數不多，但少說也有幾十個，而高歡的身邊只有七個隨從！寡不敵眾，高歡的死期真的要到了，高歡心中陣陣悲涼。彭樂在哪？高歡現在能想到的，就是希望彭樂趕快過來救駕。

「有末將在此，何憂這些鼠子！我有利箭百支，可射死百賊。大王可速去！」說話的是都督尉興慶。

高歡看著尉興慶，激動得說不出話來，疾風識勁草，板蕩識忠臣，自己沒白養尉興慶一場。高歡知道尉興慶單槍匹馬和西魏軍纏鬥，凶多吉少，為了鼓勵尉興慶給自己賣命的決心，高歡在臨逃之前，給尉興慶畫了一張大餅：「好壯士！且為國盡忠，孤許爾為世襲懷州刺史。爾不死，即日赴懷州；爾若不幸戰死，爾子可繼之！」

尉興慶是個血性爺們，被高歡這麼一激，頓時淚流滿臉，尉興慶告訴高歡：「我兒子太小，不懂治政，若我死，請封我兄。」高歡眼裡噙著淚，點頭答應。

高歡打馬遠去，只留下尉興慶，面無表情地看著身後成群的西魏追兵。

尉興慶抱著必死的決心，放箭射西魏軍，鋒鏑響處，應聲皆倒。西魏軍被尉興慶射得發狂，太可恨了，眼看著到嘴的肥鴨子，就這樣被尉興慶放跑了。吃不到高歡，那就吃掉尉興慶，對西魏軍來說，這與其說是解饞，不如說是解恨。尉興慶的箭已經射光了，再加上勢單力孤，根本架不住群狼的攻擊，很快就悲壯地戰死。

尉興慶戰死了，可高歡早已不知去向。

「……」西魏追兵面面相覷，回去怎麼向宇文丞相交代。

宇文泰並沒有責怪弟兄們辦砸了差事，倒不是宇文泰發善心，而是宇文泰已經從意志不堅定的東魏降卒那裡得知了高歡的藏身之所。

宇文泰站在軍用地圖前放肆地大笑！

宇文泰下令，在軍中用重金招募三千名敢死士，每人各持短利兵刃，由大都督賀拔勝率領，跟著東魏降卒去捉拿高歡。大丞相有令，就是挖空了邙山，填平了黃河，也要把賀六渾給我揪出來！

「活捉賀六渾！」三千將士聲如山搖。

此時的高歡正和幾個弟兄圍在一起喘粗氣，一陣煙塵揚起，高歡驚得站起身，看到數千西魏軍就在他的不遠處。

高歡眼尖，認得西魏軍帶頭的是賀拔勝，這是老熟人了，當年賀拔勝曾經在自己的財務那裡領過工資。賀拔勝也一眼就認出了蓬頭垢面的高歡，賀拔勝大喜。

上馬，揮鞭，揚塵，高歡已經遠去。

賀拔勝叫上十三名精銳騎兵，逆風飛揚，今天一定要活捉賀六渾！賀拔勝一手擎著韁繩，一手揮舞大槊，雙腿夾著馬肚子，快速馳奔。

高歡和幾個弟兄縱馬狂奔，賀拔勝等十四人在後面緊追不放，煙塵大起，被風颳得到處都是。

空氣裡混雜著一股死亡的味道。

也許是賀拔勝給他的馬許下了重金承諾，這匹馬異常的興奮，以極限速度向前衝刺，追了幾里路，很快就追上了高歡。賀拔勝的大槊尖頭已經可以觸到高歡的屁股，賀拔勝只要再稍提一下速，他的大槊就可以將高歡挑落馬下。

「賀六渾，你的末日到了！看賀拔破胡（賀拔勝字破胡）取你的狗頭！」賀拔勝爆出一陣讓高歡毛骨悚然的笑聲。

高歡已經明顯嗅到了死亡的氣息，精神高度緊張，也許真如賀拔勝所說，今天就是他賀六渾的死期。真的就這麼完了？高歡不服！但又能如何，既然坐上賭桌，要認賭服輸，這才像個爺們。高歡閉上眼睛等死。

只聽見一聲慘叫，高歡卻沒有感覺到痛。高歡仔細一聽，這聲音不是人發出來的，而是一匹馬的慘叫聲。

高歡睜眼回頭一看，差點沒笑出聲來。

賀拔勝的坐騎屁股上中了一箭，倒在地上撲騰亂叫。賀拔勝被摔了一個狗啃屎，大槊拋到了幾米開外，正在捶地大罵是誰這麼缺德胡亂放箭呢，沒見我正忙著嗎？

放箭射中賀拔勝坐騎的，是東魏武衛將軍段韶。段韶是高歡的第一代從龍元勳段榮的兒子，論親戚關係，段韶的姨媽就是婁昭君，段韶要叫高歡一聲姨父。這次邙山之戰，段韶一直跟著高歡左右。現在姨父有難，段韶豈有見死不救之理？

看到賀拔勝落馬，西魏十三騎士嚇得臉色煞白，《北齊書．段韶傳》記載：「（段韶）從傍馳馬引弓反射，一箭斃其前驅，追騎懾憚，莫敢前者。」確切地說，應該是西魏十一騎士，因為有兩個倒楣的弟兄被東魏河州刺史劉洪徽從旁邊射了兩支冷箭，和賀拔勝一樣摔了個狗啃屎。

高歡見賀拔勝已經從地上站起來了，知道不能再看笑話了，否則自己就將成為笑話。高歡揚鞭策馬，駿馬仰天一聲長嘶，四蹄如飛，乘風而去。

等到賀拔勝把段韶的八輩祖宗罵完之後，再換上馬追高歡。

高歡？賀拔勝眼前連個鬼影也沒有。

「嗚呼！千載一時之機，就此錯過！」賀拔勝仰天長歎，早知道會發生這個變故，就應該帶上弓箭，一箭就能射死賀六渾。宇文泰沒讓弟兄們配上弓箭，這是天意！天意不絕高歡，就如同前一次天意不絕宇文泰一樣。

認命吧。賀拔勝耷拉著腦袋，回營請罪去了。

戰場上是瞬息萬變的，等賀拔勝回營之後，形勢已經發生了重大逆轉。西魏軍的左路趙貴等人不知道是怎麼弄的，在和東魏軍的作戰中越打越沒脾氣，趙貴等人也被抽腫了臉，模樣非常狼狽。

東魏軍藉著這口氣，鬥志明顯地提升，咱都是頂天立地的爺們，可以被打死，但絕不能被嚇死。東魏軍將士在逆境之中發起了命運的大反擊，西魏軍慘敗。

西魏軍沒想到鹹魚也會翻身，還咬了他們一口，非常的不服！

宇文泰憋著一肚皮的無名火，他不信今天拿不下賀六渾，宇文泰收集殘部，再戰。這一戰打的時間較長，一直到太陽落山，結果又被鹹魚咬了一口，宇文泰直叫晦氣！西魏軍越打越沒脾氣，再這麼沒頭腦地折騰下去，早晚要被高歡踢下鍋煮餃子，還是捲舖蓋滾蛋吧。

轉眼之間，西魏軍已經潰不成列，東魏軍大笑著追了過來。幸好西魏軍獨孤信、于謹等人收攏殘兵，在東魏軍背後捅了一刀，把東魏軍驚得雞飛狗跳，西魏主力部隊這才極其狼狽的撤退。

宇文泰在前無追兵、後無堵截的情況下，順利逃回潼關。看著手下殘兵敗將盔歪甲斜的狼狽樣，宇文泰氣得直哭。

不帶這麼丟人現眼的。

十七　發生在西元五四四年的治貪風暴

宇文泰趾高氣揚地來到河南，卻狼狽不堪地逃離。特別是邙山腳下那場血戰，是宇文泰心中永遠無法撫平的傷痛。

在東魏行台郎中封子繪看來，宇文泰的慘敗，正是東魏一舉消滅西魏，徹底解決西部邊患的最佳時機。在高歡追到恒農時，封子繪就勸高歡千萬不能犯當年曹操攻下漢中，卻沒有趁蜀中人心大亂的機會，一舉消滅劉備集團的錯誤，否則後悔終生。

高歡當然想吃掉宇文泰，但想到未必就能做到，高歡吃宇文泰的虧還少麼？高歡對封子繪的建議有些猶豫不定，他決定召開一場前線高層軍事會議，聽聽大家的意見。

讓高歡感覺到無限詫異的是，在座的文官全是主戰派，主張以強硬手段解決宇文泰。而武將們則全部變成了主和派，反對軍事冒險。

在文官中，求戰意識最強烈的是功曹參軍陳元康，他的觀點和封子繪差不多，都認為此次宇文泰慘敗，正是我消滅黑獺的絕佳時機，他建議高歡過關追擊宇文泰。高歡本來是主戰的，但看到武將們一致反對，他又改變了主意，變成了主和派。

高歡強行壓制了主戰文官的意見，停止了這次追擊。

高歡拒絕追擊宇文泰，其實是理智之舉，正如胡三省所說：「邙山之戰，蓋俱傷而兩敗，宇文泰雖力屈而遁，高歡之氣亦哀矣，安敢復深入乎！」武將們在邙山確實是打累了，需要一段時間的休整，他們是血肉之軀，不是機器，機器不停的運轉也會出毛病。文官們說主戰倒是很輕巧，他們又不上陣殺敵，只在後方搖扇子看熱鬧。高歡是統治者，他要考慮全域利益。

消滅宇文泰是高歡的最高戰略目標，但雙方的實力差距並不大，這也決定了東、西魏的戰爭必然是持久戰，所以高歡要先立於不敗之地，鞏固自己在東魏的統治。做帝王千萬不能學苻堅，在內部野心家成群出沒的情況下，成天盤算著統一天下，結果成為歷史的笑柄。

和前秦政壇內部暗流洶湧相比，高歡在東魏的統治可以說是固若金湯，沒有任何勢力可以威脅到高歡。東魏政壇雖然從來沒有風平浪靜過，但更多的是高層內部爭權奪利劃地盤。流水不腐，良性的內部競爭是必不可少的，高歡也樂見於手下高官們互相廝打，平衡的權力才是最安全的。

如果一定在東魏內部劃分出兩派勢力，可以分為公子派和元老派。

公子派的男一號自然是高歡的長子高澄，男二號是初登政治舞臺的高洋。

截止於東魏武定二年（西元五四四年），高歡至少可以肯定有九個兒子，是：高澄（二十四歲）、高洋（十六歲）、高浚、高淹（十四歲）、高湝（十三歲）、高演（十歲）、高渙（十二歲）、高清、高湛（八歲）。高歡總共有十五個兒子，但自高湝以下，生年皆不詳。

在高歡諸子中，因為年齡都還小，在這一年進入政壇的只有高澄和高洋。高澄作為嫡長子，高家的天下自然要由高澄來接班，所以高澄很早就在官場歷練。西元五四四年三月（《北齊書文襄紀》則記載為西元五四〇年），高澄進位大將軍，領中書監，兼任吏部尚書，高歡正式確定了高澄繼承人的身分。次子高洋已經十六歲了，到了懂事的年紀，高歡給高洋安排了左僕射的位子，但沒有什麼具體的工作，就是熟悉官場運作，積累經驗。

高澄在官場已經闖蕩多年，身邊形成了一股勢力，比如御史中丞崔暹、中兵參軍崔季舒、高陽王元彬、臨淮王元孝友、尚書左丞宋游道、丞相司馬李繪、記室參軍崔昂、太子舍人元禮、秘書丞祖珽、刑獄參軍蘇瓊等人。

至於元老派，主要是指「四貴」，即侍中孫騰、尚書左僕射司馬子如、冀州刺史高岳、尚書右僕射高隆之，這四人是高歡的心腹死黨。高岳是高氏宗室，但他出道較早，和高澄沒什麼關係。至於高隆之，他本姓徐，更和高澄扯不上關係。

高歡本人一直坐鎮晉陽，而皇帝元善見則住在鄴城，高澄率公子派與四貴共守鄴城，表面上是「輔政」，實際上是監視元善見。這兩派勢力的權力源頭都來自高歡，但兩派之間卻始終存在著明爭暗鬥。

其實鄴都政壇的公子派勢力完全是高歡刻意扶持起來的，高歡封高澄為大將軍，坐鎮鄴都的目的有兩個：一、讓高澄積累經驗，以後順利接班；二、通過高澄來制衡四貴的勢力。

四貴在鄴都的發展似乎已經有些超出高歡的掌控之外，這四位大爺仗著權勢，在鄴都欺男霸女，貪贓枉法，民怨非常大。在鄴都做貪官的還不僅是四貴，咸陽王元坦、并州刺史可朱渾道元、司空侯景、尚書元羕，都是貪道中人。這夥人不但集體貪污公款，還經常到處遊玩。比如元坦，成天打魚射獵，河裡的魚、天上的鳥、地上的兔子，都快被元王爺給吃光了。

高歡早就對這夥貪官不滿了，但他們都是高歡的元老舊臣，高歡還不能動他們。現在唯一能做的，就是制約他們的權力，高澄顯然是個再合適不過的人選。

高澄是個聰明人，他知道父親派他到鄴都的目的，說得直白一些，就是讓他來「打老虎」的。

由高澄出面打擊四貴的囂張氣焰，也顯示了高歡的良苦用心。

為了配合兒子的這場「打老虎」行動，高歡特別放權，將鄴都政治的最高權力轉交給高澄，「文武賞罰皆稟於澄。」同時，次子高洋也跟著高澄去鄴城，見見世面也好。

讓高歡父子意外的是，四貴依然我行我素，其中最典型的就是四貴之首孫騰。可以這麼講，孫騰是高歡手下第一心腹要員，地位之高，遠非閒人可比。

正因為孫騰早年為高歡創業立下汗馬功勞，得勢之後，孫騰恃功自傲，《北齊書．孫騰傳》稱「（騰）志氣驕盈，與奪由己，求納財賄，不知紀極。生官死贈，非貨不行，藏銀器，盜為家物，親狎小人，專為聚斂。」這哪像一個位望隆重的元勳大臣，更像是一個無惡不作的地頭惡霸。高歡對此非常不滿，曾經多次勸孫騰不要胡鬧，但孫騰根本不聽。

孫騰也知道高歡派高澄來鄴都，就是衝著他來的。孫騰心裡有了小盤算：不能在高澄面前掉價，不然在氣勢上被高澄打下去，以後就抬不起頭了。等高澄來到孫府打虎的時候，按禮數，孫騰應該給高澄下拜。但孫騰很大牌，乾脆橫臥在床榻上，剔著牙花子，哼著小曲，身邊還有兩個婢女給他捶腿。

高澄一看這陣勢，知道這個老傢伙有意在自己面前擺譜。高澄一陣冷笑，他給手下武士遞個眼色，弟兄們心領神會，衝上去，將孫騰從床上拽下來，按倒在地，用刀把子將孫騰痛打了一頓。還沒等鼻青臉腫的孫騰爬起來，就被武士拖到了門外，強行架起來，在門外站著，沒有高大將軍的命令，敢動一下，當場打斷你的狗腿。

孫騰根本沒想到高澄敢對自己下如此重手，想破口大罵，但看著面無表情的高澄，孫騰狠狠地嚥下了這口惡氣。他是從小看著高澄長大的，大少爺什麼脾氣，他一清二楚。一旦把高澄惹毛了，這個小兔崽子就敢把自己送上西天。

高澄初戰告捷。

孫騰被打倒了，接下來，高澄就要收拾其他三位大爺，首當其衝的是高隆之。不過在高澄敲打高隆之前，二弟高洋無意間搶走了高澄的鋒頭。

高隆之本姓徐，因為收養他的姑父姓高，所以改姓高。高隆之和高歡的私交極好，高歡為了拉攏高隆之，就把高隆之的郡望改為渤海稭縣，視為同宗兄弟。高澄知道高隆之是什麼來頭，更沒打算給高隆之面子，當場羞辱高隆之，雖然史書沒記載高澄都說了什麼，但應該和高隆之收受賄賂有關。高隆之雖然對高澄的訓斥很不耐煩，但高澄說的都是實情，只好裝聾作啞。

下面撞到高澄槍口上的，是司馬子如、可朱渾道元、元坦等大貪。不過高澄這次沒有直接出面，而是由他的幾個打手粉墨登場。崔暹和宋游道奉高澄意旨，收集了這夥巨貪的罪狀，一一彈劾。然後高澄出場，在光明正大的藉口下，將大貪小貪們都扔進監獄，大鞭子伺候，好好反省。

不過這些人身分過於貴重，高澄也不能胡來，只是奏請高歡之後，將幾個大貪的官職擼掉，踢回府上遛鳥看螞蟻去。大貪殺不得，小貪就沒那麼幸運了，高澄一聲令下，無數人頭落地……

高澄在鄴都掀起的這場大規模治貪風暴，震驚了整個官場，所有官場中人都沒想到高澄會有這種雷霆手段，無不畏服。

高歡要的就是這個效果，對高歡來說，元老們確實對他的創業起到了不可替代的作用，但高歡也沒虧待他們，高官得坐，駿馬得騎。做人要有個底線，貪點小錢本不算什麼大事，但如果代價是高歡的統治基礎受到損害，這是高歡絕對不會答應的。

高歡對這些元老們始終無法下毒手，所以高歡父子就演了這一場好戲。惡人由高澄來做，反正高澄年輕氣盛，不怕得罪人。高澄負責拿大棒子打人，高歡負責給挨打的弟兄們分胡蘿蔔，安撫他們。

高歡在高澄打老虎的時候，不停地在旁邊加油助威，鄴都政壇風氣最為緊張的那段時間，高歡好意給在鄴城的老臣們提醒：「咸陽王、司馬令都是朝中勳貴，但一朝犯罪，我也救不得他們，更不要說你們了。以後你們都給我悠著點，不要再貪了，否則佛祖菩薩也救不了你們！」這哪是好意提醒，分明就是赤裸裸的威脅。本來元老們還指望高歡出面叫停呢，看完高歡的公開信，全都哭了。

對於高歡父子「大棒加胡蘿蔔」的政策，胡三省極為讚賞：「澄繩之以公法，歡接之以舊恩，此其父子駕御勳貴之術也。」

高澄的這場打虎行動勝利結束，將這幫老臣打怕後，很長時間不會再出現腐敗窩案，淨化了政治環境。同時高澄也在官場上打出了自己的威風，大家都看清了高澄的手段，沒人敢再出來觸楣頭。何止是高澄狠，高澄身邊的那幾個酷吏，比如宋游道、盧斐、畢義雲，個個心狠手辣，殺人無數。這樣的狠人，誰惹得起？

自此之後，再聽到高澄、宋游道、盧斐等人的名字，官場聞風喪膽。

十八　西魏蘇綽改制

在任何時代，只要獨立的利益集團超過兩家，和平永遠只是暫時的。不要輕易相信別人的和平承諾，承諾在利益面前，是永遠靠不住的。和平鴿在天空中快樂飛翔的時候，地面上，早已經架起了大炮。

邙山之戰後，東魏和西魏偃旗息鼓，無論是高歡，還是宇文泰，都把注意力放在了內政方面。邙山之戰不可能是兩個魏國之間的最後一場戰爭，雙方罷兵，只是在比拼內功，積極發展實力，來應付未來更大規模的戰爭。

戰爭打的是什麼？有許多種解釋，但有一種解釋是公認的——戰爭拼的是經濟。兜裡沒錢，誰陪你玩？

不過東魏和西魏的情況有些不同，在高歡統治下的東魏，經濟實力很強，但內部腐敗橫行，所以高歡把內政重點放在了整肅吏治上。而宇文泰控制的西魏，在北魏時期，經濟就不如東部地區，有時還需要東部供血。北魏分裂後，西魏地瘠人稀，經濟非常落後，所以宇文泰的內政改點側重於經濟層面。

發展經濟，簡而略之，無非是開源和節流兩途。宇文泰手上只有一串子銅錢，再怎麼省，也省不了幾文錢。節流是本，開源才是根。

如何開源，是擺在宇文泰及關隴軍事集團面前的第一難題。

作為一個軍事集團，宇文泰和兄弟們可以搶高歡的錢，但以高歡強大的軍事實力，宇文泰又能搶多少？弄不好還會被高歡連本帶利地撈回去。現在宇文泰能做的，只有內部挖錢。

其實擺在宇文泰面前的棘手問題，還不僅是經濟落後，關西的政權（吏治）建設、精神建設、法制建設，同樣是宇文泰急需解決的大問題。沒錢是不行的，但只有錢也是不行的，北宋天下最富，結果女真鐵騎南下，二帝束手就擒。問題出在哪？就在於北宋貪腐遍地、精神委靡、法制黑暗。

在宇文泰之前，也有一個活生生的歷史教訓，就是北魏帝國的崩潰。北魏之亡，說的簡單一些，也是亡在這三個方面。政權沒有窮死的，越窮越有精神，比如在北宋與遼朝夾縫中生存的西夏。許多政權都是從內部垮掉的，上層窮奢極欲，中層貪腐成風，下層食不果腹。長此以往，不亡於內，必亡於外。

宇文泰要想在與高歡的殘酷競爭中生存下來，必須要解決這四個問題，他已經沒有後路可退。全面改革！

故步自封，得過且過，早晚會被快速發展的東魏遠遠甩在後面，最終的結果也必然是高歡統一北方天下。

以宇文泰的能力，他完全可以全面參與改革運動。但是宇文泰軍務繁忙，他眼前的第一任務是在與高歡的軍事鬥爭中生存下來，如果生存都成了問題，還奢談什麼？所以宇文泰只能制定出整體的改革思路，需要一個與他志同道合、能力出眾的人來負責操作具體事務。

雲從龍，風從虎，就在宇文泰四處尋找這樣一位大總管時，一個偉大的改革家橫空出世，他，就是蘇綽。

蘇綽，字令綽，岐州武功郡（今陝西省咸陽市武功縣）人，生於北魏孝文帝太和二十二年（西元四九八年）。

蘇綽不僅博學多藝，而且他的數學水準達到了一個非常高的水準，這也為日後蘇綽推行改革打下良好的邏輯運算基礎。不過蘇綽雖然博學，但他的文學水準不如堂兄蘇亮，而蘇亮的戰略謀劃又不如蘇綽，各有所長，時人稱為二蘇。

蘇綽進入官場的時間比較晚，不會早於西魏建立之前。北魏分裂後，蘇綽已經三十八歲了，典型的大器晚成。第一個把蘇綽推薦給宇文泰的，正是蘇綽的堂兄蘇讓（蘇亮親兄）。蘇讓算得上是宇文泰的心腹人馬，《周書・蘇綽傳》稱「引為府屬，甚見親待」。蘇讓知道宇文泰正處在創業的關鍵期，最缺少能員幹吏，所以蘇讓就把堂弟蘇綽推薦給了宇文泰。

在西魏大統元年（西元五三五年），宇文泰任命蘇綽為行台郎中，蘇綽從此走進仕途，有機會施展他的錦繡抱負。不過宇文泰剛開始並沒有發現蘇綽有什麼特別才能，蘇綽有一年多的時間沒沒無聞。

直到一年後，宇文泰和蘇綽的上司、行台尚書周景達議事，周景達無法回答宇文泰的問題，就出來請蘇綽幫忙謀劃。蘇綽根據宇文泰的要求，為周景達量身定做了一套方案，周景達回覆宇文泰，宇文泰非常滿意。

宇文泰知道有高人為周景達出主意，就問這個高人是誰，周景達愛才惜才，立刻說出了蘇綽的名字。周景達告訴宇文泰：「此人有王佐大才，公宜用之。」直到這時，宇文泰才想起這是蘇讓的堂弟，尷尬地大笑：「我聞其名久矣。」即日晉升蘇綽為著作佐郎。

不過宇文泰嘴上說要重用蘇綽，實際上他對蘇綽根本不了解，所以宇文泰需要一個合適的機會對蘇綽進行全面了解。不久後，宇文泰和公卿大臣們來到昆明池看魚，宇文泰藉機和蘇綽搭上了話頭。

從天地造化之始，到歷代興亡之因，宇文泰不停地給蘇綽出難題，宇文泰想看看這個被周景達稱為「王佐才」的中年人，是真有大才還是徒有虛名。蘇綽讀過萬卷書，又精通天文地理算術，這些問題對蘇綽來說根本就不是問題。加上蘇綽口才極好，對答如流，宇文泰聽得入了迷。

隨後宇文泰把眾人轟走，單獨留下蘇綽進行長談，話題是如何解決眼下的經濟困難以及重建社會。剛開始談的時候，宇文泰是臥在席上的，吊兒郎當地聽蘇綽說話，明顯是對蘇綽的不尊重。蘇綽並不在意這些，依然滔滔如長河飛瀑。

蘇綽的回答內容今已不存，但他的主要思路是藉歷史有為帝王的事蹟來論證自己的觀點。蘇綽是個法家，他非常欣賞戰國的著名思想家申不害和韓非，所論之語，引經據典，所言皆切中時弊，宇文泰不停地點頭。宇文泰不再躺著了，而是正襟危坐，席地而視蘇綽，表情嚴肅，說明他已經被蘇綽初步征服。過了一會，蘇綽還在口若懸河地講，宇文泰已經膝坐在蘇綽身邊。

這次談話的時間非常長，整整一夜。直到第二天清晨，二人才略覺睏意。這時的蘇綽已經離去，上班去了，宇文泰搖頭三歎，世上怎麼會有這樣的奇才！

宇文泰以皇帝元寶炬的名義下詔，晉封蘇綽為大行台左丞，參與軍國大事。

蘇綽站在了歷史的前臺，與宇文泰攜手，共同開創了一段偉大的歷史。

關於蘇綽在西魏政壇上進行全面改革的時間，各史記載不一，《周書》記載是在大統十年（西元五四四年），《北史》記載是在大統十一年（西元五四五年）而《資治通鑒》則記載為大統七年（西元五四一年）。而蘇綽自大統元年之後再一次出場的時間，《周書・文帝紀下》和《北史・魏文帝紀》均記載為大統十年，所以西魏的全面改革應該就在這一年。

早在大統元年（西元五三五年）三月，宇文泰為了恢復關西的社會生產，曾經制定了二十四條新制。二十四條新制的制定者不是蘇綽，因為那時蘇綽還沒有進入政界高層。十年後，新制變成了舊制，已經明顯跟不上社會快速發展的步伐，所以有必要進行大規模修改，要與時俱進，不能墨守成規。

蘇綽對三十六條「舊制」（注：之前宇文泰曾制定十二條新制）進行大範圍的刪改，砍掉不合時宜的部分，根據社會實際情況，增加了一些新的內容。新法不再按條劃分，而是合為五卷。在新法中，最引發各界關注的，是人事制度改革。

濫竽充數，人浮於事，官員整體素質偏低，是北魏末年出現社會大動盪的根本原因。官員整體素質偏低對社會整體健康發展具有很大的危害性，如果中下層官員執行不利，甚至陽奉陰違，上面制定再好的政策，到了底層也會變味，直接損害了底層百姓的利益。

蘇綽開出了兩副藥方，第一副是簡賢任能，淘汰庸劣，「搜簡賢才為牧守令長」。吏治之難，不在於朝廷，而在於地方，特別是負責實施政策的郡縣兩級。老百姓對社會整體良性還是惡性的評價，標準是政策的執行效果，而不是政策本身。

地方官的任免權在朝廷，但朝廷一般不干涉地方政府各級辦事員的人事安排。地方官用什麼人，要看他的個人喜惡，這就給了一些刁猾之徒進入地方政府謀取私利開了方便之門。

蘇綽認為北魏末年以來的吏治敗壞，很大程度上就出在地方官任用胥吏只看能力，不看人品。「州郡大吏，但取門資，多不擇賢良；末曹小吏，唯試刀筆，並不問志行。」有些人能力突出，但人品太差，任用這樣的人，對政府形象的破壞性可能要遠遠大於其貢獻性。蘇綽要求地方官今後在任用胥吏時要能力和人品並重，用人要慎重，擇其賢而用之。

第二副藥方是減員，打破人浮於事的中庸局面，官場最需要的是具有改革精神的破冰者，而不是四面光滑的老好人。

蘇綽的剪裁政府機構的思路很明確，要根據人才的數量來設置辦事機構，而不是設置許多機構後，再四處拉壯丁充數。「官省則事省，事省則民清；官煩則事煩，事煩則民濁。」有其人則任，無其人則闕，絕不能給刁猾之徒進入政府機構的機會。

其實蘇綽開的都是尋常藥方，沒什麼技術難度，關鍵是看統治者有沒有決心。站在河邊走，未必就一定會濕鞋，就看想不想下河。只要想下河撈魚，什麼樣的鞋濕不了？

就在蘇綽開出吏治藥方後不久，蘇綽又提出了規模更為宏大的改革計畫，並對歷史產生了重大影響。

為了區別之前宇文泰制定的十二條和二十四條，這次蘇綽推行的改革措施可以稱為「新法六條」。

新法六條是：一、先治心；二、敦教化；三、盡地利；四、擢賢良；五、恤獄訟；六、均賦役。

第一條講的是官員政治修養，第二條是精神文明建設，第三條是土地政策，第四條是吏治整頓及人才儲備，第五條是法制建設，第六條是國家稅收政策。

第一條和第四條是一個線的兩個點，可以放在一起講。其實這兩條是上面講的兩副政治藥方的延伸和細化。蘇綽在第一條的摺子中洋洋灑灑寫了四百五十九字，實際上可以用一句話來高度概括，就是：為什麼要當官？當官為了什麼？

在蘇綽看來，京官的地位不如地方官，「百僚卿尹，雖各有所司，然其治民之本，莫若宰守之最重也。」朝廷的政策最終是要靠地方政府來實施的，和老百姓打交道的是地方官，而不是京官，所以蘇綽的所謂治心術，其實就是說給地方官們聽的。

蘇綽給地方官們提出了兩點要求，一要治心，二要治身。治心者，用現在的話說，就是樹立正確的政治價值觀，統一思想觀念，緊跟著朝廷的指揮棒轉，而不是獨自跳著不合拍的舞蹈。

蘇綽的治心之所以受到地方官們的歡迎，有一點非常重要，就是蘇綽在第一條中明確說明了，「所謂清心者，非不貪貨財之謂也。」意思很明白，朝廷允許地方官有一定的經濟收益，只要你的個人私利不大於朝廷在地方上的收益，朝廷就允許你適當拿一點「火耗銀子」，算是地方官們的辛苦費。其實官場中人都明白，憑官員那點死工資，根本不夠花銷的。當然蘇綽並不是鼓勵官員們都去當貪官。

所謂治身，是治心的實際行動，光說不練是假把式。地方官在執行朝廷政策時，要以身作則。朝廷在民間推行經濟建設和精神文明建設、法制建設，首先要求地方官們給百姓們做出榜樣，榜樣的力量是無窮的。要求別人做到的，自己首先要做到，否則如何服人？千萬不要把老百姓當傻子。

第二條是敦教化，屬於精神文明建設的範疇，樹立正確的社會價值觀。蘇綽對人性看得非常透徹，他認為人的思想立場會隨著生存環境的變化而變化，即「性無常守，隨化而遷」。

通常來說，治世人心齊，衰世人心亂。盛世時代，百姓安居樂業，有飯吃，自然就不會去做違法的事情。北魏中後期曾經出現過一個短暫的道德治世，但六鎮起義導致的大亂，至今也有二十年了。軍閥割據，連年戰爭，朝廷四處滅火，無暇進行精神文明的重建工作，只能用嚴刑酷法來鎮壓百姓。

精神文明建設和物質文明建設是不能分開實施的，兩條腿走路穩當，精神和物質是人在社會生活中的兩個平衡點，少了哪一個都不行。在發展經濟的同時，蘇綽在精神文明方面提出了三點要求：一、家庭親愛；二、鄰里和睦；三、人與人之間互相尊重。只要做到了這三點，王道可成。蘇綽把推行精神文明建設的重任壓在了地方官們的肩上，要求他們「宜洗心革意，上承朝旨，下宣教化矣」。「宜」字說明了一個道理，打鐵還要自身硬，第四條講的是吏治整頓，上面已經講過了，不再重複。

第五條是完善的法制建設，蘇綽主張「輕法薄刑」，但有兩個前提，一是經濟發展，二是法律整體公平，二者缺一不可。

在百姓衣食無著的情況下，一味的刑法威懾是起不到多大作用的。經濟上不去，百姓沒飯吃，再完善的法律到了地方上也只是一紙空文，法律能解決吃飯問題嗎？蘇綽明確指出：「比年稍登稔，徭賦差輕，衣食不切，則教化可修矣。」

在基本解決吃飯問題後，法律整體公平的重要性就日益突顯。法律是維護大多數利益的，如果少數權貴犯法，而法不加責，法律的權威性何在？所以蘇綽說：「賞罰得中，則惡止而善勸；賞罰不中（公平），則民無所措手足。民無所措手足，則怨叛之心生。」

蘇綽同時告誡地方官和司法系統的官員們，刑法不是創收項目，不能搞指標攤派，為了完成指標就去胡亂抓人充數。寧可放縱壞人，也絕不能誣陷好人。法律的基本精神是什麼？首先是要尊重人的生存權，各職能機構在審理案件時一定要慎重，不能刑訊逼供。

好人不能殺，壞人一定要殺。蘇綽所說壞人的標準是什麼？在蘇綽看來，有四種人是絕不能饒恕的，即深奸巨猾者、傷風敗俗者、悖亂人倫者、不忠不孝者。此四種人非殺不可。這是對精神文明建設破壞者的法律約束。

在蘇綽的新法六條中，最引人注目的是第三條和第六條。

第三條的名稱是「盡地利」，涉及土地政策，說得直白些，就是向土地要效益，確保人人都能吃上飯。世界上最大的政治，實際上就是一個吃飯問題。無論政策制定的多麼完美，只要達不到溫飽這個基本標準，都是不合格的。蘇綽說得很明白，「人生天地之間，以衣食為命。食不足則饑，衣不足則寒。饑寒切體，而欲使民興行禮讓者，此猶逆阪走丸，勢不可得也。」

農民問題的根本，在於土地分配制度。只要農民有了可以解決溫飽的田地，社會基層就不會出現大的動盪，否則就會出現動盪，歷代綿延不絕的農民起義已經證明了這一點。

北魏分裂之後，西魏面臨著兩大問題，一是應對高歡的軍事進攻，二是恢復農業生產。西魏的面積並不小，但可耕地比較少，主要農耕區只有關中平原和河西走廊，其他的地方非山即漠。不過西魏有一個在被動狀態下的優勢，就是西魏可耕地少，但人口同樣少，只要開發得當，完全可以解決農民的溫飽問題。

西魏的土地分配制度分為宅田和耕田，政府規定：家庭人口在十人以上者，每戶授宅田五畝；人口九口以上者，授宅田四畝；五口以下者，授宅田三畝。耕田分配是有家庭的農民每人可得一百四十畝，未成家者每人可得一百畝。

農民的生產任務，除了種植主糧之外，還要適時地發展農副業。由西魏各級政府派技術人員下到田間，親手教授農民種植桑麻、瓜果、蔬菜，以及養豬、養雞等專業知識。政府告訴農民們，家家戶戶都要重視農副業的生產，政府只抽一點稅收，餘下的，都由你們用來養老。

政府向被統治者徵收稅賦是天經地義的，蘇綽在第六條「均賦役」中就明確指出：「國而無財，位不可守。」問題在於收多收少，在政府利益和百姓利益之間尋找一個雙方都可以接受的平衡點。

在西魏與東魏連年大戰的歷史背景下，西魏必須保證充足的財政收入，這也就意味著西魏各界要承擔的賦稅比較重。蘇綽的賦稅思想是「平均主義」，無論是富商還是平民，不論是健全人還是輕微殘疾人，從十八歲以上，至六十四歲以下，都是平等的納稅人，誰都不能搞特殊化。

具體的徵收標準是：豐年時，有家者每年上繳一匹絹、八兩綿、一匹布、十斤麻、五石粟，未成家者減半。如果遇上荒年，減半徵收，如果遇上大災之年，則按這個標準的十分之一收取。

西魏的賦稅徵收標準要高於北魏和北齊，錢穆先生在《國史大綱》第四篇中就指出：「北周租額，較之元魏、北齊皆稍重。」以北魏的糧食徵收為例，北魏每年向農民徵收二石糧，而西魏則是北魏標準的兩倍半。

蘇綽本人也承認這個標準是有些高了，但他實在是沒有辦法。國家徵收不到足夠的賦稅，就無法維持正常的政府運轉，別的不說，如果發不起軍餉，不用高歡出兵，西魏軍在內部就會造反，誰承擔得起這樣的後果？

蘇綽知道由於政府賦稅較重，西魏百姓的生活壓力非常大，他為此感到內疚，常歎道：「我也是迫不得已才這樣做的，希望後世在條件成熟下，減輕百姓負擔。」蘇綽的願望並沒有落空，三十多年後，也就是隋朝初年，他的兒子蘇威上表請輕稅減賦，楊堅悉從之。

除了賦稅之外，百姓們還要承擔國家徭役。西魏根據百姓家庭的實際情況，制定了一個免役的優惠標準。這個標準規定：家中有百歲老人的，可以完全免除徭役；家中有八十歲老人，可免除一個成年人的徭役；家中有重症殘疾人的，可以免除一個家庭成員的徭役。服役年齡是十八歲至五十九歲，服役時間有三種標準，即豐年時每年服役三旬，荒年為兩旬，災年為一旬。

在此之外，西魏政府還向百姓徵收鹽稅，為了充實自己的錢袋子，宇文泰幾乎到了逢雞必拔毛的地步。當時政府有四種鹽政收入，即海鹽、池鹽、地鹽、外鹽，除了海鹽和外鹽，池鹽和地鹽都是要收稅的。

西魏地處內陸，沒有沿海煮鹽之利，西魏的海鹽應該是從東部沿海地區交易來的。還有一種解讀，就是西魏的海鹽有可能是從西邊的青海湖採來的。青海湖及其附近地區是著名的產鹽地，鹽產量非常大。

西魏鹽政收入中，最大頭的是池鹽，因為著名的鹽池（位於山西運城）就在西魏的控制之下。對外的鹽業交易很容易受到外交關係的影響，不太安全，地鹽的產量又不大，所以對西魏來說，最重要的就是池鹽生產。

在魏宣武帝元恪時，朝廷就在鹽池設有鹽政部門，但在孝明帝元詡時又撤銷了，理由是與民爭利。宇文泰看到了鹽池產鹽之於西魏財政的重要性，又恢復了鹽政。自此之後，政府對鹽池的專賣制度實行了數十年，北周沿承太祖舊制，把鹽池當成了搖錢樹，沒事就搖一搖，民間怨言很大。

直到隋開皇三年（西元五八三年），隋文帝楊堅才下詔廢除了鹽政，規定無論是池鹽還是井鹽，百姓均可取用。除了廢除鹽科，楊堅同時廢除了西魏北周時代的酒稅，隋朝百姓齊呼皇帝聖明。

楊堅廢除鹽稅和酒稅不代表宇文泰當初專用鹽政和榷酒的政策就是錯誤的，畢竟歷史條件不同。楊堅坐擁北方富庶天下，不缺這倆錢，要知道當時的宇文泰可是窮得四面不著地，他不搶鹽，吃什麼啊。

宇文泰的家底和高歡沒法比，高歡是個大財主，花錢可以大手大腳，宇文泰只是一個中小財主，所以他必須勒緊褲腰帶過日子。

為了儲放從民間徵收上來的賦稅，宇文泰設置了司倉，相當於現在的中央儲備糧庫。本財政年度的賦稅收上來後，除了必要的花銷，餘下的都存在國家倉庫中。如果出現「赤字」，就臨時停止司倉職能。

國家儲備庫除了專門儲存物資外，還具備一定的市場交易功能。在國庫存餘的情況下，就把這些糧食或物資出貸給百姓，春天借出去，立好收據，等到秋天糧食豐收時，再收回來。這樣在最大程度上確保了糧食的新鮮性。用新糧換舊糧，官府和百姓都得利，糧食存放久了會長毛的，還能吃嗎？

十九　玉壁夕照

在高歡波瀾壯闊的人生中，出現過許多敵人，比如杜洛周、爾朱兆、爾朱世隆、斛斯椿、元修，但這些人的分量，沒有一個可以和宇文泰相比。爾朱兆等人只是歷史上的小蝦米，在舞臺上走個過場就下臺領盒飯了，宇文泰才是和高歡同級別的大腕。論出場費，高歡早期遠高於宇文泰，但宇文泰經過不斷的努力，已經拍馬追了上來。

高歡已經明顯感到了競爭的壓力，為了吃掉宇文泰，高歡曾經發動過幾場大規模的戰役。讓高歡沮喪的是，他非但沒有消滅宇文泰，反而讓黑獺越來越強大，最終形成東西對峙的局面。

和早期沙苑之戰時的巨大優勢相比，現在高歡對付宇文泰已經越來越吃力了。雖然在邙山之戰，高歡吃掉了宇文泰的六萬（或三萬）精銳，但西魏軍事機器的造血功能已經形成，宇文泰休整兩年後，實力基本上恢復到以前的水準。

高歡是個不信邪的人，他知道消滅西魏並非一朝一夕之功，但現在的高歡已經過了知天命之年，高歡不知道自己還能活幾年。在有限的餘生中，如果能掃平關西，高歡此生無憾！

東魏武定四年（西元五四六年）八月二十三日，東魏大丞相高歡悉發山東精銳悍戰之兵，浩浩蕩蕩出了鄴都，向西北方向挺進，目標是晉陽。高歡準備在晉陽休整一段時間，然後從晉陽沿汾河南下，強取西魏的河東重鎮——玉壁。

高歡這次大規模的軍事行動在東魏境內引起了強烈的轟動，無論是官場，還是在民間，大家都在交頭接耳地議論。

「你看丞相這次用兵關西，能成功嗎？」

「這個要問螞蟻。」

螞蟻……

在高歡和宇文泰交手的這十幾年間，鄴都流行著一個充滿神秘色彩的占卜方式：看螞蟻打架！

螞蟻打架有什麼好看的，還不如去猴山看猴子群毆呢，但在當時的東魏鄴都人眼中，鄴都螞蟻打架的結果，就是東魏和西魏殘酷大戰勝負的風向標。

螞蟻一般都是黑色的，但在鄴都，卻有兩種顏色的螞蟻，一種是黑螞蟻，一種是黃螞蟻。不知道這兩個螞蟻種族是有深仇大恨，還是為了搶奪生存空間，黃螞蟻和黑螞蟻成天打群架，無數隻螞蟻扭打成一團，橫屍遍野，嚴重影響了鄴城的社會治安和環境衛生。

充滿著詭異巧合的是，東魏軍的軍裝是黃色的，而西魏軍的軍裝恰好是黑色的。更加讓人不可思議的是，每次東魏軍和西魏軍群毆前，鄴都的黃螞蟻和黑螞蟻總會提前上演大片。

所以有好事者，每逢黃黑大戰，都會蹲在地上看熱鬧，以螞蟻的勝負來判定東、西魏大戰的結果。如果是黑螞蟻贏了，那麼西魏軍必勝；如果是黃螞蟻贏了，則東魏軍必勝。

不知道是巧合，而是冥冥之中有天意，螞蟻黃黑大戰和東、西魏大戰的結果完全一致。這個神秘的占卜方式轟動了整個鄴城。

就在高歡決定大舉進攻西魏的同時，黃螞蟻和黑螞蟻之戰果然如期而至。這場螞蟻之戰的規模是歷屆之最，雙方出動了所有兵源，浩浩蕩蕩地彙集在鄴都的某棵大楊樹下。觀眾們蹲在一邊，七嘴八舌的觀戰，狗們也沒閒著，擠在人群中，伸出狗頭看熱鬧。

發生在西元五四六年八月，震驚鄴都的這場螞蟻界黃黑大戰，經過一場慘烈的廝殺，結果很快就出來了：黑螞蟻笑到了最後，黃螞蟻全軍覆沒。

黃螞蟻死了，高歡還能活多久？黃螞蟻的慘死，是否就意味著東魏軍有去無回？許多人都相信這一點，這一定是上天的示警。

「……」眾人無語。

東魏殿中將軍曹魏祖就勸高歡不要這麼衝動，黑獺不是說滅就能滅掉的。不清楚曹魏祖是否知道螞蟻黃黑大戰的結果，但他也是從占卜角度講的，此戰必不利！必傷大將軍！

高歡不聽。

高歡從來不相信這些花邊八卦，他只相信自己，靠天不如靠自己。就算黃螞蟻戰死是不祥之兆，高歡也要用實際行動，打破這個所謂的讖語。

高歡率軍來到晉陽，停留幾天後，數十萬東魏軍浩浩蕩蕩南下。前隊騎兵高舉著大魏旗幟，步兵列陣前行，騎兵在道路兩邊急馳，所過之處，煙塵滾滾。

這支沉默的軍隊，在秋風高爽的九月，一個陽光燦爛的下午，抵達了西魏的前線重鎮玉壁。大丞相有令：各部迅速包圍玉壁，一隻螞蟻也休想從城中爬出來！

在高歡的指揮下，數萬東魏軍立刻開始建立營盤，史稱連營數十里，一眼望不到盡頭。

高歡下馬，拔劍，在玉壁城下不停地走動，有違孤號令者，斬！

高歡站在城下，點名讓西魏的玉壁守將出面答話。也許高歡已經知道了，坐鎮玉壁的西魏大將已經不是他的老朋友、并州刺史王思政，而是對高歡來說有些陌生的遙領晉州刺史韋孝寬。

高歡和西魏人交手十幾年，對宇文泰手下那些一線重將耳熟能詳，比如賀拔勝、于謹、趙貴、李弼、獨孤信、楊忠、蔡佑、耿令貴。但高歡對韋孝寬這個名字卻沒什麼印象。

韋孝寬生於北魏宣武帝永平元年（西元五〇八年），他的名字本來叫韋叔裕，孝寬是他的字，不過他從小就用孝寬這個名字，叔裕反而沒人提了。韋孝寬出身極為顯赫，因為韋孝寬是京兆韋氏的成員。

京兆韋氏，和同樣出自京兆的豪門杜氏，是魏晉南北朝隋唐時代的兩支頂級士族豪門。京兆杜氏和京兆韋氏是關中地區兩家江湖地位最為顯赫的家族，這兩家的地位有多高？當時流傳著一句諺語：「京兆韋杜，離天尺五。」

雖然京兆韋氏是關中豪門，但在北魏時代，韋氏混得並不如意。《魏書》只有一支京兆韋氏入傳，就是太武帝時武都太守韋閬和他的族弟、北魏名將韋珍。韋孝寬這一支韋氏和韋閬、韋珍同宗不同脈，韋孝寬的祖父韋直善做過馮翊、扶風二郡的太守，父親韋旭擔任過雍州大中正，屬於北魏官場的准二線人物。

韋孝寬出道較早，在年僅二十歲的時候，韋孝寬就參加官軍征討反賊蕭寶夤的行動，因功拜為統軍。韋孝寬雖然能力出眾，博獵書史，氣宇軒昂，但因為朝中無人，韋孝寬一直沒有混出頭。直到西元五二八年，侍中楊侃出鎮潼關，韋孝寬才真正迎來了他事業上的春天。

楊侃特別欣賞這個年輕人，不僅讓韋孝寬做了自己的司馬，還把自己如花似玉的女兒嫁給了韋孝寬。楊侃出身弘農楊氏，是天下第一等的清流豪門，在官場上又是一線要員，作為楊侃的乘龍快婿，韋孝寬自然平步青雲。孝莊帝時，韋孝寬被賜為山北縣男，雖然爵位不算很高，但憑韋孝寬的能力，萬戶侯何足道哉！

弘農楊氏在普泰年間被爾朱世隆、爾朱天光屠殺幾盡，但韋孝寬此時任荊州的淅川太守，所以逃過這場塌天災難。在當時荊州官場，有兩位政治新星，人稱「聯璧」，一個是獨孤信，一個就是韋孝寬。

北魏分裂後，作為荊州刺史賀拔勝治下的官員，韋孝寬自然就掛靠在宇文泰的名下。宇文泰很欣賞韋孝寬，當他入關西主政時，點名要韋孝寬到他的帳下入參軍機。

大統五年（西元五三九年），韋孝寬因功進爵為侯，從此韋孝寬進入西魏官場的准一線行列。

在大統十二年（西元五四六年），為了加強西南方向的戰略防禦，宇文泰將坐鎮玉壁的晉州刺史王思政調任荊州。至於晉州刺史的人選，宇文泰讓王思政舉薦，王思政毫不猶豫地說出了韋孝寬的名字。

就在韋孝寬意氣風發地來到玉壁後不久，東魏大丞相高歡率十幾萬精銳殺到了玉壁城下。

隨著東魏陣中呦呦的牛角聲響起，數萬由鮮卑人組成的東魏鐵血軍團迎風呼嘯著，衝到了玉壁城下。工兵已經在城牆下架起了無數具高高的雲梯，步兵們開始攀爬城牆。

在韋孝寬的有效指揮下，西魏軍頑強地守住了尊嚴的底線。玉壁城在東魏軍第一波的攻勢面前，倖存了下來。

高大爺不服！

高歡不想在同一座玉壁城下跌倒兩次，上一次王思政笑到最後，這一次，高歡無法容忍讓韋孝寬看自己的笑話。高歡在攻勢暫停後，騎馬在城下來回溜達，他想看看貌似固若金湯的玉壁有沒有什麼破綻。

騎馬轉了幾圈後，高歡笑了。

玉壁是一座瀕臨汾水建立的軍事城堡，因為城中沒有水源，所以玉壁城中西魏軍的飲水問題都要依仗著汾河水。高歡知道他該怎麼做了。

高歡帶著大隊人馬扛著挖河器具來到汾河邊，高歡指揮軍隊挖河道，目的是改變汾河的流向，讓玉壁城中的賊軍沒有水喝。這時天已經黑了，高歡命令點起火把，無數支火把映成一條火龍，在黑夜的襯映下，顯得格外悲壯。韋孝寬已經看出高歡的歹毒用意，氣得在城上大罵高歡缺德帶冒煙。

高歡面帶微笑，欣賞著韋孝寬的氣急敗壞，一邊督促弟兄們用力挖河。只用了一個晚上，當深秋的朝霞紅透東方時，一項偉大的移河工程在高歡手上完成。玉壁城沒斷糧，卻斷了水。高歡回到大營後，開始計算，人在沒有水喝的情況，還能堅持幾天。

挖掉了玉壁城的水源，高歡依然不敢大意。

韋孝寬如果不想投降，在沒有水喝的情況下，依然可以堅持好幾天。宇文泰也不是傻子，他不會派救兵嗎？韋孝寬現在缺的是飲用水，高歡缺的是時間！

必須在西魏的大隊援軍趕到之前，吃掉韋孝寬。像韋孝寬這樣又臭又硬的石頭，指望他投降是癡人說夢，高歡能做的，就是以武力強行解決問題。既然從城下進攻沒有什麼效果，高歡果斷改變作戰思路，地面上不行，那就從空中進城。

那時沒有空軍，高歡的意思是在玉壁城下堆起土山，通過土山的高度，扭轉對玉壁的海拔差距。高歡指揮工兵部隊在玉壁城下挖土堆山，人多力量大，在韋孝寬的罵聲中，一座充滿著死亡氣息的土山，矗立在韋孝寬眼前。

高歡的思維是人工增加自己的軍事進攻高度，但韋孝寬同樣可以做到這一點，西魏軍必須保持對東魏軍的高度優勢，否則後果不堪設想。韋孝寬發現城中有兩座城樓，高度和高歡的土山相差無幾，韋孝寬眼前一亮。

在韋孝寬的緊急督促下，西魏軍立刻在城中尋找木料，拆屋扒樑。大批木料源源不斷地堆積在城樓上。同時，大批作戰工具也運上城樓，隨時恭候高歡攻城。

城外的土山一點點增高，等東魏軍興高采烈地站在山頭上時，卻發現，他們需要仰視玉壁城中那兩座城樓……

高歡爬到土山上，看著城中高聳的城樓，氣得大罵韋孝寬狡猾。高歡拎著鞭子，垂頭喪氣地在土山上來回轉圈，一個大膽的想法突然竄入高歡的腦海，高歡又笑了。

地面上進攻不利，高空作戰不利，那就只剩下一個辦法了，就是地下作戰。說得通俗點，就是地道戰。不誇張地講，高歡是個地道戰的行家，當年進攻鄴城時，高歡就用過這一招，大獲全勝。

高歡要做的，就是複製當年的勝利。

高歡在挖地道之前，已經全面了解了玉壁周圍的地形，玉壁處在汾河南岸，北高南低，這也是當初高歡在城南堆土山的原因。高歡決定在城北挖地道，東魏軍的工程技術人員已經全面到位，物資器械也全部運到城北。

在工程技術人員的指揮下，數萬士兵分成十隊，齊頭並進，鍬鏟橫飛，土積如山。從地道中挖出來的土，高歡也有辦法處置，就是全部倒在城南的土山上，繼續增加土山的高度。高歡倒想看看，韋孝寬手上還有多少木頭。

地道的兩旁插著巨大的火把，紅油油地火光更加映襯著黑暗的恐怖，火把「瘦瘦啦啦」的燃燒聲讓空氣裡瀰漫了死亡的味道。高歡一身戎裝，懷抱大劍，橫踞在地道口的胡床上監工。高歡相信這次韋孝寬已經是逃無可逃，玉壁，將有新的主人！

但高歡還是小瞧了韋孝寬。

自從知道東魏軍要挖地道之後，韋孝寬迅速制定了一個周詳的應對戰術，絕對不能讓東魏軍從地下鑽出來。韋孝寬的辦法其實難度並不大，具體來說，就是用地道戰來瓦解地道戰。韋孝寬告訴弟兄們：「賀六渾會挖地道，難道我們就不會麼？」

按照韋孝寬的應對部署，西魏軍立刻在玉壁城門附近的地下，開挖了一道圓形的大溝。然後由精銳的西魏軍將士舉著火把，蹲在坑道口。韋孝寬之所以把地道挖成鴨蛋形，就是考慮到他不確定東魏軍會從哪裡冒出來。有了這個大溝，無論東魏軍出現在哪裡，都會有人招待他們。

韋孝寬的戰術果然效果非凡！

沒過多久，在地道口蹲守的西魏軍在火把的照映下，發現對面的土開始有些鬆動，這夥地老鼠終於送上門了。當東魏軍工兵破土而出的時候，迎接他們的，不是陽光普照大地，而是一身黑衣的西魏軍。

「……」怎麼會這樣？

等東魏軍明白過來的時候，已經來不及了。西魏軍一哄而上，動手捆綁，動刀砍人。好不容易鑽出地道的東魏軍，不是被五花大綁地擒到地面上，就是橫屍地下。

西魏軍初戰告捷，但有個問題卻讓韋孝寬非常棘手。西魏軍人數有限，主力都在城牆上防守，派到地洞裡的兵力並不多，可東魏軍卻可以仗著人數上的巨大優勢，源源不斷地從地洞裡鑽出來。長此以往，西魏軍根本吃不消，堵住了這頭，東魏軍就在另一頭鑽空子，防不勝防。

韋孝寬決定改變防堵策略，用科技的力量取代人海戰術。

韋孝寬讓弟兄們在各個地道出口堆滿木柴，等發現東魏的地老鼠們鑽過來時，就把這些木柴點燃，然後用「鼓風機」吹這些燃燒的柴草。柴草被巨大的風力吹動，就能燒退東魏軍的進攻。

東魏軍只知道西魏軍會蹲在洞口拿人，根本沒想到韋孝寬會放火，當弟兄們來到洞口時，還沒來得及看清對面，就看到一條條火龍，張著血盆大口，無情地朝自己撲來……

因為地洞比較狹小，活動空間極為有限，很多前排的東魏士兵就這樣被活活燒死。後排的比較幸運，被燒光了鬍鬚眉毛，衣服也燒爛了，慘叫著逃了回去。

高歡看到弟兄們這副狼狽相，氣得直搖頭。

地上進攻不利，高空作戰不利，地道作戰依然不利，高歡幾乎抓狂。高歡反覆思考，高空和地道作戰都是輔助型進攻方式，最常規也是最有效的戰術，依然是地面進攻。通過雲梯爬城失敗，不代表其他的地面作戰方式也會失敗，高歡決定改變地面進攻戰術。

高歡喜歡逆向思考問題，既然西魏軍仗著玉壁城牆堅固，爬城不利，那麼，就把這所謂的堅固城牆撞塌吧。

東魏軍中有許多輛特製的撞城戰車，這些戰車都是用上等好鐵精心打製的，衝擊力非常強。東魏軍士兵推著鐵甲戰車，在咚咚戰鼓聲中，在震耳欲聾的喊殺聲中，義無反顧地衝向了玉壁。

玉壁城牆非常堅實，但在這種戰車的衝擊下，漸漸地，城牆開始鬆動，不斷有泥土掉落，城上一陣驚呼。韋孝寬面色凝重，如果再讓這些鬼車撞牆的話，用不了多久，玉壁城就要變成玉壁村。

韋孝寬有辦法！

韋孝寬立刻讓軍中的繡匠動手，找來城中最好的布匹，縫製一張超大面積的幔帳。縫製好之後，由士兵扛到城上，韋孝寬下令，一張漫天大網從而天降……

關於韋孝寬用布幔阻止戰車攻城的記載，史書上沒有交代清楚，感覺有些疑問。東魏戰車在地面上攻城，當然撞的是城牆根，西魏軍的大布幔卻是懸在半空中，戰車如何能夠得著半空的城牆？只有一個合理的解釋，就是東魏軍的戰車並不是單純的地面力量型工具，而是可以在地面操作的高空作業工具。戰車上有可伸展的大型鐵錘，相當於現在的機械手臂，通過地面人員的操縱，大鐵錘不停地擊打最上面的城牆。

如果是這樣的話，那就可以解釋西魏軍的布幔懸在半空中，東魏軍的戰車無法撞擊城牆。因為布幔和城牆之間有一定的空氣阻力，就比如拳頭打在棉花上，有勁使不上。

韋孝寬在城上玩的花活，高歡看得一清二楚。

高歡很欣賞韋孝寬的科技研發成果，但對這個小兒科的東西，高歡有辦法對付。

高歡讓士兵們找來乾柴松枝，浸灌了大量的油，綁在戰車前部的竿子上，用火點燃後，高高伸起，去燒布幔。高歡不相信，玉壁城中的布匹會比城外的松枝乾柴還要多！

不過韋孝寬早就猜到了高歡的戰車作戰受阻後，會想用這個辦法來燒布幔。韋孝寬提前打造了一種對戰車火竿非常致命的武器——長臂鐮刀。

這種長臂鐮刀的構造非常簡單，就是挑選上等好刀，把刀刃磨的鋒利無比，然後把刀接在一枝長長的竿子上。等東魏戰車火竿高高升起，即將燒掉布幔時，西魏軍就把這種長臂鐮刀放下來，專砍火竿。戰車火竿應該是木製或竹製，不然是砍不斷的。

這個辦法非常有效，西魏軍的長臂鐮刀很容易就割斷了東魏軍的長臂火竿，火竿上的燃燒物紛紛掉落下來，燒得下面的東魏軍士兵吱哇亂叫。

對高歡來說，這又是一場難堪的失敗。

還有什麼辦法？高歡近乎歇斯底里。

高歡腦海中一瞬間閃過一個歷史鏡頭，那是在十四年前，也就是西元五三二年的正月。高歡進攻鄴城，守城的劉誕拒不投降，高歡採取挖地道，在地道下立木柱，然後燒木柱塌城的辦法攻克了鄴城……

東魏軍這次挖地道，並沒有利用舊有的十條坑道，而是另外挖了二十條規模更大的坑道，避開西魏軍在地下的放火點。東魏軍按照高歡的要求，掏空玉壁地下的土層，通過架木樁的方式，將玉壁城地上面的承受力由土層轉移到木支架上，只要放上一把火，木架燒成灰燼之後，玉壁城就將變成玉壁地宮。

高歡的計畫幾近完美，但有一點卻失算了。東魏軍有工程技術人員，難道西魏軍就沒有麼？東魏軍在挖地道的同時，西魏軍已經開始在玉壁地下挖出一條圓形的地洞，韋孝寬有一種強烈的預感：高歡在地面進攻無法得手的情況下，依然會打地道的主意。

不知道韋孝寬是從哪裡得到高歡要採用從地下支起木架塌城的消息，當韋孝寬確定高歡下一步的作戰計畫，他有些犯愁，他現在也已經沒有太好的辦法阻止東魏軍再次鑽地道了。

也許，只有一個被動防禦的辦法了。

東魏軍的弟兄們在一鍬一鏟地往洞外運土，彎著腰鋪設木支架。在地道下面，東魏軍並沒有發現有西魏軍在地道出口處駐守，弟兄們一陣竊喜，這次終於可以不再品嘗燒烤的滋味了。

一切都很順利，東魏軍鋪設好木支架，然後放火燒掉。隨著地道上面的土層不斷的掉落，一縷縷充滿生命氣息的陽光，滲進了瀰漫著死亡味道的地洞。

東魏軍將士在歡呼。隨後，他們全都傻眼了。

沒錯，他們是看到了陽光，可他們卻只能站在地面下，尷尬地欣賞著此刻沒有絲毫暖意的陽光，以及西魏軍的戲謔大笑。彷彿西魏軍是隔著籠子，欣賞著一群氣急敗壞的猴子……木頭，又是該死的木頭！

東魏軍現在已經被木頭折騰得筋疲力竭，談木色變，東魏軍在攻城時，凡是使用木料的戰術，全部被西魏軍挫敗。更讓他們惱火的是，上次在地道裡，西魏軍用木頭放火，燒死了無數弟兄。

木製柵欄其實並不是難對付，但問題是，西魏軍的木柵欄是建立在地面上，和地面下的東魏軍相比，佔有居高臨下的優勢。而且木柵欄和地面是垂直的，東魏軍如果用刀砍，角度不夠；如果用火燒，恐怕木柵欄沒燒成，自己的頭髮就要燒焦。

在西魏軍的哄笑聲中，東魏軍垂頭喪氣地原路返回。

高歡現在已經沒什麼好辦法了，也許只有一條路，就是派人進城，勸說韋孝寬投降。

替高歡進城當說客的，是後來的北齊名臣、時任倉曹參軍的祖珽。祖珽是北魏末年著名的才子，辭藻華麗，辯才一流，而且祖珽還能自度曲，彈琵琶，在官場上出了名的風流。高歡一直很器重祖珽，他決定給祖珽一次立功的機會。

祖珽接到這個任務後，表面上沒說什麼，心裡沒少埋怨高歡。你這是讓我立功嗎？明顯是想讓我出醜！韋孝寬要能投降，他還費老牛鼻子的勁守城幹嘛？

祖珽見到韋孝寬後，略作寒暄，然後直截了當地向韋孝寬說明了自己的來意。不過祖珽的說辭與其是在勸韋孝寬投降，不如說是問韋孝寬為什麼不投降？祖參軍的原話：「君獨守孤城而西方無救，恐終不能全，何不降也？」

韋孝寬對高歡派祖珽進城勸降非常不理解，世上哪有這種事！戰敗者要求勝利者投降，高歡怎麼可以這麼荒謬！韋孝寬反問祖珽：「玉壁城非不高也，池非不深也，兵非不精也，糧非不多也，月餘之內，不需西都救援。汝軍自恃人多，百戰攻城，無一得克，當自羞之，如何反勸我投降？現在汝軍困頓城下，無計可施於我。我則鬥志百倍，汝當憂我破汝軍，奈何若此，徒惹人笑！」

祖珽無語。

「煩祖參軍回去告訴賀六渾，韋孝寬是關西好男子，七尺軀，可頂天，可立地，斷不可屈膝！」韋孝寬聲如洪鐘。

祖珽知道韋孝寬是不可能投降的，但就這麼空爪子回去，即使高歡不怪罪，自己面上也無光，祖珽還想再努力一下。再從韋孝寬這裡尋找突破口，已經沒有任何意義了，祖珽的歪門邪道多，他把主意打在了西魏軍的普通將士身上。

祖珽甩開韋孝寬，大聲勸說城上的士兵：「韋將軍是西朝高官，日祿百金，韋將軍富貴自當向西都索取，他誓死不降，情有可原。你們身為螻蟻，祿餉薄少，奈何也要為宇文泰送死？東朝地大物博，薪資豐厚，你們若是能東向降我，高丞相必不薄待汝等。」

現在鴉雀無聲，倒不是祖珽說動了將士們，而是將士們根本不理他。祖珽表情非常尷尬，知道自己白跑了一趟。也罷，回去交差吧。祖珽緩緩走出玉壁城門的一瞬間，玉壁城中爆發出陣陣的歡呼聲……

高歡坐在大帳中，聽完了祖珽的彙報，默不作聲。高歡在思考一個問題。

祖珽勸西魏將士不要為韋孝寬賣命，這倒是一個不錯的突破口。只要高歡肯出大價錢，就難說西魏軍中沒有意志不堅定的叛徒。高歡不相信這個世界上還會有人和錢過不去。

高歡決定試一試。

高歡讓人寫出賞格，就是活捉韋孝寬的價格表，綁在箭上，射到城裡。

韋孝寬看到了這份與自己有關的價格表，他將捲縮的賞格打開，輕輕念著賞格：「能斬韋孝寬降者，拜太尉，封開國郡公，邑萬戶，賞帛萬匹。」

韋孝寬大笑！

韋孝寬拿著賞格問守城將士：「卿等若斬我頭，可得萬戶侯！若與我共拒高歡，此地便是吾塚，卿等得無悔乎！」

將士們情緒激動的用戈矛擊打地面，齊聲高唱西魏的軍歌，歌聲傳遍四野，有些弟兄已經淚流滿面。這就是西魏軍將士對韋孝寬的回答。

韋孝寬又有了一個絕妙的主意，高歡能製作懸賞韋孝寬的價格，韋孝寬就不能以高歡之道還治高歡之身麼？西魏軍的賞格又射了回來，東魏軍打開一看，內容和他們之前射進城的賞格完全一致，只是韋孝寬的名字變成了高歡。

西魏軍賞格：「能斬高歡降者，拜太尉，封開國郡公，邑萬戶，賞帛萬匹。」

高歡氣得吐血。

這回，高歡是真的一點辦法也沒有了。

天氣越來越冷，從九月打到現在，已經五十天了，東魏軍不但沒有拿下看似不起眼的玉壁城，反而損兵折將。死亡人數多達七萬，戰死的東魏軍屍體堆積如山，玉壁城外，一片狼藉。高歡的旗幟，淒徨地飄在半空中。

高歡圍著玉壁不停地轉圈，他還在試圖尋找哪怕是百分之零點一可能性的突破口，但高歡悲涼地發現，他這虛幻縹緲的百分之零點一的希望都看不到。對於這個殘酷的結果，高歡實在無法接受。現實是無法改變的，不能接受也要接受，這才是真實的生活。

斜陽深處，高歡獨自徘徊。

高歡病了。

在高歡生病的當天夜裡，東魏軍的大營突然墜落了一顆流星，聲震天地，東魏將士驚憂不已，人心惶惶不安。

高歡在大帳中痛哭流涕。

高歡不想死在玉壁城下，他要回家。東魏武定四年（西元五四六年）十一月初一日，高歡抱病下令，全軍撤出玉壁，沿汾水東岸北上，回到晉陽。

潮水般地來，潮水般地去。

玉壁城上，再次爆發出震耳欲聾的歡呼聲。

由於打贏了這場盪氣迴腸的玉壁攻堅戰，韋孝寬在江湖上一戰成名。西魏方面給予了韋孝寬極高的榮譽，有詔：韋孝寬進驃騎大將軍、開府儀同三司、進爵建忠郡公。韋孝寬正式進入西魏官場的一線行列。

韋孝寬在玉壁的精彩表演，最高興的還有一個人，那就是推薦韋孝寬的王思政，「時人以王思政為知人」。韋孝寬立了絕世奇功，王思政面上也光彩。

大家都有面子，唯獨高歡沒有。

二十 如風逝去的高歡時代

隨著病情的不斷加重，高歡心中陣陣悲涼。他能想像的到，長安城中，宇文泰將是如何的狂喜。

有一點高歡是知道的，這次玉壁慘敗，其實對東魏的整體國勢幾乎沒有產生任何負面影響，高歡打造的東魏高氏帝國，固若金湯，雖然東魏皇帝姓元不姓高。

高歡的天下，沒有人可以撼動，這也就意味著，長子高澄的接班問題，將成為高歡眼前最需要解決的。

高歡很早以前就確定了高澄的繼承人身分。在高歡的刻意栽培下，高澄已經成熟了許多，也見過大世面，特別是政治掌控能力日臻成熟圓滑，這讓高歡非常放心。

長久以來，高歡和高澄分別控制東魏的兩個政治中心，即晉陽和鄴都，高歡偶爾去鄴城朝見皇帝元善見。不過高歡作為東魏的最高統治者，晉陽實際上才是東魏的第一政治中心，鄴城是副都。

高歡知道自己時日無多，所以必須讓高澄來一趟晉陽，他要當面囑咐後事。至於鄴都的權力，就暫時交給次子高洋打理。

高歡的使者離開晉陽，朝著鄴都的方向急馳而去。

高歡在耐心地等待兒子到來，但就在這期間，高歡聽到了一個有關他的不實傳聞，讓高歡非常惱火。

自從玉壁敗歸後，東魏軍在晉陽休整，軍隊沒什麼仗打，弟兄們成天曬太陽。時間長了，就有人鬧出毛病來了，在晉陽四處走動，胡說八道。也許這些人是西魏安插在晉陽的謠言散布者，他們造的這個謠，可以說駭人聽聞。

據這個謠言所說，高丞相在玉壁城下已經被韋孝寬的定功弩給射死了，現在在晉陽城坐鎮的高丞相，是晉陽高層為了穩定軍心找的替身。如果有人質疑這個傳言，謠言散布者就說：「這可不是我胡說，難道你沒聽說西人下過格殺令，令云：勁弩一發，凶身自隕。」

謠言是會長翅膀的，三人成虎，眾口鑠金，什麼好聽的話，經過幾次無證加工，全都變了味。假高歡的謠言，在晉陽城中傳的越來越離譜，滿城的人都知道了，晉陽人心惶惶。特別是晉陽高層，聽到這個謠言後，都驚掉了下巴。高丞相是假的？不會吧，你可不要嚇我。

高歡聽說這事後，差點沒氣死，我自己是假冒的高歡？不帶這麼開玩笑的！誰這麼缺德帶冒煙？

高歡在江湖闖蕩多年，他知道政治謠言對官場上層權力結構的破壞性，如果處理不好的話，很可能產生嚴重的政治危機。高歡決定召見在晉陽的所有元勳老臣，讓他們當場驗貨，自己是不是盜版傍名牌的三無產品！

高歡的病情已經很嚴重了，走路都需要別人攙扶，但高歡還是堅持出場。即使不是為了平息謠言，高歡也想見見跟自己出生入死多年的熱血弟兄們，現在不見，以後真的沒機會了。

元老們陸陸續續地來到殿外，在踏進大殿的那一刻，所有人心中都很緊張，這次所謂的召見會不會是個陰謀？萬一上面坐著的高王是假的，我們應該怎麼辦？

內監傳高王令，請大家進來。

鏡頭越來越近，老弟兄們終於看到了，斜躺在榻上，上面鋪著一床錦被的，正是他們的高王。沒錯，不可能認錯人。所有弟兄們都激動地下拜，七嘴八舌地哭訴謠言對他們造成的傷害，以及對高王的思念。

高歡招呼大家入座。侍從魚貫而入，布菜、斟酒。

高歡首先痛斥了那些缺德的謠言散布者，大家都懷疑這是宇文黑獺下的黑手，目的是想破壞我們之間的團結，以便從中漁利。大家紛紛表示：高王的天下固若金湯，我們弟兄為高王做牛做馬，刀山火海，皺一下眉頭，就不算是個爺們！

氣氛越來越熱烈，高歡抑鬱的情緒也稍有些好轉，聽到弟兄們的發言，高歡有些激動，他知道他們說的都是掏心窩子的話。血雨腥風經過、刀山火海闖過，一起喝過雞血，高歡信得過他們。

乾喝酒也沒意思，是否要來點節目活躍一下氣氛？現代人喜歡喝酒的時候飆歌，以助酒興，其實古人也經常這樣，現代的生活方式和古代相比，只是鳥槍換炮而已，沒什麼質的變化。

由於病重，高歡肯定是不能唱了，找個男高音來唱。高歡看到了正在下面悶頭喝酒的冀州刺史斛律金，就他了。

高歡請斛律將軍為大家獻歌一首，以為佐酒。大家見高歡點了斛律金這個老傢伙，都跟著起鬨，他們還沒聽過斛律金唱歌。斛律金被點了名，有些靦腆地站起來，高王的面子不能不給，那就獻回醜吧。又不是讓他跳脫衣舞，有什麼不好意思的。

斛律金要獻聲，卻不知道唱什麼，斛律金畢恭畢敬地請高王點歌，高歡想了想，「阿六敦（斛律金的字），你是敕勒人，那就唱《敕勒歌》吧。」

《敕勒歌》在中國文學史上的地位不用多講，關於這首歌的作者，有兩種說法，一是北宋人郭茂倩所作，二是斛律金原創。根據《北齊書・神武紀下》記載，「（高歡）使斛律金作《敕勒歌》」，斛律金的原創可能性更大。還有一種可能，就是《敕勒歌》應該是流行於代北草原上的歌謠，但歌詞應該不是現在這樣，而是經過斛律金現場加工形成的。

白髮蒼蒼的斛律金踞坐於席間，以箸擊筑，慨然唱道：「敕勒川，陰山下，天似穹廬，籠罩四野。天蒼蒼，野茫茫，風吹草低見牛羊。」

斛律金今年六十歲了，因為老將軍久經戰陣，長年習武，身材魁碩，所以聲若洪鐘大呂，中氣十足。他唱的時候，大殿上鴉雀無聲。

座上的高歡，已成癡人。

高歡的思緒，隨著這悲壯蒼涼的歌聲，飄到了大殿上空，飄到了他已經三十多年沒有回去過的大漠草原……

發黃的鏡頭不斷從高歡的腦海中閃過。高歡不會忘記，他去世多年的父親高樹，曾經拉著他的小手，站在夕陽的餘暉下，看著遠方：陰山腳下，天野蒼茫，秋風吹過，草肥馬壯，牛羊遍野。牧民快樂的歌聲隨風飄來，高歡問爸爸，牧民唱的是什麼，爸爸告訴他：「他們唱的是無憂無慮的生活。」

高歡突然情緒激動起來，他請斛律金再唱一遍《敕勒歌》，他要慢慢回憶，曾經屬於他的童年。

歌聲再次響起，高歡斜臥於榻上，雙手有節奏地打著節拍，跟著斛律金的洪鐘歌聲，輕輕地和了起來。

「敕勒川，陰山下，天似穹廬，籠罩四野。天蒼蒼，野茫茫，風吹草低見牛羊。」

高歡突然淚流滿面，淚水順著臉頰流到嘴裡，這是苦澀的滋味。但此時的高歡情緒已經不能自已，號啕痛哭。

歌聲戛然而止，斛律金愣在當場，眾人默默無語。

死亡一般的沉寂。

高歡想家了，他想回家。

出道江湖三十多年，高歡從一個買不起馬的窮酸小子，經過血海拼殺，打造了一個鐵血威武的軍事帝國。毫不誇張地講，在東魏、西魏、梁朝的三足鼎立格局中，東魏是當仁不讓的第一名。高歡的人生，已經足夠成功！但高歡的理想遠不只這些，他希望有朝一日，能統一華夏，做天下的共主。

這個偉大理想，隨著宇文泰的強勢殺出，破滅了！既生瑜，奈何生亮！對歷史來說，雙雄爭霸遠比獨角戲更能贏得觀眾的掌聲，但對高歡來說，這卻是無盡的悲哀！玉壁之戰的慘敗，也正式宣告了高歡統一天下已經成為不可能。

高歡的淚水，證實了這一點。

高歡揮一揮手，眾人散去。高歡起身，被侍從攙扶著離開。

大殿上，空無一人。

高歡依然斜躺在榻上，咳嗽個不停，他的長子高澄已經面色沉鬱地跪在了榻前，給父親請安。高歡是何等樣人！他看著兒子，嘴角突然露出一絲詭異的微笑。

「阿惠（高澄小名），父親知道你在擔心什麼，是不是你不放心河南方面？」高歡所指的河南方面，其實就是坐鎮河南十四年的侯景。

「正是。」高澄驚訝地看著父親。他肚子裡有幾條蛔蟲，高歡當然知道。

東魏高層內部的權力鬥爭，高歡再清楚不過了。表面上，東魏是一個完整的帝國，實際上在這個強大帝國的內部，還存在一個「自治區」，就是侯景治下的河南。

侯景是什麼樣的人，他心裡在想什麼，高歡一清二楚。他和侯景的關係，也不是與彭樂那樣的主僕關係，而是事業合作夥伴的關係。

由於高歡做事強悍，在高歡有生之年，侯景必不敢輕動。對於這一點，得到了高歡和侯景的共同認可。侯景從來只佩服強者，比如高歡，但對於高家的第二代，侯景向來是瞧不上眼的。

高家大公子高澄論能力是相當出眾的，但在侯景眼中，高澄只是一個乳臭未乾的娃娃，我當年和你老子闖刀山火海的時候，你還在娘胎裡呢。侯景就曾經對好友司馬子如說過：「高王在，我不敢有二心！等高王過世之後，我絕不與鮮卑小兒共事！」說的就是高澄。

隨著高歡病情的不斷惡化，侯景開始有了對東魏帝國來說非常危險的想法。在軍師王偉的建議下，侯景開始暗中準備軍事力量，他知道，高歡死訊傳來的那一天，就是他與高澄分道揚鑣的時候。

高歡對侯景問題的態度是「以防為主」，現在消滅侯景勢力難度較大，只能退而求其次，確保東魏西部的戰略安全。高歡對此早有安排，他對高澄說：

「我死，侯景必反！然汝可安心，我有數員忠幹大將可付汝，庫狄干鮮卑老公、斛律金敕勒老公，性情忠直，汝善用之，終不負汝。可朱渾道元、劉豐生，感我容留，必不有異。潘樂、韓軌皆可用之。俟侯景反時，汝可重用慕容紹宗，他是侯景的師父，對侯景知根知底。段韶是我親戚，能力出眾，汝宜重用之。帳下諸將，只有一人，汝當防之，就是彭樂。慎之，慎之！」

該交代的，高歡都交代了。

高歡示意讓高澄退下，他要休息。

高澄知道此次離別意味著什麼，高澄跪在榻前，含著眼淚，給父親重重叩頭，然後，轉身離去。

東魏武定五年（西元五四七年）正月初八日，一代梟雄高歡撒手人寰，享壽五十二歲。

根據特殊的政治需要，高歡在臨死之前曾密囑高澄：我死後，秘不發喪，可由行台左丞陳元康秘密處理我的喪事。

高澄一切照辦。

晉陽城中，依然太平如昔，所有人都不知道，大丞相已經不在人間。對於這一點，西魏的宇文泰也毫不知情。

直到六個月後，也就是六月十二日，高澄才從鄴都回到晉陽，公開為父親發喪。

高歡的逝世，在東魏官場引發了強烈震動，東魏皇帝元善見懷著複雜的心情，在鄴城舉行了大規模的哀悼活動，紀念這位大魏帝國的丞相。為了給足高歡面子，元善見穿上了孝服，像孝子一樣，給他的「相父」舉哀。

有詔下：追封高丞相為相國、進爵齊王，諡號獻武。幾年後，高洋建國，國號大齊，就是從這裡開始的。從這以後，高歡也被尊稱為齊獻武王，高洋建齊後，改稱獻武帝，直到二十一年後，也就是北齊天統元年（西元五六五年），高歡的第九子高湛在當太上皇時，將父親的諡號改成了神武。

其實這些都是虛名，做給活人看的。人死如燈滅，即使如王莽那樣，死後背上千年罵名，他還是王莽。

高歡同樣如此。

高歡是一個什麼樣的人？

他在歷史上的評價，到底是什麼樣的？

由於東魏北齊在歷史上不算是特別熱門的時代，所以有關高歡的評價，並不是很多。作為北齊的官方史書，唐朝史官李百藥在《北齊書》中對高歡的評價極高，在李百藥筆下，高歡成了一尊無所不能的神，《北齊書．神武紀下》：

「神武性深密高岸，終日儼然，人不能測。機權之際，變化若神。至於軍國大略，獨運懷抱，文武將吏，罕有預之。統馭軍眾，法令嚴肅，臨敵制勝，策出無方。聽斷昭察，不可欺犯。知人好士，全護勳舊。性周給，每有文教，常殷勤款悉，指事論心，不尚綺靡。擢人授任，在於得才，苟其所堪，乃至拔於廝養，有虛聲無實者，稀見任用。諸將出討，奉行方略，罔不克捷，違失指畫，多致奔亡。雅尚儉素，刀劍鞍勒無金玉之飾。少能劇飲，自當大任，不過三爵。居家如官。仁恕愛士。始，范陽盧景裕以明經稱，魯郡韓毅以工書顯，咸以謀逆見擒，並蒙恩置之第館，教授諸子。其文武之士盡節所事，見執獲而不罪者甚多。故遐邇歸心，皆思效力。至南威梁國，北懷蠕蠕，吐谷渾、阿至羅咸所招納，獲其力用，規略遠矣。」

如果以歷史軌跡來論，和曹操最為相似的是五代後梁太祖朱溫，但如果以人生軌跡來論，和曹操最為相似的，只有高歡。曹操和高歡的相似程度大致有以下幾點：

一、他們都出身中下層官僚。

二、他們在起家之前，都曾經事奉兩個著名權臣，即董卓、爾朱榮。巧合的是，爾朱榮和董卓的相似度又極高。

三、他們都起家於山東。

四、他們都是在戰勝一個強大的敵對勢力之後，才取得中原的統治權。曹操戰勝袁紹、高歡戰勝爾朱兆等人。

五、他們都有一個一生的死敵與知音，曹操有劉備，高歡有宇文泰。

六、他們都有一次差點被敵人活捉，曹操在兗州被呂布敲打頭盔，高歡被賀拔勝追得狼狽逃竄。

七、他們都控制著一個龐大的帝國，但都終身未稱帝，篡位的惡名都由兒子來做。

八、他們都有一大堆老婆，生有一大堆兒女。

曹操和高歡還有一個共同點，就是他們的性格都相對外向活潑，而劉備和宇文泰的性格則相對有些內斂。曹操和高歡都是著名的酒鬼，逢酒必醉，醉後橫劍舞蹈，魅力四射。這樣的極品男人，會贏得許多女人的芳心。

不過有一點，曹操似乎不如高歡心胸開闊。曹操容易記仇，得罪過他的，他就拎著菜刀滿世界追殺仇家。高歡在這一點則做得比較好，他不計前仇，只要能傾心降他，他就待人如知己。

曹操待人多以詐術，而高歡則「仁恕愛士」，他尊重知識份子，提高他們的政治待遇和生活待遇。即使這些士人發點牢騷，高歡也充耳不聞，誰還能沒點牢騷呢？高歡對知識份子的寬厚立場，對輝煌燦爛的東魏北齊文化產生了重大的影響。

高歡不僅對士大夫寬厚，對他的政敵或政敵之後也非常的寬宏大量。魏孝武帝元修從高歡的魔爪下逃到了長安，他在東魏還留有一個兒子，就是第四子元光基。高歡從來沒有虧待過元光基，封為司空公、吳郡王，領征西將軍、雍州刺史。元光基在武定三年（西元五四五年）去世，時年十九歲。元光基去世的年齡有些可疑，但並沒有證據證明高歡殺害元光基，就像沒有證據證明向周恭帝柴宗訓的死，與趙匡胤有關一樣。

宋朝人常自詡本朝以仁教治國，其實東魏在高歡統治下，也是以仁教治國的。東魏大將堯雄的母親趙夫人，是官場出了名的賢母，育子有方，《趙夫人墓誌銘》稱：「夫人自少至耋，孝敬敦睦，長孤撫幼，親加鞠養，好施能贍，去奢就約。」

高歡非常尊重趙夫人，因為高歡和堯雄是同輩，所以以母禮待趙夫人，經常在趙夫人膝下聆聽慈訓，以身示範，勸行仁孝。趙夫人在武定三年病逝，高歡慟哭不止，以隆重的禮節給趙夫人下葬，並作墓誌銘，給予趙夫人極高的評價。

高歡和曹操一樣，善於撫士，在官場上甚得人死力。高歡在玉壁的慘敗，並沒有影響他在東魏超高的威望。

《北齊書》作者李百藥雖然是唐朝著名史家，但他卻是標準的北齊遺民，北齊滅亡那一年（西元五七七年），李百藥十三歲，李百藥的父親李德林是北齊名臣。李百藥從小就生活在北齊統治之下，對北齊有著特殊的感情，所以他對高歡的評價稍有抬高，也是可以理解的。何況，高歡非常輝煌的人生，也足以當得起李百藥的這些評價。

至於另一部寫北齊歷史的《北史》，則是《北齊書》的簡略版，在對高歡的評價上，李延壽直接照抄了李百藥的原文。

古人有時將曹操和高歡放在一起評價，比如南宋遺民陳櫟。他在《歷代通略》中除了照抄《北齊書》對高歡的讚美，是這麼評價高歡的，「（歡）有曹操之得，而無其失，亦奸雄之差。」把高歡說成奸雄，實在是再恰當不過了。

想當年，高歡是如何戲耍爾朱兆的，影帝的演技也不過如此了。

二十一　高歡的家庭生活

高歡做人做事，非常的狡詐，但有一點，高歡做得非常好，就是他對髮妻婁昭君的感情。常言道：少來夫妻老來伴，高歡和婁昭君在風風雨雨中，已經攜手度過了三十年。人生能有幾個三十年？說高歡的後半生，是和婁昭君這個名字緊緊聯繫在一起的。無法想像，當初如果不是婁昭君倒著追高歡，然後幫助他創業，高歡是否依然可以取得今天的成就？

作為一個成功的男人，高歡擁有許多女人。而且高歡在歷史上是出了名的好色，據說他一晚上可以臨幸幾個女人，號稱「一夕可數女」。而且高歡的女人有一個特點，就是社會地位普遍較高。在高歡經常臨幸的小老婆中，有三個女人非常特殊，因為她們的地位非常高貴：兩個皇后，一個公主。

在北魏歷史上，有兩個姓爾朱的皇后，一個是爾朱榮的女兒，就是北魏孝莊帝元子攸身邊那頭河東獅，史稱大爾朱后。一是個爾朱兆的女兒，嫁給了傀儡皇帝元曄，史稱小爾朱后。

大小爾朱皇后是姑侄關係，高歡在消滅爾朱集團後，殺進洛陽宮中，看到這兩個絕代美女，色心大起。高歡一邊口稱下官，一邊和兩個爾朱皇后寬衣解帶，切磋床頭兵法去了。

兩個皇后是爾朱家的千金，還有一個公主，就是東魏北方鄰國柔然可汗阿那瓌的女兒蠕蠕公主（魏明元帝時將柔然改稱為帶有污辱性質的蠕蠕）。自北魏建國以來，柔然就是北方大患，長年戰爭，著名的花木蘭參軍後，作戰的對象，就是柔然。

在北魏分裂後，柔然一度偏向西魏，阿那瓌還把女兒嫁給了西魏皇帝元寶炬，但這個公主不幸早夭，高歡就派人在柔然四處放詐彈，說是宇文泰害死了公主，成功說服柔然與東魏結好。

阿那瓌為了鞏固和東魏的國家關係，答應與東魏聯姻。不過高歡的本意是想給長子高澄接這門親事，但阿那瓌卻認為高歡英明神武，才是他最可意的好女婿，執意要收高歡做女婿。高歡現在不敢得罪柔然，只好硬著頭皮當上了新郎，時間是武定三年（西元五四五年）八月，這一年，高歡五十歲。

這是一樁典型的政治婚姻，如何處理婁昭君的家庭地位問題，是擺在高歡面前的重大課題。按規矩，柔然公主下嫁到高家，自然不能做小，只能當正室。可高歡和婁昭君幾十年的夫妻感情，讓高歡如何開得了口。

讓高歡無比感動的是，婁昭君知道丈夫的難處，深明大義的她毅然決定讓出正室，自己甘居妾位。高歡激動地跪在地上給髮妻磕頭，閱盡人間春色的高歡，終於明白「老妻是寶」這個道理。多少風雨經過，陪伴你走到最後的，往往多是老妻。

高歡並不喜歡這個外國老婆，但更讓高歡惱火的是，老丈人阿那瓌給送嫁的兒子禿突佳下了命令，等高王和公主生下兒子，你才能回來覆命。高歡差點沒哭出來，這不是要了他的老命嗎？但為了維持兩國的友好關係，高歡一狠心，天天睡在蠕蠕公主的被窩裡，進行「造人」計畫。高歡在兩年後就得病去世，很可能就是因為被迫的縱欲過度引發的。

高歡的女人還有一個特點，就是多數都是二婚頭，比如大小爾朱氏和高歡最寵愛的女人鄭大車。鄭大車的前夫是魏廣平王，北魏末期有兩個廣平王，其中一個廣平王元延伯，他早在太武帝時就沒了下文，應該是另外一個廣平王元匡。

元匡死於孝昌初年（西元五二五年左右），而高歡納鄭大車為妾是在高歡遷都鄴城之後，時間是西元五三四年十二月，這也就意味著，鄭大車守了十年的寡！鄭大車年齡不詳，但高歡喜歡少婦，估計年齡也不會太大。

歷史沒有記載鄭大車的美麗指數，不過能在高歡的女人堆中「寵冠後庭」的，不是沉魚落雁，就是閉月羞花。關於這一點，高歡的寶貝公子高澄可以證明。高澄早就看中了庶母的美色，總想從老爹那裡分一杯羹。

可能是高歡有段時間沒有在鄭大車那裡過夜，鄭大車有些寂寞，見大公子不斷地給自己獻殷勤，一時芳心蕩漾，就和高澄暗中吃了禁果。這一年（西元五三五年），高澄只有十五歲。

高澄還是經驗太淺，只知道餵飽了鄭大車，卻沒有餵飽鄭大車身邊的三個侍女。等高歡平定劉蠡升叛亂，回到鄴都，一個侍女就向高歡告發了這樁亂倫醜聞。

高歡知道兒子是個色鬼，但沒想到這小子居然連庶母都敢上，這事要傳出去，高歡的老臉往哪擱。高歡越看高澄越不順眼，就有廢掉高澄的儲君位子，換上大爾朱后生的兒子高湝的意思。反正高歡那時也不過四十歲，培養幾個兒子成長不成問題。

高歡氣急敗壞地打了高澄一百殺威棒，踢到一間黑屋子裡反省，然後高歡準備動手拿掉高澄。當時高歡最寵愛的女人就是大爾朱氏，連婁昭君都被冷落一旁。母以子貴，如果將來即位的是高湝，那婁昭君算是幹什麼的？她非常的害怕，一旦大爾朱當上了王太妃或皇太后，還有自己的好果子吃麼？不要小看女人的宮廷戰爭，那是非常殘酷的。

婁昭君來不及罵高歡是個忘恩負義的小人，當年老娘看上你的時候，你還是個窮光蛋。現在發達了，就想甩我？婁昭君找到高歡的好友司馬子如，請司馬兄代為美言，一定要保住高澄的位子。

婁昭君經常拿銀子餵司馬子如，而且司馬子如的兒子司馬消難娶了高歡的女兒，這個高家女兒很有可能是婁昭君所生。所以出於這層關係，司馬子如當然要出面。司馬子如和高歡的關係，屬於那種在私下場合可以講各自家庭隱私的，而且司馬子如生性滑稽，油嘴滑舌，請司馬先生當說客再合適不過了。

司馬子如勸高歡的話也非常有意思，他居然當著高歡的面自揭家醜，說：「大公子不就是烝了庶母嗎？沒什麼大驚小怪的，我那個不爭氣的兒子消難也曾經姦淫過我的小妾，我當然也生氣，但家醜不可外揚，這種事小範圍知道就行了，能不處理盡量不處理，給大公子一個機會。」

司馬子如是受婁昭君之託來的，自然也要給婁昭君說上幾句好話。

司馬子如平靜如水的講述在高歡最為困頓窮酸時，婁昭君是如何幫助高歡的，當年高歡在當兵時，因犯了事被軍主打了幾十軍棍，背都打爛了，是誰含著眼淚，晝夜侍奉在榻前，餵藥看瘡的？是誰給你生兒育女的？是誰拿出自己的私房錢幫你創業的？

高歡默然。

做人不可忘本，沒有婁昭君，就沒有高歡的今天。今天發達了，高歡就想拋棄髮妻，這讓外人如何看待高歡？高歡很注意自己的政治形象，還有一點，當時高歡剛剛創業，政治根基不是特別穩，如果因為這事引發官場動盪，實在得不償失。

高歡歎息著，告訴司馬子如：「這事你去安排吧。」高歡妥協了。

司馬子如大喜，他知道該怎麼做了。

司馬子如把矛頭對準了告發高澄的那個侍女，說她無端造謠，並威逼利誘另外兩個作證的侍女，讓她們當場翻供。「真相大白」後，告密的侍女懸樑自盡，然後司馬子如微笑著告訴高歡：「那個奴婢說謊。」

高歡笑了！其實高歡心裡比誰都清楚，高澄要是沒幹過這等醜事，太陽都能從西邊出來。皆大歡喜，大家都有面子，夫妻感情甜蜜如昔，父子感情和好如初。高家人都非常感激司馬子如，高歡送給司馬子如黃金一百三十斤，高澄也送給司馬大叔五十匹上等好馬。

司馬子如發了一筆橫財，生性好貪的他，笑得合不攏嘴。他認為自己挽救了高澄的政治生命，以後就等著收紅利吧。但讓司馬子如沒想到的是，十幾年後，高澄在鄴都打老虎時，他是怎麼被高澄無情羞辱的！

高澄的翅膀硬了，到了單飛的時候，他不會記住當年司馬子如是如何救他於水火的，他只記得自己的利益。

高歡的時代華麗地結束了，取而代之的，是屬於高澄的時代。

二十二　侯景叛變

高澄的時代，從高歡去世的那一天就已經開始了。

只是讓所有人都沒有想到的是，高澄的時代，會那麼短暫。高澄就像一顆流星，在天空中劃過一道美麗的弧線，然後消失得無影無蹤。從東魏武定五年（西元五四七年）六月，至武定七年（西元五四九年）八月，只有短短的兩年時間。

在短暫的兩年執政生涯中，高澄主要做了兩件事，都和軍事有關。

第一件事是打跑了在河南發動武裝叛亂的侯景，時間是在高歡去世後不久。第二件事是北朝歷史上著名的長社之戰，時間是武定七年的六月。兩個月後，高澄就被廚子蘭京砍成重傷，含恨而死，時年二十九歲。

如果說高歡一生中最大的敵人是宇文泰，那麼，高澄一生中最大的敵人，就是侯景。侯景不服高澄，這在東魏官場是人所共知的。侯景向來認為：當今天下，高歡第一他第二，連宇文泰都沒能讓侯景當盤菜，更不要說花花大少高澄了。

高澄掌權之後，如何應對來自侯景的威脅，就成為高澄最需要解決的問題。實際上，倒不是說高澄害怕侯景，侯景的那點實力還沒到這個份上，與其說高澄擔心的是侯景，不如說高澄擔心侯景會引狼入室，投靠宇文泰或蕭衍，從河南方向對東魏腹地發起進攻，這才是高澄最擔心的。

侯景控制的河南，處在東魏、西魏、梁朝三國的交界處，無論是西魏軍還是梁軍，只要通過河南防區，就能順利抵達黃河南岸，北岸就是鄴都。當年梁朝的陳慶之北伐，差點推翻了北魏帝國，而十幾年前的河南爭奪戰，宇文泰也把河南攪得天翻地覆，歷史教訓不可謂不深刻。

用什麼辦法才能在不引發西魏或梁朝出兵的情況下順利除掉侯景？也許只有一個辦法，就是以高歡的名義給侯景寫信，把侯景騙過來，然後或殺或禁，一舉解決河南問題。

高澄萬萬沒想到，在高歡和侯景之間還有一個秘密的聯絡暗號，就是高歡寫給侯景的書信中都用筆加一個點，無此點，即非高歡所作。高澄並不知道這件事情，結果他的偽造書信被侯景識破，不上當。這事發生在高歡病重期間。只是有一點不明白，高歡在生前為什麼不把這個秘密告訴高澄，難道高歡忘記了？

就在高歡去世後的第五天，也就是東魏武定五年（西元五四七年）的正月十三，侯景在河南正式發動武裝叛亂，與東魏分道揚鑣，改投西魏大丞相宇文泰麾下。

作為東魏第二號實權派人物，侯景的叛變震驚了東魏官場。但也僅此而已，東魏各級官吏對高歡的忠誠度是侯景沒有預料到的。侯景造反之後，派人去遊說豫州刺史高元成、襄州刺史李密、廣州刺史暴顯，但沒有一個人願意上侯景的賊船。其實這很好理解，侯景地狹兵少，就算他引來宇文泰，也不至於在短時間內吃掉龐大的東魏帝國。再說，他們的家眷都在高澄手上，誰敢亂來？

東魏西兗州刺史邢劭識破了侯景的詐取之計，捕拿了侯景的二百嘍囉兵，同時向周邊州郡發出了刺耳的預警聲，各地對侯景嚴防死守，不給侯景一點搗亂的機會，「由是景不能取」。

侯景的本意是希望在不藉助於外力的情況下推翻高澄，現在看來，這只是癡人說夢。侯景唯一能做的是聯合宇文泰或蕭衍，不過侯景非常的狡猾，他不會把雞蛋放在一個籃子裡。

一女二嫁，撈到雙份彩禮錢。侯景在向宇文泰拋媚眼的同時，也和金陵同泰寺中的冠達大法師談妥了賣身錢，侯景只看這兩家誰能最先解決自己的生存問題，先來後到，做什麼事都要講個規矩。因為就在侯景造反之後不久，東魏的精銳部隊就在司空韓軌率領下，殺到了侯景盤踞的潁川城下。

當蕭衍聽說東魏的河南大行台侯景獻地歸降時，大笑不止，他統一天下的夢想就要實現了！老和尚不顧滿朝文武的極力反對，接受了侯景的賣身價，封侯景為河南王。三月初三，梁朝的司州刺史羊鴉仁、兗州刺史桓和督師三萬，急馳北上，為侯景送來了大批糧食，一定要讓侯景頂住高澄的三板斧。

為了就近督戰，高澄留段韶守晉陽，連夜趕回鄴都。鄴都距離河南較近，也便於高澄指揮對侯景的圍剿，時間是在。不知道高澄出於什麼目的，派出了東魏武將群中最沒威望的韓軌去和侯景交手。

侯景很有意思，他瞧不起韓軌，卻對韓軌的到來擔驚受怕。韓軌其實是有能力的，當年高歡創業，韓軌沒少在血雨腥風立下戰功。如果韓軌真是個大飯桶，高澄怎麼敢把這天大的差事交給韓軌？除非高澄瘋了！

史載：「景懼，（割）東荊、北兗、魯陽、長社四城賂魏以求救。」侯景知道自己不放點血，宇文泰怎麼肯救他。其實侯景還是小看了宇文泰，其實就算侯景不放血，宇文泰也一定會出手救他的，高澄的敵人就是他宇文泰的朋友。

不過並非所有的西魏高官都願意接納侯景，尚書左僕射于謹認為侯景狡猾多變，我們不應該替侯景背黑鍋。而荊州刺史王思政卻很有戰略眼光，認為侯景來降是我們奪取河南的絕佳機會，萬一高澄收復河南，到時可沒地買後悔藥去。

王思政所在的荊州（今河南鄧縣）距侯景最近，他決定搶先下手，率兵急馳西進。當然救侯景都是次要的，關鍵要把河南搶到手。宇文泰本來還有些猶豫，一看王思政下了手，立刻明白了王思政的意思，封侯景一個虛名的大將軍頭銜，並派太尉李弼和趙貴率兵西進救援。

在西魏軍的武力威懾下，東魏韓軌各部覺得再無可能消滅侯景，只好快快退兵。李弼和趙貴還沒來得及喘口氣，侯景就對他們起了殺心，打算吞掉這支西魏軍。侯景給二位軍爺下帖子，說要擺謝恩宴，準備在宴上拿下他們。趙貴還算機靈，看出了侯景要擺鴻門宴，沒敢去。

形勢依然很膠著。

侯景從一開始就和宇文泰不太對盤，互相算計穿小鞋。其實侯景也明白，以自己這麼大的塊頭，去了西魏算是什麼身分？當奴才侯景不幹，當主子宇文泰不幹。如果跑到西魏，在達不到侯景利益期望值的情況下，還不如留在東魏。

現在看來，侯景唯一能指望的，也只有蕭衍了。

蕭衍天天做著統一天下的春秋大夢，現在機會就在眼前，老和尚豈能放過。至於侯景，對蕭衍來說，也不過是進入河南的一塊跳板罷了。梁太清元年（西元五四七年）八月，蕭衍下詔，以南豫州刺史貞陽侯蕭淵明、南兗州刺史南康王蕭會理為主帥，督各部兵馬，大舉北伐東魏。

高澄還沒找蕭衍算容留叛臣這筆賬，蕭衍倒先拎著菜刀踹上門了，高澄氣得鼻子都歪了。其實高澄也曾經考慮過大舉伐梁，教訓一下這個成天作夢的老和尚，但高澄知道一旦他和蕭衍大打出手，宇文泰肯定會在背後耍花槍，高澄不敢冒這個風險。

只是現在蕭衍不知天高地厚地踹上門來，如果不給蕭衍一點顏色看看，高澄的面子上也掛不住。高澄命軍師杜弼草一道檄文，痛斥蕭衍貪小利、忘大義。杜弼洋洋灑灑寫了上千言，向天下人揭穿了所謂大梁盛世的真相，對梁朝內政大肆抨擊。

杜弼對梁朝的指責基本上屬實，比如「主荒於上，臣蔽於下，連結奸惡」，說的一點沒錯，這是一個虛弱到極點的帝國，雖然表面上強大，但不過是一隻沒有生命力的紙老虎。

杜弼的檄文表達了東魏對梁朝納叛臣侯景的極度不滿，杜弼捎帶著連侯景一塊罵。在檄文的最後，杜弼警告「偽朝大小」，大魏鐵騎將以破竹之勢，直搗建康。大話誰都會說，高澄知道蕭衍也不是隨便一口就能吞掉的，他只不過想嚇唬嚇唬蕭衍，別跟著侯景淌渾水。

侯景當然知道高澄不會放過他，在蕭淵明北伐的同時，侯景也在河南到處兜風撈外快。不過這時侯景手上沒有多少和高澄抗衡的本錢，他只有四萬弟兄，幾千匹馬，還有幾千輛車的後勤輜重，趴在渦陽（今安徽蒙城）膽戰心驚地等待和東魏軍決戰。

東魏軍主帥還是慕容紹宗，十萬精銳風馳電掣般殺到了渦陽。慕容紹宗對侯景非常了解，侯景偷襲成癮，肯定不會和他正面打。慕容紹宗猜對了侯景的路子，但太晚了。沒等東魏軍做好準備，侯景已經帶著亡命之徒，穿著短甲，橫著短刀，狂呼亂叫著殺進了東魏軍的大營……

東魏軍毫無防備，就被侯景的人馬衝得四零五落，陣形大亂。侯景是個半料子軍事家，他知道這仗該怎麼打。侯景所部橫著短刀，低頭如鐮刀割麥狀，專砍東魏軍的小腿和馬蹄子。

東魏軍萬沒想到侯景會這麼狠毒，死傷慘重，慕容紹宗的坐騎也被這夥狂徒砍斷了馬腿，栽在地上。雖然慕容紹宗僥倖逃脫，但右衛將軍劉豐生被砍成重傷，顯州刺史張遵業被侯軍生俘。

慕容紹宗狼狽北竄，來到譙城找衛將軍斛律光避難，請「落鵰都督」出手相救。斛律光大搖大擺地出陣，隔著渦河和侯景見了面。斛律光箭術極好，斛律光張弓搭箭，會挽雕弓如滿月，一箭射向侯景。

可能是距離太遠，這支箭並沒有射中侯景，侯景開始挖苦斛律光：「我和你的老爸（斛律金）是多年至交，按輩份你應該叫我聲侯大叔，為什麼要射我？這是慕容紹宗教你的吧。」說完侯景大笑。

侯景這邊和斛律光滿大街地跑驢車，吸引了斛律光的注意力。侯景偷偷給身邊的神箭手田遷打手勢，讓田遷施展自己的能耐，一箭送斛律光上西天。田光心領神會，趁斛律光不備，一個冷箭射過去，可惜卻射死了斛律光的坐騎，斛律光一屁股摔在地上。

斛律光從地上爬起來，又換了匹馬。為了防備田遷下黑手，斛律光騎馬藏在了一棵大樹後面，繼續和侯景罵大街。沒想到田遷的箭術太變態，一箭又射死了斛律光的馬，斛律光仰天大哭，光著腳丫逃了回去。

斛律光沒想到侯景這麼難對付，打不掉侯景，回去沒法向高澄交差。代理并州刺史段韶出了一個主意，現在天寒氣燥，可以藉著風勢放把火燒死侯景。

段韶想出鋒頭，帶著一夥人來到風口，準備順風放火。侯景可不是傻子，為了避免被燒，帶著弟兄們騎馬下水，弄得渾身濕透了。水火相克，段韶放的火根本燒不過去。

無論東魏方面如何下香餌釣魚，侯景就是不上鉤。在不知不覺中，幾個月過去了，東魏軍依然找不到好的進攻辦法。不過在漫長的對峙過程中，慕容紹宗發現侯景有些急了，經過多方了解，慕容紹宗終於確定了一個好消息：侯景的糧食已經全部吃光了。

對一支軍隊來說，最怕的就是斷糧，沒糧食吃，不被敵人打死，也會餓死。侯景現在要想活命，只能緊急向蕭衍求糧，只要能爭取到足夠的時間等待救命糧，侯景就不怕慕容紹宗。

慕容紹宗絕不會給侯景翻身的機會，親率五千鐵甲騎兵，以雷霆萬鈞之勢，直搗侯景的巢穴。侯景的軍隊已經沒什麼戰鬥力了，再加上慕容紹宗大打親情牌，保證侯軍弟兄們的家眷完好如初，侯軍不顧侯景的拼命阻攔，一哄而散。

還有一部分不想投降的，由侯景帶著，倉皇向渦河南岸逃竄。可惜北方人多不會水，結果溺死大半，「水為之不流」。侯景在亂世中安身立命的本錢就這樣被慕容紹宗給砸光了，現在侯景在河南已經沒法待了，他唯一的出路就是渡淮降梁。

侯景帶八百多個舊部也僥倖過河，去江東找蕭衍要飯去了。

二十三　長社之戰

其實，慕容紹宗本來是有機會活捉侯景的，但侯景派人遞給慕容紹宗一句話：「我死了，高澄還用得著你們這些功狗麼？」慕容紹宗無語，坐視侯景遠去。

不過高澄應該不知道慕容紹宗私下放跑侯景，高澄看到的是勝利，接二連三的勝利。梁朝援軍見侯景輸得落花流水，誰也不敢去觸慕容紹宗的霉頭，全都撤回本土，所盤踞的懸瓠、項城，也都送給慕容紹宗了。之前被侯景佔據的河南，也悉數被東魏軍收復。高澄開懷大笑！金陵同泰寺中的那個老和尚則氣得亂敲木魚，大罵羊鴉仁：「飯桶，你們都是大大的飯桶！」

雖然這次侯景之亂，梁朝鬧的動靜要比西魏大。但從西魏和梁朝的整體國勢來看，西魏處在上升階段，君明臣賢，將士用武。而梁朝則暮氣沉沉，君昏臣佞，文恬武嬉。所以對高澄來說，他最危險的敵人，還是宇文泰。

為了全力對付宇文泰，高澄打算和梁朝議和，但讓高澄意外的是，老和尚並不打算給面子，兩國依然處在戰爭狀態。蕭衍越老越好戰，遭到了朝中大臣的竭力反對，右衛將軍朱異、御史中丞張綰等人主張「靜寇息民，和實為便」。在他們的堅持下，再加上高澄放回了之前戰敗被東魏俘獲的蕭淵明，蕭衍動了心，這才答應高澄，兩國暫時和好。

暫時穩住了老和尚，高澄鬆了一口氣，他把近乎所有的精力，都集中在對付宇文泰上來。擺在高澄面前的第一件事情，就是要拔掉西魏安插在河南境內的重要軍事據點——潁川郡（今河南長葛）。其實潁川之前一直在侯景的控制下，侯景叛變後，西魏荊州刺史王思政率軍急速北上，打著救援侯景的旗號進入河南腹地，搶在東魏軍之前，奪下潁川等七州十二鎮。宇文泰知道高澄是不會放棄河南的，讓王思政留守河南，拜太傅、大將軍、河南大行台，都督河南諸軍事，隨時恭候高澄的到來。

當時的河南疆域像是一個不規則的正方形，而潁川就處在這個正方形中間的位置，戰略地位極為突出。西魏軍佔據潁川後，對西北方向不遠的洛陽、正北方向的陳留郡（今河南開封）、東北方向的徐州，均構成了重大軍事威脅。

潁川的失陷，就是插在牙縫裡的一根魚刺，讓高澄難受至極。不拔掉這根討厭的魚刺，高澄天天都要做噩夢，誰知道宇文泰會從哪個方向進攻？洛陽、陳留、徐州分別是晉陽、鄴都、山東南面的門戶重鎮，是絕對不容有失的。可以想像高澄丟掉晉陽、鄴都、山東的後果嗎？

「不惜任何代價，要把潁川奪回來！」高澄的拳頭狠狠砸在鋪著軍用地圖的案子上，咬牙切齒地告訴身邊的高級將領們。

東魏武定六年（西魏大統十四年，西元五四八年）十三日，東魏太尉、河南總管、大都督高岳，與兩名副手——南道大行台慕容紹宗、大都督劉豐生，率東魏最精銳的十萬步騎兵，浩浩蕩蕩地殺向潁川。

王思政站在潁川城頭上，看到遠處旌旗撲獵、狼煙大起，知道高澄終於派人來了。王思政聽說東魏主將是高岳等人，嘴一撇：「豎子耳！」韋孝寬能在玉壁下搞得高歡沒脾氣，我同樣可以做到。

東魏軍從鄴城集結南下，急行數百里，體力已經消耗差不多了。「強弩之末，勢不能穿於魯縞。」高岳久經戰陣，應該是懂這個道理。但當高岳看到潁川城上空無一人，西魏的旗幟也不見了。

高岳大喜，他堅定地認為，王思政已經被他的十萬雄師嚇得屁滾尿流，潁川是座空城。高岳下令接收潁川。東魏軍相信潁川城中一定有王思政搜刮來的無數金銀財寶，大家流著口水，架好梯子，準備攀爬城牆。

城門突然開了。

高岳腦海中突然閃過一個可怕的念頭，糟糕！中計了，這是王思政的空城計！

已經來不及了，從城中殺出一支西魏軍，掄起大刀片子，見人就砍，見馬就剁。東魏弟兄們沒摟到一塊金子，反而掉了許多珍貴的腦袋，其他人嚇得貓躥狗閃，向後退去。

等高岳收拾敗兵，準備再戰時，西魏軍唱著軍歌，已經回城了。王思政在城上悠閒地曬著太陽，歌唱美好的生活。高岳站在城下，跳腳大罵王思政。然後高岳一陣冷笑，不信我十萬鐵血大軍，對付不了一個小小的潁川城。

高岳接下來的戰術很明確：各部在城外挖土，把土擔到城下，堆成土山，然後居高臨下攻城。高岳在當年並沒有跟隨高歡進攻玉壁，但他的戰術和高歡堆土山如出一轍。

十萬人每人挑一擔土，就能堆起一座堅硬的土山，人多力量大，這是真理。很快，土山在潁川城外高高矗立，高岳站在土山上，衝著王思政耀武揚威，告訴王思政，要是識趣的，早點投降，不失封侯之位。不然，等大軍進城，破巢之下豈有完卵！

王思政根本沒理他。

高岳下令攻城，十萬東魏軍如潮水般向潁川城撲來，一部分在城下用雲梯爬牆，一部分站在土山上往城下放箭。高岳對此戰勢在必得！自他出道以來，因為是高歡的堂弟，所以驟得高位，並沒有立過太像樣的戰功，總有吃軟飯之嫌。這次高澄讓高岳當主帥，就是給堂叔一個立功的機會，高岳豈肯錯過。

晝夜不息。白天用太陽來照明，晚上用火把來照明，十萬軍人在城下不停地向潁川城發起進攻。

東魏軍撲咬了十幾天，不但沒撬下潁川城牆一塊磚頭，反而連土山也被西魏軍奪了去。東魏軍辛辛苦苦堆出來的土山，轉眼之間，就成了西魏軍的城防工地，西魏軍在土山上建造了樓堞，修建工事。

高岳急紅了眼，下令繼續狂攻，不拿下王思政，他誓不甘休！東魏軍再次潮水般地攻城，再次潮水般地後退。第二次，第三次，第四次，第五次……

高澄也無法證實，潁川之戰打成這樣，究竟是高岳太無能，還是王思政太厲害？現在還有什麼辦法？一日拿不下潁川，東魏本部就會受到戰爭威脅。高澄接二連三地繼續發兵增援，高岳要什麼給什麼，一切為了前線！

整整一年過去了，潁川攻堅戰依然在繼續。

在高岳和王思政較量的這一年時間內，高澄的注意力其實並沒有完全放在潁川這個小城上，而是投向了大梁帝國的國都建康城。

東魏武定六年（梁太清二年，西魏大統十四年，西元五四八年）八月二十七日，東魏的叛臣，梁朝的「忠臣」——盤踞在壽陽城中的侯景，率本部兵八百人，正式拉開了反抗梁朝的武裝叛亂。

侯景很快就殺到了建康城下，和蕭衍上演了一場難度與血腥程度遠遠超出潁川攻防戰的建康攻防戰。自孫權以來，建康就是江東第一大鎮，城牆非常堅固，侯景撲咬了一年多，依然沒有得手，但周邊地區卻已經被侯景破壞殆盡，江東肥腴之地，血流成河，暴骨如莽。

高澄聽說侯景在蕭衍的地盤上搗亂，大笑不止，真是天佑大魏，蕭衍搶走了侯景，還以為抱了個金娃娃，哪知道是個災星。當然高澄更關心的是，侯景和蕭衍的戰爭，能讓高澄從中得到什麼利益。高澄已經預料到了，侯景之亂勢必造成梁朝統治的崩盤，而高澄有可能利用梁朝的內亂，擴大對梁朝的戰略縱深。

高澄真是想什麼來什麼，在東魏武定七年（西元五四九年）正月，梁朝的北徐州刺史蕭正表突然向高澄奉表投誠，高澄大笑。

蕭正表是蕭衍六弟蕭宏的第六子，蕭正表和他的飯桶老爹一樣，也是個大號飯桶，只因為他是蕭衍的侄子，所以封為北徐州刺史，坐鎮鍾離（今安徽鳳陽）。蕭正表雖然飯桶，但並不傻，他看到侯景和自己的三大爺打得天翻地覆，大梁朝就要完蛋了，知道自己該改換門庭了。

天上掉下一塊大肉餅，高澄立刻撿起來塞到嘴裡，吃得直打飽嗝。

常言道：好事成雙。就在蕭正表獻出北徐州的同月底，侯景的表弟加心腹、留守壽陽的中軍大都督王顯貴向東魏投降，獻出了淮南第一重鎮壽陽。

高澄不廢一兵一卒，坐得極具戰略價值的淮南防線，不僅東魏的南線戰略壓力得到了極大的緩解，而且東魏在淮南有了跳板，就可以進軍江東！先讓侯景和蕭衍對掐吧，等兩敗俱傷的時候，大魏王師乘風南下，飲馬長江，取金陵、略三吳、下江州，直抵南海。

高澄抱著枕頭大笑。

現在對高澄來說，潁川還沒有拿下來，總是件不讓人那麼開心的事情。如果潁川繼續控制在宇文泰手上，對東魏新得的淮南諸郡也是個極大的威脅。這事不能再拖了，要不惜一切代價攻克潁川。

就在高澄認為潁川之戰是盤死棋的時候，潁川戰局突然出現了有利於東魏的重大變化。導致戰局出現變化的，是東魏軍前線三巨頭之一的劉豐生。劉豐生提出了一個大膽的攻城計畫——灌水淹城。

潁川坐落在洧水（即今雙洎河）的南岸，洧水源自河南密山境內，自河南西華境內匯入潁河。潁河是淮河的重要支流，而洧水又是潁河的重要支流，水量充足。東魏軍在百般攻城無效的情況下，很自然就想到了水攻之法，這也是東魏軍唯一可行的辦法了。不過根據《北齊書・許惇傳》記載，提出放水灌城的是大司農許惇，「引洧水灌城，惇之策也。」未知孰是。

東魏軍在潁川城北面的洧水上建立一座攔水壩，阻止洧水東行，等到洧水在攔水壩前越積越多的時候，東魏軍再挖開攔水壩。滾滾洪流，如出籠猛虎，咆哮著沖向了潁川城……

一切都按照劉豐生的計畫進行，洧水不僅沖壞了潁川的部分城牆，還給潁川城中的西魏將士們帶來了數不清的觀賞魚類，比如大鯉魚、小王八，還有水蛇。高岳等人站在高處，欣賞著平時難得一見的魚水情，開懷大笑。

高岳開始計算還需要多少天能拿下潁川。

為了保持充足的戰鬥力，高岳下令，東魏軍分成十餘部，每部按時間順序，輪流在被洪水沖壞的城牆部分攻城。形勢對東魏軍越來越有利，因為洪水都沖進了城裡，城外反而沒有多少水，有利於進攻。而且對西魏軍來說最要命的是，洪水在城裡漫遊，將極大地增加西魏軍行動的阻力。我們都知道，人在水中行走是何等的費力。

王思政淌著齊腰深的水，在城牆前指揮弟兄們奮勇作戰，此時的王思政，已經不是西魏高官，而是一名普通的士兵，西魏軍在王思政的道德力量感染下，紛紛表示：寧可戰死在城中當魚鱉，也絕不向東魏人低頭。

西魏軍上下團結一致，在極度困難的情況下，依然咬緊牙關，和東魏人血戰到底。王思政的臉上分不清是河水還是淚水，站在城頭上，冒著東魏軍射來的利箭、砸來的飛石，拔劍指揮戰鬥。

對潁川守軍來說，形勢依然沒有好轉，東魏軍聽說西魏大丞相宇文泰派來的趙貴各部援軍因為洧水而受阻於穰城時，群情激奮，立功的機會就在眼前！

東魏軍不知道是不是受到了四十多年的梁魏合肥之戰的啟發，那場戰役和現在如出一轍，魏軍固守合肥城，梁軍放水沖壞了城牆，然後梁軍乘坐大艦船，藉著水勢，強行衝進城裡。東魏軍前線指揮部決定，讓弓弩手乘坐大型戰船，順水來到潁川城下，向城裡發射羽箭，射死很多西魏軍。這種戰術非常高明，來去自如，潁川城頭上的西魏軍則成了箭靶子，不射白不射。

西魏軍有些支撐不住了，八千人的部隊人越打越少，城防漏洞越來越多。東魏軍雖然在這一年的艱苦作戰中，損失了不少兵源，但十萬大軍的基數還在，何況還有高澄的不斷增兵。潁川城外，旗幟漫天飛舞，戰艦穿行於洧水與潁川之間的水域，東魏軍無數刀戟在陽光的映射下，格外的刺眼。

王思政已經是甕中之鱉，這是東魏軍高層的共識。

慕容紹宗和劉豐生難掩心中的興奮，二人乘坐一艘戰艦，在洧水上來回穿梭，視察攔水壩，看是否還需要加固。

慕容紹宗站在大艦前頭，迎著河風，舒展著輕鬆愉快的心情。劉豐生則手扶艦欄，仔細觀察著攔水壩，不時和身邊的技術人員耳語。一切都很正常，劉豐生遠望著潁川城，城頭上屹立著那杆「魏」字大旗，劉豐生有些不屑，明明是個偽政權，也好意思自稱正統麼？正統在鄴都！

一個誰都沒有想到的意外事故突然到來。

在艦船的東北方向，突然颳起一陣狂風，捲著水浪，向艦船洶湧奔來。天空也變了顏色，慕容紹宗看到的天空是黑色的，風也是黑色的。讓人窒息的黑色席捲而來，風如刀割，颳斷了艦船上的纜繩，風帆落下，艦船突然橫在水中。

狂風肆虐，在艦上眾人的驚叫聲中，捲起這艘失控的艦船，向潁川城飄去，風速很快，艦船距離潁川越來越近，船上人的人已經能清晰地看到城牆的磚紋。慕容紹宗和劉豐生震驚得說不出話來，怎麼會這樣！上天怎麼可以如此戲耍我們！

潁川城頭，爆發出刺耳的歡呼聲。西魏軍已經看到了，船上有東魏前線三巨頭的兩個人，誰不知道慕容紹宗和劉豐生的分量？

王思政立刻下令，用大鉤子把這條破船拉到城牆邊，同時調來一隊弓弩手，對著艦船，瘋狂地放箭，一定不能放過慕容紹宗和劉豐生。鉤子鉤住了艦船，在西魏軍的怒吼聲中，緩緩地向城牆靠攏。慕容紹宗真急了，不停地用佩劍拔打著亂箭，一邊回頭看，看後面是否有接應。

除了漫無邊際的洪水，什麼都沒有。

慕容紹宗一狠心，跳到了水裡。劉豐生和許多人都跳了下來，至於他們會不會游泳，已經沒有人考慮這些了。

當跳進水裡的那一刻，慕容紹宗絕望了，因為他根本不會游泳。慕容紹宗慢慢沉入了水底。一代名將慕容紹宗，以如此突兀的方式，結束了自己的傳奇人生，時年四十九歲。另一個東魏高官劉豐生雖然會游泳，但是他沒有游出多遠，就被潁川城上西魏軍的一陣亂箭射死。

兩位高級將領的意外死亡，震驚了整個東魏官場，《北齊書・劉豐生傳》稱為「朝野駭惋」。新晉封為齊王不久的高澄更是臉色鐵青，當初派高岳等三人率十萬大軍進攻潁川，高澄根本想不到，這場亂七八糟的戰役打了整整一年，不僅沒拔掉王思政的一根毫毛，反而折了兩位高級將領，高澄如何不惱火？

既然高岳對付不了王思政，高澄決定親自出馬，會會這個生活在傳說中的王思政。勸說高澄親征的，是中軍將軍陳元康。在東魏第一智囊孫騰慢慢退出政治舞臺後，陳元康就接替了孫騰的位置，成為東魏高澄時代的首席謀士。

這次慕容紹宗、劉豐生意外喪生，東魏內部亂成一團，是陳元康及時站出來，力主高澄親征。陳元康的理由是高澄作為先王（高歡）嫡長子繼承的天下，但卻沒有立過什麼像樣的功勞，為了壓制反對者，就需要立下大功。侯景被打跑了，不過侯景只是內賊，這次戰功不具備太大的說服力。

而王思政則是外賊，能擒此獠，其功甚大。再者，潁川已經被高岳等人打殘了，高澄可以撿現成的便宜……

為了穩妥起見，高澄派陳元康去潁川前線考察戰況，看是否真的有必要親征。陳元康快馬趕到潁川城外，轉了一圈，然後回來告訴高澄：「王思政已經堅持不住了，大王可速去，潁川必下，大功必成。」

高澄大笑，陳元康愛我！

東魏武定七年（西元五四九年）五月二十四日，東魏齊王、大將軍高澄率十一萬精銳步騎兵離開鄴都，直撲潁川。前隊騎兵高舉著大魏旗幟，高澄一身戎裝，縱馬狂奔，數千精銳親衛馬隊緊隨其後，場面異常的壯觀。

高澄站在潁川城外的高地上，看著城中飄揚的那面大魏旗幟，高岳等人站在一旁，給高澄彙報了這一年的前線情況，高澄不時地發問。

高澄已經看到了洧水上的那座攔水壩，高澄很感興趣，他覺得這個辦法確實有效。慕容紹宗和劉豐生的死只是意外，和放水淹城戰術沒有必然的聯繫。高澄仔細察看了潁川城牆，發現很多城牆都被大水沖壞了，雖然西魏軍還在不停地補牆，但已經很難再經得起大水的衝擊。

下令，各部繼續增加攔水壩的高度，以便儲存更多的水源。東魏軍立刻行動起來，挖土擔到壩上。但不知道是哪個環節出了問題，攔水壩一直在漏水，洞越來越大，直到有一天，攔水壩轟然倒塌。高澄臉色鐵青，大罵這些飯桶，繼續給我造壩。

第一次補壩，水依然在漏個不停；第二次，還是不行。高澄徹底惱了！這位大將軍的脾氣非常暴躁，一次失敗已經超出了他的承受底限，何況是三次！高澄獰笑著下令，把這些背土的士兵全部推到壩裡，既然你們不行，那就用你們的身體來填壩吧。

憑君莫話封侯事，一將功成萬骨枯。

洧水上的攔水壩，蘸著無數底層士兵的血淚，在高澄的歡呼聲中，屹立在潁川城外。高澄站在壩上，心情愉悅地看著在陽光的映射下，粼波蕩漾。高澄回頭看著城中那面大魏旗幟，有些不屑地告訴左右：是時候拔下來了。

攔水壩慢慢地倒塌，憤怒的洧水沖了出來，同時還有無數條憤怒的魚鱉也在向岸邊的高澄示威，高澄臉上陽光燦爛。攔水壩建在潁川城的西北方向，正好最近在颳西北風，河水藉著風勢，怒吼著沖向潁川城。

這一次，已經破爛不堪的潁川城再也撐不住了。「大風從西北起，吹水入城，城壞。」

王思政已經預感到潁川無論如何是堅持不下去了，至於他本人的下場，他心裡也非常清楚，要麼自殺殉國，要麼屈膝投降，沒有第三路可以走。至於屈膝，王思政沒有考慮，他在想，是時候殉國了，至少對得起宇文泰的厚遇之恩。

高澄似乎發覺了王思政的自殺企圖，他下令：「能活捉王大將軍者，封侯；如果大將軍自殺，潁川城中雞犬不留！」高澄是個聰明人，王思政在城中，東魏軍很難在第一時間活捉他，能完成這個目標的，只有西魏軍中意志不堅定的將士。所以高澄下這兩道命令，都是給西魏將士們看的。想發財嗎？把活的王思政交給我就可以了。

雖然王思政治軍有方，弟兄們都服他，在困守潁川一年中，八千弟兄無一人投降。但現在城破在即，要麼投降，要麼被屠殺，還有多少人願意為宇文泰的富貴獻身？高澄的活捉令傳到城中，果然有不少人動了心。

王思政決定自殺，他帶著將士們來到土山，神情悲壯地告訴弟兄們：「我受國家重恩，為國家守重藩，本以為能立不世奇功，奈何天不佑魏，以至今日！我所能為者，一劍引頸，以謝國家。」說完，王思政仰天長哭，弟兄們被老大感動得鼻涕一把淚一把，場面非常悲壯。

王思政雙膝跪地，面朝西向，重重地叩頭。然後站起，抽刀出鞘，橫刀置頸，王思政「欲」自刎。

其實王思政根本就不想死。如果他真的想殉國，完全可以帶著弟兄們據城不降，戰鬥到最後一個人。而且王思政可以在府衙中自殺，何必當著幾千弟兄。王思政這麼做，原因只有一個，他已經知道了高澄的命令，所以必然會有人站出來，打著為了幾千弟兄的生命的旗號阻止他自殺。

心思很縝密，演技很精彩！

果然，王思政手上的劍已經感覺到了脖頸的溫度，他身邊的都督駱訓站了出來，他反對王思政自殺。理由是如果將軍自殺，城中數千弟兄將悉數被高澄屠殺，將軍素愛將士，難道忍心為了一人的名節，而葬送數千弟兄的性命嗎？王思政默然。

王思政想為宇文泰獻出生命，大家可不想這樣，我們還年輕，不能就這樣拋棄生活。為了防止王思政自殺，眾人一擁而上，打掉王思政手上的刀，對王思政進行嚴密監視。

高澄已經知道了土山上發生的故事，他立刻派常侍趙彥深爬上土山，向西魏將士闡明了齊王殿下的立場：王將軍不死，三千弟兄不死！眾人歡呼。隨後，趙彥深拉著王思政的手，一路說說笑笑，下了土山，來見齊王。

眾人羅拜於高澄前，王思政站著。

高澄微笑，他知道王思政有些不好意思。沒關係，等著。

王思政終於緩緩下拜，口稱罪人，請齊王恕罪。高澄臉上堆出了桃花的形態，上前扶起王思政，大笑道：「我得王思政，勝得十萬師！」

東魏文武官員齊聲拜賀齊王殿下喜得無價之寶，高澄笑得非常開心。只有中兵參軍祭酒盧潛跳出來唱反調：「大王厚待王思政，何其謬也！」

高澄其問故，盧潛非常不屑地回答：「王思政不能殉其國，貪生怕死，大王以忠孝治國，要此人何用！」

高澄大笑！

盧潛說的不是沒有道理，但如果要按盧潛所說，高澄第一個就要砸掉盧潛的飯碗，因為盧潛在官場第一個事主是高家的死敵賀拔勝。當然高澄不會這麼說，不用王思政，難道用侯景嗎？侯景倒是高家的原從老臣，可侯景現在在哪裡？

長社之戰，勝利結束！

宇文泰聽說潁川失陷，王思政被俘，氣得捶胸跺足。

二十四　高澄遇刺的前前後後

西魏失去的不僅是潁川，當初趁侯景之亂搜刮到的河南所有地盤，都悉數還給了高澄。

西魏軍陸陸續續撤回關中，東魏軍浩浩蕩蕩南下，接收一座座被整體掏空的城市。打贏了這場曠日持久的潁川攻堅戰，高澄在東魏官場上的威望如日中天，但這並不代表所有人都對高澄心服口服。高澄在官場上，依然有不少敵人。

高澄在官場上或明或暗的敵人，一般來說有兩股勢力：

一、以元善見為代表的東魏元氏宗室。

二、來自西魏、梁朝的降人或俘虜。

在這三股敵對勢力中，對高澄最不滿的是元魏宗室，畢竟他們的利益和高澄的利益是不可調和的，有你無我，有我無你。皇帝元善見自從被高歡擁立以來，就是個玩偶，沒有任何發言權，元善見的價值只在於裝點高家的政治門面。

元善見的待遇非常低下，高澄經常欺負元善見，根本不拿小皇帝當人看，更遑論其他的宗室。《北齊書．元文遙傳》記載：「魏之將季，宗姓被侮。」元魏的東部天下，基本被高氏掏空，利益嚴重受損，他們對高澄恨得咬牙切齒。

不過元魏宗室無權無勢，他們對高澄即將篡魏毫無還手之力，只能徒呼奈何。

除了元魏、宗室，還有就是來自西魏、梁朝的降人或俘虜。但這些人在東魏都沒有獲得太高的政治地位，只是被東魏供養而已，也可以忽略不計。其中一個最典型的例子，梁朝名將蘭欽的兒子蘭京，蘭京被東魏俘虜後，發配到高澄身邊當廚子，每天煙薰火燎地為高澄做飯。

蘭欽是陳慶之死後的梁朝頭號名將，蕭衍拿蘭欽當成寶貝，所以高澄特別看重蘭京的價值，蘭京有可能在以後的梁魏關係中發揮特殊作用。高澄沒有難為蘭京，把他發配到「御膳房」。

蘭欽非常想念在東魏當廚子的兒子，他派人給高澄去信，請高大將軍賣給我一個面子，把蘭京放回來，大將軍可以提出條件，只要在我能力範圍內，一定滿足，高澄沒有答應蘭欽的請求。史書上沒記載高澄為什麼拒絕蘭欽，估計有兩個可能，一是高澄認為現在還不到放蘭京的時候，二是高澄很喜歡蘭京做的飯菜。

聽說父親求高澄放人，蘭京非常興奮，他很想回家和家人團聚。但高澄並不同意讓他離開鄴都，蘭京的心涼透了，誰不想回家？鄴都雖然繁華，但這裡不屬於蘭京，江南那個長滿藤草的小院，才是自己心靈的歸宿。

蘭京抱著最後一絲希望，來找高澄。

蘭京跪在高澄面前，磕頭如搗蒜，哭著求高澄賞他父親一個面子，讓自己回家吧。大王麾下侍從如雲，不缺少我這一個奴才。但讓蘭京無比失望的是，高澄依然冷冰冰拒絕了蘭京。

蘭京還是不死心，多次跪求高澄開恩，最終把高澄惹毛了。高澄大怒，從榻上站起來，指著蘭京大罵：「給臉不要臉！今天不教訓你這個奴才，你就不知道什麼是尊卑上下！薛豐洛，給我狠狠打這個狗奴才。」

廚房總頭子薛豐洛扛著一根大棍子，站在蘭京面前，高澄一聲令下，大棍子砸在蘭京的屁股上，慘叫聲不絕於耳。等打完了，高澄輕蔑地站起身來，告訴正在呻吟的蘭京：「這事就到此為止，以後再敢在我面前說回家的事情，小心你的狗頭。」

高澄已經離開了好久，蘭京依然趴在地上，淚流滿面。

高澄不答應放人也就算了，何必當眾羞辱自己。自己好歹也是大梁名將蘭欽的兒子，棍子打在自己的屁股上，丟臉的卻是父親，這讓孝順的蘭京如何能嚥得下這口惡氣！

蘭京決定做一件驚天動地的大事情——刺殺高澄！可能是高澄平時做事太霸道，得罪了太多的下人，和蘭京密謀刺殺高澄的，還有五個人。這些人白天照常做事，端盤子上菜，看不出任何異常。但當黑夜到來時，他們聚在一起，商量著如何實施這場偉大的刺殺計畫。

高澄對此毫不知情，他依然在縱情聲色。

鄴都城北有座東柏堂，高澄經常在這裡出沒，因為這裡住著一個很有傳奇色彩的女人——琅琊公主。琅琊公主出身很高貴，她的祖父是北魏顯祖獻文皇帝，父親是高陽王元雍，但由於她是庶妻出生，所以在高陽王府中沒地位。

堂堂帝室千金公主，竟然淪落為東魏權臣孫騰的小妾，更讓公主沒面子的是，孫騰玩了她一段時間，又把她拋棄了。公主在路邊哭泣，正好大色貓高澄從旁邊經過，看到公主時，高澄眼都直了，口水流了一地，立刻收公主為外室，封為琅琊公主。

據白居易和胡三省推測，公主美貌絕人，但可能是她過於妖冶豔媚，所以不容於人。琅琊公主運氣好，遇上了高澄，高澄偏偏就喜歡這種類型的。

高澄長年在鄴都輔政，所以他來到東柏堂與公主幽會的次數，要遠遠多於他朝見皇帝。不過高澄和琅琊公主的交往是秘密的，不能讓太多的人知道，所以高澄每次來，都把侍從衛兵打發到外面，這就給蘭京下手提供了機會。否則憑區區六個人，如何能殺得了高澄？

知道高澄在東柏堂養小蜜的，只有少數幾個人，比如散騎常侍陳元康、吏部尚書楊愔、黃門郎崔季舒等人。從某種角度講，鄴都東柏堂是東魏帝國的最高決策中心，君臣數人經常在這裡商議軍國大事。

這裡的環境非常靜謐，很適合議事，不像在大殿上，幾十個人七嘴八舌，吵得高澄頭疼。如果議事累了，高澄就把幾個重臣趕出來，請琅琊公主進來，和公主切磋床頭兵法。

東魏武定七年（西元五五四九年）八月初八，高澄又把陳元康、楊愔、崔季舒召到東柏堂議事。這次會議的主題是——廢掉東魏這個空殼帝國，建立真正屬於高家的大齊帝國。

雖然東魏只剩下一塊鋁合金的店面招牌，但政治招牌不是隨便就能摘掉的，這牽扯著各方相關利益，倉促不得。

現在高澄要做的，就是制定新朝建立後的百官名單。人事安排向來是政治生活的重中之重，這涉及了許多實權派的切身利益，分寸一定要拿捏到位。誰吃蘿蔔，誰吃白菜，都是有講究的。

高澄有些累了，打了個哈欠，伸個了懶腰。

他突然發現，前幾天被他暴打過的廚子蘭京，端著個木製盤托，盤托上放著幾盤菜，站在他面前。在蘭京的後面，還站著五個下人。

蘭京表情恭謹地平舉盤托，說請大王進膳。高澄一頭霧水，蘭京什麼時候進來的？我說過我餓了嗎？高澄現在正和大臣們談得興起，吃哪門子飯，高澄大怒，指著蘭京的鼻子罵道：「狗奴才，沒見到我正在議事麼，這裡也是你們隨便能進來的？我什麼時候要你進膳了？滾出去，等我餓了再叫你進來。」高澄回頭繼續和大臣們議事。

出去？蘭京這次進來，就沒打算出去！

蘭京緩緩站起身來，一隻手伸向了盤托。由於杯盤的視線阻擋，所有人都沒有發現，在杯盤下面，橫著一把刀。蘭京以極快的速度把刀抽出來，扔掉盤托，杯盤掉在地上，摔得粉碎。聲音驚著了高澄，高澄回頭一看……

蘭京雙手擎著一把刀，就站在自己的面前。

高澄大駭，結結巴巴地怒斥蘭京：「狗奴才！你、你要做什麼？！」

「做什麼？我要為大王做一道清蒸獅子頭，請大王獻身！」蘭京爆發出一陣讓人毛骨悚然的笑聲。

「有賊！」高澄大聲呼叫著，這也是高澄留在人間的最後一句話。

蘭京等人怒吼著，撲向了高澄，陳元康等人嚇得癱倒在地上，用異常刺耳的聲音向外呼救：「王紘、紇奚舍樂在哪裡，蘭京刺王！」

已經來不及了，蘭京惡狠狠地舉刀砍向了高澄。高澄有點功夫底子，在刀即將砍到自己的一瞬間，高澄一個鯉魚打挺，從榻上跳下來，重重地摔在地上。高澄想站起來逃跑，但一陣劇烈的刺痛讓高澄牙關緊咬，他已經站不起來了。由於摔得太重，高澄的雙腳不幸摔斷。高澄絕望地爬到了床榻下面，企圖躲過這一劫。

蘭京等人把床掀起來，看到高澄哆哆嗦嗦地蜷縮在床上，無不放肆地大笑，「高阿惠，你也有今天！」

亂刀齊下，數聲慘叫，高澄吐血而亡，時年二十九歲。

至於另外三個人，陳元康為了救高澄，被蘭京砍了數刀，腸出而死。崔季舒和楊愔命大，在亂戰之中溜了出來，崔季舒藏在廁所裡，哆哆嗦嗦地乞求上天保佑。楊愔可能就是跑到外面，通知侍衛進來救高澄的那個人。高澄的兩大侍衛王紘和紇奚舍樂聞變大驚，拎刀衝進房間，和蘭京等人殊死搏鬥。不知道是蘭京等人太厲害，還是紇奚舍樂太沒用，不久，紇奚舍樂就倒在了血泊之中。

東柏堂發生的這起刺王事件迅速傳開，震驚了整個鄴都官場。所有人都驚掉了下巴，怎麼會發生這種事情？高王現在怎麼樣？死了沒有？大家都在暗中揣測著。如果高王現在沒了，那麼，下一個高王是誰？

其實答案是現成的，論在高家的政治排位，高澄之後，就是二公子高洋。

此時的高洋也在鄴都輔政，他的政治身分是「尚書令、中書監、京畿大都督」。前兩個是虛銜，京畿大都督才是高洋的真正職務，負責鄴都的社會治安，手上握有重兵。正因為這一點，所以當高澄遇刺的噩耗傳來時，正在城東雙堂執行任務的高洋來不及多想，立刻帶著大隊人馬，以最快的速度趕到東柏堂。

「把這六個殺害大王的賊人都給我砍了！」高洋身著戎裝，拔劍下令，武士們一擁而上，白刃飛舞，六顆人頭整齊地擺在高洋腳下。

東魏在鄴都的高官們已經撫平了震驚的情緒，趕到了東柏堂外。發生了這場重大事變，所有人都無法預知這將給東魏官場帶來何等震動，是否還會掀起驚天駭浪？他們擠在堂外交頭接耳，上千衛兵荷戟站立，沒有京畿大都督的手令，任何人不得進入堂內。

過了一會，高洋按劍大步走出堂外，後面幾個衛兵拎著六顆人頭，又有幾個人拖著六具無頭屍體。高洋見大家都來了，輕咳數聲，即席講話：「大將軍無恙！只是被這幾個奴才砍傷了腳，大家請安心。有一點要講清楚，大將軍不希望這件事情傳到外面，於國不利，若有違反者，大將軍自有處分！」

高洋揮一揮手，數名武士上前，對著六具無頭屍體一頓亂砍。血肉四濺，眾人一片驚叫。高洋面無表情地看著這堆肉醬，冰冷地告訴大家：「得罪大將軍者，就是這個下場！」

現場鴉雀無聲。

很難說得清，高洋這麼做，是為大哥報仇，還是警告在場的文武百官。因為所有人都知道，一旦高澄有恙，天下，鐵定是屬於高洋的。高澄在蘭京端著盤托進東柏堂的時候，他絕對不會想到，自己的生命，會以如此突兀的方式終結。

對於這場突如其來的刺王事件，歷來有幾種說法，一是意外論，一是陰謀論。

所有正史均持「意外論」，無論是《魏書》《北齊書》《北史》《資治通鑒》都說這只是一場意外。蘭京弒王，起因是高澄不讓他回家，蘭京懷恨在心，製造了這場血腥事件。

除了「意外論」，「陰謀論」也非常的流行，「陰謀論」認為高澄的死絕不是意外，而是東魏最高權力之爭的必然結果。至於誰是這場刺王陰謀的幕後主使者，一般來說有三個人，分別是元善見、侯景、高洋。

元善見的利益是和高澄嚴重衝突的，高澄在東柏堂議事的內容，就是要取代元善見。自從高澄出道以來，他就瞧不起元善見，甚至還縱容大臣毆打皇帝，元善見要是不恨高澄，那就沒有天理了。但問題是，在東魏統治內部，很難找到像董承、王子服這樣忠於帝室的高官。元善見身邊全是高澄的人馬，他的一舉一動，高澄都能在第一時間知道，在這種情況下，元善見主使謀殺高澄的可能性極小，可以基本排除。

元善見是絕無可能繞過高澄，與東魏軍界高層的高家班人馬取得利益上的聯繫的。對東魏大佬們來說，他們跟著元善見謀害高澄，對他們自身有什麼好處？他們能從元善見那裡得到的，已經從高家得到了，沒必要再另換門庭。

侯景和元善見一樣，對高澄也是恨之入骨，在侯景叛逃之後，高澄虐殺了侯景留在東魏的幾個兒子，侯景自然要恨高澄。而且侯景在東魏官場一線打拼多年，人脈深厚，如果侯景是幕後主使，也是有一定可能的。

但如果說侯景暗殺高澄，難度甚至比元善見謀殺高澄還要大。侯景在東魏的人脈，並沒有達到讓這些人冒著天大的風險，替侯景謀殺高澄的程度。

最大的疑點，集中在高洋身上。

從利害關係上講，高澄的死，是高洋上位的最直接原因，所以即使史書上沒有高洋殺兄的記載，高洋也難逃殺兄的嫌疑。不僅是利害關係，高洋和大哥的私人關係也不好，有兩點：一、由於高洋長年裝傻，所以高澄瞧不起高洋，甚至以有這個白癡弟弟為恥。高澄曾經輕蔑地告訴身邊人：「像老二這種白癡也能坐得富貴，相書上如何解釋？」二、高澄強姦過高洋的老婆李妃，鄙夷之痛、奪妻之恨，高洋有一萬個理由仇恨高澄。

不過在政治上，高澄並沒有薄待二弟，在高歡去世，高澄成為東魏第一權臣後，高洋就替補上位，坐了東魏第二把金交椅。當然，這一點並不能佐證高洋沒有殺兄奪位之心。問題在於，此年（西元五四九年）高洋只有二十一歲，在官場上資歷很淺，身邊也沒有幾個重量級的心腹，勉強算上一個高德政。高澄在官場上拼殺多年，身邊有許多重臣輔佐，地位比較穩固。

更重要的一點，如果是高洋發動的這場政變，他必須在政變之前，取得軍界高層的支持。遺憾的是，東魏的軍界高層在政變之前，很少有瞧得起高洋的。如果他們都知道高洋是裝傻的話，也不會在後來高洋發威時，都驚掉了下巴。這至少也說明了軍界高層在政變之前，和高洋沒有什麼私下聯繫。

即使高洋有心推翻高澄，取而代之，也不應該是高洋在官場上羽翼未豐的時候。高洋是高澄之後最為合法性的繼承人，只要高澄早死，「兄終弟及」是再正常不過的。高洋完全有理由再多等幾年，直到高洋等不及了，再學習劉宋元兇太子劉劭弒殺宋文帝劉義隆。

綜合分析，蘭京刺殺高澄的行動，更像是一場意外。

蘭京最終沒有回家，高澄最終也沒有稱帝，卻便宜了高洋。

二十五　東魏傀儡皇帝元善見的辛酸人生路

出於穩定東魏政權的考慮，在高澄死後，高洋秘不發喪，只是說大將軍受點小傷，無甚大礙，休養一段時間就會好的。

但世界上沒有不透風的牆，高澄被蘭京殺死的消息還是傳到了官場，「澄死問漸露」。不過在高洋強悍的馭人手段干預下，東魏官場依然風平浪靜。高澄的死，卻有一個人激動萬分，在一間無人監視的房間裡，他激動得仰天流淚。他等這一天，已經好久了。

他，就是沉默了十六年的東魏名義上的最高統治者——元善見。

自從北魏宣武帝元恪駕崩之後，鮮卑魏（包括東、西兩魏）的皇帝們再也沒有品嘗過真皇帝的滋味，他們全都是提線木偶，一點自主的權力也沒有。

高歡當初之所以放棄元善見的父親元亶，是因為元亶做事太招搖，高歡不想元亶成為第二個元修，高歡吃元修的苦頭還少嗎？高歡選擇元善見，是考慮到元善見年齡小，便於高歡執政，如果有人反對高歡，高歡就可以把元善見請出來當擋箭牌。至於元善見以後會不會給高歡找麻煩，高歡沒有考慮那麼長遠。

前面講過，高歡和曹操有許多共同點，其實他們還有一個共同點，就是對皇帝的態度。曹操雖然連根拔掉了劉協的政治基礎，甚至連劉協的老婆孩子都不放過，但曹操對劉協本人還是非常恭敬的。高歡在這一點做的要比曹操好，他沒有殺過元善見的親屬。

高歡每次朝見，都要伏拜如儀，「禮甚恭」。元善見設法會，高歡都要捧著香爐，跟著元善見的輦轎後面步行。正因為如此，所以才上行下效，東魏官場對元善見也是畢恭畢敬，不敢少禮。

不過高歡和元善見見面的機會並不多，因為高歡把元善見按在鄴都，自己卻跑到晉陽曬太陽。據現有史料統計，從西元五三四年至西元五四七年的十四年間，不算高歡立元善見為帝的那一次，高歡只去過鄴都五六次，最多不會超過七次。

元善見和高歡打的交道並不多，真正和元善見經常周旋的，是高澄。高歡坐鎮晉陽，鄴都的大小事務就交給高澄來打理，元善見隔三差五的就能見到高澄。

從親戚關係上講，元善見是高澄的內弟，元善見的姐姐馮翊長公主「尚」給了高澄做正妻。馮翊公主和高澄的姘頭琅琊公主不一樣，馮翊公主性賢慧、有容貌，人品非常好，高澄和公主的感情很深，史稱「曲盡和敬」。公主給高澄生下了嫡子高孝琬和兩個女兒。

高澄之所以敵視元善見，原因很簡單，高澄把元善見當成自己政治生涯最危險的敵人，「勃海王高澄嗣事，」《北史．孝靜帝紀》載：甚忌（元善見）焉。元善見是傀儡，但他卻是一個有思想、有魄力的傀儡。高家的天下在瞬間崩盤不是沒有可能，難怪高澄看元善見不順眼。

在北魏末年的政治語境中，高祖孝文皇帝是一個崇高的政治符號。不論是南遷鮮卑，還是漢族士大夫，甚至是對孝文漢化極為不滿的六鎮鮮卑，都要給孝文皇帝三分薄面。在東魏官場，自孝文以來，最像孝文皇帝的，就是當代皇帝元善見。

史載，孝文帝元宏「雅好讀書，手不釋卷，史傳百家，無不該涉，才藻富贍，好為文章，詩賦銘頌，任興而作，有大文筆」。由於出自馬背上的民族，所以元宏自幼就接受騎射訓練，練得一手好射法，而且力大無窮，甚至能用手指彈碎羊骨頭。

史稱元善見「從容沉雅，有孝文風」。

元善見是翻版的孝文帝，這是高澄最為忌諱的。天下人誰不知道高祖孝文皇帝是什麼分量！如果坐視帝系勢力發展，等到高歡去世後，天下還不知道是誰的呢。高澄現在能做的，就是盡一切可能壓制元善見。西元五四七年，高歡去世，高澄大權獨攬後，他對元善見的看管更加嚴厲，甚至經常當眾羞辱元善見，並以此為樂。最經典的一次羞辱事件，發生在高歡去世當年的八月。

有一天，元善見召集群臣在殿上喝酒，高澄作為「首輔」，自然要出場亮相。雖然這次是元善見請客，而且他也是皇帝，但搶鏡頭當主角的卻是高澄。在高澄眼中，他才是東魏舞臺的男一號，元善見只是個跑龍套的。

平時高澄不尊重元善見已經成了一種不良習慣，這次也不例外。高澄貪喝了幾杯，有些醉意，他醉醺醺地看著元善見，舉起大酒杯，大大咧咧勸酒：「臣高澄請陛下喝此杯。」按君臣禮數，高澄應該離席下拜，跪在地上，雙手執杯，恭請皇帝飲酒。

高澄不像是在勸酒，更像是在賞酒。群臣都在場，高澄如此不尊重皇帝，讓元善見面子上如何下得來。元善見是官場公認的好脾氣，但羔羊也有怒吼的時候，元善見也有些醉意，突然來了脾氣，他面色不悅地回敬高澄：「天下沒有不亡的國家，大將軍有意，朕可讓此位，朕這輩子是活夠了。」

元善見的這句牢騷其實不疼不癢，要是高歡，裝聾作啞也就過去了，偏偏是高澄。高澄從小就威風慣了，除了父親高歡，沒有誰敢頂撞高澄，元善見也不行！

高澄勃然大怒，他突然站起身上，指著元善見大罵：「朕，朕，你就是長著一雙狗腳的朕！」罵完了，高澄還覺得不解氣，又讓他的走狗崔季舒衝上前，按倒元善見，在百官的驚叫聲中，狠狠打了元善見三拳。

元善見在高歡時代遺存的最後一絲尊嚴，被高澄無情地摧毀。雖然在第二天，高澄和崔季舒當面給元善見道歉，說臣等都是大混蛋，不應該對陛下動手動腳，傷了陛下的面子。可這樣的道歉，還有什麼實際意義呢？

皇帝被權臣羞辱，大多數人都保持著沉默，他們都是高澄的人馬。元善見如何受辱，與他們沒有關係。真正為元善見受辱而感到憤怒的，只有幾個東魏官場上的邊緣人物，比如侍講荀濟、祠部郎中元瑾、大長秋劉思逸、華山王元大器、淮南王元宣洪、濟北王元徽等人。

歷史很相似，當年曹操專權，董承、王子服、吳子蘭等人就密謀誅殺曹操，荀濟等人也在做同樣的事情。但所不同的是，董承在漢末官場上最起碼也算得上是准一線人物，而且當年支持漢獻帝的高官並不少。荀濟等人連東魏官場的准二線都算不上，要兵無兵，要勢無勢，他們要能成功，才是對高澄最大的羞辱。

荀濟等人在宮裡挖條地道，通向北城，準備挾元善見出逃，尋找一家可以容納元善見的軍閥做戰略交易，重演元修西奔那一幕。其實當時北方天下，除了高澄就是宇文泰，哪還有什麼足夠分量的軍閥？荀濟有個性，但他永遠改不掉身上濃重的書生氣，想法太天真，做事太幼稚。

事情很快就敗露了，荀濟等人悉數被擒。高澄大怒，帶著甲兵闖進宮裡，不顧君臣禮數，厲聲質問元善見為什麼要造反。當然高澄還沒有打算廢掉元善見，所以他把矛頭指向了元善見身邊的幾個妃子，也算是給元善見留個薄面。

但元善見已經被高澄的無禮激怒了，壓抑在心中十多年的恥辱徹底爆發了出來，他怒不可遏地駁斥高澄：「自古唯聞臣反君，曠古未聞君反臣！荀濟等人所為，我確實知情，但我是當今皇帝，為恢復大魏社稷，即使殺你，有何不可？社稷可安！不殺你，大魏亡國就在眼前。衝著女人發威算什麼爺們？有本事你衝著我來，我有一顆好頭顱，你自可摘去！」

元善見的義正詞嚴，震撼了在場所有人，包括高澄在內，誰都沒想到，元善見會有這麼大的勇氣！高澄沉默良久，避席叩頭，哭號著請罪。元善見已經習慣高澄的虛偽，習慣了，也就麻木了。

元善見已經不打算再活下去了，他甚至希望高澄能痛痛快快地給他一刀，這樣活著，是一種莫大的屈辱。但高澄現在還沒有對元善見下手的計畫，只是將元善見關了禁閉，以後再和元善見攤牌。至於荀濟等人，被高澄烹殺於鬧市之中。

其實所有人都看得出來，元善見確實沒幾天好活了，高澄廢魏稱帝已經箭在弦上，只是時間問題。但讓所有人都沒有想到的是，高澄永遠等不到這一天了，不久後，高澄死在蘭京的刀下。

消息傳來，元善見激動得差點哭出聲來。

高澄的死，讓元善見看到了大魏中興的希望，他在恍惚中，看到了高祖孝文皇帝在空中向他招手，鼓勵自己，勇敢，再勇敢一點，元家的天下，你一定能夠奪回來！對於這一點，元善見很自信，他私下告訴還算能說得上話的人：「大將軍今死，似是天意，威權當復歸帝室矣！」

至於高洋，元善見根本就沒把高洋當盤菜，高澄死了，高洋會是自己的對手麼？用不了多久，高洋會給元善見一個準確的答案。

二十六　北齊建國始末

此時的元善見，還在夢中沒有醒來。自從高澄死訊傳開之後，元善見就開始謀劃恢復大魏天下的偉大構想。在元善見眼中，他只懼怕高歡和高澄，至於高洋，元善見聽說此人素愚，這種愚人哪裡是自己的對手？

正在元善見胡思亂想的時候，內侍來報：「京畿大都督高洋求見陛下。」

元善見坐在昭陽殿的榻上，準備等高洋進來，當場向高洋發難，然後一舉奪回權力。這一天是東魏武定七年（西元五四九年）八月十一日，也就是高澄遇刺後的第三天。

元善見聽到外面一陣甲冑走動的嘩嘩聲，還夾雜著聽不甚清楚的喝罵聲，還沒等元善見明白過來是怎麼回事，一身戎裝的高洋站在了階下。

隨同高洋進殿的，還有二百多名全副武裝的精銳甲兵，怒目對視元善見。這些人左手按住刀鞘，右手按住刀柄，似乎只要高洋一聲令下，他們就會衝上去，把元善見剁成肉泥。元善見遠遠望去，在殿外，黑鴉鴉站著不下上萬人的甲兵。據史載，昭陽殿外共有八千名甲兵。

這就是京畿大都督朝見皇帝的禮節？高澄在世時也從來沒擺過這個譜！元善見不知道高洋要做什麼，但他已經明顯感覺到了一股徹入骨髓的寒意。他在默默注視著高洋，這個在他心目中一無是處的傻子。

高洋並沒有和元善見談話的意思，只是給身邊的朝儀官遞個眼色，朝儀官會意，趨步上前，跪在階下，以高洋的口吻向元善見說明了高洋的來意：「臣京畿大都督洋，因有家事，須去晉陽，請陛下准行。」

朝議官說完，自行退下。

高洋冷冰冰地看著元善見，元善見也在看著他，就在二人的目光碰撞的那一瞬間，高洋立刻扭過了頭。高洋一句話也沒有說，只是極不情願地給元善見行了君臣大禮，然後轉身離去。二百名鐵甲武士跟在高洋身後，慢慢走出了昭陽殿。只留下元善見，呆呆地坐在榻上，看著高洋消失在眼前……

元善見還在咀嚼著剛才與高洋眼神碰撞的內容，他似乎讀懂了高洋的內心世界。直到今天，元善見才悲哀地發現，高洋的傻，完全是裝出來的，高家老二是個比高澄還要難纏的狠角。

高洋早已經離開，元善見還在呆坐著，自言自語：「素以為大將軍死，可還政於帝家，今日見此人，似乎又不會容我，我死無餘日矣！」

元善見淚流滿面……

鄴城外，秋高氣爽，雁聲陣陣，落葉飄零，一片金黃的顏色。官道上，高洋騎著駿馬，揮鞭急馳。在高洋的馬後，跟著數千名鐵甲騎兵。路邊，幾個肩扛鋤頭的老農，看著遠去的馬隊，竊竊私語。

高洋留下了太尉高岳、開府儀同三司司馬子如、吏部尚書楊愔留守鄴都，監視元善見。其他一線高官勳舊皆隨高洋北上晉陽。

高洋去晉陽的目的，一是掌握兵權，二是鎮服那些平時瞧不起高洋的元老舊臣。高洋來到晉陽後，立刻派人四處發帖子，請留居晉陽的各派大佬赴會。

聽說那個傻頭傻腦、說話白癡、老婆被大哥姦污連個屁也不敢放的侯尼于（高洋的鮮卑名）來到了晉陽，許多大佬不屑一顧。高洋即將成為高家第三位統治者，但這又如何？元善見還是皇帝呢，又有誰把元善見當盤菜？

接到帖子，大佬們懶洋洋地來到大殿上，準備吃頓免費大餐。有些人平時也不太見面，難得見一回，互相稱兄道弟。

高洋知道這些人是故意給自己難堪的，是時候露兩手絕活了，不然來幹嘛的？

高洋輕咳兩聲，示意大家安靜，他有話要說。等眾人稍稍安靜後，高洋操著流利的鮮卑語，和大家講了最近發生的一些事情。從大將軍被刺，到平定六賊逆亂，高洋神色飛揚，口若懸河，滔滔不絕。最後，高洋告訴眾人：「大將軍薨逝，國家誠危亡之秋也！望各位賢輔與我齊心，共治天下，以福及萬民。有違國法者，斬！」

眾人愣在當場，互相對視，似乎都在問對方：這是以前那個傻子侯尼于麼？高洋看在眼裡，喜在心頭，他知道自己已經初步征服了這些老傢伙。高洋趁熱打鐵，利用這個機會和老臣們聯絡一下私人感情。高洋含笑走下階來，坐在老臣們旁邊，和叔伯大爺們聊天，問寒問暖，把老臣們感動得鼻涕橫流。

接下來，高洋需要做的，就是展現自己處理政事的決斷和能力，這才是能讓老傢伙們臣服的不二法門。高洋坐在殿上處理公務，某地有災情，蠲免賦稅；有人有冤情，明察洗冤。高洋走筆如飛，不停地簽發文件。

眾人已經看得癡了。《北史．齊紀二》稱：「帝（高洋）推誠接下，務從寬厚。事有不便者，咸蠲省焉，群情始服。」

這才是真正的高洋！

經過幾個月的精彩表演，高洋已經徹底征服了那些居功自傲的老臣。大家都嘆服大都督的英武明睿，心悅誠伏地跪在高洋腳下，接受大都督的指揮。高洋坐在晉陽宮的大殿下，享受著征服的快感，他遠望殿外的湛藍天空，長長地出了一口氣。他知道，屬於高洋的時代，即將到來。

天下盡在高洋掌握之中，是時候改朝換代了。從自高歡控制東魏，到高洋接班，已經過去了十六年，積高歡和高澄兩代之功，高家的天下穩如泰山。

和之前的「禪讓」需要「封公—封王—稱帝」三步走的方式不同，高家的政治身分是齊王，所以不需要封公，只需要高洋先履行做齊王的手續就可以了。稱王之後，即可以踢掉元善見，掛上一塊新招牌。

東魏武定八年（西元五五〇年）三月十一日，有詔下，晉封大丞相高洋爵為齊王。

齊王高洋距離皇帝的寶座只差最後一步。其實像這樣的事情，根本不用高洋親自出面，自有心腹人替他打理。高洋出道以來，在身邊搜羅了不少心腹，計有：首席「幕僚長」記室參軍高德政、吏部尚書楊愔、度支尚書崔昂、功曹參軍祖珽、相府主簿崔瞻、吏部郎中尉瑾、秘書監魏收、中書侍郎崔劼、從事中郎將封孝琬、丞相府倉曹張耀等人。至於高澄的那撥人馬，除了崔季舒和趙彥深勉強擠進了高洋的心腹班子，其他人都被踢了出去。

替高洋四處吹喇叭抬轎子的，是高德政手下兩大八卦先生：金紫光祿大夫徐之才和北平太守宋景業。這兩位先生最擅長的就是搗弄所謂的圖讖，由他們出面，七七八八胡亂算了一通卦，無非就是魏德將盡，齊運將興，請齊王即皇帝位。

對於高洋要廢魏稱帝，東魏統治集團內部有不同意見，許多人都反對。當高洋稟告母親說準備稱帝時，婁昭君搖頭苦笑：「你父親獻武王英武如龍，你長兄文襄王明睿如虎，他們威赫天下，猶向魏稱臣。你有何德何能，敢行舜禹之事？」當初高澄準備稱帝時，也沒見婁昭君跳出來反對，說明婁昭君並不了解二兒子，以為高洋是個傻子。

高洋見母親反對，有些猶豫，為了穩妥起見，高洋又找來肆州刺史斛律金和賀拔仁，問他們對自己稱帝的態度。二人都反對高洋倉促稱帝，至於他們反對的理由，於史無載。

斛律金和賀拔仁都把矛頭對準了宋景業，說：「景業誤王，宜斬之以謝天下。」高洋對他們的態度非常不滿，沒好氣地回敬二位：「宋景業當為帝王師，怎麼能說殺就殺？你們這些粗人，什麼時候能尊重一下知識份子？」

「……」兩個老頭子面面相覷。

高洋一時也拿不定主意，乾脆把大佬們都叫到婁太妃的宮中，當面把事情講清楚。既然是放開了講，大家也就沒什麼顧忌，紛紛反對高洋稱帝，火藥味非常濃。脾氣最大的還是婁昭君，她指著高德政的鼻子大罵：「我兒向來懦弱，行事恭謹，要不是你在暗中挑撥，我兒怎麼會做這種事情？」高德政沉默不語。

雖然稱帝困難重重，但高洋依然不會死心，皇帝的誘惑實在是太大了。徐之才和宋景業同樣遭到了勳貴們的指責，不過他們根本不在乎這些人的七嘴八舌，只要高洋有這個心思，他們就一定能成功勸說高洋稱帝。他們知道只要高洋稱帝，他們就是首功之臣，金票大大的有。

二人成天在高洋身邊轉來轉去，抱著一個烏龜殼子不停地算卦，今天說是卦吉，明天說《易經》有云「時乘龍六以御天」，把高洋饞得抓耳撓腮，就像一隻吃不到桃子的猴子。高德政也天天聒噪，並親自跑回鄴都，拉攏了楊愔、張亮、趙彥深等人，大家一起為齊王登基造勢。

楊愔的任務是在鄴都準備禪讓典禮，包括寫九錫文、禪讓表、勸進冊，這些具體事務由大才子魏收主筆。同時為了配合高洋稱帝，高洋的狗腿子們把留在鄴都的元魏諸王全部關押起來，不要讓他們惹是生非。

楊愔隨後又進了宮，給元善見做思想政治工作，希望元善見能配合他們的工作。元善見是個明白人，事已至此，他已經沒有任何選擇了，只能順著高洋的指揮棒轉，也許還能在高洋的屠刀下多活幾年。

五月初六，皇帝有詔，進齊王、大丞相高洋為相國、總百揆，備九錫禮。只等高洋回到鄴都，即時舉行禪讓大典。

此時的高洋已經在高德政等人的撩撥下，決定稱帝，誰再勸，統統亂棒打出，婁太妃也不行！高洋的狠勁一上來，他是六親不認的。幾天後，高洋率大隊人馬回到鄴都，準備嘗一嘗桃子的滋味。

高洋在鄴都做的第一件事，是徵調強壯民夫，在鄴都城南建一座受禪台。太保高隆之對高洋不太感冒，他明明知道高洋想做什麼，卻裝傻充愣，問高洋：「殿下建此台是看戲的嗎？」高洋大怒，指著高隆之大罵：「我做什麼，干汝屁事！想滅族了是不是？」高隆之自討沒趣，灰溜溜地退下。

一切準備就緒。

高洋要做的最後一件事，就是讓元善見挪個窩，把地方騰出來，這事由楊愔來做。兩天後，也就是五月初八，楊愔拉著張亮、潘相樂、趙彥深等人竄進宮裡，請皇帝陛下離開宮裡，自有地方安排您住。

元善見很淡定，這一天早晚是要來的，高洋不做，高演也一定會做的。在十六年前，天下就已經姓了高。元善見面色平靜地問楊愔：「你們準備把我送到哪？」楊愔畢恭畢敬地回答：「陛下勿憂！已經為陛下在城北建好了新宅。」

元善見點頭，然後緩緩從御床上走下階來，輕輕念著《後漢書・獻帝紀贊》：「獻生不辰，身播國屯，終我四百，永作虞賓。」

楊愔見元善見到了這個時候還有心思擺造型，有些惱火，就派人催促元善見趕快上路，沒人願意聽你吐酸水。元善見沒理會這些狗腿子，在徵得高隆之同意後，元善見和後宮嬪妃們做生死道別。此次一別，也許永無再見之日。

元善見和嬪妃們微笑著告別，在場的所有女人都痛哭失聲。

元善見頭也不回地登上了車。

御車駛到了雲龍門外，鄴都百官們都列隊整齊，給元善見行了最後一次群臣大禮。三跪九叩後，許多人已經泣不成聲，只有元善見面無表情，不見落淚，只有一聲幽幽的歎息。

御車繼續向前行駛，經過許多條街道，來到了北城元善見的新監獄，這座宅子其實是司馬子如在鄴都的住宅。在出宮之前，元善見派彭城王元韶捧著皇帝璽綬，去齊王宮，請齊王殿下順天應人，即皇帝位。

高洋抱著玉璽，歡喜得看個不停，彷彿是一隻饑渴的猴子摘到了一枚可口的桃子。

東魏武定八年（西元五五〇年）五月十日，齊王高洋在鄴都南郊受禪台正式稱帝，國號大齊，大赦天下，賞賜鰥寡六疾、義夫節婦各有差，改東魏武定八年為大齊天保元年。南北朝有兩個齊朝，史家為了避免兩個齊朝混淆，就把蕭道成開創的南朝齊稱為南齊，（高歡）高洋開創的北朝齊稱為北齊。

南郊受禪台下，孔雀翩翩起舞，靈龜轉個不停，大白兔子上躥下跳，和群臣一起山呼皇帝陛下萬歲萬歲萬萬歲！

高洋被服袞冕，端坐在御床之上，心滿意足地看著俯在自己腳下的臣民們，強烈的征服快感，湧上高洋心頭。

大齊皇帝有詔下，降封魏遜帝元善見為中山王，食邑萬戶，上書不稱臣，仍行魏正朔年號。同時追尊祖父高樹為文穆皇帝，父親高歡為獻武皇帝，長兄高澄為文襄皇帝。生母婁太妃為皇太后。高洋冊立時年六歲的長子高殷為皇太子，王妃李氏為皇后。宗室勳貴們都封為王。

萬民歡騰。

一個嶄新的時代開始了。

二十七 高洋殺人實錄

在萬民的歡呼聲中，北齊帝國正式走向歷史的前臺。

由於高洋在高澄遇刺後的表演超級精彩，天下臣民都在慶幸遇到一個五十年難遇的好皇帝，大家都相信高洋的功業會超過自魏孝文以後的所有皇帝。

即位之初的高洋，確實展現出了難得的明君做派，史稱「勵精為治」。就在高洋稱帝的當月，大齊皇帝就派出特派專員，分遣各地州郡進行民生調查，訪貧問苦，嚴令地方官員不得侵民自肥，嚴厲打擊貪腐行為，興利除害，給百姓一個宜居的生活環境。同時刪改一些不合時宜的法規條文。

雖然高洋以鮮卑人自居，但他對孔聖人卻非常尊崇，重修魯郡孔廟，並祭祀堯舜的祠廟，以安漢族士大夫之心。在六月，高洋又以封皇太子的名義，大赦死罪以下的犯人。高洋對魏末以來的社會奢華風氣非常的不滿，下詔嚴禁社會各界競比奢華，務以節儉為榮。

朝野上下，欣欣望治。

許多人都看到了站在陽光下的高洋，正義而富有同情心，做事幹練，有些政策非常具有人情味。但是，他們卻沒有看到高洋的另一面。當陽光散去，站在黑暗中的高洋，也許才是最真實的高洋。

高洋性格的另一面是什麼樣子？暴虐、變態、瘋狂、果於殺戮、視人性生命為糞土。

關於高洋暴虐的性格，有一個非常著名的五字成語故事。說起「快刀斬亂麻」，想必大家都不會陌生，在生活中應該能用到這個成語。其實這個成語就出自高洋。有一次，高歡想測試兒子們的處變能力，就讓侍從在每個兒子面前各放一團揉得亂七八糟的麻線，高歡讓兒子們想辦法解開這團亂麻。

看在手上的一團亂麻，兄弟們都傻了眼，這怎麼能解開？有些人手忙腳亂地去解，結果忙了半天，麻線越揉越亂。只有高洋，懶得和那些笨蛋兄弟為伍，高洋抽出佩刀，一刀下去，將亂麻斬斷，大喝道：亂者必斬！

要想成為一名出色的暴君，首先要會殺人，這是進入暴君行列的最低標準。連人都不敢殺，好意思稱自己是暴君嗎？

高洋殺人，有以下幾種類型：

一、受到高洋猜忌，比如元魏宗室。

二、得罪觸怒高洋，比如一些驕傲的漢人士大夫。

三、狂暴精神疾病突然發作，即興殺人。

元魏宗室早在十六年前就被剝奪了所有權力，只剩下一塊金字招牌，無權無勢，受高氏囚養，他們之於高洋的威脅幾乎等於零。

但高洋依然沒有忘記他們。

首先倒在高洋屠刀之下的，是元善見。和歷代遜帝退位後被嚴加看管不同，元善見的出鏡率依然非常高。高洋每次外出進行巡迴表演，都要帶上中山王，表面上是拉著元善見四處走穴賺錢，實際上是想尋找機會對元善見下手。

從親戚關係上講，元善見是高洋的姐夫，他的王妃高氏被封為太原長公主。公主和元善見的感情非常好，她很了解二弟的狠辣手段，為了保護元善見，她不惜拋頭露面，跟在元善見身邊，防備高洋下手。

高洋有辦法，他在宮裡擺下了酒宴，說是要和皇姐敘舊。等公主剛離開王府，高洋的狗腿子們就竄進府裡，強行給元善見灌下了一杯毒酒。時間是北齊天保二年（西元五五一年）十二月初十日，元善見時年二十九歲。

和元善見一起被殺的，還有元善見三個兒子，不知道這三個王子是不是太原長公主所生。隨後，高洋姐姐強行嫁給了吏部尚書楊愔。「聽說」姐夫「突生意外疾病暴死」，高洋號啕痛哭，下詔追謚元善見為魏孝靜皇帝，葬在了鄴城西郊。

接下來，高洋要殺的是元魏宗室。

拓跋氏的天下被高家篡奪，元姓宗室們雖然當著高洋的面不說什麼，但心裡卻極不服氣。美陽公元暉業就曾經在晉陽城下大罵彭城公元韶，說當初元韶奉著皇帝璽綬給高洋，是對拓跋家族的背叛。高洋早就想對他們動手了，一直沒有機會。現在機會來了，高洋自然不會放過。就在元善見被毒死後不久，高洋對元魏宗室大開殺戒。

元魏宗室被殺分為三個階段。

第一階段：天保二年（西元五五一年）十二月，殺元暉業、臨淮公元孝友、高陽縣公元斌。

第二階段：天保十年（西元五五九年）五月，殺始平公元世哲等二十五家，同時囚禁彭城公元韶等十九家。至於在北齊時代地位最高的元魏宗室元韶，高洋已經玩膩了，扔到地牢裡，不見天日，活活餓死。

第三階段：天保十年（西元五五九年）七月，殺元魏宗室共七百二十一人，無論少長，皆殺之。最讓人髮指的是，高洋讓武士把一些無辜的嬰兒拋向空中，等嬰兒掉下來的時候，就插在刺刀上。

高洋欣賞完這場沒有人性的殺戮，下令把幾百具屍體都拋到漳河裡餵魚。漳河裡的魚吃到了免費的人肉大餐，卻苦了鄴都的百姓們。等人們把魚捕上來後，剖開魚肚，發現裡面都是人的斷肢趾甲。此後好久，鄴都百姓談魚色變。

曾經威赫天下二百年的鮮卑拓跋部，在北齊統治期間幾乎被殺絕，只有少數幾家倖免於難，比如開府儀同三司元蠻和尚書祠部郎中元文遙，以及元家的敗類元景安。元蠻是高洋六弟高演的岳父，高洋賣給高演一個人情。至於元文遙，他是代王拓跋什翼犍的子孫，和北魏宗室關係極為疏遠。

高洋雖然沒有殺元文遙，但曾經把元文遙投進監獄，原因不詳。過了一段時間，高洋的精神疾病稍有好轉，親自跑到牢裡向元文遙道歉。元文遙運氣好，在北齊統治內部血腥殘殺的政治動盪中，居然活到了北齊末年。

高洋殺人的第二種類型是報復性殺人。

所謂報復性殺人，其實被殺者和高洋都沒有什麼私人恩怨，只是有些大臣看不慣高洋的瘋子做派，說了幾句高洋不愛聽的真話而已。

祠部尚書王昕雖然在後世不甚知名，但卻有一個非常著名的老祖宗，王昕的六世祖就是前秦名相王猛。由於王猛過去的崇高地位，北魏統治者對北海劇縣王氏特別的優待，累做大州刺史，穩居官場一線。

王昕是官場一線名士，在江湖上有很高的地位，但高洋始終瞧不上王昕，理由是王昕為人疏狂荒誕，不是經時濟用的人才。看到高洋貶斥王昕，有王昕曾經得罪過的人就在高洋面前進讒，說王昕經常嘆惜東魏不該這麼早滅亡。高洋大怒，把王昕發配到幽州，不久後又召了回來，代理祠部尚書。

不久後，高洋在宮中舉行盛大宴會，百官都來了，皇帝的面子誰敢不給？唯一不給高洋面子的，是王昕。王昕讓人告訴高洋：臣病了，陛下自個吃吧。高洋氣得七竅冒煙，下令武士將「病中」的王昕拎到宮中，當場斬之，投屍於漳河。

其實王昕被殺還有一個原因，就是王昕對鮮卑人的輕視。北海王氏是戰國時田齊宗室的後人，和王莽同宗，是正宗華裔。鮮卑人在政治上瞧不起漢人，漢人則在文化上鄙視鮮卑人，這也是當時漢族士大夫對鮮卑人共同的觀點。

在高洋即位初年，有一次，王昕和崔昂看到一夥鮮卑貴族在用鮮卑語聊天，崔昂笑問王昕：「王兄聽得懂他們在說什麼嗎？」王昕不屑地回答：「樓羅，樓羅，誰知道他們嘰里呱啦的在說什麼。」在鮮卑人的怒瞬聲中，二人大笑著離開。高洋雖然在血統上是漢人，但在民族認同上卻以鮮卑人自居，他最痛恨漢人在文化上鄙視鮮卑人。高洋的耳報甚多，他應該知道王昕這事，所以新賬舊賬一起算。

另外一位名臣杜弼之所以得罪高洋，主要有兩個原因，一是杜弼反對高洋稱帝，二是他和王昕一樣，在文化上瞧不起鮮卑人。

高洋當初召集群僚會議，討論是否稱帝的問題，杜弼就堅決反對高洋稱帝。理由是在西魏還存在的情況下，如果陛下稱帝，則為魏之逆臣，宇文泰就可以打著討伐逆臣的旗號東向伐我。

高洋雖然表面上沒說什麼，依然重用杜弼，「致位僚首」，但在心中記下了杜弼的這筆賬。高洋心胸狹窄，史稱「情有蔕芥，必在誅戮」。

高洋和杜弼議事，高洋問杜弼治國之道，「治國當用什麼樣的人？」高洋的意思是讓杜弼舉薦人才，但杜弼卻回答的牛頭不對馬嘴。杜弼告訴高洋：「鮮卑人只會趕馬拉車，哪懂得治國安天下？陛下要用治國之才，非漢人不可。」

高洋氣得鼻孔冒煙，哪壺不開你拎哪壺，明擺著是在挖苦朕！

高洋對杜弼越來越不滿，再加上杜弼在朝中得罪了很多權貴，比如高德政就經常在高洋面前說杜弼的壞話。天保十年（西元五五九年），高洋忍無可忍，藉口杜弼任膠州刺史時收受賄賂，並利用給兒女們操辦婚事時大肆鋪張，派出武士來到膠州，斬杜弼，時年六十九歲。

高德政作為高洋的頭號心腹，為高洋登基立下了汗馬功勞，而且高德政為人雖然貪名好利，但政治人格還是不錯的。高洋越來越殘暴變態，「縱酒酣醉，所為不法」，高德政經常勸高洋記住自己的身分是皇帝，不是酒鬼，高洋早年對高德政的好感漸漸消失，留下的，只是一肚子怨氣。

高德政在官場上有個死敵，就是尚書侯射楊愔。高楊二人結仇，是因為高德政長年作為高洋身邊的紅人，吃的政治蛋糕太多了，這讓楊愔非常眼紅，所以就忌恨高德政。為了扳倒高德政，楊愔經常在高洋耳邊說高德政的壞話。

為了躲避高洋，高德政稱病在家，不和你這個變態玩了，看你能把我怎麼著。楊愔知道高德政是個官迷，怎麼會放下榮華富貴？楊愔就想出了一個惡毒的辦法。高洋恢復正常後，就問楊愔：「高尚書的病怎麼樣了，我非常的擔心。」楊愔壞笑著回答：「這個嘛，只要陛下下詔封他為冀州刺史，他的病就好了。」暗示高洋，高德政是在裝病。

高洋平生最恨別人騙他，他嘗試著下詔，要封高德政為冀州刺史。高德政聞詔大喜，以為能任外官，擺脫掉這個瘋子，立刻接詔三呼萬歲。高洋看到高德政果然是在裝病，大怒，拿著小刀不停地刺高德政，厲聲大叫：「聞汝病，我用針治之！」高德政疼得大叫。

慘叫聲反而激起了高洋的變態殺人欲望，他獰笑著，讓侍衛劉桃枝用刀砍下了高德政的三根腳趾，然後用枷鎖把高德政鎖在門下省前，讓眾人圍觀，彷彿是欣賞籠子裡的猴子……

不過高洋此時還沒有殺高德政的打算，隨後就讓人把不停呻吟的高德政送回家。本來這件事情就過去了，高德政也許能在高洋的刀下活下來，問題出在高德政的老婆上。

第二天，高妻拿出府中的四床稀世珍寶，準備在朝中四下打點。高妻只顧忙著整理珠寶，卻不知道高洋什麼時候站在自己的身邊，流著口水，看著桌上的珠寶。高洋喜歡不請自來，趁人不注意，背著刀就竄進了屋。

高洋瞪著血紅的眼睛，用刀挑起珠寶，怒聹道：「皇宮中尚且沒有如此，肯定是高德政搜刮來的。說，這些東西是哪弄來的！」高妻嚇得臉色煞白，跪在地上老實交代，這些東西都是元魏宗室送的，目的是讓高德政在皇帝面前替元魏宗室美言。

話音未落，高洋已經衝進了內宅，一刀砍死高德政，並高妻以及高德政的兒子高伯堅，一同下地獄做鬼。

高德政的死，除了收受四床稀世珍寶，以及高洋感覺到厭惡之外，還有一個原因。和杜弼、王昕一樣，高德政也是個反鮮卑主義者。高德政經常在高洋耳邊聒噪，說陛下宜用漢人，不宜用鮮卑人。高洋對此恨得咬牙切齒，曾經說過：「高德政宜用漢除鮮卑，此即合死。」

在高洋光榮的殺人史上，有一位被殺者非常特殊，這是一位沒有留下姓名的婦人。在她被殺之前，她沒見過高洋，高洋也不認識她。大約是在天保七年（西元五五六年）的六月，已經癲狂成病的高洋在宮中待煩了，就扛著一把刀竄出宮，在市面上遊蕩。

正好迎面走過來一位婦人，高洋正愁沒事做，就一把揪住這個陌生的婦人，和顏悅色地問她：「這位夫人，你覺得當今皇帝是什麼樣的人？」婦人根本不認識眼前的這個年輕人是誰，以為不過是個普通的路人，就說了實話。

高洋的癲狂病早就是舉世皆知，婦人隨口一說：「這傢伙就是一個神經病，一點也不像至尊的皇帝。」婦人說完就要走，高洋已經抽刀出鞘，嘿嘿笑道：「你知道的太多了！」一刀下去，婦人被砍成兩段。高洋繼續在街上遊蕩……高洋殺人是不需要什麼理由的，他一犯病就殺人，不限時間，不限地點，不限人員身分。

據《北齊書・顯祖紀》記載，因無罪被高洋殺死的，計有都督尉子耀、穆嵩、韓哲。尉子耀是在陪高洋練槊時被刺死的，可以算作高洋的一時失手。尉子耀運氣還算好的，最倒楣的是穆嵩，被高洋在大殿上用大鋸生生鋸死。而韓悊更是死得冤屈，高洋在大臣暴顯家中喝酒，突然發現站在人群中的韓悊，高洋橫豎看韓悊不順眼，讓武士把韓悊揪出來，當場砍成數段。

二十八 高洋的另類行為藝術

高洋的另類行為藝術，可以分為兩種情況：一、調戲他人型；二、主動獻身型。先來講第一種情況。

最早被高洋調戲的，是彭城公元韶。前面講了，在天保二年（西元五五一年），高洋殺掉了元魏宗室元暉業等人。因為元韶是高洋的姐夫，元韶妻就是前魏孝武帝元修的高皇后，不看僧面看佛面，所以高洋就暫時沒殺元韶，但調戲的權利，高洋總是有的。

元韶美儀容，是當時公認的粉紅帥哥。高洋覺得元韶不做女人太可惜了，就剪掉元韶的鬍鬚，臉上施以薄粉，然後穿上婦人服裝，成天帶在身邊四處招搖，高洋逢人就介紹：「這是朕新收的妃子。」元韶為了活命，不敢反對高洋的惡作劇，只好由他擺布。至於高洋和元韶之間是否有實際性的關係，於史不詳。

自從剪掉元韶的鬍鬚後，高洋就迷上了這一行當，專門給大臣剪鬍鬚，收不收費就不清楚了。下一個被剪掉鬍鬚的是殿中尚書許惇，許惇長有一副非常漂亮的美鬚，鬚很長，垂至腰間，官場上人送雅號「長鬣公」，意指許惇的鬍鬚比馬身上的毛還長。

有次高洋在殿上喝酒，許惇作陪。高洋多灌了幾杯貓尿，覺得乾喝酒無趣，他看中了許大人的美髯，高洋情不自禁地用手拂起長鬚，讚歎道：「好美的鬍鬚，不剪掉實在可惜了。」說完就抄起一把刀，把鬍鬚截了下來，只留下一小把，非常難看。以後許惇再也不敢留長鬍鬚了，留美髯有什麼用，還不夠這個瘋子糟蹋的。

下一個被高洋糟蹋的是名臣盧潛。盧潛容貌俊偉，善談吐，是當時的一流名士。盧潛才幹出眾，無論是做京官還是做地方官，都有不錯的成績。但他有一個不太好的習慣，就是貪財。

天保六年（西元五五五年），盧潛跟著清河王高岳南下與梁朝侯瑱部作戰，高岳派盧潛去侯瑱大營遊說。盧潛貪財，收受了侯瑱送的大量金銀財寶。本來這事是天知地知的事情，不知道怎麼就被多事的黃門侍郎鄭子默知道了，鄭子默告發成癮，把這事捅給了高洋。高洋很生氣，讓人把盧潛撲倒在地，狠狠打了一百棍子。

這還不算完，高洋看到盧潛有一副好鬍鬚，就起了歹意，嬉笑著剪掉了盧潛的鬍鬚，留作紀念。

東魏樂安王元昂的妻子是李祖娥的姐姐，長得非常漂亮，高洋仗著自己是皇帝，經常給元昂戴綠帽子，和大姨子沒少顛鸞倒鳳，甚至打算換掉李祖娥，立大姨子做皇后。

高洋為了和大姨子做長久的露水夫妻，就殺掉了元昂。元昂死後，高洋也沒有放過他。高洋決定給元昂隆重地發喪，在舉喪期間，高洋在元昂靈前摟著大姨子號啕大哭，然後在大堂上和李氏做愛。這事讓李祖娥知道了，一哭二鬧三上吊，要求和高洋離婚，還是皇太后婁昭君出面，才制止了這場家庭鬧劇。

天保十年（西元五五九年）二月，尚書僕射崔暹去世，作為朝中重臣，高洋是應該親臨發喪的，這是官場規矩。高洋和以前一樣，背著刀就竄進了崔府，在崔暹靈前亂哭一通。高洋突然看到站在一旁梨花帶雨的崔暹夫人李氏，頓時起了歹意，不過不是生理方面的。

高洋安慰完李氏，問道：「夫人頗思尚書否？」李氏和崔暹的夫妻感情很深厚，丈夫剛去世，做妻子的當然非常想念亡夫，李氏也沒有多想，回答高洋：「妾和崔暹數十年結髮深情，豈能忘之？」

李氏話音剛落，高洋就爆發出一陣讓人毛骨悚然的笑聲：「既然夫人這麼想念崔尚書，那麼朕就成全你們，夫人到了陰間，代朕向尚書問好。」說完，高洋手起刀落，李氏人頭落地。高洋大笑著，拎起李氏的人頭，扔到了牆外面。

最著名的一次，是高洋殺女取骨彈琵琶的「雅事」。高洋有個很寵愛的女人薛嬪，薛嬪和她的姐姐出身娼家，早前都做過清河王高岳的小妾，後來一起進宮。高洋並不知道薛家姐妹之前和高岳的事情，在天保六年（西元五五五年），高洋知道後大怒，因為薛嬪懷孕在身，就先放過她。等她生完孩子後再殺不遲。

高洋一刀砍死了薛姐姐，然後把人頭揣在懷裡，去了東山，因為高洋要在這裡舉辦一起宴會。大臣們都來了，席間群臣談笑飲酒，氣氛非常融洽。酒喝的差不多了，高洋開始了他最拿手的即興表演。

高洋壞笑著，從懷裡揪出一顆血淋淋的人頭，扔在桌子上，眾人大驚失色，尖叫聲不斷。最絕的在後面，高洋打個招呼，早就有武士拖著薛氏的無頭屍體來到會場，高洋大笑著，操起一把尖刀，竄到了屍體前。高洋手上的刀上下紛飛，不時傳來劈骨頭的刺耳聲。

很快，地上堆滿了被剔出來的人肉，一具完美的骨琴呈現在眾人面前。高洋讓人拿來琴弦，繫在骨琴上，然後淚流滿面地唱道：「佳人難再得……」眾人看著「高屠戶」的精彩表演，都嚇傻了。雖然是死人，但誰也沒有見過這等恐怖場面，有些人都嚇得尿了褲子，哆哆嗦嗦地聽完高洋完全跑調的個人演唱會。

高洋的獸性發洩完了，人性開始復甦，他命人把薛氏的人頭和骨架收集起來，放在一架車上到外面發喪。面容哀戚的高洋跟在後面，披頭散髮、張牙舞爪地放聲大哭，好像孝子一般。

眾官跟在高洋身後，面面相覷。

在被高洋調戲的尊嚴受傷者當中，有一位非常特殊，就是高洋的親生母親婁昭君。

婁昭君在生下高洋的時候，無論如何也想不到，這個表面看上去憨厚老實的二兒子居然是個史所罕見的神經病！看到高洋的癲狂病屢次發作，婁昭君欲哭無淚，當時要是知道高洋是現在這副鬼樣子，還不如一狠心掐死算了，省得留在世上禍害人。

有次高洋在酒後發狂，不知道又幹了什麼醜事，讓婁昭君忍無可忍，操起拐杖狠狠地打在高洋身上，罵道：「你父親英雄一世，怎麼就生下你這個混蛋！」平時高洋還算孝順，所以婁昭君敢端著老媽的架子。

婁昭君沒想到高洋敢當眾頂嘴，高洋跳腳大罵母親：「你這個瘋婆子有完沒完？我自尋樂，和你有個屁關係？再來搗亂，就把你嫁到柔然去，讓你天天喝西北風。」說完，高洋大笑！

婁昭君氣得渾身發抖，從此不再打算答理這個瘋兒子。高洋見母親真生氣了，也有些後悔，為了哄老娘開心，想出了許多辦法，他趴在地上，像狗一樣鑽到了母親的床下，然後弓起背來，結果用力過大，把老太太從床上顛了下來，扭傷了腳，婁昭君氣得直翻白眼。高洋想出了一個好辦法，他讓人搬來一堆木柴，自己坐在上面，威脅母親，如果你不原諒我，就等著給我收屍吧。

婁昭君只是生氣，並沒有打算讓高洋去死，畢竟高洋是從自己身上掉下來的肉。婁昭君勉強原諒了高洋，高洋激動地趴在地上，讓平秦王高歸彥狠狠抽了自己五十鞭子。婁昭君很心疼，連忙上去抱住高洋，母子失聲痛哭，場面非常溫馨感人。高洋痛哭著告訴母親，從今以後再也不喝酒了，一定要做個聽話的好孩子。

高洋說話確實算數，但高洋的承諾是有期限的，這次承諾的期限只有十天。十天後，高洋又開始喝酒，喝醉了，依然在耍酒瘋。

婁昭君淚流滿面。

高洋另類行為藝術的第二種類型是主動獻身型。

高洋不僅喜歡調戲別人，他似乎更喜歡調戲自己，就像一隻在動物園猴山裡不停地擺出各種造型，博取圍觀者笑聲的猴子……

高洋的另類行為藝術，主要集中在天保六年（西元五五五年）或天保七年（五五六年）以後。

高洋的性格非常活潑，再加上他喜歡喝酒，酒精發作之後，醜態百出，讓人噴飯。高洋有很強的舞蹈和歌唱天分，有時處理完公務，高洋就開始瘋狂的個人表演時間。

大殿上，內監宮女們跪在地上，大臣們踞坐席上，鼓掌歡呼皇帝出場表演，簡稱「現演」。高洋光著腳丫，抱著一面鼓出場，有人知趣地敲起節拍，高洋彷彿聽到了訓猴人的口令，開始一邊打腰鼓，一邊扭動屁股，嘴裡咿咿呀呀唱著當時的流行歌曲，什麼哥兒妹兒的亂唱一通。

高洋的精力非常旺盛，他能從晚上狗睡覺，玩到第二天早上雞打鳴。夜幕降臨，群臣散去，內侍宮女們都睏得倒在地上呼呼大睡時，高洋依然通宵達旦地歡歌狂舞。大臣們陸陸續續地上朝，看到高二還在披頭散髮地跳個不停……

高洋有一個特別之處，就是人越多，他的表演欲望就越強烈。在宮中耍寶，只有少數人能有資格觀看，喝采聲太小，高洋覺得氣氛不足。他決定把舞臺搬到宮外，讓天下萬民免費看猴戲。

可能是因為天氣太熱的原因，高洋嫌穿衣服太麻煩，乾脆都脫掉，只留下一塊遮羞布，其實高洋早就不知道羞恥為何物了。高洋脫掉衣服，把頭髮披開，然後在臉上抹好上等的香粉，騎著驢就上街現演去了。

高洋的坐騎基本上是一天一換，今天騎驢，明天就騎著駱駝，後天騎著牛，大後天就騎著大象出門。高洋不喜歡在坐騎上面放鞍子，他喜歡純天然的騎法。高洋雙手揪住驢耳朵，雙腿夾著驢肚子，嘴裡哼著小曲，在大街小巷裡來回穿行。

這還不是最滑稽的，有一次高洋又犯病了，他騎在劉桃枝的背上，崔季舒在後面扶著，高洋手拿一面胡鼓，咚咚敲著，嘴裡念念有詞，就差拿著一個破碗要飯了。鄴城百姓聽說高二又來擾民了，都氣得關了窗戶。看猴子表演，一兩次看新鮮就行了，誰願意天天看？煩不煩？

高洋不在乎別人怎麼看他的瘋狂表演，他只在乎自己爽不爽。高洋是個著名的「裸體主義者」，不管是盛夏酷暑，還是三九嚴冬，高洋都光著屁股，騎著驢滿大街地轉悠。有時玩累了，就躺在地上曬太陽，也不怕被曬黑了。到了晚上，高洋也不回宮休息，直接睡在街上。

高洋還有一個優點，他沒有恐高症，爬再高的樓臺，也不覺得眩暈。鄴都有座三台殿，支撐大殿的柱子就高達二十七丈。高洋吃飽了沒事做，喜歡爬到大殿上，載歌載舞，喧鬧不休。

高洋特別喜歡擺造型，經常一隻腳站在殿上，一隻腳騰空，然後來一個金雞獨立、大鵬展翅、猴子望月。眾人在下面欲哭無淚，這病該想辦法治了，大家實在受不了了。

有膽大的官員，冒死向高洋進諫。比如有一次，高洋騎著馬站在漳河岸邊，準備跳到河裡摸魚，被尚乘直長趙道德一把拽了回來。高洋很生氣，咬牙切齒地要殺趙道德，趙道德也豁出去了，指著高洋的鼻子大罵：「反正我也活夠了，正準備去地下見獻武皇帝，說此兒癲狂成病，不可救藥。以後等到了地下，看獻武皇帝怎麼收拾你！」

高洋雖然有精神方面的疾病，但卻是間歇性的，時好時犯。被趙道德這麼一罵，高洋清醒了過來，他突然想起了很多年前，父親手把手教自己認字，教自己騎馬射箭，高洋淚流滿面，拉著趙道德的手哭道：「我知道我是個混蛋，現在我命令你用大棍子打我，狠狠教訓我這個混蛋！」

趙道德大喜，難得有機會教訓這個瘋子，當他把棍子握在手中，卻發現高洋撒開腳丫子跑了。天空中飄蕩著高洋一句哭罵：「你這個奴才，朕跟你開玩笑的，你還真打啊？」

……

趙道德運氣非常的好，但並不是所有的直臣都有他那樣的好運氣。

典御丞李集曾經在殿上當面指責高洋是桀紂再世，反正李集也活夠了，再這樣活下去，自己也會瘋掉的。高洋很瘋很變態，但他並不傻，當然知道桀紂是兩個萬世唾罵的大暴君。高洋向來以明君自詡，見李集不給他面子，那他也不會給李集面子。

高洋大喝一聲，有武士上前，揪住李集，按到水裡，喝了一會的涼白開。等李集快要淹死的時候，高洋讓人把李集拽回來，高洋斜臥在榻上，笑眯眯地問李集：「喝飽了吧？朕再問你，朕是不是桀紂？」

李集的骨頭很硬，根本不買高洋的賬，當場大罵高洋：「把你比成桀紂算是抬舉你，以你所為，不配和桀紂比。」高洋一陣冷笑，看來你還沒有喝飽，又讓武士把李集按到池子裡喝水。連續折騰了四次，高洋也覺得沒什麼意思了，最後一次問李集，朕是不是桀紂？李集還是那句話。

高洋再也忍不住了，站起來放聲大笑，指著渾身濕漉漉的李集，告訴群臣：「此人風骨殊奇！不惜犯朕虎威，直諫於朕。有此人在，朕方知龍逄、比干不過如此。」

眾人長出了一口氣，李集終於在虎口下逃生了，看來高洋很欣賞這樣的硬骨頭。他們只猜對了一半，高洋欣賞這樣的直臣，但不代表他能容下這樣的直臣。李集也以為高洋回歸人性了，正要再次進諫，高洋獰笑道：「你的表演時間結束了。到閻王那裡領盒飯吧。」武士再次擁上前，將李集拎到殿外，腰斬！

這個瘋子是徹底沒救了，大家都開始給自己操辦後事。上至皇太后婁昭君，以及宗室親王、勳貴大臣，棺材板兒早就預備好了。如果以天保十年（西元五五九年）計算，高洋也不過只有三十一歲，如果按正常活法，這個瘋子再活二十多年是沒問題的。

二十多年？大家明天上朝，晚上還能不能回家都是個問題，誰也等不起。

讓所有人無比興奮的是，在天保十年（西元五五九年）十月十日，因為長年酗酒過度，導致身體功能嚴重受損，三十一歲的高洋駕崩於晉陽宮德陽堂。

在給高洋發喪時，除了楊愔痛哭流涕外，所有人都喜氣盈盈，就差燃放一萬響的大花炮了。普天同慶，處處歡聲笑語。

二十九　高洋成功的另一面

對於歷史上的這個高洋，人們往往只看到他狂暴殺人的一面，而有意無意地忽略了高洋善於治國的另一面。

因為東魏和北齊的前後延續性，加上之前並沒有講到高歡、高澄執政時期的社會發展和高氏父子所做出的歷史貢獻；歷史上對（東魏）北齊王朝的關注度多集中在花邊八卦和內部殘殺上，北齊早期（包括東魏）的社會發展卻很少提及，所以在本章，就將高歡父子三人在這方面所做出的成績統一講述。

歷史記住高歡，往往是因為他和宇文泰氣勢磅礴的雙雄決戰，就如同歷史記住高洋是因為高洋的另類行為一樣。其實高歡的治政能力同樣是一流的，並不遜色於以治政聞名的宇文泰。

自北魏末年以來，天下連年戰亂，農不得耕，商不得通，北方的天下一片破敗景象。特別是東、西魏分裂後，高歡和宇文泰在河南附近地區經常群毆，社會經濟發展幾乎陷入停頓，百姓餓死無數。

造成這種悲慘局面，其實還有一個原因，就是北魏分裂後，高歡把洛陽的百萬人口整體搬遷到鄴都。對河南地區來說，洛陽就是一部輸血機，現在輸血機被搬走了，河南的災情可想而知。當然這不能算是高歡的罪過，換成宇文泰統治東魏，他一樣會掏空洛陽。

在東魏統治區內，河南是經濟最落後的，糧食儲備也基本沒有。高歡採取的對應辦法是對口扶持，即以經濟發達的燕趙、山東地區向河南輸送糧食，一方面保持軍糧供應，一方面讓河南百姓有飯吃。高歡的具體做法是：在黃河沿岸各州、郡、縣的渡口附近設立糧倉，通過水路運輸，把其他地區的糧食運到河南，保證軍民兩便。

東魏的經濟狀況要好於西魏，但也只是橫向上的對比，在縱向對比上，東魏的情況並不好於北魏極盛時期的東部地區。由於軍費開支過大，高歡也感覺到了明顯的經濟壓力。

為了增加政府開支，高歡利用沿海的優勢，在幽州、瀛州、滄州、青州的海邊煮鹽。滄州和青州的海鹽生產最為發達，滄州有鹽灶一千四百八十四，佔四州鹽灶總數的百分之六十二，青州有灶五百四十六，幽州有灶一百八十，瀛州有灶一百五十二。另外，在內地的邯鄲也設有鹽灶四處，應該是池鹽。四州鹽灶每年可生產食鹽二十萬九千七百零八斛四斗，一部分留用，一部分出售換錢，極大的緩解了東魏政府的財政壓力。史稱：「軍國所資，得以周贍矣。」

政府財政的充裕，也就意味著百姓的經濟負擔可以得到一定程度上的緩解。與宇文泰重徵賦稅不同，高歡採取的是「輕徵」政策，盡可能地惠及百姓，維護社會穩定。地方州郡在向百姓徵收絹帛時，背離朝廷政策精神，不斷加重徵收量，撈了不少私財，百姓怨聲載道。

高歡為了減輕百姓負擔，在興和三年（西元五四一年），以皇帝元善見的名義下詔，規定朝廷的徵收標準是一匹布為四十尺，嚴禁多收。

東魏的土地分配制度相比於西魏要優惠一些，畢竟東魏的土地品質較好，高歡有足夠的讓利空間。東魏規定，平民男丁每人可授男八十畝，平民婦女可授田四十畝，身為奴隸者，同樣有資格授田，條件和平民一樣。如果誰家擁有耕牛，還可以多得到六十畝地，因為有了耕牛，就可以提高農業生產效率。

賦稅方面，東魏規定有家庭者，每年要向朝廷上繳一匹絹、八兩棉、二石墾租，五斗義租。另外，家中有耕牛者，還要額外加收絹二尺、墾租一斗、義租五升，畢竟有耕牛者比無牛者多了六十畝地，這些額外加租的負擔並不算太重。

墾租是中央徵收的，所以要直接納入中央的糧食儲備計畫。義租屬於地方性徵收標準，所收財物均由地方州郡自行調配。如果遇上荒災年份，先用地方的儲備糧救濟，地方儲備不足時，再從中央調撥。

東魏北齊的賦稅徵繳，根據家庭的經濟情況，分為三個等級，即上戶、中戶、下戶。為了保證地主豪強對政權的支持，東魏財政主要是面向中下戶徵收，上戶所繳甚少。

墾租的徵收，根據與中央儲備庫距離的遠近是有區別的。如果在中央儲備庫五百里範圍之內，要上繳粟，超過五百里的，則上繳米。而義租只收粟不收米。一般來說，上戶墾租的上繳屬於五百里範圍之內，中戶在五百里之外，下戶的租子直接收入地方糧庫。如果稅戶不想交糧食也可以，按當時的市場價格上繳銅錢。

東魏的賦稅標準比起北魏時要高一些，但卻低於西魏的標準。不過西魏的賦稅徵收是可以根據年景的豐欠情況進行調節，這一點要比東魏的政策靈活。由於東魏的農業基礎要好於西魏，高歡的起點遠高於宇文泰，加上高歡的經濟政策對頭，所以東魏經濟恢復得速度非常快。

在東魏建立的第五年（西元五三八年）以後，東魏境內出現了自北魏孝文帝以來少有的盛世景象，「元象、興和之中，頻歲大穰，穀斛至九錢。法網寬弛，百姓多離舊居，闕於徭賦矣。」糧價最便宜的時候，一石糧食才要九個銅錢。高歡基本解決了老百姓的吃飯問題，這也是高歡在軍事上屢敗於宇文泰，而高歡在東魏統治依然穩如泰山的重要原因。

高歡去世後，繼任大丞相的高澄、高洋延續了高歡時代的利民政策。天保元年（西元五五〇年）八月，高洋根據東魏時代的「三梟」之別，即上、中、下戶，創建了九等戶分法，根據不同的分戶等級，富戶出錢，貧戶出力。北齊的九等分戶法和元朝的四等人制完全不同，前者屬於階級範疇，後者屬於民族範疇。

在高洋時代，最值得一提的經濟成就是高洋穩定了貨幣流通，這是後人很少提及的。高歡創建東魏初期，因為戰事繁忙，無暇考慮鑄幣，依然沿用孝莊帝元子攸時期鑄造的永安五銖錢。

永安五銖錢最大的失敗之處不在於錢幣本身，而是北魏官方允許民間私鑄，導致永安五銖錢氾濫成災，真假難辨。各州情況不同，所以各州的私鑄永安錢亂七八糟，有薄有厚，名稱也五花八門，非常不利於商品流通，進而影響社會穩定。

高歡決定把東魏境內的銅錢全部收集上來，然後統一鑄造新的永安五銖。但民間貪利，新錢一出，民間依然仿造成風，假錢遍地都是，讓高歡非常的頭疼。這個問題直到高洋手上才算暫時得到解決，在天保四年（西元五五三年）正月，高洋下詔廢止永安五銖錢的流通，改鑄常平五銖。

常平五銖的品質非常好，用現在的話說，就是防偽技術非常好。但高洋還是小看了民間的仿造能力，常平錢甚至還沒有上市流通，市面上就已經有了民間仿造的假錢。常平錢流通一兩年內，大量假幣充斥市場，社會上一片混亂。

高洋曾經用嚴刑峻法來打擊製造假幣的非法行為，但收效甚微，「雖殺戮不能止」。

高洋想出一個好辦法，就是提高常平五銖錢的鑄造成本，民間資本再多，也是比不起官方資本的。官府儲備的銅材肯定要比民間多，高洋下令在新版的常平五銖上多加銅量。百姓通過錢的重量就很容易分辨出真錢和假錢。

民間鑄造假錢就是貪圖利潤，現在如果跟著加銅，但五銖錢的購買力依然不變，所以利潤大幅下降，再沒有人願意做賠本買賣。政府雖然損失了大量銅材，但維護了貨幣市場的穩定。高洋的執政智慧，可見一斑。

當然，從整體上來說，高洋時代的北齊經濟情況不斷地惡化，「府藏之積，不足以供。」天保後期，朝廷和南方的梁朝長年打仗，不僅軍費浩大，而且戰局不利，僅損失的精銳兵力就有數十萬。

再加上高洋在北方修建長城，擴建宮殿，勞役無度，導致人口大量減少。還有一點，高洋縱容權貴豪門進行殘酷的土地兼併，官方統計的戶口急劇減少，「戶口租調，十亡六七。」可見問題的嚴重性。

高洋時代的社會經濟發展，從整體上來說是不成功的，在這一點上，甚至還不如高歡時代。

三十　高洋治軍

高洋時代的軍事發展。

高洋治軍最大的特點就是狠，北齊天保元年（西元五五〇年）八月，高洋對中央直屬部隊進行了大改革，不求人多，但求能戰。從北魏以來，中央直屬部隊分為六軍，負責皇帝的護衛，以及直接聽命於皇帝指揮，稱為「六坊」。

當時東魏六坊的兵員主要來自於鮮卑民族，高歡就是靠著鮮卑人打天下的。高洋在六坊中精選了戰鬥力最強的精英份子，挑選標準是每一人足當百人，個個都是如虎如羆之士。

對千挑萬選之後的這支鮮卑精銳部隊，高洋寵愛異常，待遇自然是很高的，稱之為「百保鮮卑」。百保鮮卑的前身是健鬥兵，也是全部由鮮卑人組成，是高歡最信得過的精銳王牌部隊。

另外，高洋也重視邊防軍的精兵改革，因為高洋自認是鮮卑人，他不敢把漢人軍隊留在身邊，所以邊防軍的主要來源是漢人。高洋用同樣的條件招收了精銳強悍的漢人，駐守各軍事重鎮，稱之為「勇士」。

對於一支軍隊來說，無論裝備再精良，平時訓練再刻苦，總是需要實戰來檢驗戰鬥力的。國家需要和平環境，但軍隊有時更需要戰爭環境，這也許是個悖論，但卻是一個很現實的問題。

高洋運氣不錯，就在他準備尋找戰機練兵時，一個高舉免費牌子的陪練就找上了門，就是西魏大丞相宇文泰。

高歡死了，宇文泰有些寂寞，英雄是需要有英雄來陪襯的，否則身邊趴著一夥廢柴，還算什麼英雄？高澄倒是陪宇文泰練過一陣子，就是幾年前的長社之戰，高澄費盡九牛二虎之力拿下了王思政。不過高澄命短被殺，宇文泰直叫晦氣。聽說高家老二上臺，宇文泰還沒有和高洋交過手，就決定會一會高洋，看看這個傳說中的白癡到底是一個什麼樣的人。

至於出兵藉口，高洋廢掉了東魏皇帝元善見，建立了齊朝，宇文泰就打著「聲討逆臣高洋」的旗號，於西魏大統十六年（北齊天保元年，西元五五〇年）九月，親率大軍出關。

西魏軍的行軍路線是向東出潼關，在弘農附近渡過黃河，然後在建州（今山西）紮下營寨，宇文泰放出話來，讓高洋過來送死。

聽說宇文大叔來訪，高洋很激動，他從小就聽說父親和宇文泰的傳奇鬥爭史，高洋率領北齊最精銳的百保鮮卑軍團，在晉陽東郊舉行盛大的閱兵式，準備南下和宇文泰練攤。

讓高洋萬分沮喪的是，還沒等高洋出晉陽城呢，就聽得探馬一聲報：「宇文泰已經撤軍回去了。」臨走前，宇文泰留下了一句非常著名的話：「高歡有此兒，猶不死矣！」

宇文泰撤軍的理由是他聽說北齊軍隊在高洋的打理下非常強悍，他此行估計就是來打醬油的，根本就沒想和高洋玩真的。再加上西魏軍士氣低落，宇文泰在建州曬了幾天太陽後，溜回去了。

高洋氣咻咻地回到晉陽宮中，大罵宇文泰沒事發什麼神經，不帶這麼耍人的。

不過高洋也用不著灰心喪氣，雖然宇文泰平白耍了他一道，但高洋練兵的地方還有很多。在玉壁之戰結束後，東魏和西魏就已經形成了均勢，誰也吃不了誰，與其這樣沒有任何戰略意義的對耗，不如去其他的地方發財。

西元五五四九年，在原東魏叛臣侯景的放肆狂笑聲中，八十六歲的梁武帝蕭衍餓死於金陵台城，蕭衍親手創建的大梁帝國土崩瓦解。侯景有能力破壞一個舊世界，卻沒有能力建設一個新世界，江東的形勢異常混亂，宇文泰和高洋都嗅到了誘人的腥味。

武定七年（西元五四九年）十二月，東魏南道大都督潘樂率五萬雄師進攻司州，梁朝司州刺史夏侯強窮途末路，只好開門投降。自此，東魏（北齊）佔領了長江以北的所有州郡。北齊軍隊隔著長江，就能看到金陵城中燃燒的沖天大火……

在梁朝暫時無肉可刮，西魏又刮不到肉的情況下，高洋把發財目的對準了北方的一些民族部落，比如山胡、庫莫奚、契丹。這些以漁獵為主的部落雖然向北齊稱臣，但平時手腳不太乾淨，經常在邊境製造一些事端，搶財物，掠牲口，是齊朝的北方大患。

對於這些部落的政策，高洋就一個字：打！

高洋在位十年間，前期主要鞏固統治，後期主要胡作非為，高洋對北方部落的討伐主要集中在中期，即天保三年（西元五五二年）至天保六年（西元五五五年）。據統計，在這四年間，高洋共親征過九次。

在這九次親征中，高洋就沒嘗過失敗是什麼滋味，獲得了無數的戰利品。其中有一場戰役最為精彩。這場戰役發生在天保五年（西元五五四年），對手是柔然。其實早在三月時，柔然就已經和北齊軍交上火了，當時率隊的就是高洋本人。高洋把柔然人打成了豬頭。柔然人不服，一個月後，柔然主力竄到肆州（今山西忻縣），距離晉陽不過百里之遙。

柔然人在高洋的家門口舞槍弄棒，高洋自然不能坐視不管。北齊主力盡出，雲集於恒州附近，高洋帶著一支一千多人的內衛騎兵部隊四處遊蕩，準備尋找戰機。沒想到在恒州的黃瓜堆（今山西應縣西北），突然遇上了一支數萬人的柔然騎兵。

柔然人已經發現了高洋，興奮地大叫，誰不知道高洋的分量！柔然人四面合圍，準備活捉高洋。

幾十倍的兵力差距，讓許多見過大世面的鮮卑兵都嚇得面色慘白。

高洋依然很淡定，他告訴弟兄們應該怎麼打，只要我們不怕死，世界上就沒有打不贏的戰爭！二十六歲的高洋操著鮮卑語下達了攻擊令。一千多名「百保鮮卑」瞪著血紅的雙眼，掄起大刀，縱馬衝進柔然人的包圍圈。

高洋手下都是百裡挑一的鮮卑騎兵精銳，戰鬥力極為強悍，今天打的就是你們這群蠕蠕！這支一千多人的鮮卑敢死隊很快就衝出了柔然人的鐵桶陣，柔然人根本不是鮮卑人的對手，勢如崩山。來了就想走？問問高洋答不答應！高洋和弟兄們狂叫著追殺，這支柔然軍隊幾乎被瘋狂的齊軍殺光，伏屍二十里，齊軍同時俘獲柔然百姓三萬餘人。

經過這幾場漂亮的大勝，高洋徹底打出了威名，北方各部落聞高洋之名，無不望風而走。突厥、柔然、契丹、庫莫奚紛紛向北齊稱臣納貢。

在高洋的軍事生涯中，幾乎可以說屢戰屢勝，唯一的瑕疵，是在天保六年（西元五五五年）、天保七年（西元五五六年）對殘梁軍事集團的兩次渡江戰役的失利。就在前一年，西魏軍攻陷了梁朝國都江陵，俘殺了梁元帝蕭繹，宇文泰吃掉了江陵以西的大片梁朝土地，實力暴漲。

高洋看著眼紅，也想從混亂至極的梁朝內亂中撈到幾條大魚。由於西魏才是北齊最具威脅的對手，西魏實力增長對北齊來說不是個好消息，所以高洋必須保持和西魏的相對均勢。北齊在前幾年就已經將原屬梁朝的淮南地區搶了過來，高洋要想繼續佔梁朝的便宜，只有一條路可走，那就是渡江下江南！

其實高洋本來打算從宇文泰手上搶回重鎮江陵的，然後通過江陵，進攻巴蜀地區。在這一年的二月，高洋任命清河王高岳為西南道大行台，和司徒潘樂等人打著替梁朝保衛江陵的旗號，率兵南下。不過高岳慢了一步，等他到義陽時，江陵已經淪陷。

既然江陵暫時沒機會拿下，那就沿江東下，轉攻江東。高岳還是有兩把刷子的，很快就拿下了戰略意義絲毫不遜於江陵的另一大軍事重鎮——江夏（今湖北武漢）。因為高岳曾經霸佔過薛氏姐妹，高洋對高岳極為反感，就把高岳調回來，將高岳毒死。代替高岳鎮守郢州（治所在江夏）的是慕容儼。

順便插個花絮，高岳在北朝歷史上算是一個知名人物，但他還有一個人盡皆知的曾外孫女，就是唐朝著名的長孫皇后，高岳的曾外孫女婿自然就是唐太宗李世民。高岳的孫子同樣大名鼎鼎，就是唐初名臣高士廉，高士廉是長孫皇后和長孫無忌的親娘舅。

對金陵的殘梁軍事集團來說，江夏的失陷，導致金陵西線無險可守。梁朝第一權臣王僧辯派江州刺史侯瑱溯江北上，收復郢州，各路梁軍陸續向江夏方向集結。慕容儼是天保時代的北齊一線名將，侯瑱拿慕容儼一點辦法也沒有，反而差點被齊軍吃掉。隨後齊朝和梁朝進行外交談判，梁朝同意向北齊稱臣，並廢掉皇帝蕭方智，迎立齊朝的北齊支持傀儡蕭淵明為皇帝，雙方暫時休兵。

在對北齊的外交態度上，梁朝兩大權臣王僧辯和陳霸先產生了嚴重的分歧。王僧辯是降齊派，而陳霸先是強硬的反齊派，再加上陳霸先早就看上了王僧辯的位子，為了除掉王僧辯，陳霸先發動了歷史上著名的除王兵變，一舉拿下王僧辯，當場絞死。

梁朝的中央大權瞬間落在陳霸先的手上，這意味著兩件事情不可避免：一、傀儡皇帝蕭淵明必須退位，把皇位還給蕭方智，因為蕭方智年少，更利於陳霸先控制。二、北齊在梁朝沒有了內應，陳霸先上臺，必須要走強硬的對齊路線，這是高洋不能容忍的。

天保六年（西元五五五年）十一月，齊軍的前鋒部隊五千人從梁山附近渡過浩瀚的長江，佔據金陵西南門戶姑孰（今安徽當塗），準備側應梁朝的親齊派將領徐嗣徽、任約等人。

隨後，高洋派安州刺史翟子崇、楚州刺史劉士榮、淮州刺史柳達摩，率精銳萬人，帶著大量軍糧和戰馬，強行渡過長江，在對岸的石頭城登陸，準備一舉攻克金陵。另外，北齊大都督蕭軌督兵數萬，駐紮在長江北岸，作為前隊的後援。

陳霸先的直接對手是柳達摩，因為齊軍多不習水戰，所以形勢對梁軍相對有利。陳霸先趁齊軍剛渡江，立足未穩之際，突然向北齊軍發起狂攻。五十三歲的陳霸先披甲執銳，與將士們一起殺敵，並放火燒營。是役，北齊軍慘敗，為了搶船逃命，齊軍自相殘殺，僅掉到長江裡餵魚的就有上千人。

不服！高洋不相信堂堂大齊鐵血雄師對付不了殘梁的那點蝦米兵，陳霸先又如何？他能強過宇文泰嗎？

天保七年（西元五五六年）三月二十日，齊軍再次出動，開府儀同三司蕭軌、庫狄伏連、堯雄宗、東方老，加上北逃入齊的徐嗣徽、任約等人，十萬大軍匯集梁山附近的柵江口（即三國時期著名的濡須口），準備發動第二場渡江戰役。

陳霸先的作戰方略很清晰，就是圍點打援，不能再讓江北的北齊軍過江，否則以現在的梁朝兵力，實在無法應付那麼多的北齊軍。梁朝的沈泰帶著三千精銳趁夜渡到江北，在瓜步渡襲擊北齊的大行台趙彥深所部，雖然沒有殲滅多少北齊軍，但獲得了大量的糧食。同時，梁將錢明在江乘附近也劫獲了大批北齊軍糧，梁軍士氣大振！

有了糧食，就有活下來的可能。

齊軍並不缺糧，但他們最大的問題是不擅水戰，最讓高洋惱火的是，金陵附近地區在六月間連降暴雨，水深齊腰，別說打仗，就是行走都非常的困難。梁軍多是南方人組成，長年在湖泊地帶生活，具有很強的適水性，加上後勤保障有力，梁軍的鬥志非常旺盛。

決戰開始了，地點在金陵城北郊的幕府山，緊靠著浩瀚長江。梁軍大帥陳霸先，與大將吳明徹、沈泰分兵攻擊齊軍的兩頭，同時侯安都督師截住北齊軍的歸路，縮小了作戰區域。

近十萬人馬擠在一個狹小的空間，根本施展不開北方軍隊擅長的野戰，這種局面很像是十幾年前，高歡率領的二十萬東魏軍在沙苑被西魏軍伏擊，現在梁軍的戰術和當初的西魏軍非常相似。

這是一場罕見的大屠殺！齊軍幾乎進退無路，被梁軍成群的屠殺。齊軍的背後就是長江，加上齊軍多不會水，被擠到水裡淹死的數以萬計。數不清的齊軍屍體順江向東飄浮，堆滿了百里之外的京口（今江蘇鎮江）的江邊。是役，齊軍大將蕭軌、東方老等人悉數被擒，徐嗣徽等人被梁軍活捉，當場斬首。只有少數人運氣好，勉強逃回了江北。

高洋的十萬大軍，頃刻間，灰飛煙滅！

三十一　西魏對殘梁的擴張戰爭

此時的梁朝早已經名存實亡，西元五四九年蕭衍餓死台城中，梁朝局勢更加不可收拾。梁簡文帝蕭綱、梁元帝蕭繹相繼稱帝，但他們都長於文學，短於軍政，更何況蕭綱根本就是亂世梟雄侯景手上的傀儡，一點權力也沒有，最終也被侯景殺死。

蕭繹的能力比蕭綱強一點，在兩大名將王僧辯、陳霸先以及各地豪強的幫助下，蕭繹勉強除掉了巨賊侯景，梁朝混亂的局面稍微有一點回暖。不過金陵經過戰亂之後，已經不再適合做國都了，蕭繹就定都在江陵。

蕭繹在江陵定都，主要是考慮到金陵已經沒有了長江優勢，江北岸就是北齊的地盤，齊人隨時都可以渡江。江陵距離梁魏邊境比較遠，北邊還有一個軍事重鎮襄陽，足以抵禦西魏宇文泰的進攻。另外就是要阻止他的八弟蕭紀順江東下，蕭紀野心勃勃，要吃掉整個江東，蕭繹當然不能答應，他還想把巴蜀劃進自己的戶頭呢。

蕭繹自負文武全才，其實他在宇文泰眼中，不過是一塊浮雲。至於巴蜀的蕭紀，宇文泰從來就沒把蕭八爺當盤菜，蕭紀還不如蕭繹呢。兩塊肥肉就在眼前不停地晃悠，不停地挑逗宇文泰：「快過來吃我呀！」宇文泰要是無動於衷，那還是宇文泰嗎？

宇文泰大量吃進梁朝領土，可以分為三個階段：

第一階段，攻佔漢中。

第二階段，攻佔巴蜀。

第三階段，攻佔江陵。

梁大寶二年（西元五五一年）的五月，當時簡文帝蕭綱還在位。實際控制朝政的侯景準備吃掉盤踞在江陵的湘東王蕭繹，蕭繹為了對抗侯景，向宇文泰求援，希望西魏能派兵南下共同對付侯景，蕭繹的條件是割讓漢中。

接到蕭繹的求救信，宇文泰笑得合不攏嘴，立刻派大將軍達奚武率三萬精銳去接收漢中，另外派王雄去取上津郡。其實即使沒有蕭繹的求救，宇文泰照樣會發兵南下。

蕭繹割讓漢中的命令卻遭到了駐守漢中的梁、秦二州刺史蕭循的拒絕，蕭循是蕭繹的堂弟（蕭衍弟蕭恢之子），他的地盤就在漢中，蕭繹割他的肉去餵宇文泰，蕭循當然不答應。

既然蕭繹靠不住，蕭循就向武陵王蕭紀求救。漢中是西川的北面門戶，一旦漢中丟了，西魏軍隨時可能打到成都城下。蕭紀再笨，「唇亡齒寒」的道理他還是懂的。潼州刺史楊乾運奉蕭紀調令，率兵北上，與蕭循聯手，共同對付達奚武。

梁承聖元年（西魏已無年號，西元五五二年），楊乾運在劍閣以北的白馬，與西魏軍展開了一場無趣無味的戰爭。達奚武率三千精銳騎兵大破蜀兵萬餘人。蕭循本指望楊乾運拉他一把呢，現在楊乾運栽了，蕭循只好親自出馬，結果不小心中了西魏軍楊紹部的埋伏，西魏軍一通亂砍，梁軍死傷殆盡。

不久後，彈盡糧絕的蕭循實在撐不下去了，在宇文泰派出的使者尚書左丞柳帶韋勸說下，投降了達奚武。漢中在被梁朝奪回二十多年後，又重新回到了宇文泰的懷抱。漢中是長安的南面戰略門戶，宇文泰得到漢中後，長安南線所受到的戰略威脅大為緩解，宇文泰進可取荊、蜀，退可守關中，戰略迴旋餘地大大增加。

宇文泰的第二個目標，是漢中以南的西川。西川自古就是天府之國，土地肥沃，戶口百萬，劉備據之以成霸業。不過現在的宇文泰倒不像是劉備，而更像是戰國時的秦惠王嬴駟。

宇文泰和嬴駟有六點相似之處：

一、他們都統治關中地區。

二、在他們的東面都有強國，秦的對手是六國，西魏的對手是東魏（北齊）。

三、他們都厲行改革，雖然嬴駟殺了商鞅，但卻繼承了商鞅的改革，宇文泰重用蘇綽，對內政進行大刀闊斧的改革。

四、他們都從南方鄰國手上佔領了重鎮漢中，隨後進軍西川，一躍成為天下第一強國。為後來嬴政以及宇文邕、楊堅統一天下打下最堅實的基礎。

五、他們的蜀國對手都相對較弱，蕭紀雖然是梁朝親王，但他已經在西元五五二年稱帝，國號大梁，依然是一個獨立的政權。

六、他們決定取蜀之前，都遭到了統治集團內部的激烈反對。

西元前三一六年，秦惠王欲取蜀，名嘴張儀認為不如東向取韓，司馬錯反對張儀的計畫，理由是如果攻打韓國，必然引起魏齊等國的激烈反應，韓國寧亡於齊魏，不亡於秦。而蜀地廣糧足，得蜀，一可擴地，二可多糧。在司馬錯的堅持下，嬴駟終於做出了正確的決定，後來嬴政統一六國，司馬錯建功甚偉。

在宇文泰手下，也潛伏著一個「當代司馬錯」，就是大將軍尉遲迥。尉遲迥是鮮卑人，字薄居羅，他的身分非常顯赫，尉遲迥的舅舅是宇文泰，岳父是魏文帝元寶炬。

西魏廢帝二年（西元五五三年）三月，宇文泰召集高層開會，商議是否攻蜀。大多數與會者表示反對，紛紛在座中發難，宇文泰一臉鐵青。宇文泰本人是堅決攻蜀的，在座的高層中，唯一支持宇文泰的，就是尉遲迥。

尉遲迥針對反對派的責難，進行了駁斥：「諸公言必稱蜀兵馬盛，豈不知，此時蕭紀和蕭繹已經徹底翻臉，蕭紀率蜀中精銳沿江東下，蜀中空虛，王師如風雨直下，一戰而得之。」宇文泰對尉遲迥的回答非常滿意，並問尉遲迥具體的用兵方略。

尉遲迥提出的戰略是偷襲，具體一點就是：「蜀人倚仗多山之地利，不相信我們會做第二個鄧艾。我們可以出精甲銳騎，不分晝夜，倍道兼行。蜀中已無重兵，蜀人聞我至，必喪膽屈降。」

宇文泰大笑。尉遲迥所言，就是宇文泰想說的。既然尉遲迥這麼支持自己，宇文泰決定把攻蜀的首功交給尉遲迥，讓那幫說閒話不腰疼的大爺們乾瞪眼。

宇文泰令下：尉遲迥為南征軍主帥，督六部南下。六部分別是：元珍、乙弗亞、侯呂陵始、叱奴興、綦連雄、宇文升，合計總兵力兩萬兩千人，其中步兵一萬兩千人，騎兵一萬人。兵員雖然不多，但對付內部空虛無強兵的西川，這些人足夠了。

魏軍的南下線路是：從長安出發，沿渭河南岸西行，抵達大散關，折頭向南，趨固道、走白馬關，直插晉壽，然後進攻成都北邊的第一個險隘重鎮——劍閣（今四川劍門關），這是所有從關中入蜀路線中最近的。

魏軍此次南下，可以說根本沒有像樣的對手，上次被達奚武暴打的潼州刺史楊乾運勉強算是個人物。但就是這個楊乾運，因為對蕭紀讓他當小小的潼州刺史不滿，被侄子楊略說動了，暗中和宇文泰眉來眼去。表面上，楊乾運吃大梁的俸祿，實際上早就從宇文泰那裡領工資了，宇文泰允諾，等楊乾運正式歸隊後，就封他為梁州刺史。

坐鎮劍閣的正是楊略，這仗還怎麼打？

魏軍先鋒部隊侯呂陵始所部剛到劍閣，楊略就讓出劍閣關，帶著兩千弟兄大幅後撤至安州（今四川劍閣）。駐守安州的樂廣是楊乾運的心腹，問題越來越簡單，樂廣隨後打開城門，熱烈歡迎大魏王師。

四月十三日，尉遲迥的主力部隊抵達潼州，也就是現在的四川綿陽。「西魏潼州刺史」楊乾運帶著弟兄們載歌載舞地把尉遲迥迎到城中，熱烈慰問南下的西魏軍將士們。

潼州是成都以北地位最重要的軍事據點，可以說拿下潼州後，西魏軍進入成都只是一個時間問題。尉遲迥留下一部分人馬駐守潼州，確保與關中本部的聯絡通暢，自己率魏軍主力以極限的速度向成都方向挺進。

由於蜀軍主力都被蕭紀帶走了，成都的兵員滿打滿算也不超過一萬人，而且多是二線兵力。西魏軍很快就殺到了成都城下，一萬步兵並不算多，但西魏還有一萬騎兵，這些騎兵的作用顯然不是攻城，而是對付隨時增援成都的蜀軍援兵。

聽說宇文泰偷襲成都，還在咬牙切齒要和七哥蕭繹一決勝負的蕭紀驚出了一身冷汗。蕭紀出兵東下，是打著消滅反賊侯景的旗號，但此時侯景已經徹底完蛋了，蕭紀也沒什麼合適的理由賴在東邊了。加上西魏軍南下成都，蜀軍將領認為應該撤軍回成都，保住根據地才是良策。

蕭紀眼饞江東的繁華，如果現在撤軍，以後也許就沒機會拿下江東了。蕭紀對此次西魏軍南下抱有一種僥倖心理，他賭尉遲迥攻城不下，自行撤軍。蕭紀不顧大多數人的反對，繼續東進，只是派前南梁州刺史譙淹率一部分兵力火速馳援成都。譙淹的人馬應該不是很多，西魏軍僅出動了元珍和乙弗亞一支輕騎兵，就異常輕鬆地打敗了這支梁軍，譙淹投降。

此時距離西魏軍圍困成都已經過去了五十多天，蕭紀東征時，幾乎帶走了成都所有的糧食儲備，現在的成都「倉庫空竭」。

駐守成都的梁益州刺史蕭撝實在堅持不下去了，於西魏廢帝二年（西元五五三年）八月初八日，帶著成都文武官員，來到尉遲迥的大營，舉行了投降儀式。

自從西元三七四年，前秦軍佔領成都以來，尉遲迥所率領的西魏軍是第一支進入成都的北方軍隊。南朝政權在西川長達一百八十年的統治，在這一天正式畫上句號。

接下來，宇文泰開始走南下的第三步棋，就是攻佔江陵。在尉遲迥進入成都之前的一個月，「大梁皇帝」蕭紀就在和七哥蕭繹的戰爭中敗下陣來，不僅連江陵的城牆都沒摸著，連僅有的一條老命也無償送給七哥了。

梁承聖二年（西元五五三年）七月，梁軍樊猛、任約、謝答仁各部對蜀軍發起了總攻，蜀軍此時已經鬥志渙散，老家都被鮮卑人給端掉了，誰還有心思在外作戰？

是役，梁軍大勝，蜀軍潰不成列，僅擠在長江裡淹死的蜀軍就有八千多人，蕭紀為梁將樊猛所殺。

消滅了八弟，蕭繹去了一塊心病，在江東地面上，似乎再沒有可以與之相抗衡的勢力了。但蕭繹似乎已經意識到了，對他來說，最危險的敵人，不是侯景，也不是蕭紀，更不是八竿子夠不著的高洋，而是他曾經的「朋友」宇文泰。

其實蕭繹還有一個非常危險的敵人，就是他的侄子蕭詧。

蕭詧是蕭繹長兄昭明太子蕭統的第三子，蕭詧有文采，通佛經，祖父蕭衍非常喜歡這個孫子。蕭詧和父親蕭統溫潤如玉的性格完全不同，他為人輕狹，心術不端。蕭繹和蕭統不同母，兄弟感情也一般，蕭詧和蕭繹平時也沒什麼來往，叔侄關係名存實亡。

蕭繹和蕭詧有私仇，侯景敗亡後，蕭繹為了擴大地盤，把主意打到了蕭詧二哥、岳陽王蕭譽的頭上。蕭繹的世子蕭方等率兩萬精銳進攻湘州，結果戰敗，蕭方等溺水身亡。蕭繹隨後派手下頭牌大將王僧辯出馬，梁大寶元年（西元五五〇年）五月，王僧辯攻克長沙，殺掉蕭譽。從此，蕭詧和七叔蕭繹結下了不共戴天之仇。

蕭詧控制的雍州，夾在西魏和梁朝之間，在已經和蕭繹結仇的情況下，蕭詧只能採用一邊倒的政策，全面倒向宇文泰。

西魏大統十五年（西元五四九年）十一月，蕭詧派人到長安，請宇文泰收下自己當乾兒子。為了表示誠意，蕭詧把老婆王氏和兒子蕭嶚打發到長安做人質。

兩年後，西魏冊封蕭詧為梁王，置百官，為日後建立宇文泰卵翼下的梁朝偽政權做準備。蕭詧給宇文泰交的保護費可不是幾串銅錢，而是在宇文泰南下侵略荊襄地區時做打手。所以當聽說宇文泰準備大舉南下，進攻蕭繹時，蕭詧興奮得張牙舞爪，卻已經忘記了自己還是蘭陵蕭氏的子孫。

經過幾年準備，南下進攻江陵的時機已經成熟。西魏恭帝元年（西元五五四年）十月初九日，宇文泰一聲令下，上柱國于謹、中山公宇文護、大將軍楊忠、韋孝寬督師五萬，從長安出發，開始了新一輪的搶劫行動。

由於雍州的蕭詧是西魏附庸，而雍州治所襄陽距離江陵又非常近，這次西魏軍真正的出發地點實際上是襄陽。所以西魏軍抵達襄陽時，蕭詧率本部人馬與西魏軍會合，蕭詧激動得淚流滿面，終於有機會給二哥報仇雪恨了。

于謹在出兵之初，就站在蕭繹的角度，分析了蕭繹應對西魏軍的三種可能性。上策是遷回江東，中策是固守江陵內城，下策是維持現狀。憑于謹對蕭繹處事風格的了解，他斷定蕭繹是抱著僥倖的心理，採取下策，事實也證明了于謹的判斷完全正確。知己知彼到了這種可怕的程度，西魏軍要是不拿下蕭繹，簡直就是沒天理了。

十一月初一，五萬西魏軍渡過漢水，距離江陵越來越近。

雖然于謹斷定蕭繹不會回金陵，但為了防止這百分之一的可能性，于謹派宇文護和楊忠率精銳騎兵佔據江津。江津的具體地點在江陵以東二十里，也稱江津口戍，即長江江陵段往南折下的地方。一旦蕭繹要東逃，必然走水路，于謹用兵之縝密，可見一斑。

接下來于謹要做的，就是「關門打狗」，東南是宇文護的軍隊，西邊是西魏控制下的西川，北邊是蕭詧的雍州，蕭繹已經無路可逃。

其實蕭繹的地盤很大，整個長江中下游地區都在他控制之下，各地也有可戰之兵、可用之將，比如王僧辯、陳霸先、王琳等人。但現在西魏軍已經殺到了江陵城外，再從外調兵勤王，已經來不及了。

在西魏軍圍困江陵初期，蕭繹還在嘗試著和剽悍的鮮卑人單挑，但他手下號稱名將的王褒、胡僧佑、朱買臣、謝答仁等人相繼率兵出戰，結果四戰四負。于謹是百戰名將，胡僧佑等人哪裡是于謹的對手？

梁軍打陣地戰不行，但守城卻是一流，這也是漢族軍隊的普遍素質。胡僧佑是著名的城防專家，有他坐鎮守城，江陵城暫時無恙。胡僧佑身先士卒，在城牆上與將士們一起殊死抵抗，絕對不能放進一個鮮卑人。

遺憾的是，胡僧佑在城上指揮戰鬥時，不小心被西魏軍射了一箭，壯烈犧牲。胡僧佑是城中梁軍的主心骨，胡僧佑的戰死，沉重打擊了梁軍的守城決心。有些意志不堅定的人見蕭繹大勢已去，就有了改換門庭的想法。這些內奸打開了江陵西門，鮮卑人如風一般，呼嘯著殺進內城。

蕭繹的末日，比他預料的時間來的要早！

蕭繹也已經提前知道了自己的命運，自己四十七歲的人生，即將畫上句號。蕭繹做人做事都非常絕情，無論是對父親蕭衍、老婆徐昭佩，還是對兒子蕭方等、侄子蕭譽，都沒有親情可言。蕭繹在臨死之前，做了一件遺臭萬年的事情，就是放火燒掉了存放在江陵城中的十四萬卷書籍！

這是對歷史的犯罪！但蕭繹已經不在乎留下千古罵名了，這是他的一貫風格，他得不到的，別人也休想得到！江陵城中，沖天的大火經久不息，一卷卷珍稀的文化遺存，在劈劈喇喇的木柴燃燒中，灰飛煙滅。

燒完了書，蕭繹（蕭繹字世誠）面色平靜地騎著白馬，素服出東城。在即將出城的那一瞬間，蕭繹突然情緒激動起來，抽劍出鞘，用力砍著城門，聲嘶力竭地怒吼：「我蕭世誠自詡一世英雄，怎麼淪落至此！」

一切都晚了。

隨後，西魏軍列隊入城，同時入城的，還有蕭繹的仇人蕭詧。可能是在蕭詧的授意下，鮮卑人對投降之後的蕭繹百般侮辱，有強壯的士兵上前，將蕭繹的雙手按到背後，推推搡搡來見蕭詧。

蕭詧是不會放過蕭繹的，梁承聖三年（西元五五四年）十二月十九日，四十七歲的蕭繹被侄子蕭詧用土布袋活活壓死。看著蕭繹肥胖的屍體，蕭詧解恨地狂笑！

這一切，與鮮卑人沒有任何關係。重要的是，鮮卑人得到了他們想要得到的。雖然在第二年的正月，鮮卑人的附庸蕭詧在得到宇文泰的同意後，於江陵稱帝，史稱後梁。但蕭詧只是鮮卑人的傀儡。蕭詧的地盤只有區區江陵附近三百里，他原來的根據地雍州已經成為宇文泰的地盤。

江陵之戰勝利後，西魏的疆域急劇擴大，除了前次侵佔的漢中、西川之外，宇文泰又撈到了整個荊襄地區，甚至還一度控制湘州（今湖南）。也許是上天不忍讓漢文明就此消亡，幾年後，一代英武明君陳文帝陳蒨奪回了湘州，使風雨飄搖的江東漢文明不絕於縷，在鮮卑人的強勢打擊下頑強的生存著，直到楊堅的橫空出世。

這是天意！

三十二　西魏傀儡皇帝的辛酸人生路

西元五五四年，西魏消滅了江陵梁政權，攫佔了梁朝極盛時期的一半國土，這是當初在風雨飄搖中建國的西魏鮮卑人無論如何都沒有想到的。

從小關大捷開始，沙苑之勝、河橋大勝、玉壁大勝，再到佔領漢中、佔領西川、佔領荊湘，這一切眼花繚亂的勝利，都是屬於宇文泰個人的。雖然終宇文泰之世，一直打著西魏的旗號。可所有人都知道，西魏從建立之初，就是一個空殼帝國。西魏有三個皇帝，但後人談及西魏，只會提到宇文泰，就如同蜀漢在名義上亡於曹魏，實際上亡於西晉一樣。

這是西魏皇帝們的悲哀。在風光無限的宇文泰身邊，他們連配角都算不上，只是一群沉默的觀眾。和他們的同族元善見一樣，只有看戲的權利，沒有發表自己觀點的權利。

西魏的三個皇帝是：

姓名	謚號	在位年	終位年	年號
元寶炬	文皇帝	五三五年	五五一年	大統
元欽	廢帝	五五一年	五五三年	無
拓跋廓	恭皇帝	五五三年	五五七年	無（元廓後復姓為拓跋）

如果嚴格來說，北魏孝武帝元修應該是西魏的第一個皇帝，元寶炬只是元修的政治備用胎。元修因為不合宇文泰的意，被黑獺毒死，擁立時年二十八歲的元寶炬上臺當傀儡。

元寶炬生於北魏正始四年（西元五〇八年），祖父是一代名君孝文帝元宏，父親是元宏的四子京兆王元愉。元愉為人輕佻，貪財好色，後來他貪污的醜事被人揭發，宣武帝元恪打了四弟五十大棍，趕到冀州做刺史。元愉不服，乾脆扯旗造反，建元稱帝，可他哪是元恪的對手？沒幾天，元愉就兵敗被俘。元恪倒沒為難四弟，但元愉自感羞愧，拋下四個年幼的兒子，自殺身亡。

元恪沒有殺掉四個小侄子，只是囚禁在宗正寺，直到七年後元恪駕崩，才被胡太后放了出來。元寶炬被囚禁時只有一歲，他的童年時光就在小小的宗正府裡度過，他從來沒有感覺到父愛。世態炎涼，人情冷暖，元寶炬過早地品嘗到了。

元寶炬在這樣一種特殊環境中長大，這也養成了他乖厲不馴的性格。元寶炬剛進入官場就成了有名的元大炮，四處惹事，他因為看不慣二嬸胡太后的淫亂，和堂弟孝明帝元詡密謀誅殺胡太后。結果事洩，胡太后似乎很喜歡元寶炬，並沒有殺他，只是免官。

在元詡被胡太后毒死後不久，元寶炬又回到官場，受爵邵縣侯。元子攸繼位後，封元寶炬為南陽王，級別越來越高。等到元修登基後，也就是中興二年（西元五三二年）五月，拜掛著使持節、侍中、驃騎大將軍、開府儀同三司、司州牧一大串空頭銜的元寶炬為太尉公。

此時北魏政權已經被高歡基本控制，仗著自己是高歡的嫡系，侍中高隆之在洛陽官場胡作非為，經常欺負公卿大臣。大家知道高隆之是高歡的走狗，誰也不敢得罪高歡，只好忍氣吞聲當孫子。

元寶炬性如烈火，他極看不慣高隆之這種小人得志的醜惡嘴臉。有次公卿聚會，大家坐在一起喝酒，元寶炬起身給眾人勸酒，大家都給南陽王面子，痛痛快快地喝了。只有高隆之不買元寶炬的面子，無論元寶炬如何勸，高隆之就是不喝。

元寶炬怒了，他把杯子摔在地上，揪起趾高氣揚的高隆之，按倒在地，劈頭蓋臉將高隆之一頓暴打，邊打邊罵：「給臉不要臉，我不管你是誰的人馬，敢不給我面子，這就是你的下場！滾，下次見你一次打你一次！」元修怕高歡因此怪罪自己和元寶炬，就賣給高歡一個面子，免了元寶炬的職務，勒令回府反省。不過一個月後，元寶炬又官復原職。

元寶炬的性格果然強硬如鋼，他剛打完高歡走狗高隆之，接著就狠狠扇了高歡一記響亮的耳光。太昌元年（西元五三二年），高歡給自己身故多年的父親高樹改葬，元修贈高樹為太尉，百官盡去弔拜，元寶炬雖然也勉強去了，但他拒絕給高歡的死老子下拜，大聲嘲笑道：「我是活著的三公，憑什麼要給死去的太師下拜，禮出何典？」高歡知道後，臉都氣綠了。

在元修倉皇西逃時，許多人都留了下來，只有元寶炬等少數幾個人堅決跟著元修去關西。其實這很好理解，元寶炬嚴重得罪了高歡，如果他留下來，誰知道高歡會不會請他喝毒酒？

元修「暴崩」後，宇文泰選中元寶炬做傀儡，原因大致有兩個：一、元寶炬是孝文嫡孫，這塊金字招牌非常重要；二、元寶炬對高歡的反感，至少可以保證一點，元寶炬不會跑回高歡的地盤上。

做傀儡的滋味是非常難受的，如果不是形勢所迫，誰願意做傀儡？漢獻帝劉協、唐昭宗李曄等人都是明君的好材料，可惜生不逢時，落在了權臣手上，只能窩窩囊囊地做橡皮圖章。不要說人身自由了，就是連保護妻兒的權力都被無情地剝奪。

男人如果連自己的妻兒都保護不了，眼睜睜看著他們被人當狗一樣殺掉，心中的悲涼可想而知。很不幸，元寶炬也體會了漢獻帝無力保護妻子的悲涼心境。

元寶炬的髮妻是乙弗氏，乙弗氏出身顯赫的鮮卑貴族家族，她的曾祖、祖父、父親三代娶了北魏公主，而他們的女兒也多許配給北魏親王做王妃，和鮮卑拓跋部的關係錯綜複雜，在官場上有很廣的人脈。

乙弗氏的外祖父就是大名鼎鼎的孝文帝，母親是孝文帝第四女淮陽長公主。她比元寶炬小一歲，在她十六歲（西元五二三年）那年，美麗大方的乙弗氏嫁給了元寶炬。元寶炬在長安登基後，乙弗氏自然就成了西魏名義上的國母。

元寶炬和乙弗皇后歷經無數風風雨雨，夫妻感情非常好。讓他們都沒有想到的是，他們平淡而幸福的生活會在某一天，因為政治原因被徹底打破，從此陰陽兩隔。

事情發生在大統四年（西元五三八年）初，當時的西魏和東魏，在南方與梁朝對峙，稱為後三國。實際上西魏和東魏也都有一個北方鄰國，就是強大的柔然。由於西魏建國初期，國勢弱小，承受著來自東魏強大的軍事壓力。而且柔然經常在西魏北境動手動腳，如果柔然倒向東魏，將會對西魏造成空前的生存壓力。

以西魏的條件，唯一能拉攏柔然的辦法就是兩國通婚。不知道是元寶炬本人的意思，還是宇文泰給他施加壓力，元寶炬決定做柔然頭兵可汗阿那瑰的女婿，把阿那瑰長女迎到長安當姑奶奶。

作為大國公主，柔然公主郁久閭氏來了自然不能做嬪妃，只能做皇后，所以乙弗皇后必須讓位。乙弗氏很通情達理，她理解丈夫的難處，為國家大計，她主動遜位，自己平靜地削去頭髮，出家做了尼姑。

元寶炬還是小看了柔然人，阿那瑰雖然嫁了女兒，但他依然在西魏北境搗亂，不時地出兵騷擾，撈了不少好處。最嚴重的一次，是在大統六年（公元五四〇年）初，柔然舉全國之兵進攻靈州和夏州一線，西魏的北線安全受到了嚴重威脅。

關於柔然出兵的真實用意，坊間有一種傳言，認為阿那瑰是擔心自己的女兒在長安地位不穩，因為元寶炬隨時可能和乙弗氏重婚。關於這種說法，《北史・蠕蠕傳》有模糊的記載。

柔然給元寶炬一個選擇，要麼殺掉乙弗氏，確保自己女兒的皇后地位，要麼就等著在長安城外迎接柔然軍隊。從維持西魏政權存在的角度考慮，也許還有宇文泰施加的強大壓力，元寶炬不得不違心做出一個痛苦的決定：賜乙弗氏自盡。

乙弗氏自始至終，都理解丈夫的難處，她相信賜死的決定並不是元寶炬的本意，她了解丈夫。為了丈夫更好地在宇文泰刀口下討生活，乙弗氏哭著痛別了丈夫、她的長子元欽、最小的兒子元戊，然後躺在榻上，用被子活活悶死，元寶炬痛不欲生。

西魏的軍政兩界高層都是宇文泰的心腹人馬，在他們眼中，元寶炬只不過是塊橡皮圖章，沒人在乎元寶炬的痛苦感受，他們只聽宇文泰的。每次召開御前會議，元寶炬都保持沉默，他知道自己只是觀眾，即使要說什麼，宇文泰也會事先交代清楚，該說什麼，不該說什麼。

從大統元年開始，元寶炬就開始沉默，或者說著言不由衷的話。這樣的傀儡生活，元寶炬足足過了十七年！

大統十七年（西元五五一年）三月初六日，元寶炬在所有人的沉默中離開人世，時年四十五歲。元寶炬終於解脫了，在他死後，宇文泰貓哭耗子，給予元寶炬一個地位極高的謚號——文皇帝。但這一切，和元寶炬又有什麼關係？

元寶炬曾經在宮中遠望嵯峨山，心灰意冷地告訴身邊人：「與其如此，不如披髮入此山。等我五十歲之後，就把帝位交給太子，自入山中做野人，也不枉來世上一遭。」

可惜這個小小的願望，元寶炬也沒有實現。

宇文泰抱定一個打算，在他死前絕不稱帝建國，招贖名的勾當，留給自己的兒子們去做，他只做曹操。元寶炬死後，空頭皇太子元欽接過父親的橡皮圖章，品嘗空頭皇帝的滋味。

元欽是宇文泰的女婿，在名義上，宇文家的小姐當上了皇后，但元欽感覺自己更像是宇文帝國的駙馬。元欽知道，父親的人生道路就是他即將要走的，他什麼都不需要做，也不能做，他唯一能做的，就是服從岳父的所有命令。不過他到底是鮮卑拓跋部的子孫，祖先的血性在他的血液中流淌，他一直在隱忍，終於有一天，元欽忍不住了。

元欽從做皇太子時，就對岳父專權非常不滿，他已經忍宇文泰好久了。元欽開始小範圍地密謀，準備尋找時機刺殺岳父。父親做不了第二個元子攸，那就由自己來做！

聽說女婿要造反，宇文泰輕蔑地笑了，看來他是想去地下見文皇帝了。宇文泰做事很狡猾，他把大臣們都叫過來，商議廢掉元欽，改立元寶炬的四子元廓。宇文泰這麼做，是想把髒水潑到大臣們身上，大家一起背廢掉皇帝的政治黑鍋。

元欽無權無勢，只能淚流滿面地走下御床，去一個他應該去的地方。元欽知道自己的人生即將終結，岳父是不會放過他的。這就是人生，認命吧。半年之後，也就是西元五五四年，宇文泰一杯毒酒，送女婿上了路。

西魏的第三個傀儡皇帝是元寶炬的第四子元廓，其實以現在的局勢，無論誰上臺，都不可能改變宇文泰專權的事實。元廓即使對宇文泰百依百順，一旦宇文泰看他不順眼，大哥元欽的下場就在眼前。

元廓現在只能自求多福，鮮卑拓跋部這支獨苗的命運，已經不掌握在他們自己手上。

三十三　宇文泰之死

從元廓即位那一年（西元五五四年）往回算起，宇文泰在關西的統治，已經過去了二十年。

宇文泰是歷史上少見的文武全才，在軍事上，他多數打敗強大的高歡，眉開眼笑地收下了高歡送給他的戰爭紅包。西魏建立之初，整體國力和東魏是很多倍的差距，許多人認為宇文泰根本不可能在這場和高歡的生死決戰中活下來，因為當時高歡幾乎就是一個神話。但宇文泰用事實證明了，神話是可以打破的，人間並沒有神的存在。

宇文泰在政治經濟領域取得的成就絲毫不遜於他在戰場上取得的赫赫軍功。西魏那場震撼歷史的改革運動，實際上是由宇文泰和蘇綽共同領導的，僅有蘇綽的智慧，沒有宇文泰的支持，是不可能取得如此成就的。

在國際生存空間日益惡化的局面下，宇文泰奉行的是軍事優先，如果不能在和高歡的生死決戰中生存下來，其他所有完美偉大的計畫全是空想。有些政權在政治上並沒有太大的建樹，但依然能贏得周邊各國的尊重，原因何在？答案就在刺刀上面。

擴大生存空間，是擺在宇文泰面前的首要任務，宇文泰超額完成這項在當初看起來不太可能完成的任務。「（宇文泰）取威定霸，以弱為強。紹元宗之衰緒，創隆周之景命。南清江漢，西舉巴蜀，北控沙漠，東據伊瀍。」特別是攻佔梁朝的巴蜀荊襄之地，徹底奠定了武川軍事集團統一天下的基礎。至於《周書》說宇文泰是赤手空拳打下的江山，並不符合實際，宇文泰打江山的那支軍隊實際上是賀拔岳留下來的。

宇文泰在軍事領域還有一個創舉，就是建立了歷史上赫赫有名的府兵制。

府兵制的出現，有一個歷史大背景，這和宇文泰遭到空前慘敗的邙山之戰有關。宇文泰是鮮卑人（實際上是鮮卑化的匈奴人），但在他統治西魏之初，並沒有自己的直屬鮮卑軍隊，而是依靠漢人豪強的軍隊打天下。此時的宇文泰，只是西魏軍事集團推舉的帶頭大哥，類似於總經理，而不是董事長。

雖然西魏不斷取得對高歡的勝利，但宇文泰的「總經理」角色依然沒有太大的變化，為了擁有一支自己直屬的鮮卑軍隊，在西魏大統八年（西元五四二年）三月，宇文泰把在西魏境內幾乎所有的六鎮鮮卑人召集起來，建立了一支全部由鮮卑人組成的六軍，由宇文泰直接領導。有了自己的直屬部隊，宇文泰的腰杆才算真正的硬起來。

但讓宇文泰沒有想到的是，僅僅一年後，在邙山之戰中，宇文泰這支剛建立一年的嫡系部隊幾乎被東魏軍全殲。西魏的鮮卑人本就不多，經此慘敗，西魏境內已經沒有多少鮮卑人了。

手上沒有軍隊，不但無法與高歡抗衡，甚至在西魏內部，宇文泰都要面臨一些潛在的風險。現在唯一可行的辦法，就是從關西地主豪強手上搶回漢人軍隊的指揮權，當時的地方武裝稱為鄉兵，西魏許多大將都有自己的直屬鄉兵。

宇文泰當然不會直接搶兵，手下那幫弟兄誰也惹不起，所以宇文泰採取了分步走的策略。第一步，將地方鄉兵納入國家軍事管理系統，雖然鄉兵依然由豪強直接領導，但軍隊管理系統卻是從中央一直垂直下行到地方的，包括豪強的軍銜。

西魏新六軍的編制大致為：八個柱國，除宇文泰和元欣外，每個柱國下轄兩個大將軍，共十二個大將軍；每個大將軍下轄兩個開府，共二十四個軍；軍下面是府，共有百府，每個府由郎將統領。

西魏名義上有八個柱國軍，分別是：宇文泰、元欣、李虎、李弼、趙貴、于謹、獨孤信、侯莫陳崇。其中元欣只是一個湊數的花瓶，給西魏宗室一個面子，宇文泰則是最高統帥，「總百揆，督中外諸軍」，實際上只有六個柱國。

十二大將軍分別是：元贊、元育、拓跋廓、宇文導、侯莫陳順、達奚武、李遠、豆盧寧、宇文貴、賀蘭祥、楊忠、王雄。其中元廓是傀儡皇帝元寶炬的第四子，沒什麼實際權力。另外，西魏還有兩個大將軍，即出鎮隴西的念賢和出鎮河南的王思政，因為他們長年在外領兵，所以就沒有算進十二大將軍之列。

鄉兵的來源主要是有地的農民，而且是九等之民的前六等，即上上、上中、上下、中上、中中、中下。宇文泰選府兵的第一個條件就是家產富裕，其次是家庭男性成員的人數，再次是兵員的能力。因為這些人家庭條件較為富裕，保衛既得利益的決心遠強於赤貧的下三等戶，這正是宇文泰的洞察人性之處。

當選府兵後，政府會給入選兵員一定的優惠條件，即可以免除本人的租庸調，不用向朝廷繳納賦稅。府兵並不是常設兵種，而是兵民合一，平時在家務農，發展經濟，遇到戰事時，就緊急集合，放下鋤頭，拿起武器，保衛自己的既得利益。

宇文泰還考慮到了另外一個問題，就是這些漢人兵員是否服從鮮卑人統治。西魏和東魏的情況不同，東魏的鮮卑人非常多，有強大的直屬鮮卑六軍。西魏的鮮卑人太少，能不能鎮服這些漢人，讓人懷疑。

為了解決這個問題，宇文泰想出一個有開歷史倒車之嫌的主意，就是在西魏掀起一場鮮卑化改姓運動。北魏孝文帝實行漢化運動時，將鮮卑人的姓全部改為漢姓，由於漢化改革損害了六鎮鮮卑人的利益，所以他們對漢姓沒什麼認同感，這也是宇文泰改回鮮卑姓的重要社會基礎。

宇文泰恢復了鮮卑拓跋部早期的姓氏特徵，即諸將功高者為三十六姓，功次者為九十九姓。諸將為鮮卑人者，要改回鮮卑姓，為漢人者，也要接受朝廷賜予的鮮卑姓。最具爭議的是，宇文泰讓諸將轄下的漢族士兵全部都要改用鮮卑姓。

宇文泰這麼做，就是要打破漢人的民族優越感，慢慢培養他們的鮮卑民族認同，為將來全面鮮卑化做準備。只有漢人全面的鮮卑化，佔西魏人口極少數的鮮卑人才會減輕與漢人相處的恐懼感。

因為東魏北齊的鮮卑人較多，並沒有這方面的恐懼感，所以東魏北齊保持漢人民族特徵的程度要遠遠大於西魏北周，西魏北周在鮮卑化的道路上越走越遠，無法想像，如果北周最終統一天下，漢民族會不會最終消失？所幸，千古一帝楊堅橫空出世，及時挽救了漢人的命運。

宇文泰的姓本就是胡姓，所以不用改，為了配合這次鮮卑化改姓運動，宇文泰要求傀儡皇帝元廓帶頭，把元姓改回了拓跋姓。元廓小命都捏在宇文泰手上，不敢不從，改回拓跋姓。從此，消失近六十年的鮮卑姓再次捲土重來，西北大地，胡風狂飆。

根據宇文太師的最高指示，漢族豪強們紛紛改用鮮卑姓，幾個比較有名的漢改胡是：李弼改為徒河姓、趙貴改為乙弗姓、李虎改為大野姓、楊忠改為普六茹姓、王雄改為可頻氏、李穆改為㧫拔姓，等等。後來的隋文帝楊堅的鮮卑名就是普六茹那羅延，唐太宗李世民也被後人戲稱為大野世民。

在政治上，宇文泰還有一個復古的「創舉」，就是在政府機構上全面恢復西周的六官制度。宇文泰之所以搞出一個不倫不類的六官制度，最真實的目的是給被迫改用鮮卑姓的高級武將集團以及漢族士大夫集團發出善意的政治信號，言下之意就是：我不會動你們的乳酪。

無論是漢族武將，還是漢族士大夫，他們都有共同的文化信仰，最突出的就是孔孟之道。歷代少數民族統治漢族地區時，無論在漢人的服裝髮型上怎麼改，但都沒有人敢動漢人的文化信仰。

所謂西周六官，是指塚宰（天官）、司徒（地官）、宗伯（春官）、司馬（夏官）、司寇（秋官）、司空（冬官）。西周六官制度是隋朝六部的前身，如果將各自的職能對應起來，分別是：塚宰相當於吏部、司徒相當於戶部、宗伯相當於禮部、司馬相當於兵部、司寇相當於刑部、司空相當於工部。

西魏高級武將集團是這次六官制度改革的直接受益人，以六官最高長官為例，分別是：大塚宰宇文泰、大司徒李弼、大宗伯趙貴、大司馬獨孤信、大司寇于謹、大司空侯莫陳崇。六人中，有三個六鎮鮮卑（宇文泰、獨孤信、侯莫陳崇）、兩個漢人（李弼、趙貴）、一個南遷鮮卑（于謹）。

宇文泰把已經作古千年的西周六官制度從舊紙堆中扒出來，梳洗打扮一番後，招搖過市。實際上西魏北周的政府機構只是換了一塊牌子而已，其他的並沒有什麼質的改變。

隋文帝楊堅是個反鮮卑主義者，他很反感鮮卑人搞的這些不古不今的花架子，他稱帝後全面廢除北周制度，改用北齊的漢化制度。「隋氏復廢六官，多依北齊之制。」從這個角度講，宇文泰搞的六官制度是失敗的。隋唐官制來源有三，從影響力上來說分別是：南朝、北齊、北周。除了法統之外，隋唐幾乎全面拋棄了宇文泰當年消耗大量腦細胞制定的那些五花八門的制度。

六官制度設置的較晚，最早不會早於大統十二年（西元五四六年），六官的具體制定者是蘇綽和盧辯。但蘇綽在這一年因病去世，所以就由盧辯挑大樑。在魏恭帝拓跋廓三年（西元五五六年）的三月，六官制度正式實施。

這一年的宇文泰，已經五十二歲了（以《周書》記載為準）。

宇文泰的人生非常成功，從一個實力弱小的軍閥，經過二十三年的打拼，將自己的那間雞毛小店發展成一個規模龐大的企業帝國，這並非所有人都能做到，劉裕算一個，高歡算一個。

宇文泰雖然是西魏帝國的實際統治者，但他的爵位並不高，只是安定郡公，比起曹操的魏王、司馬昭的晉王、高歡的渤海王，似乎少了一些光鮮。不過宇文泰並不在乎這些虛名，只要權力掌握在他手上，能穩穩當當地把這份偌大的家業傳給子孫，這就足夠了。

西魏恭帝三年（西元五五六年）十月初四，一代梟雄宇文泰在雲陽（今陝西涇陽縣北三十里）溘然長逝。

三十四　北周建國

西魏的皇帝姓元，但所有人都知道，西魏是屬於宇文泰的。在宇文泰死後，由他的兒子來繼承宇文泰留下來的權力，天經地義，也沒見高歡死後把權力交還給元善見。

宇文泰共有十三個兒子，從長至幼分別是：宇文毓、宇文震、宇文覺、宇文邕、宇文憲、宇文直、宇文招、宇文儉、宇文純、宇文盛、宇文達、宇文通、宇文逌。雖然宇文毓是長子，但他卻是庶出，宇文泰的嫡子是宇文覺，他的母親是北魏孝武帝元修的妹妹馮翊長公主。

宇文覺的投胎技術好，所以在各方面均不如大哥宇文毓的情況下，自動成為安定公世子，時間是西魏恭帝拓跋廓三年（西元五五六年）三月。宇文泰知道宇文覺少不更事，如果讓宇文覺執政，不知道會出什麼亂子。

宇文泰應該從宋武帝劉裕臨死前將太子劉義符交給徐羨之、傅亮、謝晦等人輔政的歷史得到啟發，必須尋找一個可靠的輔政大臣。鑒於徐羨之等人是外姓，因為廢立之事差點引發劉宋帝國內亂的教訓，宇文泰決定從宇文家族內部尋找這個人選。

宇文泰有三個哥哥，皆早卒，而且二哥和三哥無親生子或兒子已死，所以只能從大哥宇文顥的兒子們中挑選。宇文顥有三個兒子，長子宇文什肥被高歡殺害，次子宇文導是西魏名將，從北魏末年就跟著宇文泰東征西討，善撫將士，治政優美，本來是宇文泰心中的不二人選，但宇文導在魏恭帝元年（西元五五四）去世。現在，宇文泰只有一個人選，就是大哥的三兒子宇文護。

宇文護字薩保，生於北魏宣武帝延昌三年（西元五一三年），僅比四叔宇文泰小九歲（或六歲）。宇文護和二哥宇文導的性格完全不同，宇文導是武將，性格灑脫，而宇文護的性格比較內向穩重，更擅長看家護院，所以在他十九歲投奔四叔後，宇文泰就讓宇文護打理家務，視如己出。

宇文泰也知道，如果要培養宇文護，就必須讓他多立軍功，否則以後很難在軍界官場上立足。北魏分裂後，宇文泰和高歡長年打仗，宇文護就跟在四叔身邊，在血雨腥風裡拼命，弘農之戰、沙苑之戰、河橋之戰，宇文護均有不菲戰功。只是在邙山慘敗中，宇文護差點被東魏軍俘虜。

在宇文護的軍旅生涯中，最精彩的一戰是跟隨于謹進攻江陵，宇文護率一支軍隊掐斷了梁元帝蕭繹的東逃水路通道，為後來西魏軍攻克江陵立下殊功。此時的宇文護已經躋身西魏官場的准一線，而且他是宇文家族第二代中最年長的，宇文泰已經確定由宇文護來輔佐幼主宇文覺。

因為宇文泰生前是西魏八柱國之一，所以在宇文泰死後，柱國大將軍的位子就移交了宇文護。宇文護在軍界打拼多年，在軍中積累了相當的人脈，這一點也是宇文泰敢把江山交給宇文護打理的重要原因。

但宇文泰還是小看了軍界大佬們，這些老兵油子向來只服宇文泰一個人，所以宇文護執政之初，各位大佬都不服宇文護。憑什麼你當首輔，我們哪個資格不比你老？這夥人以趙貴、獨孤信為首，成天糾纏宇文護，唧唧喳喳吵個沒完，宇文護頭都大了。

宇文護在軍界中有一個好友，就是大司寇于謹，宇文護請于謹出個主意，再這麼鬧下去，大家都別做事了。于謹給宇文護的建議就是拿出「輔政大臣」的威嚴，只要氣勢上來，問題就好解決了。

第二天，幾個元老重臣舉行分蛋糕的會議，于謹首先指責了那些企圖奪權的老朋友：「當年孝武懾於高歡之淫威，西來關中，國家危急時刻，是文公（宇文泰謚號）一手擎天，方有諸位今日！文公雖薨，世子幼弱，但中山公（宇文護爵位）是文公從子，又受文公顧命之託，自當理政，諸公何咻咻！」

于謹有些生氣，宇文泰平時都白疼你們了，他一死，你們就胡鬧，不嫌丟人現眼嗎？于謹今天要配合宇文護扮演黑臉，還要把戲演下去，于謹來到宇文護面前，躬身下拜，唱喏道：「中山公執政，于謹等人豈有不服?!」

于謹這麼一鬧，大家都老實了。于謹在西魏軍界的地位非常崇高，趙貴等人雖然對于謹很不滿，但誰也不敢不買常山公的面子，只好忍氣吞聲，跟著于謹下拜，宇文護的位子終於穩定下來。

宇文泰在臨死之前雖然沒有交代宇文護要廢魏建國，但這種事情還非得讓宇文泰親口說出來嗎？心領神會就可以了。經過二十三年的建設，宇文家族已經控制住西魏各個角落，換牌子是水到渠成的事情。

宇文護決定換牌子，還有一個重要原因，就是盡早確定宇文覺的帝位，讓趙貴等人反無可反。如果宇文覺只是安定公，自己只是中山公加大塚宰，政治級別和趙貴差不多，趙貴就有足夠的理由鬧事。只要宇文覺稱帝建國，那麼趙貴等人再來搗亂，就是反賊，性質是完全不同的。

建立新朝的決定不可更改，而且越快越好。

至於傀儡皇帝拓跋廓，只是一個花瓶擺設，宇文護隨時可以把花瓶從架子上拿下來。宇文護派心腹去給拓跋廓上時事分析課，無非就是些魏朝氣數已盡，陛下應順天應人，把位子交出來，這樣大家面子上都好看，云云。

拓跋廓又不是傻子，所謂的大魏帝國早就成了一副政治空殼，宇文護讓自己在戲中當男配角已經是給足了面子。拓跋廓當然要聽導演的安排，劇組的盒飯不是白吃的。不過現在宇文覺的爵位只是安定公，所以必須給宇文覺弄一個國公當當，這也是未來宇文政權的國號。

新國號很快就定了下來：大周！定國號為周，原因有兩個：一、西周在關中立國，宇文家族也在關中立國。二、宇文泰當年仿效周公，恢復六官制度，對西周比較親近。

魏恭帝三年（西元五五六年）十二月十七日，拓跋廓下詔，封安定公世子宇文覺為周公，封地就在岐陽（今陝西，西周龍興之地），在理論上為宇文覺建立周朝鋪平了路。

十三天後，也就是十二月三十日，本年的最後一天，拓跋廓以鮮卑魏帝國最後一位皇帝的身分頒布了最後一道詔書，正式將早已名存實亡的大魏江山以「禪讓」的方式交給宇文家族。

宇文護使了一個壞心眼，他讓大宗伯趙貴出頭當「店小二」。趙貴知道宇文護是在耍他，但他又不好當場發作，臉色鐵青著捧起禪讓詔書，嘟嘟囔囔地來到周公府，請宇文覺即位。

宇文家族學習西周的決心不可謂不堅決，雖然建立了自己的政權，但卻沒有稱帝，宇文覺只是自稱天王。

在北朝時期的政治語境中，天王其實就是皇帝，許多政權的最高統治者都當過天王，比如石勒、苻堅、呂光。宇文覺沒有稱帝的原因，可能不僅是為了效仿西周，也有可能是統治集團內部對稱帝有反對意見。各方各退一步，反對派同意宇文覺建國，宇文覺也不稱帝，甚至連年號也沒有。

周元年（西元五五七年）正月初一，少不更事的周公宇文覺在宇文護的擺弄下，柴燎祭天，正式建立了宇文家族的政權，國號大周，就是歷史上赫赫有名的北周。

北周建國，處處模仿西周，但有一點卻與西周不同，就是德的定位。按陰陽五行學說，西周是土德，服色尚黃，而北周卻是木德，服色尚黑。最詭異的是，木德應該尚青，而北周卻尚黑。

問題出在北齊的德行，北齊自稱是上承北魏的法統，北魏是水德，所以北齊定為木德，服色尚青。北周也自稱是北魏的合法繼承者，只能稱為木德，但為了和「偽齊」有區別，所以定服色為黑。因為在西魏時，軍裝就是黑色的，為了節省布匹，所以就順應了黑色。

西魏北魏的服色為什麼尚黑？話說在北魏末年，官場民間流行著一個來路不明的讖語，說「有黑人次膺天位」。所以北周和北齊帝王都對與黑字有牽扯的人物非常忌諱。北齊上黨王高渙是高洋的七弟，他被高洋害死，有一個原因就是當時的漆是黑色的，而「七」與「漆」同音，所以高洋就懷疑高渙有異志，殺之以絕後患。

宇文泰也知道這個讖語，大喜過望，因為他的小字就叫黑獺！宇文泰認為「有黑人次膺天位」這句讖語說的就是自己，當然有理由興奮。為了迎合這個讖語，宇文泰主政關中，將西魏的服色全部改為黑色。還有一點要講的是，當時的僧人所穿僧衣都是黑色的，為了避諱，宇文泰下令，境內所有僧人皆穿黃衣。

宇文覺即位後，以大周天王的名義，做了兩件事。一是追尊父親宇文泰為周文王，母親馮翊長公主元氏為周文后。二是給朝中各位大佬分發蛋糕，每人一塊，李弼晉升太師、獨孤信晉升太保、趙貴為太傅，執政的宇文護為主掌兵權的大司馬，成為北周當仁不讓的首席執行官。

宇文護和趙貴、獨孤信等人在殿下舞蹈如儀，山呼天王萬歲，表面上喜氣洋洋，其實他們心裡都很清楚，他們之間的殘酷鬥爭才剛剛開始。

三十五　北周殘酷的權力鬥爭

北周建國之初，主要有三派勢力，三派勢力是宇文護的首輔派、趙貴獨孤信的元老派，以及宇文覺的天王派。

三派勢力的主要成員是：

一、首輔派：宇文護、于謹、賀蘭祥（宇文護表弟）、尉遲綱、薛善、侯龍恩、侯萬壽、陸逞、王慶、裴鴻、李昶、元偉。

二、元老派：趙貴、獨孤信。

三、天王派：宇文覺、李會、孫恒、齊軌、薛端、乙弗鳳、張光洛、賀拔提、元進。

從利益立場來看，元老派和天王派也有一定的矛盾，但他們的主要敵人都是宇文護。

最先出場的是元老派，領頭的是大宗伯趙貴。

趙貴之所以不服宇文護，並不在於宇文護的能力，而是趙貴認為自己的能力比宇文護更強，資格更老。趙貴本人對宇文泰極為服氣，只要宇文泰在，趙貴連個屁也不敢放。

問題是現在宇文泰去世了，天下理所應當要交給跟宇文泰一起打天下的元老們。要知道，天下也不是宇文泰一個人打下來的，何況在西魏建國之初，宇文泰手上根本就沒有自己的鄉兵！

而且，趙貴可以說是宇文泰的伯樂，當年賀拔岳被侯莫陳悅殺害，軍中無主，是趙貴第一個提出讓宇文泰當帶頭大哥的。憑這些殊世奇功，趙貴自視甚高，他憑什麼要聽宇文護的？老子當年在爾朱榮手下當別將時，宇文薩保還不知道在哪玩泥巴呢。

不服宇文護的，還有太保獨孤信。獨孤信是宇文泰的親家，他的大女兒嫁給了宇文泰的庶長子宇文毓，但獨孤信和宇文護沒什麼來往。不過在對付宇文護的態度上，獨孤信和趙貴是有區別的。趙貴主張盡快用強硬手段除掉薩保，而獨孤信則認為形勢還沒到你死我活的地步，可以再等等。

趙貴不想拖泥帶水，早點除掉薩保，可以睡個安穩覺。但不知道在哪個環節出現了問題，趙信和獨孤信的密謀被遠在長安西邊三百餘里的涇州刺史宇文盛知道了，宇文盛屬於中間派，但他明顯是傾向於宇文護派的。為了撈取這天大的功勞，宇文盛連夜趕回長安，在宇文護的耳朵邊嘀咕了半天……

宇文護陰冷地笑著。

周元年（西元五五七年）二月十八日，趙貴還和往常一樣，大搖大擺地上朝，準備繼續和宇文護鬥嘴。趙貴剛上殿，就被宇文護事先埋伏好的武士當場捉住，立刻斬首。

至於獨孤信，因為他是堂弟宇文毓的岳父，宇文護勉強賣給宇文毓一個面子，讓獨孤信自行了斷，撈了個全屍。

所謂的元老派在還沒有準備動手的情況下，就土崩瓦解。

元老派的倒下，也就意味著之前相對比較平靜的首輔派和天王派的矛盾開始浮出水面。和趙貴、獨孤信這兩個權力光棍相比，宇文覺好歹還有自己的一票人馬，就是上面提到的那些人。這些人的職務不算特別高，許多都是官場二線，但總比光杆司令強吧。

其中有些人，比如司會（相當於財政部副部長）李會和軍司馬（相當於國防部副部長）孫恒在宇文泰時代就是霸府的一線參謀，可等宇文護專權時，他們僅有的一塊蛋糕也被宇文護給搜刮走了，他們能不忌恨宇文護麼？

宇文覺從小就在官場上溜達，耳熏目染之下，也略懂一些官場鬥爭術。他知道在動手之前，應該給自己製造輿論聲勢，為將來動手做理論鋪墊。開府儀同三司齊軌應該就是奉承宇文覺的旨意，跳到前臺搖著大舌頭，四處煽風點火，說什麼：「天子年非幼弱，理當親政，臨御萬方。」

齊軌說的有道理，宇文覺不是元釗，更不是司馬德宗，完全有資格親政。但齊軌卻不分場合地胡亂說話，他居然把這種話說給了宇文護的鐵杆心腹薛善。薛善正愁沒機會從宇文護那裡領紅包呢，齊軌卻乖乖地送上門來，等齊軌走後，薛善嘴都笑歪了。

薛善把齊軌的原話灌在了宇文護的耳朵裡，宇文護大怒，看來齊某人是想去見趙貴了。宇文護一聲令下，齊軌被捉，人頭落地，連個喊冤的時間都沒有。薛善告密有功，晉升為司會中大夫，副總六府事，成為宇文護手下炙手可熱的人物。

本來就對宇文護專權極為不滿的李植、孫恒等人，看到政敵風光無限，他們心裡五味雜陳。二人覺得誅護之事不能再拖了，現在不動手，難道要等宇文護對他們提前下手？

李植、孫恒拉上天王派的重要成員，如宮伯乙弗鳳等人，竄進宇文覺的寢殿，質問宇文覺到底還要等到什麼時候?!李植說得很明白：「薩保的權力越來越大，陛下現在的處境，和元欽、拓跋廓有什麼區別？難道陛下忘記了二元是怎麼死的嗎？」

宇文覺當然知道二元是怎麼死的，就在趙貴被殺之後不久，拓跋廓就被宇文護一刀送上了西天。

要除掉手握兵權的宇文護，硬碰硬肯定是不行的，只能向一個人學習，就是二十七年前的北魏孝莊帝元子攸。宇文覺從小就聽大人們說起孝莊往事，直到現在他才真正體會到元子攸的悲苦心境。元子攸是如何設計除掉爾朱榮的，宇文覺也一清二楚，現在，只能複製一下元子攸的故事了。

宇文覺手上雖然沒有兵權，但他是大周天子，有資格養衛兵，宮中也有幾百號人馬，足夠了。宇文覺開始在宮中秘密進行演練，找人假扮一下宇文護，然後弟兄們一起排演，不知道演練了多少遍，劇情基本上就是這樣。接下來，宇文覺就等待找個合適的機會，把宇文護騙進宮裡，然後……

計畫很完美，但讓宇文覺作夢都沒想到的是，在他的陣營中居然出了叛徒！

這個叛徒就是宮伯張光洛。張光洛只是天王派中的二線人物，並沒有參與宇文覺的鋤奸計畫，還是宇文覺的頭號心腹李植告訴張光洛的。天王派一線人物都沒有看透張光洛，這個人其實是個騎牆派，他總覺得宇文覺的勝面太小，萬一天王要是栽了，自己就要陪著上法場，不划算。

為了自己的前途，張光洛出賣了弟兄們。在一個月黑風高的夜晚，張光洛像幽靈一般，閃進了宇文護的臥室……

宇文護本來就對宇文覺不太放心，這小子果然在背後盤算著給自己打冷箭，宇文覺看來是活夠了。不過宇文護並沒有立刻剷除天王派，而是先將天王派在長安的政權基礎刨掉，再進一步觀察宇文覺的動靜，如果還不老實，再動手不遲。宇文護下令，將天王派的兩位大將李植外調為梁州刺史、孫恒外調為潼州刺史。

李植和孫恒被外任，最受影響的是乙弗鳳、賀蘭提等人。李植家大業大，宇文護有所顧忌，但乙弗鳳在朝中無人，一旦宇文護要除掉他們，易如反掌。出於對死亡的恐懼，乙弗鳳等人不能再被動地等下去了，決定再賭最後一把。

之前宇文覺等密謀誘宇文護入宮的計畫再次被提到議事日程上來，宇文覺和乙弗鳳、賀蘭提窩在密室裡嘀嘀咕咕，終於定好了日子。伏兵藏在宮裡，然後請群臣入宮喝酒，只要宇文護一落座，伏兵殺出來，一切就都結束了。

不知道天王派的要員們都是怎麼辦事的，這個絕密計畫居然又讓張光洛知道了。懷疑張光洛就是宇文護安插在天王派中的間諜，很快，宇文護從張光洛嘴裡得到宇文覺具體行動的時間。宇文護知道宇文覺是準備一條道走到黑了，勸也勸了，作為堂兄該做的，宇文護都做了。

徹底攤牌的時間到了。

宇文護的首輔派也召開了緊急會議，商量對策。其實以宇文護在長安城中的軍事力量，打掉天王派這個小團夥並不難，關鍵是如何處理宇文覺。從現在的局勢來看，絕對不能再讓宇文覺坐在天王位子上了，該換人了。提出廢掉宇文覺的，是宇文覺的大表哥賀蘭祥，宇文護也是這個意思，事情很快就定了下來。

尉遲綱是長安禁軍的總管，所以就由他出面，設了一個圈套，說要請乙弗鳳等人入宮議事。等乙弗鳳毫無戒心地來到宮中，立刻被武士拿下，押到宇文護的府上看管。與此同時，尉遲綱將宮中忠於宇文覺的衛士全部換掉，宇文覺真的成為「孤家寡人」。

接下來的事情就容易辦了，賀蘭祥率武士入宮，將面目呆滯的宇文覺拎出宮，踢回他當略陽公時的舊府宅。

為了捍衛自己的權力，宇文護開始大開殺戒。

最先倒在宇文護刀下的，是乙弗鳳、賀蘭提等人，在特別會議勝利結束後，二人就被斬於宮門外。然後是孫恒，接著是李植。宇文護本來是不想動隴西李家的，他們在官場上根子太深。但正因為如此，宇文護偏偏要動一動這些豪門，給其他豪門做個榜樣，下次誰再不識趣地挑戰他的權威，概從此例。

宇文護最初的下手目標還只是李植本人，但沒想到李植的父親、柱國大將軍李遠卻護犢子，對宇文護詐稱李植已經死了，宇文護大怒，順便連李遠也一鍋給端了。李植人頭落地，李遠賜自盡，李遠另外三個兒子李叔詣、李叔謙、李叔讓被殺。

李遠另一個兒子李基因為是宇文泰的女婿，加上李遠弟李穆的哀求，這才放過李基。李穆之所以沒有出事，是因為在李植很小的時候，李穆就看出來這個侄子將來必非保家之主，宇文護覺得殺人威懾的目的已經達到，就沒有對李穆下手。

至於落架鳳凰宇文覺，宇文護並沒有打算饒過這個堂弟。一個月後，宇文覺在略陽公府宅被宇文護派出的殺手做掉，時年十六歲。

宇文覺被殺後，頂替上來的新傀儡是宇文覺的庶長兄宇文毓。

宇文毓生於北魏永熙三年（西元五三四年），出生地點是夏州統萬城，當年宇文泰正在夏州刺史的任上，所以就給庶長子宇文毓起了個鮮卑小名叫統萬突。宇文毓在生母地位上吃了虧，這才讓生母身分貴重的宇文覺佔了便宜，搶先一步登上了天王寶座。

宇文泰十三個兒子中，除了老六宇文直不成器，剛狠無賴，其他人的能力相當出眾，特別是老大宇文毓、老四宇文邕、老五宇文憲、老七宇文招、老十一宇文達，都是人中龍鳳。

從嫡庶之別上來看，除了宇文覺，其他人全是庶出。宇文覺下臺後，按出生順序，宇文毓不可避免地走上前臺，成為堂兄宇文護手上的提線木偶。

周元年（西元五五七年）九月二十三日，二十四歲的宇文毓坐在了乾安殿的御床上，接受了以晉公宇文護為首的百官伏拜山呼。

宇文毓的登基儀式辦的非常隆重，但這一切和宇文毓並沒有多少關係。就好像是一對夫妻風風光光地舉辦了婚禮，可入洞房和新娘睡覺的，卻是另外一個男人。宇文毓就是這個倒楣的新郎，權力是新娘，宇文護就是那個鑽新娘被窩的野男人。

不過鑒於宇文覺反抗的教訓，宇文護明白一點，蛋糕是不能一個人獨吞的，可以適當地分給宇文毓一塊小蛋糕，別把宇文毓餓瘦了。宇文覺之所以「造反」，就是因為他餓著肚子。

在北周武成元年（西元五五九年，北周有年號自此年始）正月，宇文護上表歸政，將政事處置權交還給了宇文毓。和少不更事的宇文覺不同，宇文毓已經成年，如果宇文護再不交權，在道理上實在說不過去。宇文毓在政治上有了相當的權力，可以提出自己的施政方針，這在一定程度上緩和了宇文護和宇文毓的矛盾。

宇文護交了政務處置權，但軍權還牢牢掌握在他手上，這是他的命根子，是絕對不能上交的。宇文護對軍權的控制極為嚴厲，絲毫不讓宇文毓插手。當時周朝軍隊共有十二軍，這些軍隊的人事任免權和調動權直屬大司馬府，完全掌握在宇文護手上。沒有宇文護的手令，任何人都調不動一兵一卒，包括天王陛下宇文毓。

在這種情況下，宇文毓還能做什麼呢？

三十六　曇花一現的高演時代

前面講了，高洋在北齊天保十年（西元五五九年）十月十日與世長辭，享壽三十一歲。

高洋共有五個兒子：高殷、高紹德、高紹義、高紹仁、高紹廉。作為高洋的嫡長子，在高洋駕崩之後，高殷理所當然的要繼承帝位，這本來並沒有什麼異議。但對立高殷為儲君持懷疑態度的，不是別人，正是高洋本人。

高殷生於東魏武定三年（西元五四五年），生母就是李祖娥。高洋一直不太喜歡高殷，原因不是出在高殷的二分之一漢人血統上，而是高殷過於柔弱的「漢家性質」。高洋很注重培養高殷的「殘暴」，有一次高洋讓人從牢子提出幾個死囚，然後給高殷一把刀，讓兒子去殺掉犯人。高殷性格確實非常的懦弱，拿著刀哆哆嗦嗦地去殺死囚，結果半天也沒殺死。高洋氣得拿馬鞭子抽高殷，大罵高殷是個敗家玩意。

高洋看著高殷的書呆子氣，一臉的無奈，但他已經無力改變什麼了，一切聽天由命吧。高洋死後的第九天，也就是十月十九日，皇太子高殷在群臣的擁護下，即位於晉陽的宣德殿，改明年為乾明元年。

由於高殷只有十五歲，無法親政，北齊政局遭遇到了與北周一樣的情況，這也就意味北齊也將出現一位宇文護式的「周公」。至於具體的人選，非高洋的同母六弟高演莫屬。

高演，字延安，是獻武帝高歡的第六子，生於東魏天平二年（西元五三五年）。和高歡最喜歡高洋不同，婁昭君最喜歡的就是高演。高歡和高洋都是一路貨色，所以臭味相投，高演性格中庸但不平庸，做人有稜角，但輕易不會傷人，這一點特別像母親婁昭君。

不但是婁昭君喜歡高演，就是他那個變態的二哥高洋，和六弟感情也非常好。高洋在「發病」期間六親不認，不管老娘二舅三大爺，高洋沒少調戲，唯獨對高演禮敬有加。每次高洋發病時開始胡鬧，但只要高演在場，高洋就會一本正經，不敢在六弟面前胡來。

高洋在臨死前，把幼子高殷託付給了高演，實際上也確定了高演「皇叔攝政王」的政治地位。北齊乾明元年（西元五六〇年）二月十七日，內廷有詔下：

常山王演進位太師、錄鄴都尚書省事，成為北齊頭號權臣。高殷的九叔長廣王高湛出任太尉、錄并州尚書省事。北齊實行的是兩都制，晉陽和鄴都各有一套執政班子，類似於明朝的兩京制。

高演獲得了輔政權，最受影響的並不是高家班的兄弟們，而是以尚書令楊愔為首的鄴都派。這一派的主要成員，除楊愔外，還有尚書右僕射燕子獻、領軍可朱渾天和、侍中宋欽道、黃門侍郎鄭子默等人。蛋糕就這麼一塊，都讓高演吃了，弟兄們去喝西北風？

楊愔本來指望在高洋死後能坐上首輔的位子，可蛋糕卻被高演給拿走了，楊愔當然不服氣。楊愔知道，如果不扳倒高演和高湛，自己就當不了首輔。有一點對楊愔扳倒高演非常有利，就是高演手上沒有軍權！北周的宇文覺、李植等人之所以輸給宇文護，就是吃虧在沒有兵權上面。

北齊軍界大佬一般不摻和政治鬥爭，所以高演的所謂「首輔」實際上只能一條腿走路，非常的不安穩。如果僅以官場勢力而言，楊愔的實力更強，官場上的外姓重臣幾乎都站在他這一邊。

輔臣們開始了對高演、高湛等人的反擊，這些人在官場上的勢力大得驚人，不知道他們用了什麼手段，居然輕輕鬆鬆地就把高演從首輔位置上拿了下來。高演僅僅執政了一個月，就被剝奪了一切權力，解除太師職、錄尚書事職務，踢回常山王府養老。高湛也跟著倒臺，免掉大司馬職務，拴在晉陽當并州刺史。

勝利來得太容易了，輔臣們彈冠相慶，以為天下太平，其實殘酷的權力鬥爭才剛剛開始。

在輔臣們的首回合勝利中，有一個人的態度最為關鍵，就是負責晉陽宮府禁衛的司徒、平秦王高歸彥，他是高歡的堂弟。

除了高歸彥外，其他輔臣多是士大夫。有些士大夫在政治鬥爭中總免不了幾分書生氣，看事情過於簡單，楊愔就是這樣。在首回合勝利後，輔臣們不但忘記了高歸彥的功勞，甚至還打起了禁軍指揮權的主意。

根據楊愔的計畫，皇帝高殷要離開晉陽回到鄴都居住，為了避免高歸彥的勢力坐大，在沒有徵得高歸彥同意的情況下，楊愔私下動了手腳，把禁軍最精銳的五千人留在了晉陽。高歸彥對此事毫不知情，等來到鄴都幾天後，高歸彥才發現楊愔居然神不知鬼不覺地吃掉了自己的那份蛋糕。

高歸彥臉都黑了。

這就是楊愔做事欠考慮之處，楊愔只知道高歸彥是輔臣之一，卻忘記了高歸彥還是北齊的宗室親王！正因為這種特殊關係，高歸彥和高演等人有著扯不清的關係。當初高洋之所以把高歸彥安插在輔臣隊伍裡，正是出於這個考慮，讓高歸彥充當宗室與輔臣之間的潤滑劑。

楊愔不懂政治平衡術，搶了高歸彥的蛋糕，高歸彥能不恨他嗎？

最可笑的是，輔臣們不但絲毫沒有察覺高歸彥和高演等親王之間的暗中聯絡，反而準備「宜將剩勇追窮寇」，一鍋端掉親王們在官場上的勢力。

最早提出誅殺二王（高演、高湛）的是領軍大將軍可朱渾天和。可朱渾天和是高歡的女婿，但他和二王私交並不好，二王失權也就罷了，他居然想斬草除根。可朱渾天和私下和同黨們商議：「不殺二王，必留後患，不如趁早除掉。」眾人一片附和。

他們的速度非常快，沒過幾天，侍中宋欽道就上朝，請皇帝高殷下令，以二王威權日重，威脅皇帝為由，殺掉二王。高殷雖然是個性格懦弱的孩子，但二王畢竟是他的親叔父，豈說能殺就殺，高殷沒有同意。

直接殺掉二王，現在看來條件還不太成熟，那就退而求其次，把二王從政壇主流踢出去，先放在外州當刺史，慢慢再找機會下手。但沒想到楊愔卻受到了來自岳母婁昭君的壓力，便宜總不能都讓女婿佔了，婁昭君反對女婿對兩個兒子下重手。婁昭君通過特殊管道告訴楊愔，要盡快恢復二王的職務，否則有你好看。楊愔無奈之下，只好再退而求更次，打發高湛去守晉陽，再次把高演請回了尚書省，錄尚書事。

自從被罷職之後，高演和高湛就一直沒閒著，他們恨透了姐夫楊愔，我們又沒招惹你，憑什麼拿我們開刀。再者，二王都是高氏嫡親皇叔，要知道天下姓高不姓楊！二人為了東山再起，經常聚在一起密謀除楊事宜。為了避人耳目，二王經常打著遊獵的旗號去郊外，在空曠無人的地方，開始制定翻盤計畫。

對二王最有利的是，高歸彥因為被楊愔耍了一刀，氣憤之下，投靠了二王。高歸彥手上禁軍指揮權太重要了，歷代政變成功，都離不開軍隊，特別是內衛部隊的支持。

高演、高湛、高歸彥等人在一間密室裡，制定了一個完美的除楊計畫……

因為高演已經恢復了錄尚書省事的職務，所以就有資格以錄尚書省事的名義，召集百官來尚書省議事。在百官到來之前，他們已經安排了一切行動。高演曾經答應過九弟高湛，一旦事成，就立高湛為皇太弟，高湛大喜。

高湛在極為保密的情況下，調動自己府上的家奴數十人，隱藏在尚書省議事廳後面的客廳裡。

北齊乾明元年（西元五六〇年）二月二十三日，百官如約來到尚書省，楊愔自然也要來。在楊愔來之前，中書侍郎鄭子默似乎聞道了一股異味，他勸楊愔最好不要去，恐怕鬼子六已經給咱們下了套。

楊愔不相信高演有膽量動手，沒聽鄭子默的。鄭子默還是不放心，要去你去，我不去。鄭子默隨便找了個不三不四的藉口，躲在門下省的尚藥局裡看動靜。

百官們都到了，高演含笑請大家入席，盛大的宴會即將開始。

高演打個手勢，尚書省的侍從們魚貫而入，端著美味的菜肴和好酒，分別放在各位大員面前的案上。高演站起來舉杯，請大家盡情暢飲，今日只聊閒話，不談公事。高演讓坐在一邊的九弟高湛起身，給大家敬酒。高湛的演技相當了得，他不動聲色地來到席間，向大家勸酒，場面非常熱鬧。

很快就輪到高湛給姐夫敬酒。高湛陰陽怪笑著站在楊愔面前，說了句：「請姐夫滿飲此杯。」還沒等楊愔伸手拿過酒杯，高湛又大聲重複了剛才那句話。

楊愔端過了酒杯，剛喝下這杯酒，又聽見高湛幾乎是用最大分貝的聲音叫道：「為什麼不拿杯子？」

高九在幹什麼？還沒等楊愔反應過來，突然從外面闖進了幾十個全副武裝的家丁，將楊愔、燕子獻、宋游道、可朱渾天和等人團團圍住。楊愔一看這個陣勢，心猛地往下一沉，知道壞事了，鬼子六提前下手了。

高湛一揮手，他的幾十個馬仔一擁而上，把楊愔等人撲倒在地，一通拳打腳踢。

等高演急叫收手時，楊愔、宋游道等人已經被打成了豬頭，鮮血直流，楊愔甚至被打瞎了一隻眼。在這幾個輔臣中，燕子獻的力量比較大，勉強掙脫了家奴們，踉踉蹌蹌地跑出了殿門，但沒跑出多遠，就被「落鵰都督」斛律光追了上去，一腳踹倒在地。斛律光笑道：「燕僕射，酒還沒喝完呢。」說完，拎著燕子獻回到殿上。至於躲在尚藥局避風頭的鄭子默，也沒有倖免，被太子太保薛孤延請到殿上喝酒去了。

在這場宗室派和輔臣派的生死對決中，宗室派笑到了最後。

高演下令，斬「逆賊」楊愔、燕子獻、鄭頤、宋游道、可朱渾天和於殿外。不過為了縮小這場政變的影響，高演並沒有對五個政敵的家屬斬盡殺絕，每家各殺一房子孫，其他人全部除名，永不敘用。

官場鬥爭就是這樣，贏家通吃。

尚書省政變的第三天，也就是二月二十六日，常山王高演出任大丞相、都督中外諸軍事，錄尚書事，成為北齊政壇的男一號。男二號是長廣王高湛，進位太傅、京畿大都督，總管京師防務。高演也給了士大夫們一塊畫餅，由中書令趙彥深接替楊愔的位置，處理日常政務。趙彥深手上沒有任何權力，每日只能束手聽政而已。

尚書省政變勝利結束，但高演的戲份才剛剛開始。

高演僅僅滿足於做皇叔攝政王麼？當然不，不能要求所有的攝政王都像前燕慕容恪那樣大公無私，面對誘人的皇位，高演不可能不動心。對高演有利的是，太皇太后婁昭君是希望六兒子當皇帝。為了扳倒高殷，高演和老娘在密室商量了好多天，終於制定出了一個奪位計畫。

高演首先離開鄴都回到晉陽。他這麼做，是避一避嫌，讓老娘出面，廢掉高殷，這樣自己就不用背著廢立的惡名。

北齊乾明元年（西元五六〇年）八月初三日，婁昭君以太皇太后的身分下令，廢少主高殷為濟南王，轟出昭德殿，回家好好讀書。婁昭君把路給六兒子鋪好了，高演得到消息後，笑得合不攏嘴。面對香噴噴的肉餅，你會不吃嗎？

不過婁昭君雖然把高殷踢掉了，但老太太還是心疼孫子的。她警告高演：位子給你了，但你必須保證高殷的人身安全，我孫子如果有什麼三長兩短，老娘給你好看！

高演知道他該如何處置侄子，現在先把老娘穩住，高演痛痛快快地答應了。

在得到正式的即位通知後，高演在晉陽宣德殿即皇帝位，廢除乾明元年，改稱皇建元年。高演當了皇帝，婁昭君自然要恢復皇太后的名號，老太太很高興，李祖娥再也不能騎在自己頭上了。至於前皇太后李祖娥，降稱為文宣皇后，也稱為濟南王太妃，被高演母子踢出了官場。皆大歡喜。

高演即位之初，天下人都認為高六爺遠比那個瘋瘋癲癲的高二爺更可親，事實上也確實如此。高演為人處世的風格和高洋完全不同，高洋做事從來不講道理，戲侮親戚、濫殺無度，弄得人人自危，誰都不知道在瘋子手下，自己還能活到哪一天。

高演在這幾點上正好與高洋相反，高演是出了名的孝子，他對母親婁昭君極為孝順。有一次，婁昭君生病臥床不起，高演為了照顧母親，衣不解帶，站在床邊侍奉，累了就睡在殿外，一連就是四十天，這非一般人能做到。

高洋猜忌親兄弟，甚至虐殺了三弟高浚和七弟高渙，在這個世界上，就沒有高洋不敢殺的人。高演沒高洋那麼變態，他待兄弟們是非常厚道的，兄弟們在他面前可以不講君臣禮節，隨心所欲。

不過高演也不是什麼聖人，他也是有私心的。在對待宗室的問題上，高演做了兩件錯事，結果導致母子反目，兄弟成仇。

第一件事就是對待廢帝高殷的態度，之前婁昭君說過：帝位讓給你，但要保證高殷的人身安全。高演也答應了，但很快高演就把自己的承諾忘得一乾二淨。高演和高殷並沒有仇恨，而是高演擔心高殷有朝一日會復辟，影響到自己這一脈的帝位傳承。高演坐鎮晉陽，而高殷又留在鄴都，並不在高演的直接監控之下，高演對高殷實在是放心不下。

另外，當初跟著高演發動尚書省政變的平秦王高歸彥也害怕高殷一旦復辟，會對自己進行打擊報復。高歸彥成天圍在高演身邊，給高演講大道理：高殷不死，以後死的可能就是咱們。高演本來就有除掉侄子的心思，加上高歸彥一攪和，高演狠下心來，決定讓高殷去地下和二哥高洋團聚。

根據高演的指令，高歸彥親自去了趟鄴都，說是要接濟南王去晉陽享福。留守鄴都的高湛接到旨意後，很快就把高殷送到了晉陽。很快，十七歲的高殷就被六叔送上了西天。

高演動手是極為隱秘的，這件事情瞞著所有人，所以連皇太后婁昭君也不知道此時的高殷已經去了陰曹地府，還沉浸在自己生病期間，高演煮湯餵藥的母子情深之中。

高演做錯的第二件事，是欺騙了九弟高湛。當初高演要謀除楊愔，就答應過高湛，事成之後，就立高湛為皇太弟。正因為這個承諾，所以在尚書省政變時，高湛格外的賣力。但讓高湛憤怒的是，六哥剛得志，就把這個美麗的承諾吞到了肚裡，食言自肥。

皇建元年（西元五六〇年）十一月初四，高演下詔，立自己年僅五歲的長子高百年為皇太子。

高湛得到消息後，臉色鐵青。

高湛在想什麼，高演並不知道，他還沉浸在當皇帝的快樂之中。原來，當皇帝是這麼的刺激，看著所有人跪在自己腳下，山呼萬歲，那種征服的快感，是用語言難以表達的。直到登基後，高演才明白二哥高洋為什麼敢肆無忌憚地殺人，為所欲為，正因為他手上掌握著最高權力。

高演現在如願以償，成為天下最有權勢的男人之一（另兩個是北周宇文護和南陳陳蒨），但在高演心裡，始終有一個巨大的陰影，讓他寢食難安。這個陰影，就是殺掉了無辜的侄子高殷。

高演心裡有鬼，做事就縮手縮腳，哪怕是從樹上掉下來一片樹葉，高演都怕砸到自己頭上。

也許是上天的報應，在皇建二年（西元五六一年）十月，高演騎馬外出打獵，在野外突然被一隻冷不丁竄出來的兔子驚了馬，坐騎嚇得一哆嗦，結果把高演從馬背上顛下來，摔斷了肋骨。

高演躺在榻上唉聲歎氣，咒罵著這隻不長眼的野兔子。

聽說兒子摔成重傷，皇太后婁昭君過來探望，問候完兒子的病情後，婁昭君突然問高演：「濟南王（高殷）怎麼沒來？」

高演無語，他不知道該如何向母親說明情況。

「濟南王安在？」婁昭君有種不祥的預感。

「最後一遍問你，濟南王現在在哪裡？」婁昭君已經有些沉不住氣了。

還是一片死寂，高演閉著眼睛，沒有回答母親。

其實他已經做出了回答，婁昭君什麼樣的場面沒見過，她知道兒子的沉默就是回答。婁昭君氣得渾身哆嗦，從榻邊站起來，用拐杖指著高演大罵：「文宣待汝何厚？汝卻絕其種子！是此，汝有今日，非天之報乎！」

婁昭君痛哭著離去，高演躺在榻上，以被蒙面，號哭不休。被母親這麼一罵，高演突然恨自己，當時怎麼就那麼狠心，如果留下高殷一命，也許自己就不會遭到天譴。現在後悔，已經來不及了。

高演的病情越來越重，他知道自己命將終矣。也許受到了殺掉高殷的強烈刺激，高演在臨終前，做出了一個異常艱難的決定，他廢掉自己的兒子高百年，改由九弟、長廣王高湛繼位。

高演是在贖罪，他心裡其實很明白，把位子傳給五歲的高百年，不出數月，高湛就能把高百年踢下臺。高演能殺高洋的兒子，高湛就敢殺高演的兒子，對九弟的為人，高演再了解不過了。

高演拼盡最後一口氣，給鄴都的九弟寫了一封家書，略為：「百年幼弱無知，不會威脅到你，希望你能留百年一條活路，千萬不要學我殺乾明！」胡三省對高演的這封家書大加嘲笑：「齊肅宗殺其兄之子，臨終乃戒其弟勿殺己之子，良可憫笑。」

北齊皇建二年（西元五六一年）十一月初二日，高演病逝於晉陽宮，時年二十七歲。

三十七　高湛殘殺宗室實錄

前面講了，高演因為食言，沒有立高湛為皇太弟，讓高湛很不爽，高湛也動了奪位的心思。在一間密室裡，高湛問他的堂侄、散騎常侍高元海計將何出？高元海給高湛提出了三條建議：

上策：徹底斷掉一切紅塵欲念，披髮入山，從此不再過問政事，可保一條性命。

中策：出任外州刺史，遠離這個政治屠宰場。

下策：誅殺高演留在鄴都監視高湛的領軍大將軍斛律豐樂和高歸彥，奪其兵柄，復立高殷為帝，然後號令天下，北向進攻晉陽，滅掉高演，由高湛來做「周公」，然後重複高演的故事。

高湛聽完三策後，大罵高元海：「你這個混蛋，弄出什麼狗屁的上中策，下策最合我意。」不過高湛手下有許多會占卜的八卦先生，都算出了高演不久必將駕崩，天下必屬長廣王。如果能和平取得帝位是最好的，起兵的風險太大，高湛決定再觀望一下。

現在高湛面對王松年送來的家書，他半信半疑，六哥真的駕崩了？這是不是六哥挖的陷阱？高湛不敢盲目樂觀，為了打探真實情況，高湛派心腹人快馬赴晉陽。心腹人來到晉陽後，發現晉陽已經全城舉哀，高演的遺體就擺在晉陽宮裡，這總不會是假的吧？心腹人不敢多做停留，立刻趕回鄴都，氣喘吁吁地向高湛報告了這個天大喜訊。

高湛聽完了心腹人的彙報，仰天狂笑！

高湛徹底相信六哥已經見閻王去了，立刻打馬就道，風馳電掣般地闖進了晉陽宮，撲在六哥的遺體上號啕痛哭，卻沒有掉下一滴眼淚。晉陽百官也都做好了擁立長廣王的準備，等高湛哭完後，百官簇擁著高湛，在晉陽宮舉辦了盛大的登基儀式。

新皇帝有詔下，改皇建二年為大寧元年，大赦天下，幾個宗室親王都拜了肥差，彭城王高湝任太師、並錄尚書事，充當了高湛之前的角色；平秦王高歸彥為太傅、平陽王高淹為太宰、博陵王高濟為太尉、趙郡王高睿為尚書令、任城王高湝為尚書左僕射。

至於高演，高湛給了很高的評價，定諡為孝昭皇帝，廟號肅宗。高湛風風光光地給六哥辦完了喪事，然後將六哥的屍體扔到陵墓裡，填上幾鍬新土，請六哥到陰曹地府問候老爹、大哥和二哥吧。

高湛即位後，前任皇太子高百年已經不能留在東宮了，降封為樂陵王。高家的天下，在高演手上轉了一圈後，成為高湛的掌上玩物。在婁昭君所生六個兒子高澄、高洋、高演、高淯、高湛、高濟當中，其實高湛是最不起眼的，而且按長幼順序，也應該是老八高淯繼位。

婁昭君對六個兒子本來都沒有太強的好惡，即使是瘋瘋癲癲的高洋，婁昭君也是疼愛有加，畢竟都是從自己身上掉下來的肉。自從知道孫子高殷被高演殺掉後，婁昭君就恨透了高演，大聲咒罵讓高演早點去死。在婁昭君看來，高演也許只做對了一件事情，就是把皇位傳給九弟高湛。

北齊政權建立以來，一個最讓婁昭君頭疼的問題，就是宗室內部的殘殺太過慘烈。哥哥殺弟弟、叔叔殺侄子，殺來殺去，不怕把渤海高家本來就不多的男丁都殺光了？婁昭君相信老九高湛會在這個問題上有所收斂，她自認為了解九兒子。

不僅是婁昭君，高家的宗室親王們也都是經歷過天保時代血腥殺戮的，特別是老三高浚和老七高渙，死的是何等慘烈！睹之不忍，談之色變！

高浚不是婁昭君的嫡子，他生母是王氏，高歡在納王氏為妾的時候，王氏就已經懷上了高浚。高浚也被高歡懷疑是個「野種」，但高浚長大後特別聰慧，高歡又喜歡上了這個來路不明的兒子。

高浚為人豪爽，兼有一身好力氣，性格陽光，大哥高澄特別喜歡他。得到了大哥的寵愛，高浚就有些不知好歹了，他經常當面訓斥二哥高洋站沒站相，坐沒坐相，還流著一陀大鼻涕。高洋當時還在裝傻，所以表面上沒發作，但在心中就記下了高浚的這筆賬。

高浚從小就養成了對高洋的優越感，高洋稱帝之後，高浚照樣不把高洋當盤菜，經常當著大臣的面訓斥二哥，高洋恨得牙根癢癢。高浚三番兩次讓高洋下不來台，最終讓高洋忍無可忍，下詔把時任青州刺史的高浚召進宮中，將高浚和同樣不被高洋所喜的七弟高渙關押在地牢裡，讓牢頭們把燃燒的火把扔到牢裡，燒死了兩個弟弟。

高渙出事，完全是因為一句毫無根據的所謂讖語「亡高者黑衣」，根據當時的讀音，「黑」與「七」字同音，所以高洋就懷疑高渙將來會滅亡北齊。其實當時的西魏（北周）的服色尚黑，要說最有可能滅亡北齊的，還是西邊的宇文家族。

當年地牢中那場慘不忍睹的悲劇，高湛不僅是親自站在牢外看著兩個哥哥被燒死，而且高浚的死，就是因為高湛在高洋身邊煽風點火造成的。高浚知道高湛在背後動了手腳，在被燒死前，高浚拼盡最後一口氣，大罵高湛：「步落稽（高湛的鮮卑名），皇天必有報汝之日！」

高湛不信什麼因果報應，他只信今生，不管來世。要想確保今生的榮華富貴，那就必須牢牢掌握住手中的權力！那麼，什麼人對高湛的權力威脅最大？就是他的同姓宗室，包括他的叔父、兄長、弟弟、侄子，甚至是侄孫，所有高姓宗室，都存在著破壞高湛這一脈統治的可能性。

既然如此，那高湛就不得不對宗室大開殺戒，他不想讓自己的兒子們將來都和高殷一個下場！

殺人！是高湛現在唯一需要做的。

最先遭到高湛毒手的，是他的堂叔、平秦王高歸彥。

從派系上來看，高歸彥應該是高洋的人馬，雖然在尚書省政變時，高歸彥倒向了高演和高湛，但只是臨時結盟，高歸彥和二王並沒有什麼交情。高湛待高歸彥還是不錯的，他即位後，依然把京師禁軍的指揮權交給高歸彥，甚至還允許高歸彥帶刀上殿，這對臣下來說是極高的榮譽。

高歸彥本來就是個藉勢喧囂之徒，一旦得志，就不把別人放在眼裡，甚至在高湛面前，高歸彥也開始沒大沒小。高元海、畢義雲、高乾和等人都受過高歸彥的欺侮，這些人都跑到高湛面前告刁狀，說高歸彥有謀反的野心。

高湛老早就看高歸彥不像個安分守己的人，這種人用起來很難讓人放心，他能出賣高殷，將來也一定能出賣自己的兒子，不如趁早除掉。

很快就有內詔下來，高歸彥被解除禁軍指揮權，外放到冀州做刺史。高歸彥在京師官場混得有滋有味，不想到外面喝涼風，高歸彥懷恨在心，就有了謀反的心思。因為冀州治所信都郡距離鄴都非常近，所以高歸彥的如意算盤是派人密切關注高湛的動向，只要發現高湛離開鄴都去晉陽，他就率軍佔據鄴都……

不過雖然高歸彥的想法很完美，但他卻忽略了一點，他在冀州根本沒有自己的勢力！他能否指揮得動冀州軍隊都是個問題。冀州郎中令呂思禮探聽到了這個絕密計畫，立刻向朝廷告變。

高湛似乎對此已經有所準備，呂思禮的報告一打到他的案子上，并州刺史段韶和東安王婁睿就率官軍殺到了信都城下。高歸彥根本指揮不動冀州軍隊，高歸彥看著城外紀律嚴明的官軍，他已經明白了自己的下場。

但高歸彥似乎還有很強烈的求生欲望，他當著段韶的面表白絕無反心：「孝昭皇帝崩時，我手上六軍百萬，如果我真要造反，當時就動手了，何必等到現在！都是高元海那夥小人亂嚼舌頭，我不惜死，只要能殺高元海等人，我即自刎，絕不食言。」

段韶沒心思聽他自辯，很快就破了城，將準備出逃的高歸彥拿下，然後押往鄴都，聽候高湛發落。

由於高歸彥在官場得罪的人太多，幾乎所有人都反對高湛釋放高歸彥，「皆云不可赦」。高湛大喜，這下殺功臣的黑鍋就不用自己背了。高湛下令，將高歸彥及其三子，以及子孫十五人，併斬於市。時間是北齊大寧二年（西元五六二年）七月二十七日。

第二個倒在高湛魔爪之下的，是他的親侄子、高洋次子高紹德，時間是在殺高歸彥之後的當年年底。

高湛之所以殺高紹德，並不是因為高紹德威脅到他的統治，而是源自一場姦嫂醜聞。高紹德和其長兄高殷的母親都是李祖娥，前面講了，李祖娥「容德甚美」，即賢慧又有絕色，但這也不是高湛要殺高紹德的原因。

高洋在位時，曾經因事暴打過高湛，所以高湛懷恨在心。現在高洋成了死鬼，留下孤兒寡母，正是高湛進行報復的好機會。高湛在一個月黑風高夜，闖進了李祖娥的昭信宮，要求二嫂和他上床商討業務。

李祖娥看不上九弟，拼命反抗，高湛大怒，抽刀架在李祖娥的脖頸上，獰笑道：「今天不脫衣服，明天你就準備給高紹德收屍吧。」李祖娥為了保全兒子的性命，只好含汙忍辱，違心地脫衣上榻，任由高湛發洩獸欲。

很快，李祖娥就懷孕了，高湛聽說二嫂懷上了女兒，非常高興，準備小公主的降臨。沒想到傻乎乎的高紹德發現母親肚子大了，四處招搖說母親懷上了九叔的種，沒臉見人。李祖娥臉皮特別薄，哪經得起兒子這番奚落，臉臊得通紅，結果導致流產。

高湛大怒，讓人把高紹德拎到昭信宮。被女兒早夭刺激得喪失理智的高湛，破口大罵李祖娥：「你這個賤貨弄死了我的女兒，我要讓你的兒子一命償一命。」李祖娥哭著求高湛放兒子一條生路，已經來不及了。

高湛也沒有放過李祖娥，喪心病狂的高湛讓宮女當場扒光李祖娥的衣服，赤身裸體地摁在地上，狠狠賞了二嫂一頓棍子。

高湛本來想打死李祖娥，見打得差不多了，就讓人把「屍體」放在袋子裡，扔進水溝。好在李祖娥命大，又復甦了過來，這時的高湛也消了氣，一揮手，用一輛牛車把二嫂送到尼姑庵裡出家。

下一個被高湛害死的侄子，是高澄長子高孝瑜，同樣是因為一場宮闈醜聞而遭到高湛的毒手。由於高孝瑜並不是高澄的嫡子，雖然是長子，但沒有資格繼位。高孝瑜之所以出事，完全是因為得罪了兩個權臣造成的，這兩個小人是趙郡王高睿和北齊末年臭名昭著的大奸臣和士開。

和士開是西域胡人。和士開雖然不讀書，但卻秉承了父親和安的「恭敏」性格，為人處世非常圓滑，在官場混得風生水起。

和士開有一手絕活是握槊，具有國際水準，正好高湛也想學槊，於是就讓和士開當他的私人教練。和士開是朝中第一寵臣，又和高湛的私交甚好，所以在宮中，和士開和高湛以兄弟相稱，一點君臣禮數也不講。

不僅是高湛喜歡和士開，高湛的皇后胡氏同樣也想學握槊，實際上這個風騷女人是看上了和士開，想藉學槊之名，與和士開接近。高湛沒有想太多，就讓胡氏跟著和士開學習握槊。

和士開當然知道胡氏的心思，二人就打著學槊的旗號，當著高湛的面進行身體接觸。和士開手把手地教胡氏練槊，放到現在，手把手教學再正常不過，但古代是講究男女授受不親的，更何況胡氏是天下之母，豈能與臣子接手？

河南王高孝瑜很看不慣和士開的佞臣做派，在練習場上就指責和士開以大臣之身，不可以與皇后接手。高湛想想也是，大臣和皇后接手確實有些不成體統，就不再讓胡氏練槊。高孝瑜壞了和士開的好事，和某當然忌恨高孝瑜。

而高孝瑜所得罪的另一個權臣是高睿，高孝瑜認為高睿比和士開更像是胡皇后的姦夫，所以就提醒九叔要看緊自己的籬笆牆，別讓紅杏爬出了牆。

高睿與和士開二人並不合頭，他們都是胡氏的潛在情夫，但為了扳倒高孝瑜，二人臨時穿上了一條褲子。和士開經常在高湛面前說高孝瑜的黑話，說高孝瑜有不臣之心。高睿跟著煽陰風點鬼火，說河南王是天下賢王，朝中只知有河南王，不知有陛下。

高湛最忌諱的就是別人窺視他的權力，高孝瑜敢吃自己的豆腐，那就必須下地獄！不管高孝瑜之前和自己關係有多好，權力是從來不講親情的。

北齊河清二年（西元五六三年）七月二十八日，盛怒之下的高湛把高孝瑜召進宮，不管三七二十一，強行把高孝瑜灌醉，然後拉到車上，讓人再給高孝瑜灌進最後一杯酒。這杯酒裡有毒，高孝瑜喝完之後，毒性發作，跳到附近的河溝裡，到東海龍宮報到去了，時年二十七歲。

高孝瑜出事，實際上還是他做人太不小心，有些話是只能爛在肚子裡，不能隨便說的。胡皇后與和士開勾勾搭搭，關你什麼事？她又不是你老婆，你吃哪門子醋？

真正讓高湛不放心的，並不是高孝瑜，畢竟高孝瑜並沒有資格即位，而是曾經當過皇太子的高百年。

高湛一直在等待合適的機會除掉高百年，或者是在找一個合適的藉口。藉口很快就有了，在河清三年（西元五六四年）五月的一天，鄴城的上空突然出現了一種奇怪的自然現象，就是「白虹貫日」，太陽的周邊出現了兩道白色的氣暈。

這本來只是一個很普通的天文現象，但在科技不發達的古代，經常有人穿鑿附會，把這些天文現象和政治聯繫到一起，高湛就是這樣。高湛為了殺掉高百年，對外胡說是前太子引發了這場天象示警，準備處死高百年。

說來也巧，高湛正要拿高百年開刀，高百年就自己送上門了。這一年的高百年只有七歲，正是讀書的年齡，他請來了一位教書先生賈德胄，在府上教書。既然是學習，就要寫字，可能是高百年不懂得政治語言，居然在紙上寫起了「敕」字。

要知道這個字只有皇帝一個人有資格寫，誰寫了就是犯上。再加上高百年「前太子」的身分，這就不是一般的政治事件。賈德胄也沒安好心，高百年不過是一時疏忽，他居然上告到了朝廷。高湛表面上大怒，實際上心花怒放，他立刻下詔讓高百年來到涼風堂問話。

高百年雖然年幼，但由於特殊的身分，所以過早地接觸官場上一些見不得人的潛規則，他知道自己寫了「敕」字意味著什麼。在臨走前，他和比他大七歲的妃子斛律氏（斛律光之女）訣別。

高湛冷笑著讓高百年當場寫幾個「敕」字，他要核對筆跡，高百年很熟練地把字寫在紙上，果然筆跡相同。那就沒什麼話好說了，高湛一聲令下，幾個武士上前，將孩子打得死去活來，鮮血流了一地。高湛覺得是時候了，讓人把六哥的孽種拖到外面，一刀了斷性命。當斛律王妃聽說小丈夫被殺後，手上握著高百年臨走時留下來的玉佩，號啕痛哭，絕食自殺。

高百年的悲劇其實早在高殷被殺時，就已經不可避免。高湛殺了高百年，也算是間接給高殷報了仇，雖然即使高殷活下來，也照樣難逃九叔的魔爪。

下一個倒在高湛刀下的，是文襄帝高澄的第三子、河間王高孝琬。雖然高湛殺高孝琬是在幾年後，那時的高湛已經把皇位傳給了太子高緯，自己當上了太上皇。但為了保持敘事的連貫性，所以就把高孝琬之死放在這裡統一講述。

高孝琬在兄弟中排行第三，不過他卻是高澄的嫡世子，母親是東魏孝靜帝元善見的妹妹馮翊長公主。高孝琬和幾個兄弟的感情非常好。在高孝瑜被殺後，高孝琬雖然沒敢指責九叔變態，但卻在其他弟兄沉默不語的情況下，當著高湛的面，痛哭而出。

也許在高孝琬看來，害死大哥的並不是九叔，而是九叔身邊那些執政大臣，比如和士開和祖珽。為了報復這兩個小人，高孝琬在府中紮了兩個草人，天天用箭射這兩個草人，以解心中之恨。

不知道這事怎麼就讓和士開知道了，和士開恨得咬牙切齒，本來和士開沒打算拿高孝琬開刀，現在看來是時候動手了。和士開的拿手絕活就是構陷好人，他和祖珽又穿上一條褲子，二人跑到高湛那裡告黑狀，說高孝琬把陛下的形狀紮成草人，用箭射陛下，詛咒陛下早死。

高湛本來對高孝琬就不太放心，從理論上講，高孝琬才是北齊帝國最有資格繼承天下的唯一人選。因為高澄是高歡的嫡長子，而高孝琬又是高澄的嫡子。

同時，高孝琬府上有一個不得寵的姬妾陳氏，不知道是和士開暗中買通，還是她對高孝琬心存忌恨，她突然告發，說高孝琬在府中畫太上皇的畫像，天天痛哭，意思是把陛下當成了死人。其實這張畫像上畫的根本就不是高湛，而是高孝琬的父親高澄。

高湛天天提防高孝琬，正愁沒有合適的機會下手，他自己倒送上門了，高湛豈能放過這個機會。高湛把高孝琬召到宮裡，二話不說，讓馬仔赫連輔玄將高孝琬放倒在地，用鞭子狠狠的抽，高湛坐在榻上，欣賞著這人間最美妙的圖畫。

高孝琬根本不清楚九叔為什麼要抽他，他大聲喊著阿叔饒命。高湛一聽高孝琬叫他阿叔，火氣一下子就冒了出來，現在知道叫我阿叔了？用箭射草人的時候，怎麼不記得我是你阿叔？高湛指著高孝琬大罵：「你是什麼東西，也配叫我阿叔？」

高孝琬的骨頭很硬，看高湛這架勢，是要置自己於死地，反正今天也豁出去了。高孝琬大聲回答：「我是神武皇帝的嫡孫，文襄皇帝的嫡長，魏孝靜皇帝的嫡親外甥，為什麼就不能叫阿叔？」

高孝琬這招極狠，直接否定掉了高湛的合法地位，高湛臉色難看到了極點。

高湛突然站起來，用幾乎變態的聲音怒吼：「打死他！打死他！」赫連輔玄獰笑著，鐵拳如雨點般落下，殿上武士蜂擁而上，對著高孝琬拳打腳踢。

過了一會，眾人散開，只留下一具血肉模糊的屍體。

高孝琬的五弟、延安王高延宗在三哥被殺後，痛哭流涕，文襄一脈到底哪裡得罪了九叔，要把我們斬盡殺絕！

為了報復高湛，高延宗也在府中紮了一個草人，用鞭子狠狠地抽草人，一邊抽一邊罵「讓你這個變態殺我三哥！今天抽死你！」解恨！

高湛從高延宗家奴那裡得到了這個消息，臉都綠了，再讓這幾個小崽子成天拔草，鄴都附近的草都會被他們拔光！高湛把高延宗拎到宮裡，讓人狠狠抽了二百馬鞭。不過高湛並沒有要殺高延宗的意思，高延宗被打個半死，高湛一揮手，抬回去養傷吧。

不能說高湛一點人情味都沒有，從高湛殺人的動機來看，有一點要比高洋更好。高洋殺人全無道理，看誰不順眼就殺，誰都不知道能在高洋手下活到哪一天。而高湛與其是在殺人，不如說是在捍衛自己至高無上的皇權。

從綜合能力和歷史貢獻來說，高湛都不如高洋，但在這一點，高湛可以無愧於高洋。

三十八　周齊大戰

自從西元五四九年長社之戰後，（西魏）北周和北齊漫長的邊境上，突然安靜了下來。不要說大中等規模的戰爭，就是小打小鬧，也沒見有過幾場。

在北齊建國之後，周齊之間最大的一場軍事摩擦，發生在齊天保九年（西元五五八年）的二月，齊北豫州刺史司馬消難突然叛逃北周。

司馬消難是北齊重臣司馬子如的長子，同時也是北齊獻武帝高歡的寶貝女婿。因為這兩層顯赫的身分，司馬消難在北齊官場混得有滋有味，按道理講，他沒有任何理由背叛齊朝。

不知道是不是巧合，司馬消難的這次叛逃，和十五年前的北豫州刺史高慎叛逃幾乎如出一轍，原因都是因為一個女人。高慎叛逃，是因為高澄企圖強姦高慎的夫人李氏，而司馬消難叛逃的原因正好和高慎相反，司馬消難和老婆高公主的夫妻感情極差，在家裡經常大打出手。公主一怒之下，把司馬消難的黑狀告到了兄長高洋那裡。

巧合的是，正好當時上黨王高渙受到高洋猜忌，從鄴都出逃，轟動官場。北齊的官們都認為高渙極有可能要和坐鎮虎牢關的司馬消難聯手推翻高洋，高洋自然就懷疑司馬消難。因為這兩個原因互相影響，司馬消難覺得在東邊已經待不下去了，決定跳槽。

宇文護聽說司馬消難要換東家，驚喜萬分，這可是條大魚！北周柱國大將軍達奚武和大將軍楊忠帶著五千精銳鐵騎，從弘農（即恒農）出境，連闖五百里龍潭虎穴，去接司馬消難。

當時齊軍的戰鬥力非常剽悍，一旦碰上齊軍主力，五千人未必夠齊軍吃的，達奚武心裡犯怵，不敢前進。楊忠地位沒有達奚武高，但卻是出名的楊大膽，別說中原了，江東他都去過。在楊忠的堅持下，周軍抱著必死的決心，衝破了齊軍的重重阻礙，順利地將司馬消難搶到長安。

北周也不是沒有對北齊大規模用兵，在周保定三年（西元五六三年）九月，宇文護決定與突厥人聯合，從北線進攻北齊的原鮮卑六鎮地區。在軍事會議上，許多高官都認為齊軍實力強大，而且北齊有一個大將斛律光，不可輕敵，我們至少要派出十萬大軍。

大將軍楊忠認為用不了那麼多人，一萬足夠了。宇文護知道北齊的實力，還是不敢大意，雖然他讓楊忠帶著一萬精銳北上與突厥人會合，但還是派出柱國達奚武，帶著三萬人馬走南路的平陽，牽制北齊在河東的兵力。

楊忠這次帶的兵員不多，但卻有許多高級將領隨軍出征，如楊纂、李穆、王傑、爾朱敏、元壽、田弘、慕容延等。楊忠的出兵路線是率軍北上，渡過黃河，直插楊忠的家鄉武川鎮，然後進攻齊軍在六鎮的軍事據點。由於周軍的進攻非常突然，齊軍沒有準備，被周軍連破二十多個軍鎮。

突厥三大可汗木杆可汗、控地頭可汗、步離可汗聽說周軍果然不負約，大喜過望，這下可以從高湛那裡搜刮肥肉了。突厥部落十餘萬精銳騎兵星夜南下，與楊忠所部會合。

北周保定三年（北齊河清三年，西元五六三年）十二月十九日，北周與突厥聯軍十餘萬（《北齊書·武成帝紀》作「二十餘萬」），分三道進攻恒州。

恒州位於現在山西省的北部，北魏舊都平城就在恒州境內，是北齊河東地區防禦突厥人的頭號軍事區。如果周軍拿下恒州，晉陽就直接暴露在敵人強大的攻擊力之下。周軍聯合突厥入侵的緊急軍情，震驚了晉陽城。

此時的北齊皇帝高湛還在鄴都，聽說河東有周軍入侵，高湛倒是有模有樣地率百官急馳北上，趕回晉陽，準備禦敵。高湛認為周突聯軍尚在恒州，一時半會也打不到晉陽。但讓高湛沒想到的是，周突聯軍真正的目標並不是恒州，他們只是借道恒州，大軍穿恒州南下，前鋒已經逼近了晉陽。

周軍已經殺到了晉陽城外。高湛嚇得大呼小叫地要捲起金銀細軟，準備逃出晉陽，竄回鄴都避難，被趙郡王高睿和河間王高孝琬一把拽住。二人連哭帶罵地勸高湛不要給渤海高氏丟人，不就是二十多萬烏合嗎？有什麼好怕的。

高湛被堂弟和侄子這麼一激，血性突然洶湧而出，渤海高氏的子孫，可以被打死，但絕不能被嚇死。

根據齊軍高層的作戰部署，斛律光率三萬精銳南下平陽，防止周軍達奚武這一路從南線進攻晉陽。并州刺史段韶總督前線戰事，全力迎戰周軍。

時間已經到了北齊河清四年（西元五六四年）正月初一，此時的河東正遭遇著一場罕見的嚴寒大雪，這樣惡劣的天氣不利於大軍團作戰，等周突聯軍頂著鵝毛大雪，哆哆嗦嗦地殺到晉陽時，體力已經耗得差不多了。

踩著一尺多厚的積雪，齊軍在晉陽的精銳部隊在鑼鼓喧天聲中，唱著嘹亮的軍歌，全部出城，排列好陣形，準備戰鬥。高湛身披戎裝，站在晉陽城頭，面無表情地看著城外看不到盡頭的敵軍。這場戰爭，其實高湛也只是一個旁觀者，真正在臺上舞槍弄棒的，是他的表哥段韶。

此時周軍和齊軍的距離非常近，就在二里開外的大片空地上，周軍的作戰方式是步兵在前，騎兵在後，由步兵先進行突擊，等齊軍精銳消耗得差不多時，再由騎兵出戰，一舉殲滅齊軍。

楊忠自信滿滿，但他卻忽略了一個重要因素，就是他們的盟軍突厥人的戰鬥意志有多少？別看突厥人之前喳喳呼呼的要滅掉北齊，但等到齊軍列隊嚴整準備迎戰時，突厥人全都蔫了。

突厥人很狡猾，為了掩飾自己的膽小怯戰，把罪名都扣在楊忠的腦袋上。幾位可汗圍著楊忠大聲嚷嚷：「你們的情報工作是怎麼做的？你們不是說齊朝內部已經潰亂，軍隊不堪一擊麼？就因為相信你們的鬼話，所以我們才和你們結盟。可現在你看看，齊軍像是你們說的烏合之眾？我們從他們的眼神中看到了一往無前的勇氣，這仗還怎麼打?!」

楊忠鄙視這些膽小鬼，你們不敢上，那就閃到一邊觀戰，看你家楊爺爺是如何調戲段婆的（段韶的外號）。

是役，齊軍向饑冷疲勞的周軍發起了猛烈攻擊，正如之前段韶預料的那樣，周軍長途奔襲，體力透支嚴重，根本經不起齊軍的這番拳打腳踢，幾乎全軍覆沒，楊忠抱頭鼠竄逃了回去。

突厥人笑楊忠不自量力，他們也沒落得什麼好下場，被齊軍攆鴨子一樣，趕出了長城。周軍南路的達奚武軍團也沒佔到任何便宜，斛律光很好客，親自送達奚武回家，齊軍在蒲阪一帶轉了幾圈，押著兩千多個百姓回到了晉陽，向高湛報功。

經過這場慘敗，宇文護認識到在現在兩強實力相差無幾，指望通過一場僥倖的勝利迅速滅齊是根本不可能的，只能和齊人打持久戰。

宇文護不願意和齊軍發生正面衝突，其實有一個私人原因，就是宇文護的生母閻氏一直留在北齊當人質。為了母親的人身安全，宇文護不敢激怒北齊。

當年宇文護從晉陽溜出來，是孤身去關西投奔叔父宇文泰的，不僅是他的母親閻氏，包括他的姑母宇文氏，以及眾多的家眷都留在晉陽。從宇文泰確定在關西的統治權之後，高歡對這些宇文家眷如獲至寶，進行嚴密監押，這些人可是高歡手上難得的可以制衡宇文泰的好牌。

等到北齊建立，宇文媪和閻媪（正史上的稱呼）就成了北齊威脅北周的兩張好牌，特別是北周權臣宇文護的母親閻媪，價值連城。宇文護是個孝子，他不忍母親在異國受苦，多次請求北齊放回二老，但高家三兄弟死不鬆口。放人？薩保有本事就來晉陽接人吧。

宇文護大怒，揚言如果高湛再不給他面子，他就不要老娘了，聯合突厥大軍消滅北齊，為母報仇。在宇文護的戰爭威脅下，高湛果然服了軟，同意釋放二媪，但條件是周朝與齊朝簽訂永久和平協議，周人永世不再東犯。

高湛要了一個小聰明，他並沒有將二老一併釋放，而是先放了宇文媪，留下了分量最重的閻媪。北齊河清三年（西元五六四年）八月，高湛讓人以閻媪的口吻，給宇文護寫了一封家書。在信中，「閻媪」和宇文護聊起了家常，文字樸實，感人至深。

宇文護收到信後，號啕痛哭。

為了讓高湛盡早放歸老娘，宇文護不得不低三下四地吹捧高湛，請求高湛看在他是個孝子的面上放人。宇文護的回信中有幾句特別的感人，如「子為公侯，母為俘隸，熱不見母熱，寒不見母寒，衣不知有無，食不知饑飽」，看著讓人心酸。

宇文護屢次苦請，高湛就是不放人。宇文護被高湛的兩面三刀給惹毛了，回信大罵高湛是個無賴，並威脅高湛：給你設了最後期限，再不放人，大周鐵騎就要殺過潼關，後果由你自負。

高湛是個冷血動物，他根本不懂得親情是什麼，但他卻懂得周軍出關意味著什麼。就在宇文護的回信還沒寄出時，閻嫗已經由專人護送，來到了長安。宇文護激動萬分，跪在白髮蒼蒼的母親面前不停叩頭，淚流滿面。

高湛以為宇文護會遵守兩國的口頭和平協定，沒想到宇文護在閻嫗入關之後立刻翻臉不認人。對於宇文護的伐齊行動，北周新任傀儡皇帝宇文邕根本沒有權力反對，只能任由宇文護胡來。兩年前，宇文邕的長兄宇文毓因為不聽話，被宇文護用一塊毒餅送了終。宇文邕為人英武大略，但現在還沒到他施展抱負的時候，再忍忍吧。

北周保定四年（西元五六四年）十月十日，宇文邕以皇帝名義下詔，由大塚宰宇文護督軍十萬，齊公宇文憲、柱國達奚武、涇州刺史王雄、隆州總管陸騰等名將隨隊為副，即日東征。

周軍統帥是宇文護，實際上宇文護只是坐鎮弘農督戰，真正率領十萬大軍進攻北齊的，是柱國大將軍尉遲迥。宇文護是個文臣，他哪會打仗？真正拎刀上陣的還是尉遲迥這些武夫。

為了配合尉遲迥的主力部隊東征，江陵防主、大將軍權景宣率荊州軍團走南路，趨直線前插至懸瓠，給北齊的河南部隊製造壓力，迫使河南齊軍不敢北上，最大限度地保證主力軍團不受南線齊軍的干擾。同時，北周邵州刺史、少師楊檦率當地鄉兵萬餘人，在洛陽的黃河北岸附近游弋，攻城掠地，阻止齊軍主力部隊南下救援洛陽。

以前曾經講過，楊檦是邵郡的當地豪強，從西魏建立之初，楊檦就坐鎮邵郡，與齊人打了二十多年的硬仗，勝多負少。正因為這個原因，所以楊檦根本不把齊軍當盤菜，認為這次將和以前一樣，他會笑到最後。

楊檦率著鄉兵，大搖大擺地竄進北齊境內，他不像是來打仗的，更像是來公費旅遊的，既不設備，也不與南線主力部隊配合行動，老楊不相信齊軍有膽量來找他的麻煩。

楊檦還在作著殺進洛陽的美夢，突然，一支裝備精良、訓練有素的齊軍出現在楊少師的面前。一陣雞毛亂飛後，楊檦手下的這支鄉兵被北齊太尉婁叡率領的齊軍全殲，楊少師也光榮地成為婁太尉的座上賓，他不是被俘的，而是主動投降的。婁太尉大喜，帶著楊少師，二人一路上說說笑笑，去晉陽找高湛領工資去了。

其實楊檦這一路周軍本來就是打醬油的，憑這一萬鄉兵，哪裡是齊朝正規軍的對手？宇文護也只是讓楊檦在黃河北岸干擾一下齊軍，並沒有指望楊檦能做出多大的買賣。宇文護真正指望的，還是尉遲迥的十萬周朝正規軍。

當時北齊與北周在河南的邊境線就在洛陽城外不到一百里的函谷關，十萬周軍殺進北齊境內後，根本沒多少時間，就殺到了洛陽城外。還沒等齊軍反應過來，周軍已經開始猛烈地攻城……

宇文護此時正在弘農遙控指揮前線戰事，他知道洛陽之於北齊的重要性，高湛一定會派援兵的，所以周軍一定要做好充分的思想準備。宇文護下令，齊公宇文憲、柱國達奚武各部移師過河，駐守河陰，嚴防齊軍南下救援洛陽。

北周的這些高級將領都認為高湛又不是高洋，借高湛十個熊心豹子膽，他也不敢出兵南下。這些大爺們為了糊弄宇文護，只是裝模作樣地派出一些探馬四處亂竄，他們則坐在大營裡曬太陽，餓了吃飯，睏了睡覺。

高湛不會出兵？恭喜周軍的大將軍們，你們答錯了。

高湛再混蛋，也知道洛陽如果丟了將意味著什麼，能想像潼關一旦被齊軍攻佔，宇文護是什麼反應嗎？

詔下：蘭陵王高長恭、中山郡王斛律光督師五萬，星夜南下，一定要確保洛陽的戰略安全，否則大家都得喝西北風去。

蘭陵王高長恭？就是那個號稱南北朝第一美男的帥哥麼？沒錯，就是他！

高長恭是北齊文襄皇帝高澄的第四個兒子，其實他還有一個名字，叫高孝瓘。從他的幾個兄弟起名孝瑜、孝琬、孝珩來看，孝瓘才應該是他的本名。不過高長恭在歷史上的名氣實在是太大了，所以在這裡也就用高長恭這個名字。

高長恭的出身很有傳奇色彩，因為他的母親姓什麼，在唐初李百藥著《北齊書》的時候，都已經無聞了。關於高長恭生母身分，有兩種截然不同的可能。

一、高長恭的母親出身非常低微，可能是高澄身邊的一個低等婢女，否則不至於連姓氏都沒有留下來。

二、高長恭的生母出身非常高貴，但身分十分特殊，應該就是高家最至親的女眷，甚至不排除鄭大車的嫌疑，而高長恭的王妃恰好也姓鄭。如果高長恭的生母真是高家的某個女人，高歡很可能為了遮醜，而有意抹殺了這個女人的姓名。

世人皆知高長恭是一位大帥哥，實際上高長恭的帥並不是那種陽剛美的類型，而是陰柔型，在某種程度上，高長恭的氣質更接近於女人。最讓人流口水的是，高長恭還有一副漂亮的好嗓子，聲音溫婉動人，史稱「音容兼美」。

高長恭也知道自己美貌絕世，線條柔和。他不想在陣前讓敵人看到自己的陰柔面容，以免讓敵人對自己產生輕視，影響士氣，高長恭特製了一副面目猙獰的面具，每次上陣都要戴著。

高長恭一直生活在神話之中。

高湛對這個侄子沒什麼好惡，至少現在大敵當前，高湛也不會愚蠢到在這個時候自剪羽翼。高長恭和斛律光連袂南下，高湛相信他們會上演一齣虎穴奪寶的好戲。但讓高湛大呼意外的是，二人居然臨場下了軟蛋。二人看到周軍有十萬人馬，自己才有五萬，有些怯戰，「畏周兵之強，未敢進」，只是在黃河北岸陪著周軍一起曬太陽。

消息傳到晉陽，高湛的鼻子都氣歪了，大罵這兩個繡花枕頭，你們好歹也是名將，不帶這麼丟人現眼的。高湛在罵侄子的時候，也許忘了，就在去年，晉陽城下，高湛面對周突二十萬聯軍，是如何精彩表演的。

北齊的第一代從龍武將基本都退出了歷史舞臺，現在活躍在軍界的多是第二代，比如斛律光、段韶，是北齊中期齊名的兩員大將。斛律光已經去前線了，高湛只能向留在晉陽的段韶問計。

現在南線吃緊，高湛的意思自然是要盡快解除尉遲迴的十萬大軍，但高湛始終不放心北線。突厥人會不會利用齊軍南下的空隙，在北線發動大規模軍事行動。高湛問段韶，以南為重，或是以北為重？

段韶多次將突厥人打得鬼哭狼嚎，所以在他看來，突厥人根本不足一掃。段韶告訴高湛：「突厥於我，不過疥癬之小疾，而西賊於我，是腹心之大患。當以南線為重。」突厥軍隊的戰鬥力和組織紀律都遠不如周軍，一旦讓周軍攻陷河南，可以同時對晉陽和鄴造成極大的軍事威脅，後果不堪設想。

高湛其實是知道的，突厥人對自己的威脅是將來式，而北周對自己的威脅則是現在式，當然要先解決尉遲迥的軍隊。至於齊軍的前線最高指揮官，不能再用高長恭和斛律光了，正好段韶主動請纓，高湛便讓段韶率一千精銳騎兵急馳南下，去前線大營接管兵權，高湛隨後趕到前線督戰。

前線形勢非常緊張，所以段韶馬不停蹄地往南狂奔，從晉陽出發，僅用了五天時間，這支由一千多人的精銳騎兵部隊就踏過了河橋的木質橋面，衝進了洛陽城外齊軍的大營裡，這一天是齊河清三年（西元五六四年）十二月初八。

根據高湛詔命，段韶全權負責齊軍前線的指揮，高長恭、斛律光束手聽命，帳下諸將貫甲橫刀，進帳議事，氣氛一片肅殺。

對面不遠處，就是尉遲迥的周軍大營本部。

寒風如刀，將大營中那面斗大的「周」字大幡颭得獵獵作響。

此時的段韶已不在營中，而是率諸將爬上了臨近的北邙山，登高觀察周軍動向，三百名齊軍最精銳的騎兵衛隊跟著後面，保衛將軍們的安全。段韶對邙山太熟悉了，二十年前，那場慘烈的邙山大戰，是段韶放了一支冷箭，從西魏大將賀拔勝的槊下，救回了姨父高歡的性命。

雄偉的邙山，銘刻著段韶的青春與驕傲。

段韶迎著寒風，在山中轉了幾圈，基本了解了周軍的情況。段韶和諸將騎著馬下山，邊走邊議，不知不覺間來到了黃河南岸河橋附近的太和谷。

前面一陣馬嘶人喊，在段韶的面前，出現了一支數量龐大的騎兵部隊。這支軍隊其實不用自我介紹，段韶已經從他們身著的黑色軍裝上，知道了這是尉遲迥的軍隊。

段韶沒想到戰機這麼快就到來了，他立刻派探馬火速回到大營，命令集結待命的齊軍騎兵部隊全部上馬，列好軍陣，準備與周軍決一死戰。

段韶和幾百名騎兵隨即與主力部隊會合，齊軍主力訓練有素，段韶馬鞭一指，立刻分成三個大型軍陣。段韶馳往大陣西腳，領左軍，高長恭原地不動，領中軍，斛律光來到東腳，領右軍。

齊軍雁字排開。

段韶用馬鞭指著對面的周軍，大聲罵道：「你們這些言而無信的小人！宇文薩保為求母西還，許本朝以不戰。奈何自食蜜言，侵我國境，是何道理！」在這件事情上，周朝確實是理虧的。面對段韶的正義斥責，他們根本無理可辯。最後不知道是哪位高人站了出來，硬著頭皮狡辯：「這個……這是天意，偽齊背天逆人，人神共憤，是天神爺爺派我們下來凡間，誅殺你們這夥民賊！」

這位大爺的話音剛落，就見段韶仰天大笑，看來西賊是理屈詞窮了，居然把天神都請出來了。段韶不僅騎射功夫了得，罵人的功夫也是一流的，段韶回敬：「少把天神抬出來糊弄人，天道善善而惡惡，哪容得你們這夥賊人在爺爺的地盤上撒野放刁！天神也看不慣汝等欺天害民，就讓汝等小賊到天朝送死來了。」

好一張利嘴！

尉遲迥下令，周軍步兵迅速集結成列，步步向齊軍威逼過去，後面馬隊跟上，準備將齊軍擠在一個狹小的空間裡吃餃子。在通常情況下，被敵人圍困在山上就是死路一條。段韶是良將，他懂得一個道理，齊軍越往山上走，就會對周軍產生居高臨下的優勢。周軍從下往上攻非常吃力，體力消耗太大，齊軍全是騎兵，累的是馬不是人。一旦齊軍反撲，齊軍是正面作戰，周軍就只能背面作戰，形勢對齊軍其實是非常有利的。

這是段韶的誘敵深入戰術，尉遲迥也是名將，這麼淺顯的道理都不明白？估計是被段韶的毒舌給罵昏頭了。齊軍就像是一支被拉滿弓弦的箭，箭拉得越緊，射程就越遠。

等到齊軍被周軍趕到半山腰時，段韶覺得時機差不多了，下達了反擊命令。齊軍騎兵全部調轉馬頭，後隊變前隊，勒韁橫刀，呼嘯著從半山腰殺下來，衝進了周軍的步兵陣中。等尉遲迥大呼上當時，已經來不及了。

不過齊軍的戰術還不是以騎兵對步兵，而是步兵對步兵，齊軍騎馬後撤，主要是保存體力，以有力之步兵對力竭之步兵。段韶、高長恭、斛律光三員主將，身先士卒，操著短刀，在周軍陣中來回砍殺，所到之處，人頭橫飛。

周軍體力基本耗盡，根本經不過齊軍這番衝殺，死傷極為慘重，還有一大部分兵力被擠到了山溝裡，摔成了肉餅。

這仗已經沒法打了，主力部隊在邙山被強行吃掉，周軍的鬥志已經完全垮掉，再待下去，只能被齊軍全殲。

周軍自宇文憲以下，達奚武、王雄、韓果、劉雄、梁台各部，拋掉軍中笨重的武器以及糧草，輕裝後撤。從洛陽以西三十餘里，堆滿了周軍拋下的軍資器械，齊軍弟兄們撲在這些寶貝上大笑不已，這下真的發了。

在我們的地盤上打砸搶之後就想溜？留下輜重也不行，人頭也要留下來！齊軍迅速集結，跟著周軍後面，一路歡送，沒少在後面放冷箭，有掉隊的周軍士兵，被齊軍捉住。

周軍被追得發狂，太可恨了。梁台回頭一看，發現手下有兩個人被一夥齊軍捉住了，距離自己有二百多步遠。梁台是個倔驢脾氣，火氣一下子就上來了，他也沒叫幫手，一個人騎著馬、手執弓箭就殺了回去。梁台邊騎邊射，射死了兩個倒楣鬼，把周軍兩個被俘的弟兄撈了回去。宇文憲在旁邊大聲喝采，「梁老兄果毅膽決，我不及也。」

旁邊的王雄見梁台出了彩，不禁手癢。王雄發現了不遠處的斛律光，斛律光身邊並沒有帶多少人，王雄起了歹意。他縱馬舞槊，竄到斛律光面前，連砍三刀，斬殺了斛律光身邊的三個士兵。斛律光沒想到王雄會回殺過來，嚇得撥馬就逃。

不知道是怎麼回事，斛律光身上居然沒帶武器，只有一張弓和一支箭。此時王雄的大槊已經無限接受斛律光的馬屁股了，只要王雄再加一下力，斛律光就將被挑落馬下。

斛律光別的本事沒有，箭術卻出神入化，有「落鵰都督」的美譽，雖然他手上只有一支箭，但也足夠了。斛律光會滿雕弓如滿月，猛的一個回頭，右手一鬆，箭如流星，在王雄的笑聲還沒有退去時，一箭正中王雄腦門。王雄慘叫一聲，扔下大槊，抱著馬調頭狂奔。因為失血過多，等王雄的坐騎剛回到周軍陣中時，五十八歲的王雄就從馬上栽下來，一命嗚呼。

宇文憲氣得直跺腳，罵王雄沒事惹什麼斛律明月，連老命都搭進去了，何苦。

此時的周軍已經退到了北周境內，稍事休整之後，憋了一肚子無名火的宇文憲要在第二天點名找斛律光單挑，為王雄報仇。達奚武勸宇文憲不要衝動，在屁股上插一把雞毛，你也不是孔雀。

「現在剛在邙山慘敗，士氣低落，我們哪還有本錢陪斛律明月玩，不怕連褲子都輸掉了？齊公不怕死，精神固然可嘉，可手下弟兄們都上有老下有小，齊公忍心把弟兄們往火坑裡推麼？」宇文憲無語，長歎一聲，下令全軍後撤回潼關。

另外一路的權景宣倒是鬧出不小的動靜，當然主要是權景宣的運氣實在太好，就在南路周軍剛殺到懸瓠城下時，駐守懸瓠的齊豫州刺史王士良就開門投降權景宣。在南北朝時期，懸瓠是南北交界處的軍事重鎮，能在這裡駐守的多是一線軍政大員，王士良也是這種情況。

在高洋即位初期，王士良就當上了并州軍區司令，屬於官場准一線，在派系上屬於高洋的嫡系。史書上也沒有王士良和高湛私交不睦的記載，不清楚像王士良這種地位的大員怎麼就突然投降周軍？

懸瓠地處河南與淮南的交界處，被周軍佔領後，也就意味著周軍隨時可以北上進攻河南，或南下進攻淮南，對北齊南線的戰略安全產生了極大的威脅。不過還沒等權景宣準備在河南大展拳腳時，就得到了主力部隊在邙山慘敗的消息。

因為周軍主力在洛陽一帶牽制住齊軍主力，所以權景宣才能在南線撒歡。現在周軍主力被打跑了，齊軍可以騰出手來對付權景宣，權景宣哪是段韶的對手？權景宣一邊大罵著尉遲迥等大飯桶，一邊急速撤軍，哪來的就回哪去吧，懸瓠回到了齊人的手中。

周齊（不包括東西魏）之間第二場大規模的戰爭（第一次是去年的晉陽之戰），再一次以周軍的慘敗結束。宇文護氣得直哭，十萬大軍，多好的牌面，哪怕牌技再差，也不至於打成這副鬼樣子。

三十九　祖珽的官場生存術

不知不覺間，高湛在位已經三年多了，時間已經到了河清四年（西元五六五年）正月。此時的朝政和高湛前三年相比，沒有太大變化，依然是高湛在臺上瘋玩，胡皇后在後宮藉著練槊的名義與情夫和士開打情罵俏……

高湛即位以後，和士開就穩穩坐上第一權臣的位置，沒有任何人動得了和士開。但幾年之後，北齊政壇的權力格局稍有些變化，有一匹政壇黑馬突然殺進豪門的宴會之中，他就是著作郎祖珽。

早在十八年前，獻武帝高歡在玉壁被西魏大將韋孝寬戲耍時，祖珽就露過一把小臉，他奉高歡之命，來到玉壁勸韋孝寬投降，結果被韋孝寬好一陣奚落。

從這之後，祖珽在官場上的發展突然遇到了一個嚴重的瓶頸期，被高歡和高澄連續棄用，甚至遭到了高家父子的毒打，高澄先賞了祖珽四十殺威棒，高歡再賞祖珽二百馬鞭。

到了天保年間，祖珽依然得不到高洋的重用，其實這不能歸罪於高洋，完全是祖珽自找的麻煩。祖珽這個人幾乎是全才，會寫文章、玩琵琶、自譜新曲、懂陰陽八卦、通各國外語，醫術高深。但祖珽有一個最大的問題，就是他為人貪財。東魏北齊官場貪墨成風，幾乎無官不貪，但祖珽貪財的方式非常具有八卦精神，讓人哭笑不得。

有一次，高歡在府上舉行宴會，宴請府中幕僚，大家坐在一起喝酒聊天。

結果高歡突然發現他用來盛酒的金叵羅不見了，高歡並不缺少這點小錢，只是好奇到底是誰偷的。竇泰想出一個好主意，他讓在場所有人都把帽子摘下來。結果眾人看到，祖珽的頭髮髻上，正扣著一個金光燦燦的金叵羅，高歡大笑。

當初高澄之所以打祖珽的屁股，就是因為祖珽居然把當時稀有的絕版書《華林遍略》拆下幾卷，拿到典當行押了錢，然後和人賭博。天保初年，時任功曹參軍的祖珽利用權力，向準備出任令史的十幾個官員收受賄賂，被人告發。

高洋知道祖珽有貪小錢的毛病，釋之不問。但祖珽不思悔改，沒過多久又犯病了，竄到藏書庫裡，偷出了《華林遍略》，再次被人告發。高洋再也受不了了，官場上怎麼會有這種活寶？高洋很有意思，每次見到祖珽都笑噂：「你這個不要臉的賊，今天又準備偷點什麼？」祖珽偷東西上癮，在官場上傳為笑柄。

高洋只是拿祖珽當小丑，並沒有打算重用他。祖珽在官場上混得並不如意，既然在高洋身上拔不下幾根羊毛，那就換頭羊拔毛，祖珽看上了九爺高湛。為了巴結高湛，祖珽用胡桃油畫了一幅畫，送給高湛，吹捧高湛骨法非常，將來必能乘龍上天。高湛當然知道祖珽是想拜門子，立刻就收下了，並給祖珽許諾，一旦有這一天，我當與祖兄共富貴。

和士開本來是高湛身邊的第一拍馬高手，而祖珽的拍馬術相比和士開，有過之而無不及。自從用一桶胡桃油收買了高湛之後，祖珽成天跟在高湛屁股後面，溜鬚拍馬，把高湛伺候得舒舒服服。等高湛即位後，祖珽已經成為高湛親信集團的重要成員，封為中書侍郎，與和士開的地位不相上下。

本來只有和士開一個人受寵，現在突然闖進來一個莫名其妙的祖珽，和士開心裡非常不舒服。

最讓和士開窩火的是，高湛經常讓祖珽坐著彈琵琶，自己像猴子一樣當眾起舞。但由於祖珽現在聖眷正隆，和士開也不好發作，以後再找機會收拾祖珽。

祖珽當然知道和士開心裡是怎麼想的，要保住自己的地位，唯一的辦法就是甩掉和士開，成為高湛身邊的第一寵臣。為了實現目標，祖珽甩出了兩手絕活。

祖珽的聰明在於他懂得一個道理，高湛是皇帝，但這個位子早晚是要傳位於皇太子高緯的。和士開並沒有考慮到這一點，成天和高緯的生母胡皇后鬼混。放長線釣大魚，把眼光放的長遠一些，提前在高緯身上搞政治投資，一旦高湛有個三長兩短，等高緯繼位後，必然會感激自己，祖珽就可以長久地保持權位。

祖珽之所以想出這麼一個主意，有一個特殊的政治背景，就是高緯的皇太子之位坐得並不穩固。

其實高緯並不是高湛的長子，而是次子，真正的長子是南陽王高綽。高綽和高緯均生於天保七年（西元五五六年），而且是同月同日出生，高綽比高緯早出生幾個時辰。由於高綽的生母李氏是庶妻，而高緯的生母是正妃胡氏，所以高湛就把高緯排在前面。

因為這個原因，高緯在皇位繼承問題上的敵人並不是高綽，而是他的同母弟琅琊高儼。胡皇后特別偏愛高儼。高湛即位後，胡氏經常在高湛耳邊叨嘮，想請丈夫廢掉高緯，改立高儼。高湛倒是很喜歡高緯，堅決不同意。

祖珽是了解高緯和高儼這哥倆的，高緯為人昏暴，而高儼少年聰睿，如果最終上位的是高儼，憑高儼的聰明才智，再加上胡皇后與和士開的情人關係，到時祖珽很難繼續待在官場一線。站在祖珽的立場考慮，高緯保住太子位，是最符合祖珽利益的。

如果還讓高緯在東宮待著，不知道哪一天就被胡皇后給掀翻了，所以要盡快讓高緯繼位，高湛當太上皇。祖珽這個計畫已經非常絕妙了，但更讓人拍案叫絕的是，祖珽居然把這份絕世之功讓給了和士開。

祖珽找來和士開，問了和士開一個問題：「和公現在位極人臣，享盡榮華富貴，可和公想過沒有，一旦皇帝有恙，和公將如何自處？」和士開大驚，仔細一想，確實如此，他和高緯關係一般，他不敢保證高緯繼位後依然能重用他。在立高儼為儲已經不太可能的情況下，只能按祖珽說的去做，立高緯為帝，讓高緯記住自己的擁立之功，以後多多少少可以保證自己的地位。

和士開天真地以為祖珽這是為自己著想，哪想到和士開看到了蛋糕，還沒來得及張嘴，就被祖珽一口吞下肚去。和士開暗中指示太史官利用彗星出現的時機，胡說什麼彗星出現，當為易主之兆。

不過和士開動作還是慢了，祖珽隨後就給高湛上書，說：「陛下貴為天子，但非人間最貴。人間最貴者，太上皇也！皇帝的老子豈非貴極？」祖珽請高湛順應天道人心，效仿北魏獻文帝拓跋弘讓位于太子拓跋宏，通過內禪的方式，把江山傳給皇太子高緯。

祖珽這個進言正符合當初和士開對高湛所講「人生有限，當及時行樂」的宗旨，高湛天天處理公務，累得跟狗熊似的，如果讓位於太子，爛攤子都讓高緯去做，一方面能鍛鍊高緯的治政能力，而且自己還能放開手去玩，一舉兩得。

高湛大喜，內禪的事情就這麼定了下來。

北齊河清四年（西元五六五年）五月二十四日，高湛正式退居二線，成為北齊歷史上第一位太上皇帝。十歲的皇太子高緯在群臣的擁戴下，於晉陽宮即皇帝位。

新皇登基，應該改年號，高緯以皇帝的身分下詔，改河清四年為天統元年，大赦天下。不過高湛讓位不讓權，「軍國大事咸以聞」，北齊軍政財吏大權都在高湛牢牢控制之下。

新任秘書監、開府儀同三司祖珽在殿下伏拜三呼萬歲，他心裡別提多興奮了，一塊肉餅賣了雙份價錢，從此「大被親寵，見重二宮」。不論是高湛，還是高緯，都非常感激祖珽。最窩火的可能就是和士開了，平白被祖珽給耍了，成了祖某的官場墊腳石。

新皇帝登基，但祖珽的主要工作還是繼續拍太上皇高湛的馬屁，畢竟高緯只是個潛力股，高湛才是現任財神爺。祖珽的官場洞察心術已經到了讓人膽寒的程度，高湛心裡在想什麼，祖珽看得一清二楚。

祖珽很快就摸出了高湛對文宣帝高洋的底線態度，那就是仇恨。當年高洋打過高湛，高湛恨透了二哥，所以等他即位後，對高洋的妻子進行殘酷的打擊報復，強姦了李祖娥，殺掉了高紹德。但這一切還是沒有讓高湛滿足，至少還有一件事，高湛心裡一直覺得不是滋味。

皇帝死後，都要追尊帝號和廟號，北齊的實際開創者高歡死後，定諡為獻武王，高洋即位時，並沒有易諡，改稱為獻武皇帝，廟號太祖。而高洋本人死後，高殷給高洋定的諡號是文宣皇帝，廟號高祖。

高洋的這個諡號和廟號，讓高湛很彆扭，像二哥這樣的瘋狂變態，有什麼資格用這麼高等的美諡？高洋哪點文了？哪點又宣了？高祖這個崇高至極的廟號又豈是高洋能承受得起的？

不過高湛從來沒有在外人面前表露過在這個問題上的不滿，但還是被聰明的祖珽看穿了。祖珽立刻上書，說前朝給二帝定的謚號和廟號均不符合實際，獻武帝被低估了，文宣帝則被高估了，應該重新進行官方評價。

高湛大喜，祖珽太可愛了，怎麼知道自己的心思。

北齊天統元年（西元五六五年）十一月十一日，詔下，改太祖獻武皇帝（高歡）為高祖神武皇帝，皇太后婁昭君的徽號也由獻武皇后改為武明皇后。高洋的「高祖」廟號被剝奪了，但高洋的廟號和謚號暫時還沒定好，高湛讓群臣議出一個合適的名號。

十二月二十二日，歷時一個多月，高洋的謚號和廟號才最終議定下來。謚號是景烈皇帝，廟號是威宗。廟號以高、太、世為尊，謚號以文、武、宣、昭為尊，威宗和景烈皇帝實在是拎不上檯面，可見高湛對高洋的仇恨有多深。

但這一切，和祖珽沒有任何關係，他只為自己的利益負責。

四十 「和士開時代」的興衰榮辱

祖珽有小才，但遠沒有他自詡的所謂經天緯地之才，在高湛眼中，祖珽只是一個弄臣。和士開有後宮力量的支持，所以在官場上的地位，和士開領先了祖珽不止一個身位。和士開遠比祖珽油滑，社會閱歷極為豐富，為人處世四腳不著地，這樣的琉璃蛋子在官場上是最容易混出頭的。

祖珽說到底是個名士，他身上有濃重的士大夫氣質，正是這一點，限制了祖珽和高湛的私人交情。高湛雖然知道和士開成天在宮中鬼混，和老婆的關係不清不白，但和士開依然能得到高湛的無上寵遇。

真正屬於和士開的時代，在高湛內禪三年之後，也就是天統四年（西元五六八年）十二月初十，才姍姍到來。

在此之前的一段時間，太上皇高湛的身體機能嚴重惡化，高湛已經知道自己快不行了，他的時代行將結束。兒皇帝高緯只有十三歲，還遠不到親政的年齡，現在當務之急是尋找一個在政治上可靠的輔政大臣，輔佐幼主治天下。

高湛首先排除了宗室輔政的可能性，這年頭最靠不住的就是兄弟叔侄，看看北齊宗室內部殘殺的慘烈就知道了。輔臣應該由高湛最信得過的外姓大臣來做，而且此人不能在軍界有太大的影響力。算來算去，只有和士開最合適。最重要的一點，和士開是胡皇后的情夫，就衝著這一點，和士開對高家也是絕對可靠的。

高湛臥在乾德殿，不停地咳嗽，和士開坐在榻邊，端著藥，面色哀戚地給高湛餵藥。高湛長歎，他告訴和士開：「我將去矣！幼子孤弱，公有伊尹、霍光之才，我把社稷幼子託付於公，公可盡心為之。」和士開流著淚，不停地點頭。

分別的時間很快就要到了，高湛緊緊拉著和士開的手，淚如泉湧，拼盡最後一口氣，說了他人生中的最後一句話：「勿負我也！」為人陰刻尖酸的太上皇駕崩了，時年三十二歲。高湛死後，他的手依然緊緊握在和士開的手中。

歷史對高湛的評價非常低，李延壽直斥高湛「愛狎庸豎，委以朝權；帷薄之間，淫侈過度。滅亡之兆，其在斯乎。」後世史家多認為北齊滅亡的第一責任人並不是後主高緯，而是武成帝高湛，胡三省就說：「史言亡齊者武成。」

高湛讓這個莫名其妙的和士開給高緯當相父。和士開雖然權勢威赫，但和士開在朝中並沒有自己的心腹政治勢力，他完全處在一種依附型的狀態，對外依附於高湛，對內依附於胡皇后。

而且和士開的所謂輔政只是徒有虛名，有資格入閣輔政的除了和士開，還有七個人，他們是錄尚書事趙彥深、婁定遠，尚書左僕射元文遙，開府唐邕，領軍大將軍綦連猛，并州尚書省左僕射高阿那肱，度支尚書胡長粲。和士開和七位權臣共稱為「朝中八貴」，老和只不過是在順序上排在首位而已。

在七個人中，唐邕是軍方文官系的代表，綦連猛是軍方武將系的代表，婁定遠雖是外戚，但卻是個四不靠。元文遙和北齊宗室走得很近，趙彥深無幫無派，胡長粲是北魏胡太后的曾侄孫，和北齊胡太后關係不太好。只有高阿那肱與和士開穿一條褲子，也不過是看中和士開的權勢而已。

如前所述，和士開勢力的根源在後宮胡太后那裡，這個後宮集團以胡太后為首，和士開出頭挑旗，旗下還有高阿那肱、胡太后的長兄胡長仁、高緯的乳母陸令萱、陸令萱的兒子駱提婆（後改姓穆）等人。

有胡太后坐鎮，再加上和士開，後宮集團的勢力非常大，這引起了對立勢力，特別是宗室派勢力的極大恐慌。在執政八貴中，居然沒有一個宗室，高阿那肱與北齊同姓不同宗。高家的天下，卻讓一班外人來掌舵，換了誰能服氣？

其實在八貴之中，就有不少反後宮派的勢力，比如說元文遙。元文遙是北魏宗室，但他代表的卻是士大夫清流集團。在後宮、宗室、士大夫三方政治勢力的格局中，後宮勢力突然坐大，自然就會逼迫宗室集團和士大夫集團走到一起。

就是高湛死後沒幾天，元文遙和趙郡王高叡、馮翊王高潤、安德王高延宗，再加上政治投機商婁定遠突然向以和士開為代表的後宮集團發難。這些人聯名上書高緯，說和士開不宜留在京師輔政，請把和士開放到外州當刺史。

和士開是胡太后遙控朝政的最關鍵人物，一旦和士開被驅逐，後宮勢力就將徹底退出政治舞臺，胡太后當時就急了。為了保住和士開的位子，胡太后緊急召開了內閣會議。這次會議是以宴會形式召開，不過各派勢力心裡都清楚，這次會議是他們之間矛盾的總爆發，誰還有心思喝酒？

首先向和士開發難的是趙郡王高叡。

高叡與和士開曾經聯手除掉河南王高孝瑜，但他們的這次合作也只是臨時苟合而已。高叡早就瞧和士開不順眼了，今天機會難得，索性把心裡話都講出來，君子要用陽謀殺人。

高睿當著所有人的面，指責和士開：「和士開有何才德，可為首輔？他不過就是先帝胯下的一個弄臣！此人奸狠無恥，貪墨成性。」

胡太后一聽就惱了，高須拔（高睿的鮮卑名）當眾扇她的老臉，這讓胡太后如何下得來台？看來是應該給高須拔一點顏色瞧瞧了。

胡太后指著高睿大聲斥責：「一派胡言！如果按你聽說，和士開如此小人作派，先皇帝在日，怎麼不見你們放屁？現在先皇帝走了，你們就跳出來生事。你們哪裡是衝著和士開去的，分別就是想欺負我們孤兒寡母！須拔，給老娘閉上你的狗嘴，喝酒吧。」

讓高睿閉嘴？怎麼可能！高睿大聲駁斥胡太后。朝中的反後宮勢力見高睿跳出來發難，都跟著起鬨，強烈要求驅逐和士開，否則今天就別想散場。

胡太后笨嘴拙舌的，哪扛得住這幫毒舌，有些理屈詞窮。再這麼鬧下去，弄不好會輸個精光，胡太后鐵青著臉，站起身來，說請大家滾蛋吧，此事以後再議。

高睿等人還想在這場酒會上扳倒和士開呢，見胡太后要撤，氣得破口大罵，摔杯子砸碗的，雞毛亂飛，場面非常熱鬧。胡太后高掛免戰牌，高睿等人卻宜將剩勇追窮寇，第二天一早，眾人又來到雲龍門外，由元文遙出面，把眾人彈劾和士開的摺子呈進後宮。胡太后根本不理元文遙，老元來回跑了三趟，連胡太后的面都沒見到。

在那次酒會上，和士開為了避嫌，一言不發，他不是怕高睿，而是在等待時機反擊。和士開很聰明，他已經意識到，再讓胡太后出面應付已經不太合適了，倒是皇帝高緯是個不錯的人選，可以從高緯身上打主意。

和士開跪在胡太后和高緯的面前，他聲音顫抖著給高緯下套：「先皇帝升遐之日，將陛下託於草莽臣，臣敢不竭力為牛馬，為陛下效之以忠乎！趙郡王心術不正，欲除陛下而自為帝，而臣為陛下忠狗，彼即欲出臣，以剪陛下之羽翼。臣出，亦可以為大州刺史，富貴如前，但臣出，趙郡王必以陛下為乾明第二（即高殷），彼欲做孝昭（即高演），天下誰其不知！生臣者，父母；貴臣者，先帝，若陛下果為乾明第二，臣在黃泉，尚有何面目見先皇帝乎！」

和士開的演技也是影帝級別的，說完號啕痛哭，淚如泉湧，胡太后和高緯都被感動得稀里嘩啦，跟著哭了起來。高緯只是一個不諳世事的孩子，他哪看得出和士開這麼多花花腸子，再加上胡太后在旁邊敲鑼打鼓上眼藥，高緯很快被和士開爭取了過來。

高緯知道堂兄高殷的下場，十四歲的小皇帝咬牙切齒地問和士開：「如何除掉高睿？」和士開拈著老鼠鬚子，奸笑道：「除賊須趁早，陛下可詔趙郡王入宮，一舉殺之，大患可除。」高緯大喜，立刻下詔，痛責高睿禍亂朝政，罪在不赦。不過這份詔書應該是在殺高睿之後才能公開的，否則會打草驚蛇，萬一高睿狗急跳牆，發動兵變就麻煩了。

一切準備就緒。

第二天清晨，高睿接到旨意，要他上朝議事。昨天夜裡，高睿作了一個噩夢，醒來後高睿已經有了一種強烈的預感，今天要出事。王妃鄭氏（非兗州刺史鄭述祖女，述祖女已亡）也感覺到了殺氣，勸高睿不要冒險，小心有詐。

在上次的內閣酒會上沒扳倒和士開，高睿就已經知道會有這麼一天，只是沒想到會來得這麼早。他已經嚴重得罪了胡太后和她的姦夫和士開，今天不死，明天也難逃這對狗男女的毒手。

高睿推開已經哭成淚人的鄭妃，面色平靜地入宮。

胡太后還想給高睿最後一次機會，她再次問高睿，是否要改變你對和士開的態度？只要高睿改口，胡太后可以既往不咎。高睿根本不稀罕胡太后的好意，當場痛斥和士開和胡太后的姦情。

胡太后牙咬得格格作響，如此不識抬舉，那就沒什麼話好說了。高睿剛出殿外，就被一隊全副武裝的甲兵拿下，推推搡搡來到不遠處的雀離佛院，由宮中頭號打手劉桃枝親手送高睿上了西天。

高睿是宗室派的大頭目，高睿一死，之前還喳喳呼呼的宗室王爺們全都保持沉默。誰再不老實，高睿就是他們的榜樣！

自此，第一輪的權力之爭，以後宮派的勝利而結束。

後宮派得了志，派中各位大佬也紛紛跳到前臺搔首弄姿出洋相，賺了不少銀子。後宮派大致可分為三個等級：第一等級是胡太后；第二等級是和士開，第三等級是陸令萱和高阿那肱。

陸令萱是北齊後期官場的傳奇女人，她是原西魏廣州刺史駱超的老婆，駱超在西元五三八年投降東魏，在十幾年後的天保年間，因為捲入了一場謀反案，駱超被殺，妻兒被發配宮中當奴隸。

陸令萱容貌不詳，但卻長了一張巧嘴，能說會道，很快就和當時的長廣王胡妃打成一片。現在的小皇帝高緯就是陸令萱一手拉扯大的，高緯稱陸令萱為乾媽。其實陸令萱還有兩個乾兒子，就是後宮派的兩大權臣和士開和高阿那肱。另外，高緯有個寵妃穆黃花，也被陸令萱收為乾女兒，這夥人在宮中互為表裡，共進共退，形成了強大的后黨勢力。

對於這些亂七八糟的人物，和士開心裡是有些瞧不起的。和士開也不要笑話別人不通書理，他自己也沒讀過幾本書，正因為如此，和士開才迫切需要一個飽學之士做自己的參謀長。

至於人選，和士開突然想到了一個人，此人文史風流，智略超群，是再合適不過的人選，就是祖珽。雖然和士開和祖珽有些積怨，上次因為內禪的事情，和士開免費替祖珽做了一回開路先鋒，好不窩火。不過江湖上沒有永遠的仇恨，只有永遠的利益，現在和士開需要祖珽的智謀，祖珽也需要和士開的提攜，二人一拍即合。

正好高緯也在想念祖珽，當初要不是祖珽靈光一現，現在坐在帝位上的還不定是誰呢。和士開天天在宮中鬼混，當然知道小皇帝在想什麼，他立刻趁熱打鐵，和陸婆婆連袂出手，請皇帝看到當年祖珽力主內禪的功勞，召祖珽還京師任職。

祖珽在當初因為提議內禪和改諡文宣帝兩把刷子，得到高湛無上寵遇，一時風光無限，但隨後很快就滑落到人生的最低點，老命也差點丟了。原因並不複雜，祖珽想扳倒第一權臣和士開與趙彥深、元文遙等人，結果還沒來得及動手，就被和趙二人給扳倒了。

當時高湛視和士開為珍寶，祖珽只不過一塊鍍金的破鐵。高湛大罵祖珽多事，結果祖珽一時興起，當場頂撞高湛，說陛下用這些奸臣，不出數年，大齊基業必亡於一旦。祖珽沒收住嘴，結果把高湛在民間欺男霸女的醜事給抖了出來，高湛怒不可遏，抽了祖珽二百鞭子，關在地牢裡。

因為在地牢裡長時間見不到陽光，祖珽只能用蕪菁子照明，時間一長，祖珽的雙眼被熏壞了，成了盲人。正因為如此，和士開才覺得祖珽已經不能再對自己造成威脅，祖珽還有很大的利用價值，現在不用，過期就作廢了。

不久詔下，徵祖珽入朝，任秘書監、加開府儀同三司，又回到了官場一線。

祖珽是個害人精，一天不禍害人，他的人生價值就得不到體現。他剛回到官場，就與和士開聯手，除掉了齊州刺史胡長仁。胡長仁是胡太后的長兄，但他卻不屬於后黨，因為權力之爭，胡長仁與和士開勢同水火。

胡長仁曾經派刺客去刺殺和士開，結果沒得手。對胡太后來說，她最愛的男人是和士開，其次是高湛，胡長仁在她心裡根本沒分量，所以和士開與祖珽暗算胡長仁，肯定是得到胡太后點頭的。

胡長仁無權無勢，要扳倒他實在太容易了，祖珽舉漢文帝誅舅父薄昭的例子，說不殺胡長仁，將來必有內亂。高緯是個糊塗蟲子，聽祖珽這麼一通胡扯，二話不說，派劉桃枝去齊州，送一杯毒酒，請舅舅上了路。

齊朝的天下，是胡太后與和士開這對露水夫妻的，高緯還只是個孩子。

北齊武平元年（西元五七〇年）七月初三日，朝廷詔下：尚書令、蘭陵王高長恭升任錄尚書事，尚書令由和士開接任，並封為淮陽王。自和士開成為北齊的第一權臣後，官場上的好漢們開始成群結隊地來拜和相公的門子，有的認乾爹，有的與來和府認親的富商們稱兄道弟，翩翩起舞。

這都不算最狠的，最狠的是一位老兄，他有次來到和府認親，正趕上和士開生病。他看到和士開死活都不肯吃藥，就問大夫我乾爹為什麼不吃藥。大夫告訴他，這個所謂的藥其實就是大便，雅稱「黃龍湯」。誰沒事去吃大便？

這位兄台一聽就笑了，這個好辦。這老兄滿面堆笑，開導和士開：「此藥有味無毒，吃了可治癒大王的病，大王金體有恙，奈天下何！我先為大王嘗嘗。」這老兄端起便盆，一口氣吃了一大半。吃完還抹抹嘴，伸出大拇指，稱讚和士開的大糞香氣撲鼻，和士開見吃大糞不算什麼難事，才勉強服下。

四十一　高緯兄弟殘殺

在這段時間，和士開的威望達到了極盛，甚至天下只聞有和王，不聞有高王。不過在當時官場上，依然存在著強大的反和士開勢力，只是時機未到，大家都在隱忍。不出意外，反和派的首領依然出自宗室，就是高緯的三弟、琅琊王高儼。

在武平二年（西元五七一年）時，高儼只有十四歲，是胡太后所生最小的兒子，自幼就得到母親的特別寵愛。和五毒俱全的二哥高緯相比，高儼幾乎就是完美的化身，借陸令萱的話說，就是「聰明雄勇，當今無敵」。

高儼生性耿直，他最看不慣和士開和陸令萱這夥城狐社鼠的胡作非為。高儼年齡太小，沒有多少官場生存經驗，臉上藏不住話，心裡想什麼，臉上就表現出來。高儼對和士開的反感，和士開看得一清二楚。

幸虧高儼是嫡次子，否則讓高儼當皇帝，和士開連喝粥的地方都沒有。但高儼現有的地位也足以讓和士開提高警惕，一旦高緯有個三長兩短，繼位的肯定是高儼。每次看到高儼入宮，和士開都如芒刺在背。他和穆提婆私下商量了一下，必須把高儼從官場一線踢出去，否則不知道哪天這小子就敢拿刀砍咱們。

對高儼的政治圍剿有一些難度，因為高儼不僅是胡太后最喜歡的兒子，也因為高儼身為京畿大都督，統領著鄴城的禁軍部隊，稍有不慎，就有可能引發兵變。和士開做事很謹慎，他只是解除了高儼身兼的一些閒職，將高儼朝見皇太后的次數由每天一次改為五天一次。

和士開的連番動作，引起了高儼的極大警覺。高儼早就有除掉和士開的打算，一直看在母親面上沒動手，現在和士開主動挑起戰爭，那高儼也應該有所表示了。高儼的心腹都在勸高儼做事不要拖拉，要學習文宣帝快刀斬亂麻，否則下地獄的就是咱們。

高儼身邊最得力的人物是侍中馮子琮。論親戚關係，馮子琮是胡太后的妹夫，他與和士開的關係本來是不錯的，由於和士開得勢，馮子琮經常拍和士開的馬屁，老和很受用。時間一長，馮子琮就不把和士開放在眼裡，「自擅權寵」，和士開很惱火，就疏遠了馮子琮。老馮就記上了和士開的這筆賬。

聽說妻甥高儼準備除掉和士開，馮子琮極力贊成，和賊早就該死了。馮子琮之所以圍著高儼轉悠，還有一個不可告人的目的，就是踢掉和士開後，廢掉高緯，立高儼為帝。高儼並不知道姨父的這個隱秘計畫，他只知道，今天不除和士開，高睿的下場就是他的下場。

高儼遊說握有禁軍兵權的將軍跟他一起行動。高儼雖然是京畿大都督，但年齡太小，在軍中沒什麼威望，有些將軍未必就聽他的。在禁軍部隊中真正主事的，是領軍大將軍厙狄伏連。

厙狄伏連是個粗人，而且此人非常搞笑，他貪財如命，老婆病了，他拿出一百個錢去買藥，買完藥就心疼這點錢了。厙狄伏連好賭成性，大字不識一個，成天揪住士大夫們抽馬鞭。最好笑的是，他家不講衛生，屋裡蒼蠅成群，他就暴打門衛：「你是怎麼看門的？蒼蠅都在屋裡閱兵了！」

不過厙狄伏連並不傻，高儼來找他，矯詔稱皇帝有旨，讓厙狄將軍去捕拿奸臣和士開，厙狄伏連沒敢魯莽行為，一邊跟高儼打哈哈，一邊去找馮子琮，問老馮這事是真的假的。馮子琮當然說是真的，故意板著臉問：老兄還信不過皇帝的內敕？厙狄伏連滿臉堆笑，說不敢不敢。

厙狄伏連立刻發布內部調令，一隊最精銳的禁軍士兵跟著他連夜出動，在神不知鬼不覺的情況下，埋伏在了神虎門外……

武平二年（西元五七一年）七月二十五日，這是一個很普通的日子，新任錄尚書事和大人與往常一樣，整肅衣冠，手持玉笏，準備入朝議事。

神虎門外，突然出現了一隊行跡可疑的禁軍，厙狄伏連這頭鐵公雞怎麼來了？和士開心裡有些存疑。還沒等和士開張口問話，厙狄伏連就上前抓住和士開的細嫩小手，眼神中透著一股殺氣，臉上卻是不陰不陽的笑。

和士開大驚：「仲山兄（厙狄伏連的字）要做什麼？」

厙狄伏連皮笑肉不笑：「無他，和公勿疑，今有一件大好事，非和公受之，誰敢受之？」旁邊站著的王子宜上前，陰笑著給和士開施禮，說皇上有旨意，請和公去尚書省，有要事相議。

和士開什麼樣的場面沒看過，一看厙狄伏連這陣勢，知道高儼提前動手了，他拼命地掙扎，大聲呼救。已經來不及了，厙狄伏連一揮手，禁軍一擁上前，把和士開押到了尚書省。此時高儼的心腹、都督馮永洛在尚書省等候多時了，和士開剛被推進屋裡，還沒等他叫出口……

一道寒光閃過，一顆人頭落地。鮮血濺滿了馮永洛的臉。

和士開時年四十八歲。

也許是剛才和士開的大聲呼救聲，內宮已經得到了琅琊王發動除和行動的消息，高緯嚇出了一身冷汗。如果老三不是衝著和士開去的，那人頭落地的，會不會是自己？高緯立刻讓頭號打手劉桃枝帶著八十個禁軍士兵去找高儼，讓高儼立刻進宮面聖，皇帝有話要問琅琊王。

此時的高儼已經帶著三千禁軍站在了千秋門外。

十四歲的少年高儼，身穿一副精製的盔甲，臉上的稚氣尚未盡脫。劉桃枝哆哆嗦嗦地給高儼下拜，結果被禁軍當場拿下。跟在劉桃枝身後的八十個禁軍弟兄嚇得狂呼亂叫，四散逃了。

高緯很生氣，你這不是明擺著要造反麼？高緯讓姨父馮子琮出面請老三入宮，老三總要給姨父一個面子吧。高儼可能和馮子琮達成了某種協定，馮子琮也沒強迫妻甥進宮，只是帶了高儼的幾句話回來。高儼要求先把和士開的同黨陸令萱、穆提婆交出來，不殺這兩個妖人，我是不會進宮送死的。

高緯大怒，看來老三真要反了！打狗還要看主人，和士開是你能隨便殺的？陸令萱和朕的關係，老三你會不知道？高緯當著眾人的面，被老三連番抽耳光，面子上如何下得來？

高緯立刻調來四百名最精銳的武士，準備出宮和老三決一死戰。

高緯立刻把大都督斛律光叫了過來，陪著他一起去見高儼。

在永巷，斛律光見到了怒氣沖天的高緯，高緯沒和斛律光說閒話，讓斛律光立刻率領四百武士，出去和高儼決鬥。

斛律光笑了，這倆孩子嘔的哪門子閒氣？斛律光好言勸高緯先消消氣，不過殺了一個和士開而已，同胞兄弟不至於仇恨成這樣。斛律光笑著勸：「我看琅琊王為人輕挑，腦滿腸肥的，就不像是個做大事的人。陛下放心，他現在只是年少無知，等他長大了，就會老實了。」斛律光的面子，高緯一定要給。

在千秋門外，高緯見到了跪在地上請罪的高儼，高緯氣不打一處來，抽出佩在高儼腰下的刀，擱在高儼的髮髻上，割掉了高儼的一些頭髮。高儼知道哥哥在發洩怒氣，不敢亂動，任由哥哥發洩。高緯恨不得一刀砍死這個對自己威脅最大的弟弟，但有斛律光在身邊，他不敢輕舉妄動。高緯罵了弟弟幾句，也就算了。

高儼和高緯做了一個交易，高緯對高儼矯詔殺和士開的事情不再追問，而高儼則出賣了跟著他殺和士開的那幾位功狗，如厙狄伏連、馮子琮、王子宜、劉辟強、高舍洛、翟顯貴等人。

高緯下令，將這幾個倒楣的替罪羊抓起來，五馬分屍，然後將人頭掛在城門上。

事情就這麼結束了？這才剛剛開始。

晉陽宮中，燈火通明，高緯坐在殿上一言不發。

高儼矯詔殺和士開，得罪了兩路人馬。第一路自然是高緯，高儼今天敢殺和士開，誰敢保證他明天不會殺高緯？

兔死狐悲，和士開的死，讓陸令萱心裡感受到了來自高儼的強烈威脅，要不是高緯保她，她現在已經人頭落地了。陸婆對高儼恨得咬牙切齒，她私下在高緯的耳邊詆毀高儼：「琅琊王聰明英雄，天下無敵，妾觀其容，不似人臣之相。陛下應該早點做好準備，以防不測。」高緯沒說話。

高儼是他的親弟弟，上面還有母親護著，不是說殺就殺的。高緯派人秘密去找祖珽，問祖珽此事應該怎麼處理。祖珽早就上了高儼的黑名單，高儼今天不死，明天祖珽就得死。所以祖珽勸高緯做事不要猶豫，周公誅管、蔡，千古傳為美談，陛下何疑？

高緯聽完來人的敘述，不停地點頭，終於拿定了主意。為了捍衛自己的政治利益，不要說一母胞弟，就是親娘老子也靠不住。

武平二年（西元五七一年）九月二十五日凌晨四更天，正在睡夢中的高儼突然被人搖醒，來人正是陸令萱。陸令萱堆著笑，說請殿下起身，皇帝要和琅琊王一起去郊外打獵。

打獵？哥哥的獵物會不會就是自己？高儼在府中反覆猜測高緯的真實目的。陸令萱在旁邊等得不耐煩了，催促高儼趕快上路：「大哥請三弟，這點面子總要給的，去吧，打獵而已，射幾隻兔子回來，妾做成美味，給殿下佐酒。」高儼被催得急了，只好半信半疑地出宮。

天色依然沉暗，嗅不到一絲黎明的氣息。

永巷，遠處站著一個人影。高儼看得不太真切，等他走到近前，才發現是上次差點被自己殺掉的劉桃枝。劉將軍已經在這裡恭候琅琊王多時了。

高儼心裡一沉，知道這是哥哥設下的圈套，當他回頭想跑時，已經來不及了。劉桃枝一把揪住高儼，按在地上，用袖子塞住高儼的嘴，然後用袍子把高儼的頭蒙起來，背起高儼，急速奔跑。來到大明宮後，當場殺之，時年十四歲。

噩耗很快就傳到了胡太后那裡，胡太后踉踉蹌蹌地跑到大明宮，抱著兒子的屍體號啕痛哭。

高儼的身體漸漸冰冷，天色也已大亮。

胡太后被人強行抱起來回到後宮，人都死了，哭還有什麼用？

高緯年紀輕輕，卻已經有了他父親的狠毒心腸，殺死高儼之後，高緯把高儼的四個遺腹子全都關了禁閉，自生自滅吧。

十月十五日，高緯從晉陽起駕，帶著老娘回到了鄴都。

四十二　宇文護被殺的前前後後

北齊武定三年（西元五七二年）的春天，在寒冬過後，萬方妖嬈，到處都充滿了明媚的生機。距離鄴都一千五百多里的長安城，這裡的人們卻沒有感受到春天的溫暖，在一代權臣宇文護的陰影籠罩之下，這裡已經十五年沒見到春天了。西魏恭帝三年（西元五五六年），宇文泰把天下託付給侄子宇文護之後，江山易代，社稷易主，唯一不變的，是宇文護的權力。

權力意味著殺戮，只不過是誰殺誰的區別。死在宇文護刀下的，都是北周權力之爭的失敗者，包括趙貴、獨孤信、李植等上流權貴，還有宇文覺和宇文毓這兩個大周天王陛下。

周元年（西元五五七年）九月，宇文護廢掉了宇文覺，將宇文覺的庶長兄宇文毓拎上臺當傀儡。雖然鑒於宇文覺「造反」的教訓，宇文護把政務處置權交給了宇文毓，實際上也不過是讓宇文毓簽字畫押而已，最高權力依然掌握在宇文護手上。

宇文毓雖然沒有發動針對宇文護的奪權政變，但他心裡想什麼，臉上都寫著呢，宇文護當然看得出來。本來宇文護以為把政事處置權讓給宇文毓，堂弟會感激自己，哪知道宇文毓不但不感激，反而日夜謀劃除掉自己，這讓宇文護如何不憤怒？

權力是具有強烈排他性的，宇文毓對權力的窺視，引起了宇文護的強烈不滿，宇文護終於忍不住了。今天宇文毓不死，明天宇文護就得死。

北周武成二年（西元五六〇年）十九日，宇文毓吃了一塊帶毒的大餅，不用問，這是宇文護投的毒。在臨死之際，宇文毓拼盡了最後一口氣，口述遺詔，由皇弟魯公宇文邕即位。第二天，宇文毓含恨而終，時年二十七歲。

二十一日，十八歲的魯公宇文邕，在以宇文護為首的群臣擁戴下，在先王靈前即皇帝位。

宇文邕是太祖文王宇文泰的第四子，母親是鮮卑人叱奴氏，西魏大統九年（西元五四三年）生於同州，他的鮮卑名是禰羅突。宇文邕和宇文毓不同母，但兄弟二人的感情非常好，宇文毓在死前就稱讚宇文邕「寬仁大度」。從宇文邕的行事風格來看，這句評語大體是得當的。

其實宇文毓本來是有機會選擇自己兒子上位的，但他也知道，三個年幼的兒子哪裡是宇文護的對手，不如讓老四背這個黑鍋。老四能在宇文護手上混成什麼樣，就看他自己的造化了。

宇文邕是不想跳進這個火坑的，大哥宇文毓和三哥宇文覺是怎麼死的，他心裡一清二楚。所以在群臣拿著宇文毓的遺詔來請宇文邕即位時，他百般推讓，說自己無才無德，不堪此位。在群臣的百般勸諫下，宇文邕這才不情不願地坐在殿上，開始了自己未知的人生旅程。

從走上賭桌的那一刻開始，所有人都明白，以宇文邕的能力、性格，他和宇文護的衝突是遲早要爆發的，二人必有一個倒下。

宇文邕有一點做的要比兩個哥哥更好，就是他的官場隱忍術。其實剛開始的時候，宇文覺和宇文毓都在隱忍，等待合適的時機再奪回權力。可是他們的內功都沒有修練到位，宇文覺只忍了幾個月就操刀上陣了，結果被做掉。宇文毓稍好一些，勉勉強強忍了兩年，但還沒等他抽刀出鞘，就被一塊毒餅送上了黃泉路。

宇文邕忍了多少年？從他即位的那一天開始到天和七年（西元五七二年）三月，整整十三年！

在這十三年裡，宇文邕抱定一個原則：萬事皆以宇文護的利益為善惡標準。任何人哪怕是暴露出一絲對大塚宰、晉公宇文護的不敬，宇文邕第一個不答應！

還真有往槍口撞的，就是太祖時代的元老重臣、梁國公侯莫陳崇。侯莫陳崇其實並沒有反宇文護的實際行動，他只不過是隨口說了一句猜測的話，就被宇文邕置於死地。

保定三年（西元五六三年）正月，侯莫陳崇跟著宇文邕去了趟原州，宇文邕回到長安時已經三更半夜了，宇文邕選擇這個時間入城有些詭異，完全可等到天亮後再進城。侯莫陳崇自作聰明地把此事解釋成：「坊間傳言今年會對晉公不利，皇帝突然夜還，必殺晉公，等著看好戲吧。」

侯莫陳崇的這些話是對他最親信的人說的，結果就是這些心腹出賣了侯莫陳崇。很快，這些話就在官場上傳開了，宇文邕大怒，侯莫陳崇這是在把自己往火坑裡推！自己哪裡有要除晉公的意思？

宇文邕立刻召集百官入殿，當面痛斥侯莫陳崇胡說八道，心術不正。宇文護自然不會放過這個烏鴉嘴，當夜就派兵到侯莫陳崇的府上，逼令梁國公伏劍自殺，仍以公禮下葬。宇文邕很有心眼，他給侯莫陳崇定的謚號居然是「躁」，言下之意是告訴天下人：做事不能太心急。

漫長的十三年，不知道宇文邕是怎麼熬過來的。

西元五七二年，宇文邕已經三十歲了，在正常情況下，這個年齡無論如何都應該親政了，但宇文護還是死不放權。雖然宇文邕沒有表現出一絲不滿，但官場中人已經對宇文護的專權表示出或多或少的不滿。

稍伯大夫主庾季才就藉天象有變敲打宇文護：「公宜歸政於天子，退休養老，只有這樣，才不會引起天子猜忌，上可優遊卒歲，下可保全子孫。」庾季才算得上是宇文護的心腹，所以他才敢直言勸諫。

宇文護根本就沒有任何放權的意思，庾季才這麼講，宇文護非常不滿，隨口胡說：「不是我不想讓，是我讓了幾回，皇帝都不接受。」簡直就是一派胡言！他什麼時候讓過？宇文護感覺庾季才想跳船了，就把庾季才踢出了自己的核心圈子。

宇文護沒有明白的一點是，庾季才的委婉勸諫並不是個例，而是當時官場大多數人的普遍觀點。庾季才是出於好心勸諫宇文護的，自古以來，權臣有幾個好下場？不見董卓、爾朱榮之事乎？

宇文護的勢力很大，但他在官場上得罪的人太多，而且最為致命的是，宇文護得罪的多是政界和軍界的高層人物，這些人都站在了反宇文護這條戰線上！

一加一必然大於一，宇文護不懂得這個道理，依然在別人頭上擅作威福，卻沒有意識到，自己的末日即將到來。

宇文護得罪的政界和軍界高層有：衛公宇文直（宇文邕弟）、右宮伯中大夫宇文神舉、內史下大夫王軌、右侍上士宇文孝作、宮伯長孫覽等人。宇文護的敵人，自然就是宇文邕的朋友，宇文邕用各種手段，把這些高層都攏到了自己的袖中。

宇文直本來是和宇文護穿一條褲子的，但宇文護有了蛋糕不分給宇文直，宇文直「由是怨護」。為了扳倒宇文護，宇文直成天在宇文邕耳邊說堂兄的黑話，勸四哥動手，已經忍了十三年，你還要忍到什麼時候？

根本不用宇文直提醒，這十幾年來，宇文邕天天都在作噩夢。有宇文護在，他什麼都不是，現在是時候動手了。宇文邕下定了動手的決心，但還需要一個合適的時機。

宇文邕最終選定了一個日子，就是天和七年（西元五七二年）三月十四日。

這一天，大塚宰宇文護從同州回京，要進宮覲見。

按官場慣例，宇文邕要在宮中舉行盛大酒會，歡迎大塚宰回京。宇文邕把酒會設在了含仁殿，也就是皇太后叱奴氏的寢宮。宇文邕和宇文護從來不以君臣關係相處，而是以家人禮，所以打著皇太后給大塚宰接風洗塵的旗號，宇文護不會起疑心。

當宇文護趨步來到含仁殿殿外的時候，宇文邕已經站在門前，恭候堂兄多時了。宇文邕滿面含笑，拉著宇文護的手，問長問短。在進殿的時候，宇文邕輕聲告訴宇文護：「堂兄也知道，太后年齡大了，可她卻喜歡貪杯，我勸過多次，太后就是不聽。堂兄面子比我大，您就多勞累，替我勸勸吧。」

說完，宇文邕從懷中拿出一份《酒誥》，這是《尚書》中的一篇勸酒文章，宇文邕請堂兄到時就念這篇《酒誥》。宇文護笑了，接過《酒誥》，兄弟二人說說笑笑，來到內宮，給叱奴皇太后行家人禮。

行完禮後，酒宴已經擺好，宇文護想起了剛才宇文邕交代的事情，他站起身來，拿出《酒誥》，清咳數聲，從容念道：「文王誥教小子有正有事：無彝酒；越庶國：飲惟祀，德將無醉。惟曰我民迪小子惟土物愛，厥心臧。聰聽祖考之彝訓，越小大德。」

宇文護並沒有注意到，堂弟宇文邕已經走到了他的身後。宇文邕見宇文護正全神貫注地讀著《酒誥》，他知道，決定自己命運的大決戰終於來了。

十三年來，宇文邕忍辱負重，就是為了這一天！

宇文邕拿著一根玉珽，高高地舉起，對準宇文護的後腦勺，狠狠地砸了下去！

一聲慘叫，毫無防備的宇文護轟然倒地，叱奴皇太后嚇得大叫，縮在榻上，渾身哆嗦。宇文護雖然倒在地上，但並沒有嚥氣，身體還在扭動。宇文邕面目猙獰，大聲叫著太監何泉的名字：「何泉，刀何在？斬之！」

按事先的安排，宇文護被砸倒之後，由何泉用刀砍下宇文護的人頭。沒想到何泉當場下了軟蛋，拿著刀，哆哆嗦嗦地去砍宇文護。因為沒有用上力量，砍了幾下，宇文護還是沒有斷氣。

躲在內殿觀察動靜的宇文直隔著簾子，看到何泉如此不中用，氣得大罵：「狗奴才，這點事都做不好，真是白養你了。」宇文直生怕宇文護還魂，立刻跳將出來，竄到何泉身邊，奪過刀，對準宇文護的脖子，一刀下去，人頭在地上滾了很遠。

鮮血濺了宇文直一臉。

統治北周十五年的超級權臣宇文護，就這麼不明不白地死了。宇文邕看著堂兄的無頭屍體，仰天大笑！

不過現在還不是宇文邕慶祝勝利的時候，宇文護的黨羽們都還在職，如果他們知道宇文護被殺，必然進行反抗，鹿死誰手，尚未可知！宇文邕立刻下令，讓宮伯長孫覽率兵去捉拿宇文護的心腹人等。

長孫覽的動作很快，沒用多久，就把宇文護的黨羽悉數拎到殿下，宇文邕看著下面這些瞪著死魚眼的政敵們，笑了。

詔下：宇文護諸子及宇文護的心腹侯龍恩、武平公侯萬壽、大將軍劉昉、中外府司錄尹公正及袁傑、膳部大夫李安等人，從護謀逆，為惡多端，當場斬首，為天下誡！

為了慶祝這場偉大的勝利，在宇文護死後的第二天，也就是天和七年（公元五七二年）三月十五日，宇文邕下詔，改天和七年為建德元年。

宇文邕的時代，在他即位後的第十三年，才姍姍到來。

四十三　高緯的荒謬人生

高緯並不知道宇文邕親政對自己來說意味著什麼，他不會想到，在他短暫的人生中，還會有和宇文邕見面的那一天。在高緯的世界中，根本不存在來自敵國赤裸裸的威脅，那些對自己有威脅的人，已經被自己除掉了，比如高儼。宇文邕在長安如何如何，高緯並沒有任何直覺。

人生苦短，何不及時行樂？

人生在世，誰不願及時行樂，無愁而來，無憂而去？高緯是個大號色鬼，天下美女，盡入高緯的榻上，三千粉黛、玉體橫陳，高緯穿花引蝶，好不快活！男歡女愛，人之常情，這本無足可怪。但問題是，高緯只允許他一個人在人間作樂，不允許別人這樣。

宮外的達官貴人尋歡作樂，高緯管不著，但宮裡的人高緯還是能管的，包括他的母親胡太后。其實早在高湛在世時，胡太后就和幾個宮裡的太監不乾不淨，玩些另類遊戲。後來胡太后看上了和士開，就讓和士開爬進自己的被窩。高湛死後，胡太后公開與和士開成雙入對。但自從和士開被高儼殺掉之後，胡太后突然陷入了嚴重的生理危機之中。不過以她的權勢，弄幾個男人進來嘗嘗鮮，還是能辦得到的。

不知道胡太后是出於什麼考慮，她居然把算盤打到了和尚頭上！

在高湛去世後，胡太后感覺精神空虛，就經常去晉陽城外的寺廟裡燒香。三來兩去，胡太后就結識了生性淫蕩的大和尚曇獻。妾有情，郎有意，乾柴烈火，一點就著。一個皇太后，一個大和尚，在寂靜的禪房中，攜手共赴巫山。

胡太后和曇獻大師的關係在寺裡已經傳開了，胡太后絲毫也不避諱，她甚至坐在曇獻的腿上，以師娘自居。有些惡搞的僧人，戲謔地稱曇獻為「太上和尚」。

天下沒有不透風的牆，老娘與和尚私通的醜聞，很快就傳到了高緯的耳朵裡。高緯有點不相信，老娘會做出這等不要臉的事麼？高緯為了查清事情真相，他來到母后的寢宮，準備和老娘談談心。

沒想到高緯剛到宮裡，就發現兩個妙齡尼姑在宮裡來回遊蕩。她們是誰？高緯從來沒見過。高緯喜歡收集美女，見到這兩個羞死西施、氣死貂蟬的絕色大美女，高緯口水直流，也不管老娘的那些混帳事了。立刻讓人把這兩個尼姑抱上床，他要普度眾生。

這兩個尼姑拼命地掙扎，高緯大喜，他就喜歡帶刺的玫瑰！高緯已經急不可耐了，他跳上床，七手八腳強行脫掉了尼姑的褲子……

高緯愣在當場，這是什麼尼姑？分明就是兩個和尚！

旁邊的侍女差點沒笑出聲來，高緯羞得臉都黑了，這一定是老娘做的好事。弄兩個美貌的小和尚冒充尼姑，進宮與老娘淫亂。高緯怒了，立刻把這兩個假尼姑拖出去砍了腦袋。

高緯很快就查清楚了，除了這倆小僧之外，還有一個叫曇獻的野和尚，早就和老娘上床了。高緯一揮手，曇獻人頭落地。胡太后和僧人淫亂事發於高儼被殺之前，所以等高儼死後，高緯就帶著老娘回到鄴都，鎖在北宮，嚴加看管，不能再讓老娘出去丟人現眼了。

男尊女卑的時代就是這樣，男人可以妻妾成群，女人必須從一而終，否則就是大逆不道。高緯才不管老娘的性福，他的性福才是最重要的。

高緯有多少女人？僅留下姓氏的就有一大堆。計有皇后斛律氏、弘德夫人胡氏、斛律后的奴婢穆黃花、左昭儀李氏、右娥英裴氏、樂人曹僧奴的兩個女兒、董昭儀、毛夫人、彭夫人、兩個王夫人、兩個李夫人。

其中胡夫人是新進宮的，她是胡太后的侄女，貌美如花，因為胡太后淫亂，被高緯關了禁閉，為了討好兒子，胡太后讓哥哥胡長仁把侄女送進宮，高緯一見，果然悅之。

穆黃花本名穆邪利，江湖傳言，穆黃花可能是前侍中宋欽道的私生女，不知真假。後來宋欽道被殺後，穆黃花就進了斛律皇后的宮裡當奴婢。穆黃花因為得罪了宋欽道的夫人，臉上被黥了一個「宋」字，江湖上人稱：「舍利大監。」穆黃花妖媚善寵，不僅得到了高緯的寵愛，還得到了老妖婆陸令萱的垂青，收為養女，在一起狼狽為奸。

高緯是個肯為女人大把砸錢的豪爽男人，只要跟高緯上過床的女人，都會得到特別的賞賜。據不完全統計，僅在高緯宮中錦衣玉食者，就有五百多人，估計這些女人都是陪高緯睡過覺的。

高緯真捨得為女人砸錢！這些女人穿的一條裙子就價值一萬匹布，用的鏡子價值千金！為了讓他的紅粉軍團有一個安樂窩，高緯在晉陽修建了十二座華麗的宮殿，如果看著房子不順眼，就拆了重建。在鑿晉陽西山為大佛像的時候，一夜燒掉了一萬多盆好油。

高緯有兩大業餘愛好，一個是玩弄女人，一個就是喜歡玩另類的行為藝術。

另類行為藝術分為兩種風格：一、自虐型；二、虐他型。高洋明顯屬於前者，而高緯屬於後者。高緯的虐他型行為藝術同樣可以細分為兩種風格：以人為目標、以動物為目標。這裡所說的虐，不僅指肉體上的虐待，也包括精神上的戲謔。

在高緯的旗下，站著許多精神飽滿的動物，分為馬、狗、鷹、雞四大軍團。

先來講馬軍團，作為高緯的女人，可以享受無盡的榮華富貴，作為高緯的御馬，同樣可以在馬界享受榮華富貴。御馬們可以每天都享受到十幾種美味食物，尋常富貴之家的伙食標準也不過如此。

最好笑的是，高緯喜歡圍觀馬們的私生活，每當公馬和母馬行「房事」的時候，高緯都要拎著上等美食前來慰問，畢恭畢敬地坐在旁邊，搖著小旗，不停地吶喊：加油，快進去了……

其他的狗軍團、鷹軍團、雞軍團在高緯手下都是極具戰鬥力的，因為它們的待遇實在是太好了。不僅是因為它們的伙食標準高，而且它們都是高緯朝廷中的高官，享受著另外一份高薪。

馬、狗、鷹、雞的官位很高，馬和狗被封為開府儀同三司，鷹被封為凌霄郡君，雞被封為逍遙郡君，都有自己的食邑。高緯養的雞不是一般的家雞，而是公雞中的戰鬥雞，鬥雞們也是開府儀同三司，每次外出戰鬥，都要淨水潑地，鳴鑼開道。有旗牌官抱著雞大人，厲聲大喝：閒雜人等統統迴避！

除了戲謔動物，高緯還喜歡虐待人，最經典的一例虐人事件發生在武平五年（西元五七四年）。高緯的二弟南陽王高綽任定州刺史，高綽是個比高緯還要殘暴的混蛋王爺，他為了滿足自己變態的欲望，在路上搶奪嬰兒餵狗。

此事被人告發後，高緯把高綽請到宮裡，不是責問二弟，而是問他在定州都有什麼好玩的。高綽答道：「捉來許多蠍子放在盆裡，然後再放進一隻猴子，看蠍子咬猴子，此人生一大樂！」

高緯怎麼就沒想到這麼好玩的遊戲，高緯讓人捉來一大堆蠍蟲，然後抓來一個倒楣鬼，和蠍子一起倒進盆中。這個人被蠍子蜇得痛苦哀號，高緯卻大笑。

高緯喜歡虐他型的行為藝術，但有時也會自虐一下，把自己當成猴子一樣，在大庭廣眾之下丟人現眼。

高緯最喜歡玩的就是裝乞丐要飯。

高緯在華林園建立了一座貧民窟，然後在眾幫閒的雀躍歡呼聲中，高皇帝穿著破爛衣服，拿著一個破碗，閃亮登場。高緯端著破碗，在裝扮成富爺的幫閒面前，做出一副苦瓜相，唱著小曲，哀求道：「大爺大娘們，可憐可憐俺吧，俺快要餓死了。」當某個大爺朝高緯的破碗裡扔了兩個銅錢，高緯大笑，看來他還是有生存能力的。不當皇帝，他要飯照樣餓不死。

高緯有一次從晉陽回到鄴都，他不是大擺儀仗，威風凜凜地坐在步輦上，讓人抬著走，而是披頭散髮，光著屁股騎著馬，狂呼亂叫著縱馬狂奔。高緯打馬前行，後面跟著的百官們面面相覷，欲哭無淚。好容易把高洋盼死了，結果又出來一個瘋子，以後這日子可怎麼過？

除了這些耍寶之外，高緯還是一個超級音樂發燒友，雖然他五音不全，但不影響他對音樂的狂熱追求。巍峨的大殿上，高緯席地而坐，面前擺放著一張琵琶。高緯手指輕撥，彈起了歡快的西域琵琶曲。高緯引吭高歌，他那副破鑼嗓子能把殿上唧唧喳喳的麻雀震下來。殿下，坐著幾百名幫閒嘍囉，跟著高緯一起唱，東倒西歪，搖頭晃腦，場面非常滑稽。

歌唱美好生活的歌聲，順風傳到了宮外，每當琵琶聲響起，百姓們就搖頭歎道：「無愁天子又犯病了。」無愁天子，就是這麼叫響的。

四十四　斛律光之死

高緯在東邊的天下胡作非為，西邊的宇文邕看得口水直流。一代英武天子宇文邕倒不是想學高緯那麼變態的玩法，而是宇文邕看到了消滅北齊的機會。

但宇文邕一直沒有動手，大致有兩個原因：

一、宇文邕剛除掉宇文護，內部形勢不是特別穩定，宇文邕需要一定時間來消化勝利果實。

二、北齊朝中還有良將，正因為有這些名將坐鎮，所以高緯才敢自稱無愁天子，沒日沒夜地瘋玩。

西元五七二年之後，北齊的名將，只有兩個人，即斛律光和高長恭。

最早隨高歡橫平天下的第一代名將全部都退出歷史舞臺，即使是第二代名將中，剩下的也不多了。比斛律光腕更大的段韶，已經於武平二年（西元五七一年）八月去世。北齊第二代名將中，斛律光與段韶齊名，段韶死後，北齊柱石級的名將，非斛律光莫屬。

北魏宣武帝延昌四年（西元五一五年），斛律光生於一個敕勒部豪門家庭，父親是北齊第一代功勳老將斛律金。斛律光有一個非常好聽的小名——明月，在美男如雲的北朝，斛律光的長相非常另類，史稱「馬面彪身」，臉很長，身很壯。

斛律光的武藝不是特別出眾，但他的絕活射箭技術極佳。在他正當青春不識愁的年代，曾經跟著好友高澄外出打獵，高澄看到天上飛著一頭大鳥，以為這是大雁，頓時起了饞心，讓斛律光把這頭大雁射下來給他佐酒。

斛律光二話不說，縱馬狂奔，在地面上追平了這頭大雁，斛律光會挽雕弓如滿月，鋒鏑響處，一聲慘叫，這頭大雁被箭射中，旋轉直下，落在高澄馬前。眾人上前圍觀，無不驚呼，這原來是一頭大鵰，高澄撫掌大笑。旁邊的才子邢子劭大聲叫好：「此真射鵰手也！」落鵰都督的雅稱，就是這麼得來的。

由於斛律金在北齊軍界的崇高地位，斛律光藉著父勢，再加上自己的赫赫軍功，很快就爬上了軍界高層，在政界也穩居一線。

斛律光的性格內向持重，輕言寡笑，而且斛律光人品非常正直，疾惡如仇，最看不慣和士開、祖珽這樣的拍馬大師。之前高儼矯詔殺和士開，斛律光就興奮得拍掌大笑。

不過和士開的死，並沒有挽救北齊日漸黑暗的政局，因為比和士開破壞性更大的祖珽很快就頂了上來。北齊武平三年（西元五七二年）二月，高緯詔下，進祖珽為尚書左僕射。其實祖珽這個左僕射的位置還是他吃軟飯弄到手的，被祖珽揩油的，就是一代妖婆陸令萱。

此時的祖珽在官場上人脈不深，他急需找到一座太陽也融不化的冰山作為依靠，陸令萱是祖珽最合適的人選。

上次胡太后與曇獻大法師私通的醜事敗露之後，胡太后就被鎖在北宮，失去了權勢。陸令萱野心勃勃，她居然想當皇太后，可這事不好意思說出來。

祖珽雖然雙目失明，但他心裡比誰都亮，他猜出了陸令萱的心思，就來找高緯，吹捧陸令萱是「自女媧之後，曠古罕見的女豪傑！」雖然高緯出於自己的考慮，沒有同意這件事情，但陸令萱的地位不降反升，成為宮中女一號。陸令萱很感激祖珽，當面吹捧祖大師為「國師」，這才讓祖珽做了僕射。

陸令萱和她的兒子穆提婆才是北齊真正的第一外戚，胡太后的家族早就失了勢。陸令萱是個「棺材裡伸手——死要錢」的主，她早年給高緯當乳母，地位低下，現在好容易混到一線了，哪能不多撈幾把？陸令萱開了一家官帽鋪子，批零兼營搞外賣，狠狠發了一筆橫財。

高緯對陸令萱是非常尊重的，所以陸令萱才敢高緯面前以老娘自居。

有了老太婆做靠山，祖珽開始在官場上抖起來了，史稱「勢傾朝野」。不過陸令萱還是留了一手，她讓侍中高元海和祖珽一起執政。高元海的老婆是陸令萱的外甥女，高元海算是陸令萱的人馬，所以就由高元海出面，制衡祖珽的權力。

祖珽其實和陸令萱、穆提婆不是一路人，祖珽是確實有政治才幹的，只是他的政治品格不太好。祖珽有一個非常壞的毛病，就是嫉賢妒能，不能容忍別人爬到他的頭上。

斛律光很反感祖珽的為人，不過在這件事件上，斛律光本人也有錯，他不應該當著別人的面痛罵祖珽是小人，這讓祖珽如何下得來台？祖珽為了打探出斛律光對自己的真實態度，出錢買通了斛律光的家奴，問相王待我何如。家奴就說了：「相王經常長歎，說天不佑齊，出來一個祖瞎子，大齊江山危在旦夕！」祖珽的心眼本來就小，哪經得起斛律光當眾連番扇耳光，所以祖珽就恨透了斛律光。

斛律光得罪的還不僅是祖珽，連「皇太后」陸令萱的兒子穆提婆也得罪了。斛律光除了兩個入宮的女兒，還有一個庶出的女兒，穆提婆就看中了斛律小姐，來找斛律光求婚。斛律光看不上這等獐頭鼠目的人物，冷著臉拒絕了。還有就是斛律光勸止高緯把晉陽的一塊上等好田賞賜給無功的穆提婆，這讓穆提婆如何不恨他？

「由是，祖、穆皆怨之。」

北齊權臣忌恨斛律光的官場新聞，很快就順風傳到了北周境內。

自段韶去世後，最讓北周頭疼的就是斛律光，可以這麼講，只要斛律光在，周軍就別想殺進晉陽城內。對於斛律光的能耐，他的老對手、周汾州刺史韋孝寬再了解不過了。

自從二十六年前，韋孝寬在玉壁一戰成名，耗死了一代梟雄高歡後，就坐鎮河東。在這些年中，韋孝寬和斛律光打了無數次交道，勝少負多，沒佔到什麼便宜。韋孝寬很尊敬斛律光，但正因為如此，所以韋孝寬必須除掉斛律光。

有斛律光在，韋孝寬永遠只能躺在功勞簿上吃老本。玉壁之戰，韋孝寬撈到了豐富的戰爭紅利，但長久以往，總有坐吃山空的時候。

想法很好，但如何才能除掉斛律光？靠戰場上拼刀子嗎？韋孝寬不是沒嘗試過，沒一次成功的。韋孝寬決定改變戰略，用軟刀子殺人，從北齊內部的權力鬥爭下手，尋找機會抹黑斛律光，讓高緯動手除掉這個北周的心腹大患。

韋孝寬手下的參軍曲嚴業餘時間喜歡研究星象八卦，韋孝寬就讓曲嚴編了兩首足以致斛律光於死地的歌謠。第一首如下：百升飛上天，明月照長安。

這句讖語何解？升是量詞，一百升就是一斛，代指斛律光的姓；明月者，斛律光的小名也。翻譯成白話就是：斛律光胸懷大志，不久必能消滅周室，斛律明月將君臨長安城，號令天下。

第二首讖語是：高山不摧自崩，槲樹不扶自豎。

這也很好理解，高山代指北齊皇帝的高姓，槲樹代指斛律光。翻譯過來是：高家天下馬上就要完蛋了，斛律光將取代高氏，成為東部天下的主人。

編好讖語後，韋孝寬讓人抄了無數份，派間諜潛入鄴都，滿世界地散發傳單。鄴都的小孩子在間諜用零花錢的誘惑下，很快就背下了這兩句朗朗上口的歌謠，在鄴都四處傳唱。

很快，這些傳單的某一份落在了北齊尚書左僕射祖珽的手上。聽心腹人念完了傳單上的內容，可以想見祖珽此時的表情，是多麼的興奮。

祖珽蒼老的面容，露出了一絲讓人不寒而慄的微笑。

祖珽讓人在傳單上加了一句：「盲老公背受大斧，多事老母不得語。」然後讓自己的妻兄鄭道蓋火速入宮，把這份傳單交給高緯。在鄭道蓋找高緯的同時，祖珽已經派心腹人去找陸令萱，告訴陸太婆，一會要這麼這麼做。

陸令萱鼓掌大笑！

高緯不解，拿著傳單問這是什麼意思？此時的祖珽，已經顫巍巍站在了高緯的面前。祖珽讓人攙扶著，跪在高緯面前，給高緯詳細講解了這幾句讖語的含義。祖珽接著講道：「盲老公者，即臣也；饒舌老母，即陸夫人。看斛律光的意思，他是要除掉我們。」

祖珽突然伏地痛哭，聲音有些淒厲：「臣死何足惜！但臣一死，彼必有變！大齊社稷危在今日！陛下豈不知彼是累世大將，關西、突厥亦知其威名。且彼女為皇后，男尚公主，更讓人不放心的是，彼治軍嚴而不厲，剛而不狠，三軍皆樂為之效死。一旦彼有異心，陛下能穩坐此榻否？」

聽祖珽這麼一說，高緯驚出了一身冷汗。

陸太婆在一旁手舞足蹈地鼓噪，但高緯最信任的心腹韓鳳卻當場駁斥祖、陸二人對斛律光的構陷，他力保斛律光斷無反心。在韓鳳的堅持下，高緯考慮即使除掉明月，也要有一個周密的計畫，所以就暫時沒有動手。

祖珽不達目的是不會善罷甘休的，他又在高緯耳朵邊說了不少斛律光的黑話。高緯似乎不太相信斛律光會謀反，一直猶豫不決，萬一要冤枉了好人怎麼辦？祖珽見高緯不上鉤，乾脆花錢買通了斛律光府上的參軍封士讓，讓封士讓出面，刺出最後一劍。

面對白花花的銀子，封士讓出賣了自己的靈魂。

封士讓上書誣陷斛律光企圖謀反，說上次斛律光進攻北周回來後，率兵直逼鄴都，準備刺王殺駕，因事未成。而且斛律光家中私藏了無數副精製鎧甲，還有家丁數千，如果斛律光無反心，藏這些多鎧甲做什麼？府上的雜務，用得著幾千人？

高緯這回終於信了。

動手的時間定在了武平三年（西元五七二年）六月十七日，藉口是高緯要去東山遊玩，請相王陪從。這是祖珽出的妙計。

這一天，毫無防備的斛律光如約來到了涼風堂。

斛律光沒有看到高緯的人影，正疑惑間，突然從後面竄出一個人，將斛律光攔腰抱住，想把斛律光撲倒在地。但斛律光身體強壯，此人沒有得逞，被驚嚇住的斛律光回頭一看，居然又是劉桃枝。

眾所周知，劉桃枝是北齊官場頭號屠夫，死在劉桃枝手上的不是至親王爺，就是勳舊大臣。當劉桃枝抱住斛律光的那一瞬間，斛律光就知道，女婿要對自己下手了。

不完成任務，劉桃枝就吃不到高緯賞他的肉骨頭，他立刻招呼旁邊站著的三個壯漢，合力將斛律光放倒在地，用弓弦勒住斛律光的脖子……

一代風流名將斛律光就這麼窩窩囊囊地死於小人之手！

斬草要除根，祖珽做事實在辣手，他給斛律光扣了一個謀反的罪名，將斛律家族徹底打入深淵。斛律光的六個兒子悉數被殺，而斛律皇后因為給高緯生過一個女兒，高緯看到多年的夫妻情分上，免斛律皇后一死，廢掉后位，踢到尼姑廟裡出家。

斛律光的冤案，震驚天下！

朝野有識之士聽說國家柱石斛律光被殺，無不扼腕痛罵祖珽奸邪誤國，高祖神武皇帝鐵血打拼下來的這座錦繡江山，還能殘存幾日？

有人哭，有人笑，消息傳到長安，宇文邕站在殿上仰天大笑！北周群臣伏拜山呼：「東賊自剪羽翼，誠國家大幸也！」處在極度興奮中的宇文邕下詔大赦天下，他要天下臣民都分享這份喜悅。

玉璧城中的韋孝寬，站在城頭，望著東邊天際的風雲變色，撫掌大笑！

四十五　高緯最後的瘋狂

任何敢於挑戰高緯權威的人，都必須從這個世界上消失。直到斛律光死後很久，高緯依然相信斛律光是死有餘辜，敢謀逆者，就是這個下場！高緯對斛律光之後天下無人的觀點鄙之以鼻，難道天下股肱之臣只有斛律光一個人？

高緯幹掉了斛律光之後，一頭鑽進了他的脂粉堆裡，繼續做他的無愁天子。

為了避免沉冗的政務干擾自己的尋歡作樂，高緯已經把政務全權交給祖珽打理。

祖珽走了陸令萱的門路，請高緯讓他當領軍大將軍，高緯已經同意了，沒想到高元海卻跳出來反對。高元海質問高緯：「祖宗舊制，只有鮮卑人才可為領軍，祖孝征是漢人，沒有資格當此職。再說，他雙目失明，如何能管理軍事？請陛下換人。而且，據臣所知，祖珽和廣寧王（高澄四子高孝珩）私交甚密，恐不利於陛下。」

高緯是個沒主意的人，想想高元海說的有道理，就不再提此事。

祖珽聽說高元海搗亂，氣得雙手抓狂，冷笑道：「想扳倒我？你還嫩了點！」祖珽竄到宮裡，跪在高緯面前號啕痛哭，說臣之忠誠可照日月，高元海對臣的指責全是赤裸裸的誣衊，請陛下明察。

高元海拿祖珽和高孝珩關係親密說事，這可不是鬧著玩的，祖珽有辦法，以其人之道還治其人之身。高元海本人就是近親宗室，祖珽就拿這個身分下手，祖珽說高元海在朝中私結朋黨，司農卿尹子華、太府少卿李叔元、平准令張叔略等人都入了高元海的犯罪團夥，今日不除，恐復見乾明故事。

高緯寧可相信祖珽，也不會相信高元海，祖珽一個瞎子能有多大危害？再加上陸令萱替祖珽說好話，高緯一怒之下，將高元海打發到鄭州當刺史，尹子華等人也被趕出政壇。

高元海背著破包袱卷，垂頭喪氣地去鄭州赴任了，祖珽坐在府上的客廳裡，拈著老鼠鬚子冷笑不止。

自此，北齊的軍政大權盡落祖珽之手，不僅領了尚書省，還直接控制北齊最精銳的騎兵部隊。祖珽在江湖上混跡了幾十年，風風雨雨經歷的太多，皇天不負苦心人，祖珽終於當上了宰相。祖珽身邊的七姑八婆，也跟著祖丞相吃香喝辣，富貴等身，不可一世。

祖珽得勢，自然就有人不滿，但高緯已經沒有興趣管這些人的喜好憎惡了，他自己手上的一堆爛攤子事還沒整明白呢。

自從廢掉斛律皇后之後，高緯面臨著一個兩難抉擇，由誰來當新任皇后。

現在高緯身邊最得寵的女人有兩個，一個是胡太后的侄女胡昭儀，另一個就是陸令萱的乾女兒穆黃花。

胡太后被兒子幽居北宮，一直在作困獸鬥，她不甘心就這麼敗給了陸令萱這個老妖婆。

胡太后也不是沒嘗試讓高緯立胡昭儀為后，但她的勢力太單薄，沒能得逞。為了能讓侄女進中宮，胡太后厚著老臉來求陸令萱，好話說盡。

陸令萱根本就不想讓胡昭儀當皇后，她最心儀的還是乾女兒穆黃花，胡昭儀如果進中宮，胡太后的勢力就會增加，有可能威脅到陸令萱的地位。但老太婆也知道，穆黃花不受寵，她只好先退一步，就同意了胡太后的請求。陸令萱和祖珽一道進宮，在高緯面前替胡昭儀美言了幾句，高緯不停地點頭。

北齊武平三年（西元五七二年）八月十九日，詔下：立昭儀胡氏為皇后。

胡太后大事告成，興奮得手舞足蹈，扳倒老妖婆的日子，就在眼前。不過她還是小瞧了陸令萱的能力，陸令萱豈能答應胡太后重新爬到自己的頭上作威作福？

陸令萱在高緯面前哭哭啼啼，替乾女兒叫起撞天屈：「怪不得妾多嘴，陛下愛誰，自是陛下分內事。但穆妃已產太子，世間豈有兒是皇太子，母為下賤婢者？」高緯點頭，但沒有立刻答應立穆黃花為皇后，他還要再細思量。

陸令萱有的是辦法！

這一天，陸太婆強行把高緯拉過來，說是要請皇帝欣賞一件稀罕的寶貝。高緯是個財迷，聽說有寶貝，口水直流三千尺，疑是銀河落九天。陸太婆領著乾兒子，衝州撞府，來到了一片喇叭花盛開的地方。

這是一座別致的小殿，站在殿門往裡看，雕花窗下，設了一個金寶玉帳，前有珠簾遮掛，高緯隱隱約約看到帳裡臥著一個女人。高緯看不清此女的真面目，但可以肯定的是，這不是一個尼姑。

陸令萱皮笑肉不笑地走上前，說了句：「五百年間有聖人出，今有一天界聖女，從瑤池下凡，點名要陛下相見。」然後伸出雞爪般的老手，撩開了珠簾。高緯伸頭一看，愣在當場，這哪裡是什麼仙女，分明就是孩子他媽穆黃花。

老太婆耍的什麼把戲？高緯一頭霧水。

見高緯還不上鉤，陸令萱怒了，上前揪起穆黃花，輕輕拍著鴨蛋般的俊臉龐，聲音有些惱怒：「如此沉魚落雁氣死牛的美女，卻不是皇后，敢問陛下，天理何在？是可忍，孰不可忍！俺閨女不當皇后，還有誰配主中宮?!」

繞了這個大圈子，高緯總算弄明白老太婆的意思了，高緯差點沒笑出聲來。高緯也知道陸令萱是惹不起的，不就立個皇后嗎？別說一個，再立十個皇后也無妨。

高緯下了一道詔書，冊封穆黃花為右皇后，胡氏為左皇后。

皆大歡喜？殘酷的競爭才剛剛開始。

蛋糕就那麼一塊，一個人吃不了，兩個人不夠吃，遇到這種情況怎麼辦？與其兩個人都餓肚子，不如讓一個人吃飽，陸令萱就是這麼想的。有胡皇后在，穆黃花就吃不飽肚子，所以陸令萱必須除掉胡皇后。

陸令萱用的是「借刀殺人」計。誰把胡皇后請出來的，誰就把胡皇后再請回去，這個任務自然就交給了胡太后。

因為之前陸令萱已經讓巫師作了法，胡皇后的精神已經有些不正常，四處罵人。陸令萱冷笑著來到北宮，她告訴胡太后一個並不太好的消息：「氣死我了，太后，您的侄女怎麼能這般無禮！」胡太后嚇了一跳，以為侄女又得罪了陸太婆，忙問何事。陸令萱跺足歎道：「我剛才在宮裡的時候，聽說皇后私下在皇帝耳邊說太后淫亂無恥，不可以放出來給皇家丟人現眼。」

被人當眾抽耳光，是極沒有面子的事情，胡太后作夢也沒想到，自己親自提拔上來的侄女居然恩將仇報？那還了得！怒氣沖天的胡太后立刻讓人把胡皇后叫來，當著陸令萱的面，狠狠羞辱了侄女，並讓人剃光了胡皇后的頭髮，踢出皇宮，哪來的回哪去。

陸令萱笑了！

接下來的事情就好辦了，胡皇后在宮中失去了姑母這最後一個支持者，已經不可能在宮中立足了。至於高緯那邊，陸令萱有的是辦法。很快，又下來一道詔書，廢胡皇后為庶人，禁錮在家。

中宮，是穆黃花一個人的天下。

天下，有一半是屬於陸令萱與穆提婆的，「自是令萱與其子侍中穆提婆勢傾內外，賣官鬻獄，聚斂無厭。每王賜與，動傾府藏。令萱則自太后以下，皆受其指麾；提婆則唐邕之徒，皆重足屏氣；殺生予奪，唯意所欲。」

但陸令萱沒有忘記，天下的另一半，還攥在祖珽的手裡。

雖然陸令萱和祖珽勾結在一起，幹過不少缺德帶冒煙的壞事，但在本質上，陸、祖並不是同路人。陸令萱是個純粹的權力動物，她無才無德，而祖珽是個真才子、大能臣，只是他上位的手段實在過於齷齪，讓人不齒。

祖珽的人品和官品非常卑劣，但這並不影響祖珽在政壇施展自己的抱負，他是真想做點事情，來向歷史證明自己的能力。祖珽執政之後，淘汰庸才，進賢拔能，罷黜怙惡不悛的太監和各路幫閒，改革官位服章，讓朝廷有一個朝廷的氣派，不像以前亂得跟雞窩似的。

對於祖珽的種種美政，朝野上下一片稱譽，「內外稱美」。但祖珽大刀闊斧的官場改制，自然就得罪了那些利益受損的人物，這些人本和陸令萱就是一路貨色，他們失勢之後，自然就倒向了陸令萱，成天在太婆面前哭訴。

陸令萱之前提攜祖珽，是讓祖珽當自己的狗頭大軍師，結果祖珽卻爬到自己頭上，陸令萱早就窩了一肚子無名火。現在除掉祖珽的機會就在眼前，陸令萱豈肯放過？

先由祖珽得罪的那些太監出面，在高緯面前詆毀祖珽，高緯沒主意，自然會來找陸令萱問計。陸令萱已經想到了一個完美的除祖計畫。

高緯問陸令萱如何看待祖珽？連問幾遍，陸令萱一言不發，彷彿她什麼都沒聽到。高緯急了，口氣有些嚴厲：「說！」

陸令萱突然跪在高緯的面前，不停地抽自己的耳光，哭著答道：「老奴該死！」

高緯沒明白，問祖珽如何，你請哪門子罪？

「祖珽用事以來，作惡多端，人神共恨。然彼之進位，實老奴之罪！當初老奴不辨真偽，聽人說祖珽才學出和士開之上，為江山社稷計，老奴斗膽推薦祖珽，哪知道他卻是個國之巨賊！非老奴眼拙不識人，國勢何以至此？所以請陛下賜老奴死，以正國法！」說完，陸令萱磕頭如搗蒜，號啕痛哭。

高緯沒有立刻動手拿下祖珽，而是派人去調查祖珽是否有犯罪記錄，但這個調查員卻是祖珽的政敵韓鳳。韓鳳並不屬於陸令萱一夥的，但他與祖珽向來不和，韓鳳出面，祖珽不會有好下場。

當然，祖珽的屁股本來就不乾不淨，很容易讓政敵捏住把柄。很快，韓鳳的調查報告就呈在了高緯案上。韓鳳查出了祖珽十幾條罪狀，其中最嚴重的罪狀是祖珽居然敢矯詔騙取國家財物。

有人證在場，韓鳳的這份調查報告實際上就出於尚書省官員徐孝遠之手，是他檢舉祖珽矯詔的。撈點錢本來不算什麼，這是祖珽貪財的老毛病，高緯本可一笑置之，但矯詔是一般人能玩得起的嗎？欺君可是死罪！

就憑這一點，高緯完全可以處死祖珽，好在高緯看在當年祖珽幫助過自己的面上，法外開恩，沒有殺祖珽，只是解除祖珽在朝廷中的一切職務，出為北徐州刺史。

「什麼？」當聽說自己稀里糊塗地被趕出朝廷後，祖珽驚坐起來，在空中揮舞雞爪般的老手，氣得渾身顫抖。不行，到嘴的肥肉不能就這麼被別人吃了。鬍鬚花白的祖珽在侍從攙扶下，顫巍巍地進宮，要找韓鳳當場理論。

韓鳳是不會讓祖珽踏進宮裡半步的。韓鳳的人馬就堵在了柏閣門外，祖珽一到，眾人立刻上前推推搡搡。祖珽氣得坐在地上，破口大罵，又哭又鬧，場面非常熱鬧。韓鳳冷著臉，一揮手，眾人抱起祖珽，扔了出去，從此你休想再到這裡！

祖珽號啕痛哭！

祖珽是個小人，但祖珽同時也是齊朝最後一位能臣！祖珽的失位，也意味著北齊最後一塊陣地淪陷。當北齊的權力寶座上坐的都是陸令萱、穆提婆、高阿那肱、韓鳳這些人物時，還能對日暮西山的北齊政權抱有幻想嗎？

這是從政治角度看的，自宇文邕收回皇權後，北周政局一改宇文護時代的混亂，在宇文邕強有力的英明領導下，各派勢力開始合力，北周走上了正確的發展道路。而北齊從高湛時代開始，就在走下坡路，經濟問題重重、政治極端腐敗，人心早就亂了。

說來可悲的是，北齊的許多功勳大將不是死在敵人的刀下，而是死在自己人的暗箭算計之下，比如斛律光、高長恭。

在北齊後期的軍界，有三大名將，如果按地位排序的話，應該是段韶、斛律光、高長恭。在段韶和斛律光都不在人世的情況下，高長恭在軍界的地位是不言而喻的，但正因為如此，高長恭才受到了來自高緯特別的猜忌。

對高緯來說，高長恭對自己的威脅遠大於斛律光，因為高長恭是近親宗室，他是文襄皇帝高澄之子。

高長恭也知道堂弟高緯信不過他，為了自保，高長恭不惜自汙名節，貪贓枉法，就是為了減輕高緯對自己的猜疑。高長恭的自保之計被他的下官尉相願看了出來，尉相願歎道：「殿下毀名自保，誠為難得，但殿下想過沒有，如果朝廷要真想治殿下的罪，直接就用殿下所犯的這些罪名，就能置殿下於死地！」

高長恭被尉相願說到了痛處，不禁痛哭流涕，人活著怎麼就這麼難！高長恭從來就沒有取高緯而代之的意思，他只想做一個青史留名的名將親王。高長恭俊美的面龐，淚水縱橫，他哽咽著問尉相願：「計將何出，可保此命？」尉相願給高長恭出的主意很簡單，就是全面退出官場，從此閒雲野鶴，優遊卒歲。

就這麼退出官場？一腔熱血抱負隨風飄散，七尺男兒的凌雲壯志化為烏有，每日裡葛衣芒鞋，求仙問道，這是高長恭一生所嚮往的追求麼？高長恭並不是貪戀富貴，他什麼樣的富貴生活享受不到？高長恭要的是橫槊縱馬，萬人陣中取敵將首級，在錦繡江山刻下那份屬於自己的驕傲！

不甘心！真的不甘心！如果選擇退出，還不如選擇離開讓人絕望的世界。

高長恭實在無法說服自己放棄，他決定選擇離開。高長恭心情長期壓抑，積鬱成疾，他拒絕任何治療，他在為自己在人間停留的時間進行倒計時。高長恭以為這樣，高緯總會放過他吧。遺憾的是，高緯沒有忘記這個英雄的堂兄，高長恭多活一天，就是對高緯的巨大威脅。

北齊武平三年（西元五七二年）五月，高緯派馬仔徐之範帶著一瓶毒酒來看望堂兄。堂兄有病不治，活得非常痛苦，不如喝下這瓶佳釀，痛痛快快地上路吧。

高長恭含笑接過美酒，姿勢瀟灑地斟在玉杯裡，一飲而盡。未幾，毒性發作，一代傳奇美男蘭陵王離開了這個骯髒到讓人作嘔的世界，回到天上，在另一個世界裡尋找屬於自己的那份驕傲。

高長恭在臨死之前，讓家人把別人欠他一千多金的債券拿給他，取燭來，一燔而盡。人生至此，要這些身外之物又有何用？

燭火漸漸熄滅……

徐之範已經轉身離去，蘭陵王府立刻舉哀，王妃鄭氏撲在丈夫冰冷的身體上，號啕痛哭。

四十六　太建北伐

北齊的內政混亂由來已久，而北周的國勢在一代明君宇文邕的治理下蒸蒸日上，兩國的軟實力逐漸拉開。當時許多人都認為能亡齊者，必周也！但讓所有人意外的是，最早向北齊發起猛烈進攻的並不是強大的北周，而是之前絲毫不起眼，被北周名將韋孝寬稱為「承梁破亡餘燼」的陳朝。

在南四朝宋、齊、梁、陳中，陳朝的疆域最為狹小，北不過長江，西不過江陵，疆域面積大體和三國的東吳相當。不過客觀來說，陳朝的建立，是南四朝中最為艱苦卓絕的，以梁朝崩潰情況之慘烈來看，即使是一代戰神劉裕再世，也未必能做到陳朝開國皇帝陳霸先所能打下的局面。

陳朝共有五個皇帝，做了一個世系簡表，如下：

皇帝	**出生年**	**即位年**	**去世年**	
高祖武皇帝陳霸先	五〇三年	五五七年	五五九年	
世祖文皇帝陳蒨	五二二年	五五九年	五六六年	陳霸先長兄陳道譚長子
臨海王陳伯宗	五五四年	五六六年	五七〇年	陳蒨長子
高宗宣皇帝陳頊	五二八年	五六九年	五八二年	陳霸先長兄陳道譚次子
後主陳叔寶	五五三年	五八二年	六〇四年	陳頊長子

發動歷史上著名的太建北伐的陳朝皇帝，正是陳宣帝陳頊。

陳頊的人生經歷有些傳奇，在他稱帝之前，曾經當過兩任人質。梁元帝蕭繹在侯景之亂後，遷都江陵，陳霸先作為高級將領，自然要獻出人質，所以陳頊就在江陵當了兩年人質。周軍攻陷江陵後，陳頊又被席捲至長安，在長安做了八年人質。

不過周人知道陳霸先的地位，陳頊奇貨可居，所以他在長安過著優哉遊哉的富貴生活。陳霸先想念侄子，多次請求宇文護放人，宇文護死活不答應。陳霸先死後，皇侄陳蒨繼位，陳蒨是陳頊的親長兄，在他的積極斡旋下，陳頊從長安返回金陵，成為陳朝官場的男二號。

陳光大二年（西元五六九年），時任錄尚書事、都督內外諸軍事的安成王陳頊發動政變，廢掉了性格柔弱的侄子陳伯宗，自立為帝。

陳頊是個野心勃勃的皇帝，他渴望收復被北齊侵佔長達二十多年的淮南失地。北齊控制淮南，飲馬長江，對江南岸的金陵城構成了極為嚴重的軍事威脅。要不是當初陳霸先力挽狂瀾，鮮卑人早就殺進錦繡江南了。

高洋、高湛時代的北齊，國勢強大，以陳朝的薄弱實力，還不足以打北齊的主意。但高緯時代後期，北齊亂象叢生，小人當權，君子或殺或貶，朝中無人矣！而經過十幾年的緩慢發展，陳朝的國力大大增強，陳頊覺得收復淮南失地的機會來了。

太建北伐，就在今日！

陳太建五年（北齊武定四年，西元五七三年）三月十六日，在尚書左僕射徐陵的推薦下，鎮前將軍吳明徹被陳頊任命為北伐軍總帥，都官尚書裴忌為副，督江東精銳步兵十萬，高舉漢家旗幟，開始了陳朝歷史上僅有的一次大規模北伐。

陳軍各部從白下泛舟北上，如星箭齊發，江風帶愁，雲帆長掛，抵達了長江北岸。根據吳明徹的作戰部署，他率主力部隊北出秦郡，都督黃法抃率偏師出歷陽、前巴州刺史魯廣達率部出大峴城。

陳朝突然發動大規模北伐，震驚了北齊朝野！

二十多年來，江東政權在北齊強大的軍事威脅下，一直採取守勢，向來不敢輕舉妄動。沒想到陳頊居然有膽量北伐，時代真的變了！三國中實力最弱的陳朝敢於北伐，也間接說明了北齊的國勢下降到了什麼程度。

高緯一腳踢開穆黃花這些亂七八糟的人物，召開了御前軍事會議，商議如何對付陳軍北伐。朔州總管封輔相是軍方的強硬派，他主張用鐵拳回擊陳頊的挑釁，宇文邕都懼我百萬雄師，陳頊那點蝦米兵又算得了什麼！

王紘是個酸腐君子，陳頊都拎著菜刀砍上門了，他還在搖頭晃腦地講經濟政策，說要減輕老百姓的負擔，將相和睦，必能上下一心，掃平天下，陳頊又有何懼。高緯鼻子都氣歪了，哪壺不開你拎哪壺，找抽是吧？

與會的高阿那肱也是個強硬派，他實在看不下去王紘酸不溜秋的模樣，站起身大喝一聲：「現在是說這些屁話的時候麼？少廢話，同意出兵防衛的坐南席，不同意者勿動。」

讓王紘異常尷尬的局面出現了，幾乎所有的與會者都坐在南席，高緯大笑！開府儀同三司尉破胡督軍十萬，火速南下。

高祖神武皇帝的江山，亡無日矣！

尉破胡的十萬大軍亂哄哄地殺到了歷陽，高歡、高洋打造的鐵血雄師不是吹出來的，這支齊軍可以說是精銳中的精銳，各兵種齊備。可就是這副絕好的牌面，被尉破胡打臭了。

原梁朝降將王琳也跟在軍中參議，他勸過尉破胡：「我軍雖銳，然不如吳人輕狡，彼士氣正盛，不宜正面衝突，待彼氣洩，一鼓可擒吳明徹。」尉破胡不聽。

齊軍和陳軍交戰的地點是在秦州附近的石梁，這裡地形開闊，很適合大規模軍團作戰。吳明徹也是身經百戰的名將，不怕什麼尉破胡，但他卻對齊軍中一個箭術高超的西域胡人很是忌憚，吳明徹怕這個胡人暗中放冷箭，就點名讓虎將蕭摩訶出馬，擒此胡。

蕭摩訶是陳朝第一猛將，最擅長打硬仗。聽說有上門的買賣，蕭摩訶大喜，問清楚了胡人的長相，喝下了吳明徹敬的酒，將碗摔在地上，拍馬入陣，直取那個胡將軍。

蕭摩訶從來不按套路出牌，胡將軍見蕭摩訶點了他，不屑一顧，吳人何可懼！等他大搖大擺的來到陣中，距離蕭摩訶有十幾步遠，還沒來得及取出弓箭，蕭摩訶就搶先下了手，甩出一支鐵銑，不偏不倚，正中胡將軍的腦門上。

一聲慘叫，一條人命。

軍中王牌窩窩囊囊地栽在了蕭摩訶的手上，齊軍十幾個弟兄頓時大怒，一哄而上，準備強行吃掉蕭摩訶。蕭摩訶扛著一把大砍刀，七七八八，耍了幾個回合，十幾顆人頭滾得滿地都是。

蕭摩訶在陣中削瓜砍菜，齊軍陣中出現了騷動。齊軍的鬥志本來就不高，哪經得起蕭摩訶這般恐嚇，哆哆嗦嗦地看著尉破胡：將軍，這仗還怎麼打？陣前的吳明徹知道他立功的機會來了，「不要放走了王琳，捉活的！」令旗一揮，數萬虎狼傾巢而出，揮舞著白森森的刀戈，衝進了已經亂成一團的齊軍陣中。

大屠殺！

雖然不知道這場屠殺中，十萬齊軍到底損失了多少人，但從尉破胡和王琳被打成光棍來看，齊軍的損失不在少數。

氣可鼓不可洩！行軍打仗憑的就是一口氣。陳軍經此大捷，氣勢如虹，在吳明徹的率領下，十萬陳軍以鐵血浩蕩之勢，向北平推，所過之處，無不望風奔降！

陳軍的成績單：

二十九日，陳軍徐櫌部攻克石梁。

五月初四，瓦梁城的齊軍向陳軍繳械投降。

五月初八，陳軍攻佔陽平郡。

五月初九，陳軍攻克廬江。

五月十一日，歷陽齊軍無路可逃，屈膝投降，盡為陳軍黃法抃部屠殺！隨後攻克江北重鎮合肥。

五月十四日，高唐郡（今安徽宿松）的齊軍投降。

五月二十日，陳軍黃詠部攻克齊昌郡（今湖北蘄春）。

五月二十一日，陳軍攻克蘄城。

五月二十三日，陳軍攻克譙郡。

五月二十八日，陳軍攻克瓜步。
六月十一日，陳軍任忠部攻破合州（位址待考，有可能是合肥，北齊合州治所在合肥）外城。
六月十六日，淮陽等郡的齊軍望風奔逃。
六月十九日，陳軍程文季部攻克涇州（今安徽天長西）。
六月二十日，陳軍司馬湛部攻克新蔡。
六月二十九日，陳軍黃法抃部攻克合州。
六月三十日，陳軍吳明徹主力部隊攻克仁州。
七月初四，陳軍周炅部在齊昌大敗北齊尚書左丞陸騫所部兩萬人。
七月初五，陳軍吳明徹主力部隊在淮北北岸來回掃蕩，開始向淮南第一重鎮壽春（今安徽壽縣）發起總攻。
坐鎮壽春的正是之前被打成光棍的王琳。王琳和吳明徹算是老朋友了，吳明徹知道應該怎樣對付王琳。吳明徹採用水攻之計，就是放水淹城，壽春地處淮河南岸，地勢不高，很快就變成了一座水城。守城齊軍扛不住吳明徹這麼折騰，加上淹死病死的，城中齊軍死者十有六七。
面對陳軍的強勢進攻，高緯倒是出兵了，尚書行台右僕射皮景和奉高緯緊急敕令，率數十萬大軍席捲南下，去救壽春。高緯再混蛋，也知道一旦讓陳軍突破淮河防線，對他來說意味著什麼。
和尉破奴的狂妄相反，皮景和膽小如鼠，他可不想重蹈尉破胡的覆轍。皮大人帶著弟兄們蹲在淮河北岸三十里的地方曬太陽，看螞蟻打架，每天喝酒吃肉，好不快活。至於王琳的死活，和皮景和沒有關係。

吳明徹聽說皮景和這麼耍寶，不禁大笑，他知道皮景和是不會救王琳的，這就好辦了。麾下諸將勸吳明徹要小心皮景和的幾十萬大軍，吳明徹告訴弟兄們：「彼眾我寡，彼猶結營不進，是懼我也！諸將聽吾號令，明日攻城。」諸將諾諾拱手。

陳太建五年（北齊武平四年，西元五七三年）十月十三日，吳明徹下達了總攻令，十萬將士從壽春城下蜂擁攻城，史書對這次壽春之戰的記錄很簡短，但極有氣勢，「四面疾攻，一鼓拔之。」王琳上天無路，束手就擒。

壽春的失陷早就在皮景和的預料之中，他慶幸自己沒有給王琳當炮灰，皮公下令，各部後隊變前隊，丟下輜重物資，高唱著勝利的凱歌，滿面春風地逃回了鄴都。

高緯氣得直哭，大罵皮景和是個飯桶。

攻克壽春，是陳朝三十二年歷史上空前的大捷之一（另一為陳文帝陳蒨收復湘州），這場勝利的戰果極為豐富，不僅剷除了對陳朝威脅最大的王琳，還生擒了盧潛、可朱渾道裕、王貴顯等北齊一線高官，最重要的是，擴大了江東北線的戰略防禦，陳頊終於可以睡上安穩覺了。

陳軍自出白下渡江以來，幾乎是連戰連捷，在江北引發了空前震動，江北漢人鄉兵紛紛起義，反抗鮮卑人的暴政。漢人所過之處，漢家旗幟迎風高揚，但只有一場攻堅戰，不但沒有取得勝利，而且根本沒和齊軍交手，就被齊軍略施小計給嚇跑了。這座城市是北徐州治所琅琊郡（今山東臨沂），這位北徐州刺史，就是祖珽。

沒錯，北齊只有一個祖珽，就是他！

祖珽被陸令萱算計後，貶到北徐州當刺史，他的情緒有些消沉，祖珽對重回朝廷中樞已經不抱任何希望了，自己也老了，安心度過餘生吧。但讓祖珽沒想到的是，他的人生最高潮才剛剛開始。

陳軍以秋風掃落葉之勢，席捲了淮南，在山東地區造成了極大的影響。因為陳朝是漢人政權，所以在北齊統治下的漢人有了一種迎回親人的強烈衝動。陳軍前鋒已經攻克朐山，即將進入山東，北徐州的漢人聞風回應，熱血澎湃，樹起反齊大旗，歡迎王師北上，直搗黃龍！

祖珽聽完手下人說明情況下，嘴角露出一絲詭異的微笑，刺史有令：城門大開！同時城中人等禁止外出，雞鴨鵝狗貓們一律堵上嘴巴，不許出聲。

一夜之間，琅琊變成了一座毫無生命氣息的空城。

當鄉兵站在琅琊城外，看著城門深處死一般的沉寂，都認為這是一座空城，準備進城發洋財。正當他們流著口水即將踏進城門的那一瞬間，突然聽到城頭上鑼鼓喧天，紅旗招展，人山人海。有埋伏！所有人都嚇得寒毛倒豎，如潮水般退去。幸虧沒進城，否則就中了祖珽的計了。不過就這麼被一個盲人嚇得屁滾尿流，傳出去也太丟人了。鄉兵又再一次殺到琅琊城外，點名要祖珽出來送死。

城門緩緩打開，一支裝備精良的軍隊踏進大地溫熱的脈搏，站在鄉兵的對面。齊軍迅速擺好陣形，閃開一條直道，從後面跑出一匹駿馬，馬上坐的正是祖珽。

鬚鬢花白的祖珽沒有說話，讓人遞給他一張弓，數支箭，祖珽摸摸索索地搭箭上弦，在手下的指導下，對準了方向。一鬆手，利箭出弦，飛到鄉兵陣中，射死了鄉兵幾個弟兄。

還沒等鄉兵反應過來，齊軍已經如潮般退回城中。鄉兵大怒，今天居然被一個盲人如此戲弄，莫大的恥辱！攻城！一定要活捉祖珽，當面向他學習箭法。

鄉兵圍攻琅琊十幾天，卻沒佔到一點便宜，弟兄們洩了氣，算我們倒楣，碰上這個銅頭鐵臂的祖珽。散了吧，另尋地頭發財去。

城外已空無一人，祖珽站在城頭，側耳聽著，嘴角依然在微笑……

不久之後，一代傳奇人物祖珽奄然病逝於琅琊府衙。

晉陽城中的高緯，也許早就不記得祖珽是誰了，但他卻記得，淮南被吳人奪去，這會危及到中原的戰略安全。高緯坐在殿上憂心忡忡。穆提婆和韓鳳等人還在嬉笑著握槊，見高緯不開心，穆提婆笑道：「陛下何憂！淮南本來就是南人的地盤，現在南人取了回去，我們也沒損失什麼！我朝疆土廣大，就算丟了黃河以南所有地盤，我們還可以做一個龜茲國，依然可以像現在這樣快樂地生活。陛下活得太累了，人生苦短，何不及時行樂？陛下天威，陳頊哪敢對陛下不敬！」

殿中群小一擁而上，跪在高緯面前，大聲稱頌高緯的巍巍功德，一起唱道：「無愁天子歡樂多，陳頊小子奈我何！」高緯越聽越開心，臉上烏雲散去，拍手大笑！

鼓樂響起，高緯和群小縱酒狂歡，載歌載舞。

天下依然太平！

四十七　北周對北齊的第一次大規模東征

這次陳頊大舉北伐，奪回了失陷二十多年的淮南，讓長安城中的宇文邕明顯感覺到了壓力。雖然陳頊這次北伐的最高目標只是奪回淮南，但憑宇文邕對陳頊多多少少的了解，此人心術深沉，善撫文武，能得人死力。萬一陳頊再次北伐，搶先進入晉陽舉辦慶功宴的還不一定是誰呢。

伐齊之事不能再拖了，夜長夢多。

宇文邕開始有計劃的準備，他和一些重臣商議著伐齊的具體細節。不過宇文邕似乎還沒有下定最後決心，他心緒很亂，就把車騎大將軍伊婁謙（伊婁本姓拓跋）請到內殿，替他解疑釋惑。

宇文邕問：「天下不臣者有二，東有齊，南有陳，以卿之明見，當先伐何國？」

伊婁謙笑道：「當然以齊為先。」

「卿何以言此？」

「臣所請先伐齊者，有三：一、高緯昏暴，左右皆小人；二、彼不識天道，自剪羽翼，斛律明月，一代驍將，斃於小人之口，齊國已無大將；三、高緯行昏暴於下，士民恨其嚴酷，人心喪盡。王師東出，彼必泥首伏於陛下馬前。」

宇文邕撫掌大笑：「卿言是也！」

伊婁謙說得完全正確，北齊所面臨的問題就是這些，但他說得不太詳細，真正提出全面伐齊攻略的，是勳州刺史韋孝寬。韋孝寬在用計除掉斛律光後，就已經開始了全面伐齊的戰略構想，經過一番深思熟慮之後，韋孝寬給皇帝寫了一條奏疏，即南北朝史上有名的《平齊三策》。

在《平齊三策》中，韋孝寬著重講了三點：

一、與陳朝暫時結盟，讓陳頊在南線出兵牽制齊軍主力，分齊軍兵勢，我則乘虛入其境。

二、齊軍實力尚強，非一戰可下之，我們應該以騷擾為主，敵退我進，敵來我走，在最大限度上消耗他們的體力和戰鬥意志。

三、我們要做好打持久戰的準備，積極發展內政，積蓄實力，觀其釁而動。

第一點和第三點都是戰略上的，而第二點則是具體戰術。從周齊的實力來看，周軍顯然不具備速勝的實力，應該積極利用陳頊的野心，通過外交手段削弱齊朝的整體戰鬥力。

滅齊之戰需要用多長時間？韋孝寬給出的時間是兩年左右。韋孝寬意識到，齊朝尚有賢才，如果我們把高緯逼得急了，他未必就不會趕走穆提婆這些佞小，啟用賢才。如果齊朝上下都是賢才在位，我們還有機會取勝嗎？肯定沒有。所以要留給高緯一些時間和生存的幻想，讓高緯覺得我們不是他最具威脅性的敵人，高緯才可以放縱胡鬧。高緯鬧得越狠，我們取得勝利的希望就越大。

這在戰術上，叫「卑而驕之」。

其實最早提出「卑而驕之」戰術的，並不是韋孝寬，而是柱國大將軍于翼。

宇文邕自從產生了消滅北齊的戰略構想，就開始在與齊、陳兩國的邊境上增兵，特別是與北齊相鄰的東線邊境。齊人也不是吃素的，你能增兵，難道我就不能增兵嗎？

于翼就覺得宇文邕做事還不太成熟，你把刀架在人家脖子上，說我們兩家和好吧，誰敢接受這樣的和好？于翼告訴宇文邕：「齊人實力尚強，我們一下是吃不掉的，與其強取，不如先示彼以弱，讓齊人輕視我們，我們暗中做準備，出其不意，一鼓可定山東！」聽于翼這麼一分析，宇文邕才發現自己做事太冒失，確實是這個理。「帝納之」。

一切準備就緒。

北周建德四年（西元五七五年）七月十五日，宇文邕臨御長安大德殿，百官朝服以進，宣詔官在殿前讀《伐齊詔》。

「高氏因時放命，據有汾、漳，擅假名器，歷年永久。……彼懷惡不悛，尋事侵軼，背言負信，竊邑藏奸。……以淫刑妄逞，毒賦繁興，齊、魯軫殄悴之哀，幽、并啟來蘇之望。既禍盈惡稔，眾叛親離。……朕當親御六師，恭行天罰。庶憑祖宗之靈，潛資將士之力，風馳九有，電掃八紘。」

百官伏拜於地，山呼萬歲！

根據宇文邕的作戰指令，柱國大將軍宇文純、滎陽公司馬消難、鄭公達奚震為前三軍總管，各領一軍前進。越王宇文盛為後一軍總管、周昌公侯莫陳瓊為後二軍總管、趙王宇文招為後三軍總管。

另外，還有五路人馬：

齊王宇文憲督帥兩萬步騎兵直趨黎陽（今河南浚縣）。

隨公普六茹堅、廣寧公薛迥都督帥水軍三萬，從渭河出發，順風東下，趨潼關進入黃河，直攻河陽。

梁公侯莫陳芮督帥兩萬步騎兵與普六茹堅的水師並行，在河陽北岸的太行山南陸駐屯，準備攔截從河東南下的齊軍。

柱國大將軍于翼督帥兩萬步騎兵走南線，直插河南南部。

并州總管李穆督帥三萬步騎兵駐守河陽北岸。

以上這幾路都是偏師，周軍真正的主力部隊是宇文邕親自率領的六萬虎狼之師。宇文邕的目標是河陰，也就是洛陽北。

宇文邕的戰略方向非常明確，先取河南，打通北齊的南線通道，然後兩線合圍，直取晉陽，同時也能嚴重威脅到鄴都的安全。從行軍路線上來看，宇文邕的中軍和侯莫陳芮、李穆兩路是同行的，實際上周軍主力部隊不是六萬，而是十一萬！如果合計的話，這次軍事行動，周軍出動了不下二十萬精銳部隊。

如此大規模的軍事行動並沒有得到周朝高層的全部支援，有許多人就持謹慎的反對意見。他們並不是反對出兵，而是認為進攻方向不對。內史上士宇文㢸就勸宇文邕放棄進攻河南的計畫，與其攻河南，引發齊軍南下，不如直接北攻晉陽。民部中大夫趙煚和遂伯下大夫鮑宏都認同宇文㢸的看法，說洛陽是齊朝的河南重鎮，齊軍實力非常強勁，並非易取，當先取晉陽，直擒高緯於馬前。

宇文邕沒有接受。

其實原因很簡單，因為這場表面上看起來規模很大的軍事行動，實際上不過是宇文邕偵察齊朝軍事應變能力的餌兵。宇文邕親政以來，沒有和齊軍交過手，所以他很難直觀地了解齊軍實力，通過這場戰爭，宇文邕一方面是確實想攻克洛陽，另一方面根據齊軍的臨場能力來制定下一步的作戰計畫。

不過周軍並沒有直接進攻洛陽，宇文邕也知道齊軍在洛陽設有重兵，輕易之間很難攻下。周軍的目標是洛陽以北的黃河南岸各城鎮，先掃清周邊，再總攻洛陽。宇文邕的六萬主力和宇文憲的兩萬偏師在黃河南岸來回掃蕩，吃下了許多甜點。

周軍下一個目標是河陽三城之一的中潬城，另外兩城，即北城和南城已經被宇文憲吃掉了。駐守中潬城的是北齊永橋領民大都督傅伏。

周軍主力在中潬城下狂攻了二十天，城上齊朝的旗幟依然高高飄揚。宇文邕沒吃上蛋糕，肚子有些餓了，就暫時甩掉傅伏，去吃他眼中的另外一塊蛋糕，即由齊洛州刺史獨孤永業駐守的金墉城。

宇文邕拎著菜刀找上門了，想吃獨孤永業的豆腐，結果豆腐沒吃著，卻啃了一顆大核桃，門牙都崩飛好幾顆。其實獨孤永業算是宇文邕的老朋友了，早在北齊乾明初年（西元五六〇年），獨孤永業就出任洛州刺史，他在職十五年，沒少和周軍練過招，勝多負少。

聽說宇文邕就在城下，獨孤永業打著哈欠，來到城頭問候大周皇帝。

「城下來的是什麼人啊，這麼熱鬧？」獨孤永業明知故問。周軍在城下叫嚀：「沒長眼嗎？大周皇帝陛下親來，汝是東道主，為何不出城迎接？這豈是待客之道！」獨孤永業大笑：「我又沒給你們發請帖，你們不請自來，還想混吃混喝？請你家皇帝回去吧。」

廢話多說無益，周軍大老遠跑來，可不是來鬥嘴的。宇文邕小旗一揮，數萬周軍呼嘯攻城……

「周主自攻之，不克。」宇文邕在城下張牙舞爪，城上屹然不動。看到獨孤永業在城頭上活蹦亂跳，宇文邕一點辦法也沒有。攻了幾天，還是沒有得手，宇文邕氣火上撞，結果生了一場病。

皇帝有疾，軍心不穩，再說齊朝援軍已經殺到了河陽，如果在這個時候打起來，周軍未必能佔到多少便宜。宇文邕經過短暫的思考，決定撤軍回國，滅齊是持久戰，不急於這一時。齊軍的實力已經基本摸透，宇文邕的戰略目的也基本達到，沒什麼遺憾的。

九月初九日，宇文邕下令，周軍火速回撤，不要與齊軍發生正面衝突，以免減少兵員。各部接到命令後，迅速回撤，宇文憲等部攻下來的三十多座軍鎮也悉數放棄。楊堅的水軍也改走陸路，因為坐船往東行是順風，回去的時候就是逆風，速度較慢。楊堅讓士兵把戰船全部燒掉，不能留下一塊木板給齊人。

潮水般地來，潮水般地去。

十七天後，也就是九月二十六日，宇文邕回到長安，各部解散，就地休整。

四十八　晉陽已陷休回顧，更請君王獵一圍

時間過的很快，不知不覺間，整整一年過去了。

建德五年（西元五七六年）的十月，宇文邕召開了所有高官參加的御前會議，宣布了他即將大舉伐齊的決定。

出乎宇文邕意料的是，與會武將幾乎是一邊倒地反對東征，理由不詳。從周齊爭霸的這四十多年來看，周軍（包括前身西魏軍）可以取得像沙苑之戰那樣的空前大勝，但卻沒有一次可以滅掉齊朝。不要忘了，邙山慘敗帶給周人的強烈震撼，要不是彭樂的一念之差，高歡早就統一北方了。諸將對攻城掠地信心十足，但對滅齊明顯信心不足，這是兩個不同的戰略範疇。

宇文邕當場反駁這些武將的觀點，他說道：「要不是去年朕突然得了病，現在高緯已經跪伏在朕腳下了。齊氏殘虐，上昏下暴，百姓甚苦！自去年一戰，朕已經摸清了齊軍的作戰風格，用兵如兒戲，可見其朝中已無良將。去年朕攻洛陽，確是失招，齊軍主力多在晉陽，克定洛陽，齊軍亦未受損，不若今朝強攻晉陽。晉陽下，則東土可定，天下一統！」下面還有人表示反對，宇文邕怒了，抽劍大喝：「朕決定的事情，敢反對者，無論軍品高下，一律軍法從事！」

真理永遠掌握在少數人手上，宇文邕堅信這一點。

北周建德五年（西元五七六年）十月初四，一支高唱著軍歌的隊伍走出長安城，沿著渭河北

岸，向東進發。

周軍過了潼關之後，轉道向北，沿汾河東岸行進。周齊在河東的邊界以玉壁為限，北屬齊，南屬周，過了玉壁不久，就是晉陽南線的第一戰略門戶——晉州平陽郡（今山西臨汾）。

宇文邕把前線指揮部設在了距離平陽城南不遠的汾河灣附近。

根據宇文邕的作戰指令，各部行動如下：

宇文憲部二萬精銳騎兵據守雀鼠谷（今山西介休西南的汾河西岸）。

宇文純部二萬步騎兵據守千里陘（今山西臨汾北）。

達奚震部一萬步騎兵據守土軍川（後訛傳為統軍川，也稱吐京谷，今山西平遙西五十里）。

韓明部五千步騎兵據守齊子嶺（今河南洛陽北，與山西交界處），防備河南的齊軍偷襲。

尹升部五千步騎兵據守鼓鐘鎮（今山西絳縣北六十里）。

辛韶部五千步騎兵據守蒲津關（今山西永濟西，即蒲津渡），確保周朝本部與前線的聯繫通道。

宇文盛部一萬步騎兵據守汾水關（今山西霍邑）。

宇文招部一萬步騎兵向西進發，去取南汾州（今山西吉縣）。

以上這八路兵馬中，宇文憲和宇文招這兩支部隊的任務比較繁重，他們尋找戰機殲滅齊軍的主力部隊。其他幾路以守為主，任務是確保汾曲周軍指揮中心的安全，同時阻止齊軍救援晉州。

宇文邕給自己定下的任務是攻克平陽郡，大周皇帝每天就像上下班一樣，白天騎馬從汾曲出發，帶著弟兄們去攻平陽，如果攻不下來，傍晚再收兵回營。

平陽城中有北齊軍精銳甲士八千人，駐守平陽的是北齊晉州行台尚書僕射、晉州刺史尉相貴。尉相貴立刻派出精銳勇士，突破了周軍重圍，打馬飛入晉陽，請皇帝高緯火速發兵救援晉州，稍遲一步，晉州就將淪陷於宇文邕之手。

此時的高緯並不在城中，而是在晉陽城西北一百七十里的祁連池（也稱為三堆）打獵。陪同在高緯身邊歡聲笑語的那個女人，並不是皇后穆黃花，而是新任淑妃馮小憐。

要想從高緯那裡得到愛情是非常困難的，穆黃花沒有嘗過愛情的滋味，但自己的奴婢馮小憐卻從後面強行超車，把自己擠到了陰溝裡。穆黃花想請乾媽陸令萱幫忙，但老太婆此時也沒咒念了。

馮小憐不但貌美如花，而且能歌善舞，會彈琵琶。在一個偶然的機會，高緯看到了皇后宮裡做奴婢的馮小憐，高緯的魂立刻被馮小憐給勾走了，至於穆黃花在旁邊乾瞪眼，高緯沒看見。

從此，馮小憐擠掉了穆黃花的位置，和高緯成為一對真正的愛人，這也許是高緯的愛情初體驗。

祁連池邊，高緯縱馬馳射，小獸應聲倒地，坐在涼棚裡觀戰的馮小憐拍著纖纖小手，用嬌滴柔媚的聲音叫好。右丞相高阿那肱站在旁邊，滿面堆笑地鼓掌，群小手舞足蹈，稱讚皇帝陛下英武神明。

遠處，煙塵滾滾；近處，晉州使者已經下馬倒地，聲嘶力竭地呼喊：「陛下！晉州危矣，請速發兵！」

從清晨到中午，有三匹快馬急馳至獵場，三位晉州使者蓬頭垢面地跪在地上，沉默地看著高緯在校獵場上馬蹄的的，風塵長捲旌旗，馮淑妃掩口嬌笑。

等高緯打累了，才想到平陽城中上天無路的尉相貴，高皇帝準備下令調兵，去解平陽之圍。這時，右丞相站了出來，當場駁斥三位晉州使者：「你們這些狗才，沒看到陛下正在忙正事麼？周人經常騷擾邊鎮，何可驚怪?!」

使者痛哭流涕。

畫面轉回平陽城外，面對周軍強烈的攻勢，尉相貴寧死不降，但不代表城中所有的人都想做忠臣，有人就暗中和宇文邕勾搭上了。晉州道行台左丞侯子欽不想陪尉相貴下地獄，暗中和宇文邕約好了時間，周軍殺到城門下，侯子欽打開城門，周軍如潮水般湧入，尉相貴束手就擒。

宇文邕站在平陽的城頭上，接受隨軍文武大臣的伏拜三呼，宇文邕仰天大笑！這一天是北周建德五年（北齊武平七年，西元五七六年）十月二十八日。

第四位晉州使者是從混亂中逃出來的，他騎著快馬，踏著夕陽餘暉的悲壯，闖進了祁連池旁的狩獵場。使者跪在高緯面前，哭奏：「晉州已陷周人之手！」

高緯大驚失色，晉州丟了，那還了得！晉陽危矣。高緯正準備回城，調兵遣將，奪回晉州。馮小憐有些意猶未盡，她坐在高緯的腿上，摟著高緯的脖子撒嬌：「陛下神武，妾意未盡，敢請陛下再殺一圍。」

老娘有命，高緯豈敢不從，這個沒心肝的傢伙大笑著上馬，在周圍武士舉起的火把照耀下，又射殺了幾隻倒楣的兔子。

唐人李商隱有詩云：

巧笑知堪敵萬幾，
傾城最在著戎衣。
晉陽已陷休回顧，
更請君王獵一圍。

不過高緯還是懂得美人與江山的辯證存在關係，沒有了江山，還有哪個美女願意在自己面前玉體橫陳？馮小憐的要求要滿足，晉州同樣要奪回來！

高緯射完兔子後，立刻回城，開始了緊急的軍事部署。高緯兵分三路，一路取千里徑南下，一路取汾水關南下，高緯自率主力部隊南下接應。

十月二十六日，高緯離開晉陽城外的晉祠，三十萬大軍浩浩蕩蕩地向南進發，淑妃馮小憐隨軍。

齊軍南下救晉州，要經過的第一個要隘是雞棲原（今山西霍縣東北三十里霍山北麓），駐守在這裡的是周永昌公宇文椿。宇文椿的人馬並不多，哪裡扛得住幾十萬齊軍的橫衝直撞，急忙向後方告急。

距離雞棲原最近的一支周軍是宇文憲部，宇文憲已經攻下洪洞（今山西楊縣西）、永安（今山西介休南）兩縣，而雞棲原又在二縣的南邊，距離平陽非常近，一旦讓齊軍殺到平陽城下，宇文邕的主力部隊就會受到威脅。宇文憲不敢大意，當下就帶著一千多名騎兵急馳南下，他要會會高緯。

一千多名北周騎兵以風捲殘雲之勢，迅速穿過雀鼠谷，殺到了齊軍主力的屁股後面。齊軍人數雖然多，但已經沒什麼鬥志了。

當齊軍看到雀鼠谷裡煙塵大起，他們不知道會從裡面殺出多少萬強悍的西國雄兵，嚇得連連後退。高緯摟著馮小憐，睡在大帳的暖榻上，帳內溫暖如春，高緯還在和馮小憐吹噓自己天下無敵……

讓人意外的是，面對三十萬北齊大軍，僅有一千弟兄的宇文憲根本不怕，但卻嚇倒了擁有數萬雄師的宇文邕。《隋書．宇文忻傳》：「齊後主（高緯）親馭六軍，兵勢甚盛，帝（宇文邕）憚之，欲旋師。」

宇文邕打算先讓高緯一步，收兵回去，稍事休整一下再作打算。但宇文邕的撤軍計畫卻遭到了驃騎將軍宇文忻的反對，宇文忻勸皇帝：「高緯無道，此正天以授陛下混一也！今日放過高緯，若高緯早死，齊朝再出高洋那樣的瘋子，我們就沒機會滅齊了。齊軍雖然多，但已無鬥志，我軍訓練有素，氣勢正盛，怕什麼！」

宇文邕對宇文忻的勸諫鼓掌稱善，但卻沒聽宇文忻的，下令撤軍。宇文邕壞笑著想，既然你老兄如此好戰，那就留下來替朕擋道吧。皇帝令下：著宇文忻與宇文憲各帥數百騎兵殿後，保護周軍主力順利回撤。

周軍立刻從平陽城中撤出，順著汾河南岸捲甲而回，自蒲津渡渡過黃河，返回長安。宇文憲和宇文忻也不想送死，在偷襲了北齊軍，斬殺北齊大將賀蘭豹子後，也縱馬回撤，在玉壁追上了宇文邕。宇文邕一邊罵五弟是個大飯桶，一邊說說笑笑回家。

留在平陽守城的是周熊州刺史梁士彥，他被宇文邕任命為大周帝國第一任晉州刺史。

在周軍撤出平陽之後不久，北齊軍就如潮水般殺到了平陽城下。高緯下令攻城，百保鮮卑軍架起雲宵梯，呼嘯著攀爬城牆，沒有皇帝的命令，誰都不能後退半步，違者斬！

齊軍的戰鬥力不是吹出來的，好像是一夥瘋狂的蝗蟲，幾乎啃光了地裡的莊稼。齊軍沒日沒夜地攻城，地面上萬弩齊發，碎石利箭，刺破了雲高風急的天空，飛向了歷史的另一端。

平陽城幾乎就要堅持不下去了，齊軍已經攻進外城，在內城與周軍短兵相接，玩起了肉搏戰，地上屍體成堆。

宇文邕臨走前，留給梁士彥一萬名精銳兵，但經過齊軍的百般摧殘，周軍戰死大半，而且鬥志幾乎喪盡。有人勸梁士彥何必為宇文邕賣命，跟著高緯不一樣吃肉喝湯？梁士彥大怒，用劍指著將士們：「是男兒不懼死！今天這裡就是咱爺們的墓地。你們放心，要死，我是頭一個！」

所有人淚如泉湧。

周軍的士氣再次振作起來，咬牙堅持到了最後，齊軍攻累了，也暫時收兵休整。平陽有一點要比玉璧有優勢，就是玉璧純粹是一個軍事堡壘，城中沒有多少居民。而平陽自古就是大型城市，城中居民甚多，所以梁士彥強迫著城中百姓，無論男女，都要上城修補城牆。三天後，平陽城完好如初。

齊軍休息差不多了，繼續攻城。不過齊軍已經改變了戰術，不再從地面上進攻，而是改走地下，齊軍中一定是有人想起了三十年前那場慘烈的玉壁之戰，高歡就是準備走地下通道的，只是沒成功。

試一下吧。

齊軍在平陽城外的地面上開始挖地道，具體戰術和當年高歡在玉壁城下挖地道幾乎如出一轍，在地道內支起木架，然後放火燒掉木架，讓平陽城塌下來。梁士彥也不是吃素的，當年韋孝寬是怎麼做的，現學就行。

唯一的區別，就在於梁士彥是用城中大量的木頭堵死了齊軍爬上地面的通道，齊軍的笑容還沒有退去，全都哭了。

平陽攻堅戰的勝負，與觀戰的馮小憐沒有任何關係，她從來沒有見過如此慘烈的戰鬥局面，坐在高緯的膝上拍手大笑，太好玩了！馮小憐聽說平陽城西郊有塊能顯示聖人頭像的大石頭，頓時來了興趣，在高緯面前撒嬌，要去觀賞這塊奇石。

高緯也想去拜一拜這塊奇石，保佑大齊國祚萬年不易。不過高緯擔心梁士彥使壞放箭，為了安全起見，高緯讓人在城外較遠的汾河上搭建了一座木橋，高緯和馮小憐騎馬過橋，歡天喜地地拜完了聖人，然後如膠似漆地騎在一匹馬上返回。

晚上，高緯在大帳中臨幸了馮小憐。玉體橫陳，笑靨如花，呀呀細喘，香汗如雨。大戰過後，高緯摟著馮小憐，稱讚著小憐護駕有功，說等回到晉陽後，就冊立小憐為左皇后，然後尋機踢倒穆黃花，讓小憐專掌後宮，馮小憐大喜。

四十九　北周攻克晉陽之戰

北周建德五年（西元五七六年）十一月十八日，宇文邕回到長安。僅僅過了一夜，十一月十九日，宇文邕再次發出一道《伐齊詔》，云：「親總六師，問罪汾、晉。兵威所及，莫不摧殄。……元戎反旆，方來聚結，遊魂境首，尚敢趑趄。朕今更率諸軍，應機除剪。」

十一月二十二日，宇文邕率六軍虎羆之士，出長安城，沿渭河南岸東行，至潼關，折向西北，沿汾河東岸北上。五天後，周軍殺到平陽城下。加上之前已經出發的宇文憲等部，周軍總數有八萬人。

宇文邕令旗一揮，八萬黑衣軍團整齊劃一，迅速擺開了一個東西長二十多里的大陣。

周軍人數遠少於齊軍，但士氣極為高亢，這和宇文邕善撫下士有關係。宇文邕是大國天子，日理萬機，但他居然能叫出中下層軍官的名字，宇文邕在軍中不停地和他們打招呼，鼓勵他們為國效力。中下層軍官平時很少能和皇帝見面，以為皇帝根本不知道他們的存在，沒想到皇帝如此深入基層，無不感動流涕。

士為知己者死。

反觀齊軍，內部等級森嚴，皇帝視人命如草芥，寵信群小，人人自危，都在自求多福，無心戀戰。宇文憲奉宇文邕之命，在陣前仔細觀察了齊軍的動態，回來後告訴四哥：「一群烏合而已，請滅此朝食。」宇文邕點頭。

兩軍決戰的地點在平陽城西北四十五里處的喬山下。宇文邕的氣勢已經壓過了高緯，他不敢和周軍拼刀子，而是在平陽城南挖了一道壕溝，阻止周軍過來。有了這道壕溝的阻隔，宇文邕果然束手無策，高緯的陰謀得逞。

死守之計遭到了絕大多數高層將領的反對，在他們眼中，宇文邕也不過是一具肉體凡胎，有什麼可怕的？他們上前請戰，一舉除掉爾羅突，高緯被他們說得熱血沸騰，決定填平壕溝，放周軍過來。

看到齊軍突然填平了壕溝，宇文邕大笑！高緯實在太可愛了，不痛毆他一頓，實在對不起高緯的如此熱情。

宇文邕一身戎衣，縱馬橫刀。宇文憲等人緊隨其後，數萬周軍揮刀跟進。兩軍殺成一團。齊軍鬥志全無，根本抵擋不住周軍的進攻，齊軍被殺得連連後退。

氣可鼓不可洩，但偏偏有人在這個關鍵時刻拔掉了齊軍的氣門芯，這個搗亂分子居然是馮小憐！馮小憐騎在馬上觀戰，看到周軍明顯佔了上風，嚇得花容變色，緊緊握住高緯的手大叫：「我們要完蛋了！」

保護馮小憐的安全，對高緯來說，是比砍下宇文邕的腦袋更重要的事情。

在穆提婆的嚇唬下，高緯帶著馮小憐拍馬北逃至高梁橋避避風頭。開府儀同三司奚長堅決反對逃跑主義，他告訴高緯，皇帝臨陣逃跑，對士氣的打擊是毀滅性的，不見當年苻堅之事乎？高緯保命要緊，沒聽奚長的。

事情果然如奚長所料，高緯拍馬逃去，齊軍頓時大亂，宇文邕豈肯放過這個機會。高緯往後退，宇文邕往前衝，這兩個年齡相差十三歲的男人，在歷史的見證下，展示了人生的兩個極端方向。

齊軍勢如崩山，周軍呼嘯衝殺。是戰，「齊師大潰，死者萬餘人，軍資器械，數百里間，委棄山積」。不過好笑的是，齊軍丟下的這些東西，並沒有被周軍得到，而是被站在一旁圍觀的山胡人搶了去。宇文邕氣得大罵這些強盜，不過現在沒工夫管這些山胡，以後再找他們算賬。

宇文邕沒有繼續追擊高緯，而是進入平陽城中，接見了死守平陽有功的梁士彥。梁士彥已經做好了殉國的打算，他沒有想到，有朝一日，他還能見到宇文邕。梁士彥站在宇文邕面前，用手撫摸著宇文邕的鬍鬚，失聲痛哭：「臣差點就見不到陛下了！」

宇文邕淚流滿面。

宇文邕有一個不好的毛病——容易產生怯戰情緒。這次喬山大捷後，宇文邕又以「將士疲弊」為藉口，想撤軍回國。現在撤軍，明顯不是時候，周軍士氣已經被燒得火熱，士氣一旦洩了，再鼓起來就不那麼容易了。

梁士彥就反對撤軍，他拉住宇文邕面向朝南的馬頭，大聲喝道：「齊人已無鬥志，此天授我以滅齊之時，陛下何疑！」宇文邕被梁士彥這麼一激，尷尬地笑了，老將軍說的有道理。

本來宇文邕已經下了撤軍令，營中諸將歡天喜地地準備收拾鋪蓋回家，見梁士彥又來多事，很惱火。

宇文邕已經決定追擊，誰反對都沒有用，他騎在馬上，用馬鞭指著諸將：「你們怕死，後邊待著，看朕一人一馬一刀，擒高緯至此。」誰敢讓皇帝單槍匹馬上戰場？大家心裡很不痛快，但都上馬橫槊，跟著皇帝繼續衝鋒陷陣。

馬蹄聲疾，十萬旌旗漫天飛舞……

高緯坐在晉陽宮中垂頭歎氣，他沒想到自己手上一副好牌面居然打成這樣。接下來該怎麼辦？高緯已經有了打算。迎戰宇文邕？不！勵精圖治，重振山河？不！回到鄴都避風頭？不！

高緯的完美計畫，居然是北逃突厥！不知道高緯的腦袋裡裝的都是什麼。

聽說皇帝要逃往突厥，朝廷立刻炸開了鍋，群臣紛紛表示反對：本朝雄兵尚有數十萬，與周人決戰，勝負尚未可知，如何就要當逃兵？對得起列祖列宗的在天之靈嗎？

高緯鐵了心要去突厥，誰說的話他都聽不進去。即使是安德王高延宗跪在地上痛哭勸諫，高緯依然不聽。高緯讓心腹王德康接來皇太后胡氏和皇太子高恒，火速送往北朔州（今山西朔縣），準備到時一起竄逃。

形勢對高緯越來越不利，周軍宇文邕本部已經突破了高壁（雀鼠谷南），兵鋒所過之處，齊軍望風歸降。最要命的是，晉陽西南重鎮介休已經落入宇文邕之手。正在高緯和反對北逃的諸將扯皮時，平地一聲驚雷：周軍宇文邕部已經殺到了晉陽城外，時間是北齊武平七年（西元五七六年）十二月十三日。

時間不多了，高緯逃命要緊，在匆匆改武平七年為隆化元年後，高緯把并州交給了高延宗，生死自有天命，自求多福吧。高延宗還想再勸高緯回心轉意，旁邊的穆提婆指著高延宗大喝：「皇帝有旨，為臣者敢不遵守，難道殿下要造反嗎？」高延宗無語。

當天夜裡，高緯帶著大隊人馬強奪五龍門，向北狂奔，準備去找突厥人要飯吃。他身邊的人都習慣了中原的安逸生活，沒人願意跟他去大漠裡喝西北風，沒跑多遠，人都散得差不多了。在領軍大將軍梅勝郎的苦勸之下，高緯這才臨時改變主意，方向改為東南，去鄴都再作打算。

跟著高緯回鄴都的，只有不到百人。

在這些人中，並不包括穆提婆，他已經從高緯身邊溜了出來，目的地是晉陽。不過穆提婆不是要幫助高延宗守城，而是直接到了宇文邕的大帳中，伏地三呼大周皇帝陛下萬歲。在穆提婆看來，高緯已經完蛋了，他沒有任何理由陪著高緯送死。

宇文邕瞧不起穆提婆這樣的奸佞小人，但他顯然懂得劉邦重用仇人雍齒的道理，只有重用穆提婆，才能最大限度地瓦解齊朝官場人心。詔下，穆提婆為柱國，封宜州刺史。這招果然奏效，看到穆提婆都得到了宇文邕的重用，其他官場才俊還有什麼懷疑的，都來投奔宇文邕，都分到了香噴噴的大餅，皆大歡喜。

穆提婆的叛變，對官場中人是個好消息，但對晉陽城的家眷來說，幾乎就是塌天的災難。曾經權勢煊天的陸令萱自知不免，伏劍自殺，其他家眷盡被籍入官，男為奴，女為婢，永世不得翻身。

宇文邕的對手，從高緯變成了高延宗。

高延宗是北齊高氏家族第二代精英中的精英，能力相當強悍，高延宗雖然是高澄的兒子，但從小就是由二叔高洋養大的，高洋鐵血霸道的氣質也自然傳給了高延宗。高延宗年輕時驕縱不法，被九叔高湛狠狠抽了一頓馬鞭後，洗心革面，折節下士，遂成一代精英。

高緯出逃時把并州交給高延宗打理，是高緯短暫人生中少見的正確選擇。高延宗在齊軍中有很高威望，北齊將士早就對昏暴無能的高緯不滿，高緯前腳剛離開，將士們就伏在府衙外，請安德王即皇帝位，帶著弟兄們和周軍決一死戰。

北齊隆化元年（北周建德五年，西元五七六年）十二月十四日，高延宗在一片肅殺的氣氛中，於晉陽宮即皇帝位，改元德昌，大赦不知道還有幾州幾郡的所謂天下。

高延宗知道人心的重要性，他立刻把晉陽國庫裡的金銀財寶和宮中美女賞賜給將士們，鞏固他們決戰的信心。不過錢色並不是并州將士願意為高延宗效死的主要原因，人貴遇伯樂相知，高延宗和宇文邕一樣，都對中下層將官的姓名瞭若指掌。

高延宗來到軍中，握著中下層將士的手，叫著他們的名字，痛哭流涕，一言不發。將士們也沒想到皇帝陛下會這麼看重他們，無不感動得淚流滿面，四萬將士齊呼：願為大齊社稷死戰至最後一人！

高延宗的崇高威望不僅在軍中，在民間，百姓們聽說安德王即位，也激動得難以自持，不用皇帝下令，晉陽城中百姓，人不論男女老少，位不論貧賤富貴，皆踴躍登城，慷慨激昂地表示：願為大齊社稷死戰至最後一人！

十二月十六日，八萬北周鐵血雄師席捲而來，在晉陽城下四面合圍，因為周軍是清一色的黑衣黑甲，從城上望去，黑鴉鴉看不到盡頭。宇文邕一身戎衣，手執佩刀，輕輕說了句：「殺！」數萬黑衣軍開始攻城。

宇文邕身先士卒，帶著一票弟兄狂攻晉陽東門，過程很順利，在黃昏時分攻進城中。周軍對晉陽城中的地理非常陌生，進城之後，周軍四處轉圈。

高延宗得到消息後，身體肥壯的他操起一支大矛，和領軍將軍莫多婁敬顯各率一支精銳士卒，從東門內的兩側道路飛奔而來，把宇文邕等數千多人死死圍住。

在火把的照映下，高延宗臉都笑變了形：「禰羅突就在眼前，擒獻於朕者，賞萬戶侯。」齊軍士氣大振，揮舞砍刀長矛，狠狠地扎進了周軍陣中。周軍擠在城門內處，進退失據，幾乎就是被齊軍成群地屠殺，兩千多人戰死。

眼前齊軍步步緊逼，幸虧承御上士張壽和賀拔伏恩強行救駕，才把宇文邕從地獄門前撈了回來。宇文邕經過這場噩夢般的經歷，對高延宗已經有些發怵，他沒想到高延宗這麼狠，自己險些命喪其手。宇文邕僥倖撿回一命，不想再打了，留得青山在，不怕沒柴燒，準備撤軍。

又是宇文忻站了出來，嚴厲駁斥宇文邕的膽小怯戰：「大丈夫當死中求生，敗中取勝，方不負七尺身軀！今有小挫，便思怯逃，豈不有愧於天地祖宗？我軍雄武，一戰克定，必能擒延宗於馬下，陛下行事，奈何無丈夫氣！」

宇文忻罵得夠狠，宇文邕臉上青紅相間，自己還自詡神武雄略，遇到一點困難就當縮頭烏龜，以後還怎麼號令弟兄們？宇文憲也勸宇文邕不要當逃兵，否則軍心一散，再難收回。宇文邕狠狠嘲笑了自己一把，然後抽刀出鞘，下令六軍各部重新集合，再敢言退者，斬！

從哪裡跌倒的，就從哪裡爬起來，宇文邕的主攻目標還是差點讓自己下地獄的晉陽東門。十二月十七日，宇文邕率軍強行攻打東門，這次沒有再出現意外，城中齊軍雖然竭力抵抗，但周軍氣勢更盛。當日，城陷。

高延宗也許已經預感到了，他祖父高歡積數十年之功打拼下來的大齊帝國，將在他手上成為歷史。高延宗心境悲涼，撥馬北逃，但晉陽四面都是周軍，還能往哪逃？高延宗沒出北門，就被周軍捉了個現行。

皇帝被俘，大臣們自然就不會再做無用功，還為誰死節？難道為高緯嗎？晉陽文武以唐邕為首，伏拜於宇文邕馬前。宇文邕是不會殺降官的，至少不會在現在這個敏感的時候。包括高延宗在內，北齊晉陽群臣都得到了宇文邕的厚待，各司其位，待遇從舊。

自北魏太昌元年（西元五三二年）七月初十日，至北齊隆化元年（正史不承認高延宗的德昌年號，西元五七六年）十二月十七日，高歡及其子孫在晉陽長達四十四年半的統治結束了。

十二月十八日，宇文邕以大周皇帝的名義，大赦天下，詔云：「偽主高緯，放命燕齊，怠慢典刑，俶擾天紀，加以背惠怒鄰，棄信忘義。朕應天從物，伐罪弔民，一鼓而蕩平陽，再舉而摧勍敵。……幽青海岱，折簡而來；冀北河南，傳檄可定。八紘共貫，六合同風。」

在詔書的最後，宇文邕敦促在鄴都曬太陽的高緯及其文武大臣：「高緯及王公以下，若釋然歸順，咸許自新。」不過宇文邕知道高緯是個不見棺材不掉淚的主兒，指望高緯投降，還不如指望自己用武力解決高緯殘餘勢力。

宇文邕在晉陽城中停留了十天，廢除北齊苛政，解散宮女，頒賜有功將士，大封有功文臣。

十二月二十九日，大周皇帝宇文邕以陳王宇文純為并州總管，留守晉陽，自督帥六軍，離開晉陽，浩浩蕩蕩地向東南方向殺來，目標是鄴都。

五十　如風消逝的北齊帝國

周軍攻克晉陽的消息傳到鄴都，舉城譁然。

現在的形勢已經異常危急，但對高緯來說，他並不關心晉陽的得失，他只想得過且過。高緯沒有忘記當年穆提婆對自己的勸告：「人生苦短，何不及時行樂？」

在周軍大舉東下的危難時刻，鄴都文武都勸高緯趕快拿出銀子餵飽將士們，和周軍決一死戰，或許還有翻盤的機會。高緯表面上也答應了，立下重賞，但高緯只是口頭許下甜言蜜語，實際上一毛不拔。

大臣們沒想到高緯死到臨頭了，還捂著錢袋子不鬆手，無不搖頭長歎。廣寧王高孝珩勸高緯快點扔銀子。高緯狠狠地瞪著高孝珩，大罵：「不是你的銀子，花了當然不心疼！」高孝珩無語。

銀子的事情暫時可以不問，但總要激勵士氣吧，不然等宇文邕殺過來，真就沒救了。斛律孝卿請高緯在將士們面前發表激情演講，並寫好了一篇講話稿，讓高緯多背幾遍。隨後斛律孝卿告訴高緯：「陛下到時一定要流淚，將士們都是血肉之軀，感動了他們，他們就會為陛下效死。」高緯點頭答應了。

高緯來到校場，面對數萬將士，高緯準備發表非書面講話。但高緯生來就笨嘴拙舌，說話都費勁，更不用說演講了。斛律孝卿交代的那些話，高緯全都忘了，一句沒記下來。

尷尬的冷場。

高緯看著台下面眼神裡充滿期待的將士，突然爆出一陣大笑：「斛律孝卿這個狗東西，寫這麼多做什麼，朕一句沒記住。」高緯身邊的群小們也跟著大笑，馮小憐在旁邊也是掩口失笑。

下面一片譁然，將士們還在等著高緯懸賞呢，哪知道高緯居然大笑，此人全無心肝！將士們全都怒了，有人不顧君臣禮儀，大罵道：「自家的江山都不在乎，我們犯得著為他賣命嗎？」眾人附和。自此，北齊將士「皆無戰心」。

高緯知道著急了，他會集百官議事，商議著如何禦敵。大家在殿上七嘴八舌，有說要與宇文邕決戰的，有說要投降的，有說要南逃江東的，也有說要北逃突厥的，高緯聽得頭昏腦脹。

朔州行台尚書右僕射、清河王高勱之前已經奉高緯之命，將滯留在北朔州的胡太后和高恒接回了鄴都。高勱在御前會議上首先痛斥了那些食齊朝俸祿卻變節投敵的大員們，然後告訴高緯：「大員們不愛國，不代表草根不愛國，請陛下速散金銀，並賜顯爵，人必感泣陛下仁德，以死捍衛國家。」高緯聽說又要讓他打開錢袋子，搖頭不許。

御前會議開了大半天，沒研究出一個禦敵之策，倒做出了一個讓所有人都意外的決定——舉行內禪，將皇位讓於皇太子高恒。

北齊隆化二年（西元五七七年）正月初一，七歲的皇太子高恒，哭鬧著接受群臣的伏拜山呼，改元承光。高緯成為北齊歷史上第二位太上皇帝，生母穆黃花為太上皇后。

內禪儀式在一片悽惶的氣氛中舉辦完了，接下來高緯要做什麼？

黃門侍郎顏之推、中書侍郎薛道衡、侍中陳德信聯名上書，請太上皇火速去河南徵兵，然後準備與宇文邕決戰。萬一戰事不利，就過江南下，投靠陳頊。

高緯現在還抱有最後一絲幻想，希望宇文邕不要南下，讓他在鄴都坐穩半壁江山。這顯然是不可能的。

「周軍」很快就殺到了滏口，鎮守滏口的長樂郡王尉世辯看到遠處黑鴉鴉一片，大聲驚呼：「周人來了！」說完撂挑子就逃回了鄴都。實際上這並不是服色尚黑的周軍，只不過是一群烏鴉而已。

尉世辯狂呼亂叫地竄進鄴都，高緯的臉色煞白，爾羅突這麼快就來了？高緯連夜收拾好金銀細軟，讓心腹人帶著太皇太后胡氏、太上皇后穆黃花和幼主高恒，去濟州（今山東聊城東）避一避風頭，高緯留在鄴都觀察動靜。

北齊承光元年（西元五七七年）正月十八日，真正的周軍殺到了鄴都紫陌橋外。

宇文邕下令，周朝六軍嚴整有序地包圍了鄴都。直到這個時候，高緯依然有膽量挑逗宇文邕，一支士氣低落到極點的北齊軍隊垂頭耷腦地出城，像一頭沒睡醒的綿羊一樣，站在一頭饑餓的獅子面前。勝負不問可知，七七八八之後，齊軍慘敗。

高緯留下武衛大將軍慕容三藏守鄴都，自己帶著一百多名騎兵奪門東逃，目的地是濟州。高緯出城沒多遠，周軍就殺進了鄴都，留守的齊朝文武歡天喜地地拜倒在宇文邕膝下，恭請大周皇帝入宮。

宇文邕知道收攏人心的重要性，除了斬殺上次從晉陽出逃至鄴都的莫多婁敬顯，餘無所殺。莫多婁敬顯被殺，表面上是因為莫多婁貸文事主不忠，真正的原因也許是上次在晉陽東門外，莫多婁敬顯差點幹掉了宇文邕，宇文邕這是在記仇。

北齊的疆域可以分為五大塊：河東、河南、河北、山東、江淮。江淮被陳頊搶先下了手，河東、河北已經成為宇文邕的地盤，駐守河南的齊洛州刺史獨孤永業見齊亡已成定局，也痛痛快快地舉起了白旗。高緯所在的山東北部在春秋時是齊國的疆域，也許在這個時候，北齊的「齊」國號才是名副其實。

不過此時的高緯在名義上不是齊王，甚至也已經不是齊朝的太上皇了，而是無上皇。因為就在高緯抵達濟州的當天（正月二十一日），幼主高恒已經把帝位內禪給了任城王高湝，原因不詳。不過高湝和高延宗的帝位不為正史所承認，所以高恒是北齊帝國的最後一位帝王。

高緯留下他最信任的高阿那肱駐守濟州以北、黃河南岸的軍事重鎮碻磝津，同時把老娘胡太皇太后甩在濟州，自己帶著高恒、馮小憐、韓鳳等數十人，星夜向青州方向逃竄。

周軍速度非常快，高緯前腳剛離開，周軍就殺進了濟州，上天無路的胡氏束手就擒。不過胡太后並不為自己的命運感到擔憂，她相信憑自己的美色，足以打動宇文邕，也許宇文邕色心一起，收自己做個妃子，同樣能富貴終身，如果宇文邕不收，皇太子宇文贇也行。至於尊嚴，從她懂事起，就不知道尊嚴為何物。至於高緯的死活，已經與她沒有關係了。

高緯這次南逃計畫，知道的人並不多，除了高緯一行人之外，只有駐守碻磝津的高阿那肱知道。

北齊的滅亡已經不可避免，高阿那肱也犯不著為一個亡國皇帝殉葬，他有自己的利益追求。為了給宇文邕獻上一份重禮，高阿那肱決定用高緯的鮮血來染紅自己的烏紗帽。高阿那肱給高緯寫信，說周軍一時半會過不了河，請陛下暫時不要南下投奔陳頊。

高緯向來是信得過高阿那肱的，見此信，緊張絕望的心情稍稍放鬆。高緯每天在青州益都郡城中和馮小憐雙宿雙飛，高緯希望宇文邕永遠也不渡過黃河，自己還可以在山東稱王，就像一百七十多年前的南燕皇帝慕容超。

高阿那肱已經投降了宇文邕，說出了高緯的藏身之所，正在青州益都郡。宇文邕大喜，這回高緯是絕對逃不出他的手掌心。

大將軍尉遲勤奉宇文邕軍令，率兩千精銳騎兵，不分晝夜，向益都急馳而去，絕對不能讓高緯有南下的機會。尉遲勤動作乾淨痲利，因為青州已經沒有齊朝的正規軍了，已經逃到益都城南的南鄧村的高緯、高恒、馮小憐、韓鳳等人連最基本的反抗都沒有，安靜地被尉遲勤手下的武士綁起來，派專人護送回鄴。在經過濟州時，高緯見到了母親胡太后，娘倆將一起去見宇文邕。

高緯被擒的這一天，是北齊承光元年（北周建德六年，陳太建九年，西元五七七年）正月二十五日。曾經威震天下，讓一代梟雄宇文泰聞之膽寒的北齊帝國在這一天煙消雲散，消失在歷史的長河中……

北齊天下共有六十州，其中淮南十州已被陳頊奪去，其餘五十州，一百六十二郡、三百八十縣、三百萬戶百姓，盡成宇文邕的囊中之物。

四十多年前，高歡和宇文泰在北中國上演了一場熱血悲壯的雙雄爭霸戰，讓後人歎為觀止。高歡和宇文泰連續打了五場著名戰役，即小關之戰、河橋之戰、沙苑之戰、邙山之戰、玉壁之戰。雙方精英盡出，但最終打成了平手。

當雙方第一代精英逐漸老去之後，雙方第二代精英開始登場，繼續著先輩們未竟的事業。在這一時期，雙方的直接較量並不多，但雙方都在隔著門板較勁，即使吃不掉對方，也要讓對方在自己的光輝形象下黯然失色。

又是十多年過去了，經過雙方的最後一次博弈，勝負已分：西邊的宇文家族最終笑到了最後。

北周宇文氏政權之所以能戰勝北齊高氏政權，原因是多方面的，但可以用一句話來涵蓋：宇文家族的第二代精英戰勝了高氏家族的第三代紈絝子弟。其實高氏家族中的第三代同樣精英輩出：高孝琬、高長恭、高延宗，都是高澄留給家族的驕傲，還有一個少年英雄高儼。但遺憾的是，坐在北齊天下最高位置的那個人，卻偏偏是第三代子孫中最不成器的高緯。

正因為這一點，宇文家族最終在長達四十年的雙雄博弈中大獲全勝，在歷史的天空中劃出一道絢爛的彩虹。

五十一　定鼎中原

十七年前，當年輕的魯公宇文邕在權臣宇文護的擺布下，坐在御床上接受周朝百官山呼時，誰曾想到，歷史會是這樣的結局？

歷史選擇了宇文邕，讓他在隋唐第二帝國出現之前，提前打掃了灰塵積垢的庭院，為隋唐第二帝國的輝煌鋪出了一條金光大道，就如同四百年後，一代聖主周世宗柴榮積五年之功，掃平天下，為宋朝繁華如錦的盛世奠定了基礎一樣。

宇文邕現在要做的就是打掃乾淨新得到的東部天下，為自己的子孫謀一個大好前程。此時的宇文邕，和後來的柴榮相似度還不是很高，而和另外一個著名帝王的軌跡幾乎相同，他就是前秦宣昭帝苻堅。

宇文邕和苻堅有七點相似之處：

一、他們都不是漢人。

二、他們都是本政權第二代精英中的佼佼者（前秦第一代苻洪和第二代苻健、苻雄在創業過程中可以算成一代人）。

三、他們的父輩都來自中原政權，苻洪效力過後趙石虎，宇文泰效力過爾朱榮。

四、他們的國號都來自之前在關中立國的政權，西周和秦朝都出自岐山。

五、他們的國都都在長安。

六、他們最強大的對手前燕和北齊的歷史軌跡又極為相似，前燕和北齊的第一國都都在鄴城。前燕後主慕容暐和北齊後主高緯的人生極為相似。前燕和北齊的疆域也基本相同。而且慕容暐和高緯都是在出逃的過程中被擒。

七、他們都是先攻克晉陽，然後攻克鄴城。

苻堅之所以後來成為悲劇，並不在於他傾國之力向東晉發起進攻，在淝水慘敗，而在於前秦內部的野心家實在太多，計有：慕容垂、慕容德、姚萇、呂光、乞伏國仁、劉衛辰（赫連勃勃之父）、拓跋珪、絕色美男慕容沖。

這些人的存在，是前秦帝國的重大隱患，王猛經常勸苻堅除掉兩個最危險人物慕容垂和姚萇。苻堅為人寬和仁厚，他對王猛幾乎言聽計從，但就是不聽王猛的這個建議，結果淝水一敗，群雄並起，將已經統一北方的前秦帝國撕得粉碎！

苻堅拒絕處死慕容垂和姚萇，最終身死國滅的歷史大悲劇，對宇文邕處置高齊宗室的問題上不可能沒有一點影響。不過北齊剛剛平定，內部形勢不穩，現在就動手，會引發北齊官員對宇文邕的猜疑，進而影響到北周在北齊舊地的統治。

宇文邕知道他該怎麼做。

和苻堅在鄴都接見慕容暐一樣，宇文邕也是在鄴都接見的高緯。北周建德六年（西元五七七年）二月初四，高緯以俘虜的身分回到了他再熟悉不過的鄴城，這裡的一草一木，在不久之前，還瀰漫著高緯濃重的臭味。物是、人是、事已非，不知道高緯心裡會有多大的起伏，他是否為自己的荒謬人生感到羞恥。

當高緯站在太極殿門前的時候，宇文邕趕忙走下殿，面帶春風，疾步走到高緯身邊，問寒問暖，並向高緯保證：帝位已失，仍不失為萬戶公。高緯懸著的心終於放下，有吃有喝，才是高緯人生的終極追求，當不當皇帝無所謂。

宇文邕在此時厚待高緯顯然是明智之舉，因為他雖然得到了北齊，但河北地區還有許多殘餘反抗勢力，宇文邕需要藉助高緯的力量，來平定這些反抗者。河北是北齊重鎮，這裡還盤踞著一支四萬五千人的北齊雜牌軍，就是廣寧王高孝珩手上的五千人馬，以及北齊「末帝」高湝統帥的四萬冀州新軍。

其實，現在的形勢已經很明朗了，周軍已經取得了滅齊之戰的完勝，高湝和高孝珩不過是北齊宗室在滅亡前的垂死掙扎。

替宇文邕出面擺平二王的，是周朝齊王宇文憲和柱國大將軍楊堅，在宇文憲行前，宇文邕已經逼迫高緯給高湝寫了一封家信，云：「朝廷遇緯甚厚，諸王無恙。叔若釋甲，則無不優待。」然後讓宇文憲捎給任城王，勸高湝認清當前形勢，不要螳臂當車，當今天子不是苻堅，你也不是慕容垂。

宇文憲同時也以自己的名義致書高湝，勸高湝不要逆天而行。宇文憲說的這些，高湝當然知道，齊朝斷無復興的可能。他頑抗到底，原因只有一個，因為他是高歡唯一在世的兒子！

高湝拒絕了宇文憲的勸降，他在冀州信都郡（今河北冀縣）城南擺下了一個大陣，請宇文憲用武力解決他這個前朝遺民，我頭可斷，我膝不可屈！

高湝抱定了殉國的決心，但他是北齊至親宗室，可以這麼做，而他手下的外姓大臣就沒有必要這麼做了，齊朝興亡，關他們何事？當周軍殺到城南的時候，高湝最信任的領軍將軍尉相願請高湝讓他出陣和宇文憲決鬥，為大齊帝國流盡最後一滴血。高湝答應了。

尉相願是去決戰的嗎？不是，他是去投降的。在陣前，尉相願當場叛變，跪在宇文憲的腳下，痛斥北齊暴政。尉相願是高湝集團中的男二號，他的叛變對高湝集團的打擊是致命的，宇文憲不會錯過機會，立刻率隊殺了出來，一戰俘斬齊軍三萬人，高湝和高孝珩沒來得及撥馬逃跑，就成了宇文憲的俘虜。

宇文憲其實很欣賞高湝的血性，並沒有為難他，只是略帶惋惜地問：「任城王何苦至此！」高湝仰天長歎：「神武皇帝十五子，於至今日，唯我獨活。我斷不可為有辱先父之事，今日事敗，無話可說，若齊王殿下欲存我名節，請斬我！」

宇文憲向來是敬重爺們的，高湝的回答讓宇文憲大為感動，他當然捨不得殺高湝，因為皇帝有令，要活的。宇文憲派專人護送高湝回鄴城，去見皇帝宇文邕和曾經的皇帝高緯。

北齊的東雍州刺史傅伏在高阿那肱通知他皇帝高緯被擒後，號哭痛哭，然後開門降周。宇文邕很欣賞這樣的硬骨頭，他親自召見傅伏，拉著傅伏的手，稱讚傅伏：「為人臣者，當如此！」

宇文邕說這話是給北周大員們聽的，傅伏就是你們的好榜樣。宇文邕甚至還用傅伏來嘲笑高緯：「當初朕攻河陰，正是傅伏善守，所以朕才無功而返。如果卿當時重用傅伏，卿何以至此。」

宇文邕大笑，高緯無語。

宇文邕在鄴城待了兩個多月，各方面的事情也處理得差不多了，舊齊統治區也基本安定下來，宇文邕決定回家。北周建德六年（西元五七七年）初三，大周皇帝的輿駕回到長安城，全城為之轟動。

高緯作為亡國皇帝，他的戲分還沒有結束，宇文邕拎著高緯來到了太廟，告慰太祖文皇帝宇文泰的在天之靈：齊氏已滅，天下一統！

對於來自宇文邕的羞辱，高緯言笑如常，甚至宇文邕在宮中舉行宴會，讓新封的溫國公高緯當場起舞，高緯也嬉皮笑臉地扭起屁股，跳起了醜陋的舞蹈。

高緯不在乎被人羞辱，他只向宇文邕提出了一個要求：「請陛下把馮小憐還給我。」宇文邕大笑：「朕視天下如脫屣，何惜一老嫗！」就把馮小憐送給高緯。

高緯重新擁有了馮小憐，亡國之痛早已經煙消雲散，他準備以大周朝溫公爵的身分，在長安開始新的生活。

宇文邕會放過他嗎？當然不會。宇文邕知道二百年前的那段歷史，苻堅不殺慕容暐，結果淝水之敗後，慕容暐及前燕宗室就造了苻堅的反，前秦亡國，有一半的「功勞」要記前燕宗室頭上，宇文邕不希望重蹈覆轍。

所以，高緯必須死。

十月的某一天，宇文邕以有人告發高緯與穆提婆串通謀反為由，下詔誅殺高緯以及前齊重要宗室，自高緯以下，高恒、高湝、高延宗等人皆被殺。高緯臨死前大聲呼冤，但沒有人聽他囉嗦，寒光一閃，人頭落地。

宇文邕本性還算仁厚，他吸取了苻堅不殺前燕宗室的教訓，但宇文邕並沒有從一個極端跳到另一個極端，只殺他認為有可能威脅到周朝統治的前齊宗室。其他前齊宗室僥倖保全了性命，全部被發邊，老死邊陲。穆提婆、高阿那肱也被宇文邕尋了個不三不四的理由殺掉，倒是韓鳳運氣好，逃過一劫，直到隋文帝開皇年間善終。

高緯死了，留了一個歷史笑柄，但宇文邕並沒有殺高緯的女眷，而是讓她們自生自滅。宇文邕不是特別的喜好女色，北齊宗室女眷中，他只臨幸了前齊南陽王高綽的王妃鄭氏，至於馮小憐，宇文邕看都沒看一眼，更不用說人老珠黃的胡太后了。

胡太后妒忌兒媳婦鄭氏的好運，可宇文邕根本看不上這個中年貴婦，胡太后沒有機會得到宇文邕的臨幸，失去了生活來源。

不過胡太后很聰明，她知道怎麼樣活下來。胡太后拉著大兒媳婦穆黃花，在熱鬧街市中開了一家妓院。胡太后和穆黃花全裸出場，和前來買春的大爺小爺們抱成一團，品嘗著男人帶給她的無上快樂。

胡太后站在歷史的拐角處，擺出性感的姿勢，猖狂地叫囂：「為后不如為娼！」這正是她的人生信條。

高歡的老臉，被無才無德的九兒媳婦丟盡了。

馮小憐運氣還好，她被宇文邕賞賜給了十一弟、代王宇文達。宇文達平時不太近女色，但自從得到馮小憐之後，成天和馮小憐混在一起。馮小憐早已經忘記了高緯是什麼人，她只知道她現在的男人是宇文達。雖然她寫過一首懷念高緯的詩：「雖蒙今日寵，猶憶昔時憐。欲知心斷絕，應看膠上弦。」但高緯已死，這樣的懷念還有什麼實際意義呢？

大齊帝國滅亡後，原來錦衣玉食的北齊妃嬪們無家無業，生活陷入困境。她們許多人都不想選擇胡太后走的那條路，但又沒有馮小憐那般好運氣，為了糊口，她們忍受著別人在背後的指指點點，買點蠟燭在街上叫賣。

高湝的王妃盧氏本來可以像馮小憐那樣繼續享受榮華富貴，但她是高湝的妻子，不是高湛的妻子！她蓬頭垢面地乞求她的新任男人、驃騎大將軍斛斯征，讓她保全名節。斛斯征敬重這樣的剛烈女人，沒有為難她。盧氏叩謝過斛斯征，飄然而去，出家為尼。

好一似食盡鳥投林，落了片白茫茫大地真乾淨！

五十二　宇文邕的千古之恨

歷史曾經證明過，天下交給宇文邕，是歷史的幸運。

一代梟雄宇文泰在死後，留給了後世許多偉大的遺產，比如蘇綽改制、府兵制，其中也包括他最優秀的兒子宇文邕。無論是從軍事、政治、經濟、文化各種角度來看，宇文邕都是那個時代當之無愧的王中王。

宇文邕在軍事上做了兩件彪炳千秋的大事，第一件是消滅了強大的北齊帝國，統一北方；第二件是在徐州殲滅了南陳吳明徹所部精銳，為十年後楊堅渡江統一天下打下了堅實的基礎。

周朝和陳朝這場驚心動魄的呂梁大戰，發生在周建德六年（西元五七七年）十月至周建德七年（西元五七八年）二月。

五年前，陳宣帝陳頊趁北齊內亂，出兵十萬，收復了失陷長達二十多年的淮南地區，將金陵的戰略防禦體系向北推進了數百里，一舉解除了金陵面對來自北齊的軍事壓力。

可惜陳頊不是他英明神武的大哥陳蒨，如果是陳蒨發動了伐齊之戰，他不會就此收手，他還會繼續北上，將高緯請回金陵喝茶。陳頊只想得到淮南，紮好自家的籬笆牆。在收復淮南後，陳頊按兵不動，坐視宇文邕滅齊。直到這時，陳頊才突然有些後悔，蛋糕都讓宇文邕吃了，自己吃什麼？

陳頊缺少戰略上的應變能力，當戰不戰，不當戰卻跳出來亂砍一通。宇文邕在舊齊疆域內的統治已經日趨穩固，而且周軍氣勢正盛，在這個根本看不到勝利希望的時刻，陳頊卻大動干戈，和宇文邕打一場大會戰，決定舊齊疆域的歸屬。

對於這場不合時宜的戰爭，陳朝統治集團高層對此多持反對態度，比如五兵尚書毛喜。陳頊在出兵前，毛喜就勸過陳頊：「宇文邕新近得志，心氣太高，我們不宜在虎頭上拔毛，不如保境安民，以待天時。」陳頊現在鬼迷心竅，不聽。

陳軍現在的進攻目標是彭城（今江蘇徐州），彭城北扼齊魯、西憑中原、南臨江淮，在南北分裂的時代，軍事地位極為重要。陳頊要吞併北齊疆域，就必須邁過彭城這個坎。

陳軍的正副統帥還是吳明徹和裴忌，這是上次收復淮南的陳軍原班人馬。駐守彭城的是當初在平陽出盡鋒頭的新任徐州總管梁士彥，梁士彥在城外和吳明徹打過一場，結果敗得一塌糊塗，只好退守彭城，同時向宇文邕呼救。陳軍很快就圍住了彭城，百般強攻，不過因為彭城城池高大，陳軍一時沒有得手。

宇文邕當然不會讓陳頊搶走已經屬於自己的蛋糕，替宇文邕出馬的，是上大將軍、郯國公王軌。王軌用兵非常老辣，他並沒有直接和陳軍交火，而是率一支輕騎兵急馳南下，在淮口（今江蘇淮安）的淮河與泗水匯流處，在河中樹起大木樁子，然後用鐵鎖拴上車輪，徹底阻止陳軍戰艦的南歸之路，然後「關門打狗」。

消息傳到陳軍前線本部，譙州刺史蕭摩訶看出來了王軌的險惡用心。蕭摩訶勸吳明徹趁王軌在淮口立足未穩，火速南撤，衝破鐵鎖，還有一線生機，否則等王軌在淮口兩岸築起了軍事要塞，我們就別想回家了。吳明徹目空一切，沒聽蕭摩訶的。

吳明徹在彭城逗留不退，就給了周軍各部縮小包圍圈的時間。吳明徹還在計算哪一天能進入彭城，周軍已經將陳軍圍在了彭城外的狹小空間裡。在蕭摩訶的堅持下，吳明徹勉強同意撤軍，因為陳軍是乘船北上，所以陳軍再次乘船南下，順著泗水，準備取道淮河回到江東。

已經過不去了。淮河上數千枝木樁截住了陳軍戰艦的歸路，即使是陳軍在慌亂之下拔掉木樁，又能拔掉幾根？王軌在岸上開懷大笑，吳明徹你也有今天？周軍各部乘船入河，一戰下來，陳軍徹底崩潰，吳明徹、裴忌以下三萬餘人被俘，只有蕭摩訶率兩千多騎兵走陸路，僥倖回到江東。

陳軍國小民稀，兵員缺少，這三萬多人是陳朝最精銳的一等強兵，在一夜之間就化為烏有，金陵城中的陳頊後悔得直撞南牆，早聽毛喜的良言，何至於此！

呂梁慘敗後，陳朝再無力北伐，只能坐待滅亡。但失敗者苦澀的淚水，在勝利者眼中一文不值，宇文邕有足夠的理由為自己感到驕傲。本來周齊陳三分天下，北齊滅亡後，周陳隔江對峙。

此時的形勢非常類似於三百年前西晉和吳國，晉武帝用了十五年才滅掉東吳，宇文邕也許覺得，他不會等那麼久，等消化完滅齊之戰的勝果，他就準備請陳頊再次回到長安。

和軍事上的巨大成功相比，宇文邕在經濟上並沒有太大動作，因為宇文邕想做的，早在三十年前，宇文泰和蘇綽就已經做完了。宇文邕只是在建德三年（西元五七四年）六月，鑄造了五行大布錢，這種錢的面值並非是一比一，而是一比十。蜀漢劉備當年鑄造了一比一百的大額錢幣，賺走了百姓的勞動力差價。宇文邕沒劉備那麼腹黑，而且僅是一比十的非等值面值，就大賺了一筆，「大收商估之利」。

歷史之所以牢牢記住宇文邕這個名字，有三件事，前兩件就是上面提到的滅齊之戰和呂梁大捷，另一件就是著名的「周武帝滅佛事件」。佛教史有一個專用名詞「三武一宗法難」，三武即北魏太武帝拓跋燾、周武帝宇文邕、唐武宗李炎，一宗是指周世宗柴榮。

據《佛祖歷代通載》記載，宇文邕即位之初，是一個忠實的佛教信徒，「初周武崇佛氏」，在宇文邕的支持下，寺廟在北周境內遍地開花，迄於北周天和四年（西元五六九年），北周的佛寺數量達到了驚人的四萬多座，僧尼更是達三百多萬。

宇文邕對佛教態度由愛轉惡，時間當在建德三年（西元五七四年）的五月，因為宇文邕在信佛的同時，他還崇信道教。當時有一個著名道士名叫張賓，他為了維護道教的地位，經常在宇文邕面前說佛教的壞話，說和尚們曾經說「黑衣者亡」，黑衣即指北周。宇文邕開始對和尚們產生了不滿情緒，從此重道輕佛。

最早提議廢佛的，並不是道士張賓，而是成都野安寺的一個和尚衛元嵩，不過在天和二年（西元五六七年），衛元嵩受封為蜀郡公，還了俗。不知道衛元嵩出於什麼心態，上了一道《廢佛十一條給宇文邕，說和尚們成天無所事事，好吃懶做，貪財冒利，請宇文邕下詔廢佛。

宇文邕已經有了廢佛的打算，但在廢佛行動之前，還要在理論上打敗佛教，實踐從來都是理論的現實反映。天和四年（西元五六九年）三月十五日，宇文邕在大殿上召開了一場歷史上鼎鼎有名的佛道儒辯論大會，參加這場會議的不僅有佛教高僧，還有知名道士、知名儒家學者，以及高官，共兩千餘人。

這場涉及佛、道、儒三家命運的輿論大決戰開得盪氣迴腸，三方互相罵戰，僵持不下，反正誰也說服不了誰。最終宇文邕做出決定：以儒教為先，佛教為後，道教為上。

五年後，也就是建德三年五月十七日，宇文邕再次召開了三方辯論大會。

來自同州的佛教界代表任道琳，面對張賓、衛元嵩等人的發難，舌吐珠蓮，寸步不讓，宇文邕甚至也加入了這場辯論戰，結果一上陣，宇文邕才發現自己笨嘴拙舌，根本不是任道琳的對手。

宇文邕本意是想廢除佛教，但在佛教勢力的極力反駁下，宇文邕做出了一個兩輸決定，各打佛教和道教五十大板，「周禁佛、道二教，經、像悉毀，罷沙門、道士，並令還俗。」

表面上，宇文邕發動這場廢佛運動是宗教原因，實際上在這場運動的背後，還有著深刻的社會經濟背景。天下遍地都是寺廟，使天下無良田可耕；寺廟裡盡是僧尼，使良田無人可使力。而且佛寺裡大鑄銅像，使本來就有限的銅材更加薄少，對國家鑄錢是非常不利的。

宇文邕廢佛，還有一層原因，就是宇文邕對自己的鮮卑人身分感到自卑，他似乎有意接受全盤漢化。建德六年（西元五七七年）十一月，宇文邕下詔解釋廢佛的原因：「佛生西域，寄傳東夏，原其風教，殊乖中國。漢魏晉世，似有若無，五胡亂治，風化方盛。朕非五胡，心無敬事，既非政教，所以廢之。」

鮮卑是五胡之一，宇文邕自然就是五胡。宇文邕不承認自己是五胡之一的鮮卑人，其漢化的用意已經非常明顯。如果歷史能多給宇文邕一點時間，也許宇文邕會成為第二個北魏孝文帝。

宇文邕的人生雖然很短暫，只活了三十六歲，但足夠輝煌！

也許是歷史的安排，當西元九五九年，一代聖主柴榮英年早逝後，人們驚愕地發現，宇文邕幾乎就是柴榮的前世真身，他們之間的相似度實在是太高了。宇文邕和柴榮的相似度如下：

一、他們的國號都是周朝。

二、他們都是第一代統治者的兒子，柴榮雖然是郭威的養子，但在感情上和親生子無異。

三、第一代統治者宇文泰和郭威的廟號都是太祖。

四、宇文邕和柴榮掌權時都是三十歲左右。

五、他們都處在著名大亂世向治世過渡的關鍵時期，宇文邕滅齊敗陳，特別是打敗陳軍精銳，為日後楊堅滅陳打下基礎。

六、柴榮西征後蜀，東征南唐，奪下淮南十四州，為日後趙匡胤滅南唐打下基礎。同時，他們都喜歡親征。

七、他們平時生活都非常節儉，不太近女色。

八、他們都進行過排佛運動。

九、他們都鑄過錢幣。

十、他們對後來篡奪他們政權的楊堅、趙匡胤非常寬厚。特別是柴榮，死後將江山及孤兒寡母託付給趙匡胤，讓趙匡胤照顧自己的妻兒，結果眾所周知。

十一、他們都沒有活過四十歲。

十二、他們都是天下將定之時突然病逝。

十三、他們都是在對當時天下最危險的敵人大舉北伐時暴病去世。

大家都知道，因為遼朝皇帝耶律璟昏聵無道，柴榮大起雄師，浩蕩北伐，在北伐軍節節勝利之時，柴榮莫名其妙地生病，只好撤軍，不久含恨病逝。宇文邕所要討伐的敵人，是已經取代柔然成為北方第一強敵的突厥。

周建德元年（西元五七二年），統治突厥二十年的木杆可汗阿史那俟斤去世，其弟阿史那庫頭繼位，成為突厥汗國的第四任可汗，史稱佗鉢可汗。當時的突厥軍事實力非常強大，「控弦數十萬，中國憚之。」南北朝歷史上有句名言：「我在南有兩兒常孝順，何患貧也！」就是佗鉢說的。佗鉢在周、齊之間瀟灑地遊走，一張飯票吃兩頓，吃不了打包走，從此佗鉢過上了神仙般的生活。從親戚關係上講，突厥和北周的關係更近，因為宇文邕的皇后阿史那氏就是木杆的女兒，這還是宇文邕向木杆低三下四求來的，因為木杆差點把女兒嫁給了高湛，可見突厥對北周的軍事威脅有多大。

就在宇文邕改建德七年為宣政元年的一個月後，也就是宣政元年（西元五七八年）底，突厥人突然大舉進攻幽州，殺略吏民，北方局勢頓時變得緊張起來。宇文邕知道他和佗鉢之間的新仇舊怨到了清帳的時候，趁現在還年輕，一舉解決來自突厥的威脅，然後痛痛快快地享受後半生。

宣政元年五月二十三日，大周皇帝宇文邕下詔北伐突厥。

宇文邕知道突厥的騎兵數十萬，為了彌補騎兵上的劣勢，宇文邕下令征集關中地區的所有驢馬，有多少算多少。東平公宇文神舉、原國公姬願等五路大軍悉數北上。

讓所有人都沒想到的是，僅僅四天後，也就是五月二十七日，意氣風發的大周皇帝突然病了。實在是歷史詭異的巧合！宇文邕和柴榮怎麼都會在北伐的關鍵時刻生病？難道真的是冥冥之中有天意？

所不同的是，宇文邕死後五年，楊堅發大隋雄兵五十萬，北上討伐突厥，一舉解決了這個天下大患。而趙匡胤在位十七年，對契丹以守為主，打算用金錢來收買契丹人。

宇文邕病情不詳，但既然病了，就不宜再上前線，宇文邕長嘆一聲，下令各部暫時回到駐地，等候命令。宇文邕駐在雲陽宮養病，他希望等病癒後再北伐。但歷史老人已經不再準備給宇文邕時間了，他在人間的瀟灑旅程結束了。

六月初一，宇文邕病情突然加重，眼看著已經不行了。侍從官立刻用軟輿抬上宇文邕，火速回京。在即將入宮的那一瞬間，宇文邕雙手垂落，一代聖明天子，含恨而終，享年三十六歲。

在臨死之前，宇文邕已經擬好了遺詔，云：「朕君臨宇縣，十有九年，未能使百姓安樂，刑措罔用，所以昧旦求衣，分宵忘寢。昔魏室將季，海內分崩，太祖扶危翼傾，肇開王業。燕趙榛蕪，久竊名號。朕上述先志，下順民心，遂與王公將帥，共平東夏。雖復妖氛蕩定，而民勞未康。每一念此，如臨冰谷。將欲包舉六合，混同文軌。今遘疾大漸，氣力稍微，有志不申，以此歎息。天下事重，萬機不易。王公以下，爰及庶僚，宜輔導太子，副朕遺意。」

皇帝駕崩的第二天，皇太子宇文贇在王公大臣的擁戴下，在大行皇帝靈前即皇帝位。朝議定大行皇帝諡號為武皇帝，廟號高祖，所以史稱周武帝。

三百八十年後，柴榮含恨歸天的那一刻，也許他想到了周武帝宇文邕。

這是天意！

五十三　周宣帝宇文贇的荒誕人生

對於北周臣民來說，消滅北齊，生俘高緯入長安的祝賀聲還沒有散盡，坐在長安大德殿上的那個人就換成了所有人聞之搖頭的宇文贇。

北周武成元年（西元五五九年），宇文贇生於同州，在他十四歲的時候，也就是建德元年（西元五七二年），宇文邕下詔立宇文贇為皇太子，確定了他皇位繼承人的身分。

從法理上講，宇文贇的繼位沒有任何問題，因為他是宇文邕的長子。不過宇文邕對這個兒子始終不太放心，宇文贇不傻不呆，為人機靈，但問題是宇文贇的人品有點問題。

和頑主高緯一樣，宇文贇身邊聚集了一夥善於拍馬的幫閒，而且不喜歡學習，成天瘋玩。在宇文邕東征討伐北齊、宇文贇監國期間，這位皇太子就沒少幹缺德事。等宇文邕回京後，大將軍王軌和宮伯宇文孝伯就向宇文邕告發太子失德，宇文邕見這小子不成器，氣得臭揍了兒子一頓，宇文贇對王軌等人懷恨在心。

宇文邕曾經問萬年縣丞樂運：「你給朕說實話，太子到底是什麼樣的人？」樂運不像其他大臣在宇文邕面前說假話，他直截了當地告訴宇文邕：「中人。如齊桓公得管仲則霸天下，得豎貂則亂國。」宇文邕無語，他上哪給兒子找管仲去？管仲是五百年一出的大聖人，他自己還想找管仲呢。

之前講過，宇文邕有過換太子的打算，但其他幾個兒子年齡太小，算來算去沒合適的，宇文邕只好將就著，以後宇文贇能做成什麼樣，聽天由命吧。

宇文贇繼位後做的第一件事，是剷除他的政敵和仇人。宇文贇最大的政敵就是五叔、齊王宇文憲。宇文憲文武雙全，是宇文家族第二代精英中的精英，但正因為如此，宇文贇才必須除掉五叔。宇文憲為人正直，疾惡如仇，也因此得罪了宇文贇身邊的佞臣，比如鄭譯、王端等人。這些人上躥下跳，跟著宇文贇密謀除掉宇文憲。宇文贇安排自己的心腹、開府儀同三司于智（于謹之子）首先「告發」宇文憲謀逆，這就為隨後除掉宇文憲找到了「合法」的理由。

宇文贇對外宣稱要晉封宇文憲為太師，請五叔進宮受封。可能是聞到了什麼異味，宇文憲不肯進宮，宇文贇騙宇文憲說不只你一個人來，所有親王都到場，宇文憲這才稍放下心來。等宇文憲忐忑不安地來到大殿時，確實看到諸王都來了，但唯一被內侍引到殿內見駕的卻是自己。宇文憲剛踏進殿內，就被埋伏好的武士一舉拿下。宇文贇吊兒郎當地坐在御床上，讓于智出來，「揭發」宇文憲的罪行。

宇文憲當然不服，當場駁斥于智，但于智只是宇文贇的一顆棋子，宇文憲來了，就別想活著出去。宇文憲自知不免，氣得把玉笏摔在地上，大罵：「死生有命，一死何懼！奈何社稷毀於小人之手！」宇文贇懶得聽這些刺耳的話，一揮手，武士用力絞死了宇文憲。

宇文憲和宇文贇沒有私仇，仍不免一死，更何況那些曾經得罪宇文贇的王軌、宇文神舉等人，一個都跑不了。頭一個挨刀的就是王軌，宇文贇派內史杜慶去徐州，奉詔殺時任徐州總管的王軌。

王軌從宇文贇登上帝位那時起，就已經提前知道自己的命運了。其實以他現在的地位，如果要叛逃陳朝，肯定能從陳頊那裡得到安全的保證。但王軌不稀罕這個富貴。王軌受武皇帝厚遇，他寧死也不背叛自己的忠誠。杜慶來到彭城，王軌對杜慶的工作非常配合，要怎麼死就怎麼死，絕無二話。

宇文憲和王軌明顯是被人整死的，死訊傳出來，天下為之呼冤。宇文贇還有許多仇家，比如宇文神舉和宇文孝伯，二人皆被賜死。

倒是樂運的運氣好，已經升任京兆郡丞的樂運知道宇文贇是不會放過他的，乾脆上書大罵宇文贇是昏君，將宇文贇的醜事全都抖了出來，並揚言，如果陛下不洗心革面，臣恐大周社稷將亡於陛下之手。

宇文贇大怒，正準備殺掉樂運，還是內史中大夫元岩替樂運說了一句反話：「樂運這是以死求名，陛下不要上當。」宇文贇一時良心發現，就饒了樂運，還向樂運當面道歉，並賜酒食。

除掉了讓宇文贇睡不安枕的這些重臣，宇文贇感覺如釋重負，人活著不能有太大的壓力，否則是活不出精彩的。天下大定，內外安穩，宇文贇開始把精力放在了尋歡作樂上，這才是宇文贇人生的主要追求。

宇文贇在做太子的時候，就是個大號酒鬼，不管天寒地凍，東宮裡瀰漫了濃重的酒氣。宇文邕氣得下令禁止酒坊送酒到東宮。為了嚴加管教兒子，宇文邕經常拿鞭子抽宇文贇，宇文贇被抽急了，就裝出一副禮賢下士的模樣，果然騙過了老爹。

等宇文贇繼位後，原形畢露。

宇文贇有兩個愛好：一、喝酒；二、玩女人。就在宇文邕駕崩還沒入殮的時候，宇文贇就竄進後宮，挑幾個美貌的宮人，盡情淫樂，穢聲傳遍內外。宇文贇在他十五歲時，娶了楊堅的女兒楊麗華做太子妃，繼位後，楊麗華進位為皇后。不過宇文贇和楊麗華的感情一般，很少去中宮。為了滿足自己的淫欲，宇文贇下詔，讓各地挑選美女入宮。

宇文贇有很多女人，除了楊皇后之外，還有朱滿月、陳月儀、元樂尚、尉遲繁熾、司馬令姬等寵妃。其中尉遲繁熾本來是西陽公宇文溫的夫人，尉遲繁熾進宮見駕時，被好色的宇文贇盯上了，強姦了尉遲繁熾。

天下人驚愕地發現，大周皇帝越來越像幾年前的那個大齊皇帝，不僅貪酒好色，而且特別會糟蹋錢。高緯成天修建宮殿，在殿上飾以金玉珠寶，宇文贇在這方面絲毫不遜色於他的「前輩」。

僅以洛陽宮為例，在宇文贇在位時，洛陽宮還沒有竣工，但洛陽宮的規模和豪華程度已經遠遠超過了漢魏時期。如果洛陽宮修建完畢的話，還不知道能達到什麼樣的頂級水準。宇文贇不在乎花多少錢，他只在乎這些錢能不能讓他感覺到快樂。

要論荒謬的級別，宇文贇和高緯不相上下，但宇文贇還有一個特別之處，是高緯所不具備的，就是宇文贇的狂妄自大程度。

高緯再狂妄，也只是自稱「無愁天子」，宇文贇不同，他認為自己是神在人間的化身，凡間所有生物都必須從肉體和精神上對他絕對的服從，親娘老子也不能搞特殊化。史稱宇文贇「自比上帝，不欲令人同己」。上帝是你這副荒唐樣嗎？

宇文贇能荒謬到什麼程度？他下令：全天下禁止使用「高」字，以「長」字代替，甚至還強令天下高氏改姓。「天」字也不能用，天，只屬於宇文贇一個人的。為了體現皇宮的至尊地位，宇文贇禁止民間婦女塗脂抹粉，只有宮人才有資格用粉黛之飾，違者以不敬罪論處。

宇文贇玩得非常開心，不過他很快就發現，當皇帝實在是太辛苦了，每天睡得比狗晚，起得比雞早，沒有多少時間尋歡作樂。宇文贇決定向高緯學習，把帝位內禪給皇太子宇文闡，自己當太上皇。宇文闡年僅七歲，懂什麼治國平天下？宇文贇不管這些，他只考慮自己如何玩得開心。當然，權力還是牢牢掌握在宇文贇手上的。宇文贇知道，如果失去了權力，自己狗屁不是。

周大成元年（西元五七九年）二月二十日，在位僅九個月的宇文贇正式將帝位內禪給了幼子宇文闡，改元大象。不過宇文贇並沒有自稱太上皇帝，而是天元皇帝。

如果皇帝遜位，皇后就應該稱為太上皇后，但宇文贇的情況有些特殊，他有四個皇后！除了楊麗華為天元皇后外，還有天皇后朱滿月、左皇后陳月儀、正陽宮皇后司馬令姬。宇文贇具有濃厚的平等主義思想，蛋糕不能讓一個人來吃，大家都有份。

歷來昏君多殘暴，宇文贇也不例外。可能是當年父親宇文邕經常用竹片子抽他屁股落下的心理反應，宇文贇特別喜歡拿竹片子抽人，就事沒事就揪出幾個倒楣鬼，劈頭蓋臉地一頓猛抽。有這樣一個資料，凡是在朝中吃官飯的，不論級別大小，全都吃過宇文贇賞的竹板子。不僅是達官顯貴，甚至是宇文贇床上的女人，也沒少吃竹板子，不知道皇后楊麗華挨沒挨過打？

嬪妃王公們被抽得吱哇亂叫，他們沒少在暗地裡臭瞜宇文邕，你也算是英雄一世，怎麼生下這個倒楣孩子，還讓不讓人活了！幾年前，這些周朝貴人們還在隔岸觀火，笑看高緯耍寶，現在大火終於燒著了自己的屁股。他們現在體會到了北齊貴人在高緯魔爪掙扎的痛苦滋味。

比北齊貴人更不幸的是，北周貴人們根本看不到宇文贇完蛋的希望。宇文贇今年不過二十二歲，按正常的活法，這小子再活二十年不成問題，這誰等得起?!宇文贇和高緯一樣的昏暴，但有一點，宇文贇卻完勝高緯，就是對權力的掌控能力。

唐貞觀九年（西元六三五年）正月，唐太宗李世民和魏徵評論宇文贇和高緯。李世民問魏徵：「齊後主、周天元皆殘迫萬民，自以為能，實則愚也！然二人優劣如何？」魏徵答道：「齊後主生性怯弱，政出多門；周天元驕狂兇暴，但威福自專，下人只能受其淫威。兩相比較，齊後主不如周天元。」

魏徵說的很明白，宇文贇和高緯都是昏君，但高緯無才而昏，而宇文贇是有才而昏。正如以前樂運告訴宇文邕的那樣，遇到管仲，宇文贇就是齊桓公。至於高緯，給他十個管仲，高緯也達不到齊桓公的層次，二人的優劣就在這裡。

宇文贇和高緯都喜歡殺人，但高緯殺人非常隨意，而且受身邊人的影響太大，斛律光就是這麼被害死的。宇文贇不是這樣，他殺人都是有明確目標的，宇文憲、王軌這樣的人就該死，而韋孝寬、尉遲迥這樣聽話的，則高官得坐，駿馬得騎。

後人只記得宇文邕時代，周軍在呂梁全殲陳軍的精銳部隊，卻很少記得被陳朝佔領六年之久的淮南是由誰奪回來的。正是宇文贇。周大象元年（西元五七九年）九月，大司空韋孝寬奉宇文贇詔命，與杞國公宇文亮、郕國公梁士彥督帥各部精銳南下，武裝接收去年就應該屬於周朝的淮南地區。

陳軍自呂梁慘敗後，不但無力北伐，連守住淮南的底氣也被宇文邕打掉了，所以這次周軍的行動非常順利。十一月初八，數萬周軍進圍淮南第一重鎮壽陽，十三天後，壽陽城頭上高高飄揚著大周的旗幟。

壽陽已失，淮南江北的諸州郡直接暴露在周軍強大的攻擊範圍之內，結果已經不用再猜了。北兗州（今江蘇淮安）、南兗州（今江蘇揚州）、北徐州（今安徽懷遠）、霍州（今安徽霍山）、合州（今安徽合肥）相繼淪陷。陳朝勢力再次被打回了江南，自長江以北，盡為周朝所有。

宇文贇再次沉醉在他自己營造的美麗世界裡，繼續殺人、繼續喝酒、繼續玩女人、繼續編造著一個個廉價神話。

除了宇文贇自己，幾乎所有人都無法忍受這個瘋子，都在暗中詛咒宇文贇早點見閻王。這個瘋子再多活一年，還不知道會有多少顆人頭落地，會有多少個華麗的屁股遭到竹片子的無情鞭打。

有人忍耐不住，舉起了反抗宇文贇的大旗，比如宇文贇的堂兄宇文亮。宇文亮時任安州總管，跟著韋孝寬參加了爭奪淮南的戰爭，立功卓著。宇文亮在宇文邕時代就不被信任，更何況猜忌心更重的宇文贇？而且宇文贇強姦了自己的兒媳婦尉遲繁熾，這讓宇文亮懷恨在心。

宇文亮有一個絕密的計畫，他打算帶著幾百騎兵去偷襲韋孝寬的大營，奪過前線最高指揮權，然後殺進長安，廢掉宇文贇。但宇文亮做事不太靠譜，這個計畫被他的手下茹寬打聽到了，茹寬把計畫捅給了韋孝寬。等宇文亮帶著幾百騎兵來到大營時，韋孝寬早就恭候多時了，宇文亮哪是韋孝寬的對手？一戰擊斬之。

有了宇文亮的前車之鑒，再無人敢反宇文贇，只能提心吊膽地在刀口上討生活。好在上帝也發現了宇文贇這小子在人間打著他老人家神聖的旗號招搖撞騙，一怒之下，把宇文贇叫回了天上，讓天國中的宇文邕繼續拿竹片子抽打他的屁股。

北周大象二年（西元五八〇年）五月十日，大周天元皇帝宇文贇駕崩於天德殿。宇文贇享壽二十二歲，與他的「前輩」高緯一樣。

五十四　隋朝建國始末

在隋唐之前，歷代皇帝壯年早逝，幼主即位，都會出現一種情況，就是皇太后臨朝，外戚專權。

北周也不能免俗。

宇文贇有五個皇后（後來又增加了尉遲繁熾），實際上周朝只有一個真皇后，就是天元皇后楊麗華。

其實宇文贇在駕崩前根本就沒打算讓楊麗華垂簾聽政，他和妻子的關係非常緊張。有次楊麗華批評了宇文贇的荒謬舉止，宇文贇大怒，要賜死楊麗華，還是楊麗華的母親獨孤伽羅跪在殿外，叩頭流血，宇文贇賣給丈母娘一個面子，這才沒殺楊麗華。不僅是楊麗華，就是宇文贇的岳父楊堅，也差點被女婿送了終。

楊堅是西魏十二大將軍之一的楊忠長子，生於西魏大統七年（西元五四一年）六月二十一日，楊堅的生母呂苦桃，家世無聞。從這個名字來看，呂苦桃肯定出身社會底層，上層的太太小姐不可能取這麼「衰」的名字。

楊忠是西魏、北周的一線重將，在軍界官場的地位非常顯赫，北周武成元年（西元五五九年），楊忠進爵隨國公，食邑萬戶。有這樣顯赫的背景，楊堅天生就是官場一線的。

楊堅在十四歲的時候，就在官場上闖蕩，十五歲當上車騎大將軍，十六歲當上驃騎大將軍，加開府儀同三司。一代梟雄宇文泰稱讚過楊堅風骨與眾不同，不像鮮卑人，實際上楊堅本就不是鮮卑人。

宇文泰所說的「代人」，是指以武川鎮為家鄉的鮮卑人或漢人。從名義上來看，楊堅確實是「鮮卑人」，因為他已經被賜姓為普六茹，他的鮮卑姓名是普六茹那羅延，不過官場上一般都稱為普六茹堅。

不知道是楊堅稱帝後故意編造歷史給自己臉上貼金，還是確有其事，北周歷代君臣都對楊堅不放心，周明帝宇文毓就懷疑楊堅有反相，宇文邕繼位後，宇文憲、王軌都說普六茹堅相貌非人臣，將來恐對周朝不利，請宇文邕除掉此禍。宇文邕倒是看得非常開，他歎道：「如果那羅延真是天命所歸的話，朕能殺得了他麼？」

宇文邕對楊堅還算客氣，宇文贇可沒這麼好說話，因為和楊麗華吵架，宇文贇就把氣撒在了岳父的頭上。

宇文贇把楊堅叫進宮觀察他的氣色，宇文贇吩咐手下人：「發現那羅延臉上有異色，即殺之。」楊堅到底是在官場上歷練多年的，養成了相當好的涵養，跪在宇文贇面前，楊堅面不改色心不跳，禮盡臣節，宇文贇沒抓到楊堅的一點把柄，只好收手。

千載一時的機會！

果然，不久後，宇文贇撒手西歸。雖然宇文贇根本沒有任命楊堅為顧命大臣，但和楊堅私交極好的內史上大夫鄭譯、御正大夫劉昉私下矯詔，以楊堅是皇太后楊麗華之父為由，讓楊堅接掌最高權力。宇文贇駕崩半個月後，朝廷就有詔下：進隨國公為左大丞相，假黃鉞，總領百官庶政，並都督中外諸軍事。這時的楊堅，已經當仁不讓地成為周朝官場第一人。

楊堅的上臺，最高興的自然是他的女兒、皇太后楊麗華。自從朱滿月、陳月儀、元樂尚、尉遲繁熾入宮後，五個女人為了得到丈夫的寵幸成天勾心鬥角。

除了朱滿月，其他三個女人的背景都不弱於楊麗華，楊麗華佔不了多少便宜。但楊堅掌握最高權力後，楊麗華的底氣就上來了，她開始耍威風。因為朱滿月是幼主宇文闡的生母，不方便動，陳月儀等三人就沒朱滿月這樣的好運氣，被楊麗華驅逐出宮，出家當了尼姑。

宮外的情況遠比宮裡的床頭政治更複雜殘酷，稍有不慎，楊堅就有可能滿盤皆輸，九族俱毀也不是危言聳聽。楊堅在官場上的敵人有兩撥人馬，一撥是以趙王宇文招為首的宗室派，一撥是以相州總管尉遲迥為首的貴戚派。

楊堅雖然當上了首輔，但他的權力基礎非常不穩，畢竟他屬於官場新進，在官場上的人脈不是特別紮實。

當然，楊堅也有自己的一派勢力，這些人有鄭譯、劉昉、御正下大夫李德林、邗國公楊惠、內史下大夫高熲、太史大夫庾季才。楊堅代表團的一個最大特點，就是外戚派和士大夫清流集團的合流，這是另兩派所不具備的優勢。

宗室派和貴戚派對楊堅的威脅程度也是不一樣的，貴戚派主要集中在外鎮，有坐鎮相州的尉遲迥、坐鎮益州的王謙、坐鎮鄖州的司馬消難。並非所有的外鎮都反楊堅，宇文泰時代的一線重將李穆坐鎮并州，兵強馬壯，但李穆卻暗中和楊堅眉來眼去。而且朝中還有韋孝寬這樣的老妖精跟著楊堅，一旦外鎮兵起，楊堅不是沒兵力對付。

宗室派對楊堅的威脅中以宇文招的威脅最大，因為他是現存的宗室裡輩分最高、年齡最長的。宇文招是宇文泰的第七子，既然宣帝駕崩，幼主即位，那麼就應該由血緣關係最近的趙王輔政，而不是外戚楊堅。

可以說楊堅現在腹背受敵，外有尉遲迥，內有宇文招，這兩派勢力早就看出了楊堅的野心，為了維護周朝的統治，兩派分頭行動。尉遲迥在外起兵，宇文招在朝中尋找機會對楊堅下手。

他們想吃掉楊堅？楊堅還想吃掉他們呢。為了剷除宗室派，楊堅下手非常早，宇文贇剛死沒幾天，楊堅就打著準備以宇文招的女兒、千金公主嫁到突厥為由，把在外就國的趙王宇文招、陳王宇文純、越王宇文盛、代王宇文達、滕王宇文逌召回長安，準備伺機下手。

楊堅做事很謹慎，他沒有立刻動刀子，而是先把諸王穩住。楊堅現在最需要做的，就是消滅尉遲迥等手握重兵的貴戚派。楊堅想出一個辦法，就是讓韋孝寬去相州接替尉遲迥的職務，請蜀國公（尉遲迥的爵位）回朝執政。

尉遲迥拒絕接受調令。尉遲迥在關東主政期間，甚得民和，所以尉遲迥登高一呼，關東從者如雲。尉遲迥的相州總管府下轄的十州，加上尉遲迥的侄子、青州總管府下轄的四州：滎州刺史宇文胄、申州刺史李惠、東楚州刺史費也利進、東潼州刺史曹孝達各派勢力也加入了尉遲迥的團夥，人馬數十萬，在關東樹起了尊王討楊的大旗。

楊堅這邊也不含糊，尉遲迥有關東兵，楊堅手上有身經百戰的關中兵。六月十日，關中兵精銳盡出，由鄖國公韋孝寬頻隊，郕國公梁士彥、樂安郡西元諧、化政郡公宇文忻、濮陽郡公宇文述、武鄉郡公崔弘度、清河郡公楊素、隴西郡公李詢等軍界一線大將傾巢出動，和尉遲迥決一死戰。

其實起兵討伐楊堅的還有兩路人馬，即益州總管王謙和鄖州總管司馬消難。不過在這三路人馬中，尉遲迥的關東兵對楊堅威脅最大，另兩路不過是癬疥之疾，楊堅打出兩張牌：梁睿接替王謙任益州總管，襄州都督王誼出兵敲打司馬消難。

楊堅和司馬消難的私交很好，當年楊忠冒著極大風險把司馬消難從虎牢接出來，楊忠和司馬消難遂成患難之交，論輩分，楊堅要叫司馬消難一聲世叔。正因為如此，楊堅對司馬消難的能力一清二楚，這個老傢伙盛名之下，其實難副，沒什麼好怕的，王誼足夠對付司馬消難。

尉遲迥的關東部隊兵鋒甚厲，前鋒已經攻克建州（今山西晉城）和潞州（今山西長治），關東兵檀讓部也在淮河北岸橫空掃蕩，南路的李惠也攻克永州（今河南信陽北），對關中逐漸形成扇形包圍之勢。

對楊堅相較有利的是，並不是所有的外鎮都跟著尉遲迥起鬨稼秧子，除了上面提到的并州總管李穆，還有徐州總管源雄、東郡太守于仲文，他們都拒絕了尉遲迥的邀請，沒淌這個渾水。

李穆做出了他人生中第二個正確的選擇（第一個正確選擇是在邙山之戰時救過宇文泰一命），他不但拒絕了尉遲迥，還把尉遲迥的使者與招降信交給了楊堅。

為了趁早拜碼頭，李穆甚至還給楊堅一副只有天子才有資格穿戴的十三鐶金服，並送上熨斗一隻，寓意楊堅當熨平天下。楊堅見李穆如此識時務，大喜過望，從此就記下了李穆的好。

尉遲迥滿世界散發英雄帖，其中有一張英雄帖還送到了後梁傀儡皇帝蕭巋的御案上。三十六年前，即西元五五四年，西魏軍殺進江陵，處死梁元帝蕭繹後，立蕭詧為帝，史稱後梁。江陵小朝廷的國策就是緊抱北周的大腿，和兒皇帝沒什麼區別，西元五六二年，蕭詧去世，太子蕭巋即位，依然謹慎地侍奉北周。

現在北周內戰，蕭巋面臨一個兩難選擇，要麼倒向楊堅，要麼倒向尉遲迥，中立圍觀是不可能的。

為了押對賭注，蕭巋派中書舍人柳莊去長安觀察時局。在仔細觀察了楊堅集團的實力後，柳莊回來告訴蕭巋，千萬別上尉遲迥的那條破船，楊堅允文允武，甚得人心，楊堅必勝尉遲迥，楊堅勝後，必篡周朝江山。我們要是倒向尉遲迥，等楊堅緩過勁來，還有我們的好果子吃麼？

江陵諸將還在勸蕭巋起兵呼應尉遲迥，席捲荊襄，收復大梁版圖。蕭巋經過一番思考後，決定聽柳莊的，把賭注押在楊堅這一邊。蕭巋最終壓對了寶，收穫了極大的政治紅利。雖然後來楊堅廢掉後梁，但厚遇蕭氏宗室，還把次子楊廣的正室位置交給了蕭巋的女兒，就是後來著名的蕭皇后。

周朝內部的兩支軍隊此時正隔著沁水（今山西南部，流入黃河）僵持。關東兵方面的代表是尉遲迥的兒子、魏安郡公尉遲惇率領的十萬大軍，關中軍方面是韋孝寬的主力部隊。

韋孝寬手下有一位得力軍師，就是楊堅的頭號智囊高熲。

高熲就給韋孝寬出了個主意，立刻在河上搭橋，過河與關東兵決戰。尉遲惇不像是個用兵的材料，軍事思想前後矛盾。關中兵建橋的時候，尉遲惇在河上放火，結果被高熲研製的「土狗（裝滿土的一種水上飄浮工具）」挫敗，橋沒燒掉。

在這種情況下，尉遲惇應該派兵嚴守沁水東岸，阻止關中軍過河。尉遲惇突然做出了一個讓韋孝寬大笑的決定，關東兵後撤二十多里，把河岸騰出來，留給關中兵。尉遲惇的意思可能是想讓關中軍背河死守，然後一舉殲之。

尉遲惇難道不知道韓信是怎麼背水一戰，大破趙軍的？一旦讓敵軍過了河，敵軍的士氣就會上來，這仗還怎麼打？事情的發展果然印證了這一點。關中兵過河之後，高熲馬上燒掉了橋樑，讓弟兄們背水一戰，要麼取勝，要麼戰死。

置之死地而後生，關中兵為了活命，只能向前衝，反正退後也是一個死，不如拼了。關中兵士氣大盛，一窩蜂地趟進了關東兵陣中。關東兵應該不是前齊軍隊，而關中兵卻是貨真價實的北周王牌部隊，戰鬥力的差距決定了誰能笑到最後。

關中兵一鼓直下，幾乎全殲尉遲惇的十萬人馬，尉遲惇光棍般地逃了。韋孝寬下令各部急速前進，滅此朝食！

接下來，韋孝寬就要直接面對他的老朋友尉遲迥。七十二歲的韋孝寬和六十五歲的尉遲迥，這兩個西魏軍界的活化石，將在鄴城上演一場震撼人心的生死決戰。二人都明白，這將是他們輝煌軍旅生涯中的最後一戰。

周大象二年（西元五八〇年）八月十七日，這場激動人心的決戰如期上演。

尉遲迥麾下十三萬精銳部隊全部出城，在鄴城南郊擺下一個大陣，尉遲迥本人帶著其中一部最精銳的精英部隊「黃龍兵」，站在了韋孝寬前面的不遠處。幾十年的老交情，今天將一刀兩斷。尉遲迥和韋孝寬的兩條馬鞭同時舉起，關東兵和關中兵呼嘯著衝進了對方的陣中，鹿死誰手，就在今日！

說來極為詭異的是，兩軍對壘，在戰場的不遠處居然有上萬百姓圍觀，這是什麼意思？誰見過戰場上還有啦啦隊？兩軍對砍了半天，關中兵有些支撐不下去了，連連後退，再這麼打下去，弟兄們都得去見閻王。聰明的宇文忻發現了這夥來路不明的圍觀者，眼前突然一亮，有辦法了。

宇文忻讓弓箭手出列，對準圍觀的啦啦隊一陣猛射，射死了一群倒楣鬼。啦啦隊沒想到關中兵會朝他們放箭，吱哇亂叫地朝前跑，因為圍觀的人太多，發生了嚴重的踩踏事件，現場一片狼藉，哭喊聲震天響。

宇文忻要的就是這個機會，他立刻讓弟兄們大聲叫喊：「賊軍敗了！」已經撒開腳丫子逃跑的關中兵聽說關東兵敗了，士氣復振，掄起砍刀又殺了回來。

被關中兵射散的圍觀者連滾帶爬衝進了關東兵的陣中，導致關東兵陣形大亂，尉遲迥氣得大罵這些人吃飽撐的，圍觀個鳥！壞了爺爺的大事。尉遲迥想壓住陣腳，已經來不及了，尉遲迥已經分不清哪些是他的關東兵，哪些是潰散的圍觀者，現場亂成一團，雞毛亂飛。

韋孝寬看到這個滑稽場面，笑得差點從馬上掉下來，世界之大，無奇不有，居然還會發生這種事。韋孝寬不再客氣，下令各部追擊。是役，關東兵慘敗，尉遲迥咒罵著那些無聊的圍觀者，逃進鄴城。

尉遲迥的關東兵在這場莫名其妙的戰役中被韋孝寬吃了一大半，他已經沒有什麼力量再和韋孝寬決鬥。戰爭很快就結束了，士氣正盛的關中兵殺進了鄴城。

砍掉尉遲迥人頭的，是尉遲迥前兒媳婦哥哥崔弘升。因為有這段恩怨故事，崔氏的另一個哥哥崔弘度獰笑著問尉遲迥：「老將軍還記得我吧？今日各為國事，你不要怪我狠心。」尉遲迥自知不免，擲弓於地，大罵楊堅奸邪誤國，由崔弘升當場砍下人頭。韋孝寬下手極狠，攻克鄴城後，他下令將跟隨尉遲迥守城的關東兵悉數坑殺，聚人首為京觀，警告關東人：再敢造反，這就是下場。

尉遲迥是關東兵的領頭人物，他的失敗也宣告了其他幾路叛軍的命運。尉遲勤、桓讓都稀里嘩啦地成為歷史。倒是李惠是個聰明人，提前一步投降楊堅，自縛請罪，楊堅出於穩定人心的考慮，恢復了李惠的官爵。

益州總管王謙的人頭也很快被人扔到了楊堅的腳下，倒是司馬消難好運氣，見機不妙，竄到江東找陳頊討飯吃了。司馬消難以為逃到江東就萬事大吉了，哪知道九年後，楊堅消滅陳朝，老邁的司馬消難再一次坐在楊堅的面前。楊堅念及舊情，沒有為難司馬消難。

楊堅在這場涉及自己生死榮辱的決戰中笑到了最後，尉遲迥的叛軍被撲滅，天下已盡在楊堅之手。楊堅另一路的敵人——以趙王宇文招為首的宗室派，也被楊堅剷除得乾乾淨淨。

就在韋孝寬和尉遲惇隔著沁水對峙時，楊堅就和宇文招較量過了，楊堅完勝。

這場戰役的地點是在宇文招的趙王府，宇文招給楊堅發請柬，請隨國公到府上飲酒，只要楊堅一到，他的人頭就將落地。楊堅是傻子嗎？他當然知道這是一場鴻門宴，但如果不去，會授人以柄，楊堅硬著頭皮去了。為了安全起見，楊堅帶上兩個心腹元胄和楊弘，都是力大如牛的勇士。

在酒宴上，宇文招準備藉著切瓜的機會，一刀刺死楊堅。元胄眼尖，一眼就看穿了宇文招的心思，一把拉過楊堅，說相府有公務處理，請丞相速回。楊堅有些小瞧宇文招，這幾個親王手上沒有軍隊，怕什麼？元胄當時就急了，罵楊堅：「用不了許多兵馬，現場這幾十個人就能置丞相於死地，快滾！」楊堅大悟，連滾帶爬地強行逃出趙王府。

楊堅僥倖逃出生天，他自然要反擊，宇文泰的兒孫們一個都不能留！

七月二十九日，楊堅誣告宇文招與宇文盛謀反，一人一刀送上西天，宇文招五子宇文員、宇文貫、宇文乾銑、宇文乾鈐、宇文乾鏗，宇文盛五子宇文忱、宇文忭、宇文恢、宇文慣、宇文忻（與上面提到的宇文忻同名），滕王宇文逌及其四子宇文佑、宇文裕、宇文禮、宇文禧悉數處死。從這一天開始，楊堅拉開了血腥殘酷的大清洗。

十月初二，陳王宇文純及三個兒子宇文謙、宇文讓、宇文議被殺。

宇文純被殺後，楊堅沒有立刻動手除掉其他的周朝宗室，而是做一件他嚮往已久的事情——篡位！不過篡位需要辦一下複雜的手續。十二月十二日，大丞相楊堅進位隨王，受十郡封爵。

在篡位的同時，楊堅開始剷除宇文宗室。

十二月二十日，代王宇文達及其二子宇文執、宇文轉被殺。宇文達的愛妃馮小憐再次走上貨架，等待命運的殘酷安排。楊堅對馮小憐沒興趣，也不敢有興趣，他家裡蹲著一頭河東獅獨孤伽羅，楊堅不要命了？楊堅把馮小憐送給了李洵當小妾，結果李洵的母親鄙視這個亡國禍水，逼令馮小憐自殺。

周大定元年（西元五八一年）二月初四，隨王楊堅加九錫禮，建隨國百官。二月初六，隨王妃獨孤伽羅升為隨國王后，隨王世子楊勇升為隨國太子。

周大定元年（西元五八一年）二月十四日，歷史會永遠記住這一天。隨王楊堅在周朝百官的勸進下，正式廢掉宇文闡，在長安城臨光殿，接受群臣的伏拜山呼。

一個嶄新的帝國橫空出世。

關於隨朝的國號，有必要講一下。楊堅的爵位封號一直是「隨」。楊堅覺得「隨」這個字因為帶有「走之」旁，感覺不太吉利，就把「隨」字改為「隋」字。

歷史上赫赫有名的大隋帝國，漸漸地浮出歷史的水面。

新皇帝有詔下：改周大定元年為大隋開皇元年，立王后獨孤伽羅為皇后，王太子楊勇為皇太子。前周遜帝宇文闡降為介公，周朝宗室諸王悉降為公爵。

在如何處置周朝宗室的問題上，本來極受楊堅尊重的李德林突然發難，他極力反對楊堅屠殺宇文宗室。楊堅本來就準備要動手了，被李德林這麼一鬧，楊堅極為惱火，罵道：「君書生，不足以議此！」

斬草不除根，必留後患。為了大隋帝國的千秋萬代，宇文宗室必須死！在這個問題上，幾乎所有的前周朝高官都站在了李德林的對立面，李德林還能說什麼！

楊堅下令，所有宇文宗室悉數被屠滅，計有：譙公宇文乾惲、冀公宇文絢，紀公宇文湜，宋公宇文實、畢公宇文賢及其三子宇文弘義、宇文恭道、宇文樹娘，酆王宇文貞及其子宇文德文，漢公宇文贊及其三子宇文道德、宇文道智、宇文道義，秦公宇文贄及其二子宇文靖智、宇文靖仁，曹公宇文允、道公宇文充、蔡公宇文兌、荊公宇文元，鄴公宇文衎、郢公宇文術，天水郡公宇文眾及其二子宇文仲和、宇文孰倫。

最後一個被殺的是年僅九歲的遜帝宇文闡，隋開皇元年（西元五八一年）五月二十三日，介公宇文闡「薨」。楊堅貓哭耗子，謚宇文闡為靜皇帝，葬於恭陵。

歷史長河在楊堅這裡轉了一個彎，朝著另一個方向浩蕩奔去。

好書推薦

書　名：五代十國風雲錄【五代卷】
作　者：姜狼豺盡　著
定　價：280元

書　名：五代十國風雲錄【十國卷】

在中國歷史上，漢唐之後各經歷了一次大分裂時期。一次是漢朝之後極為著名的三國，唐朝之後是五代十國，五代十國和三國的歷史軌跡極為相似，但和三國的歷史知名度相比，五代十國則有些沒沒無聞。

但對於現代中國而言，五代十國的歷史意義遠在三國之上。晉高祖石敬瑭為一己之私，悍然出賣北方戰略屏障燕雲十六州，致使中原無險可守，受制於強悍的游牧民族。漢族政權兩次亡天下，極大地改變了中國歷史的進程。

五代是指唐朝滅亡後、宋朝建立前，在中原地區存在的五個政權：朱溫建立的梁，李存勖建立的唐，石敬瑭建立的晉，劉知遠建立的漢，郭威建立的周。在歷史上，這五個短命小朝廷都被視為正統；五代之後是宋、元、明、清、中華民國、中華人民共和國。

正史皆以五代為正統，十國只是附於五代，知名度相對更低。不過要是提及一個人物，想必大家都會恍悟。中國詞史上的開山鼻祖李煜，正是五代後期十國之一的南唐末代皇帝。「問君能有幾多愁，恰似一江春水向東流」之後沒多長時間，李煜便被宋太宗趙光義下藥毒死，只留下一闕闕帶著歷史血腥味的詞章，無言地在向歷史陳說李煜的悲劇。

十國是指楊行密建立的吳，李?建立的南唐，錢鏐建立的吳越，王建建立的前蜀，孟知祥建立的後蜀，馬殷建立的楚，高季興建立的荊南，劉隱建立的南漢，王審知建立的閩以及劉崇在今山西建立的北漢。這還沒有包括劉守光建立的燕政權，李茂貞建立的岐政權，周行逢建立的湖南政權，留從效和陳洪進建立的清源軍，張氏和曹氏在大西北建立的歸義軍，以及契丹貴族耶律阿保機建立的遼，在雲貴高原一帶的大理政權。

五代十國存在的時間長短雖然和三國大抵相當，但這一時期政權遠多於三國，所以過程之曲折、鬥爭之殘酷、命運之無常，讓歷史都為之震撼。歷史總是這樣，驚心動魄之後，是無限的感慨……

好書推薦

書　　名：五胡錄【五胡亂華】
作　　者：火焰塔　著
定　　價：300元

驕傲中迷失・絕望中驚醒

匈奴、鮮卑、羯、羌、氐、史稱「五胡」

兩漢以來，就有胡人不斷向中原內地遷徙，逐漸盤踞中國北部地區，勢力不斷壯大。在漫長的中原文明發展史中，曾有長達約150年的時間，被漢人稱為「夷狄」、「五胡」是勇武剽悍的馬背民族，征服了黃河以北的中原腹地，第一次將優越感極強的漢民族打得落花流水，一敗塗地，驅趕著漢民族狼狽南逃，喘息度日，史稱「五胡亂華」。

對這段「五胡亂華」的歷史，中原文明一直諱莫如深，鮮有史錄………

五胡是指匈奴、鮮卑、羯、羌、氐等五個少數民族，後來被當作西元300年~440年這段時期中國北方民族的代稱。現在這些民族大多已經不存在了，據說只有匈奴還有些人跑到了歐洲建立了匈牙利。今天我們只能在歷史的陳跡裡，去尋找他們昔日帶給當時中華大地的喧囂和劫難了。

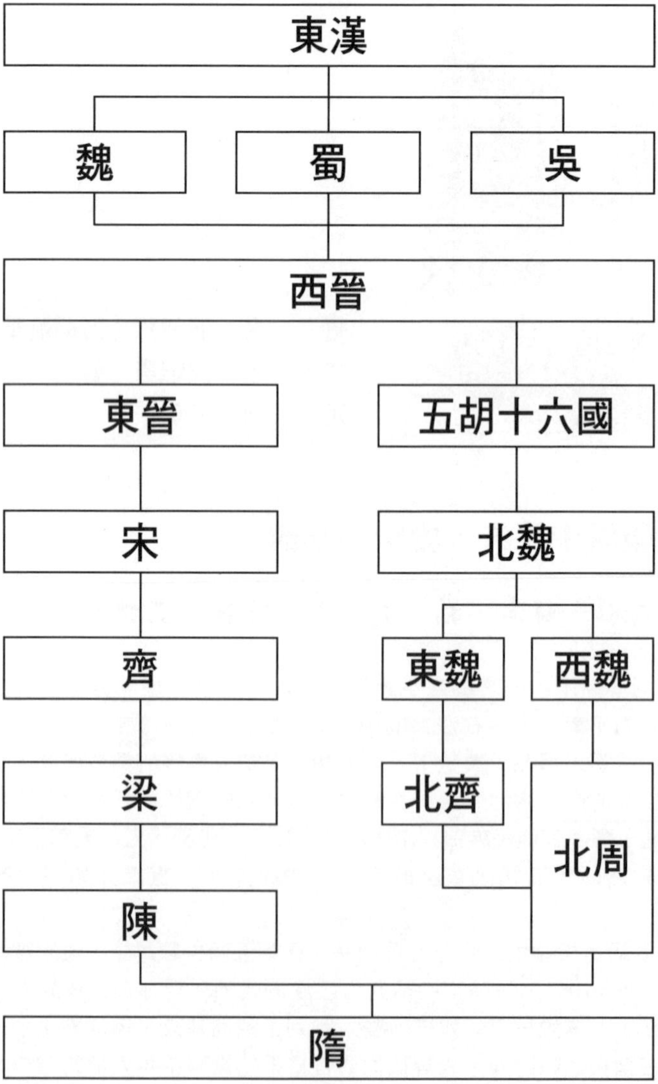
東漢
魏
蜀
吳
西晉
東晉
五胡十六國
宋
北魏
齊
東魏
西魏
梁
北齊
北周
陳
隋

漢朝時期 -220年	魏晉南北朝時期 220年-589年							隋朝 時期 581年- 589年-
三國時期 186年-220年-280年	晉朝時期 266年-280年-419年	南北朝時期 420年-589年						
	南朝時期 420年-589年							
東漢 -220年	曹魏 220年-265年	西晉 266年-316年	東晉 317年-419年	宋 420年-478年	齊 479年-501年	梁 502年-556年	陳 557年-589年	亡於 隋
繼承 東漢	蜀漢 221年-263年	亡於 魏		繼承 梁	西梁 555年-587年	亡於 隋		
獨立 於東漢	東吳 229年-280年	亡於 西晉						
	十六國時期 304年-439年	北朝時期 440年-589年						
	獨立於 西晉	五胡諸國 304年-439年	北魏 386年-534年	東魏 534年-550年	北齊 550年-577年	亡於 北周		
		西魏 535年-557年	北周 557年-581年	隋 581年-				

逐鹿天下：北齊和北周四十年爭霸史 / 姜狼著. --
一版.-- 臺北市：大地, 2012.09
面：　公分. --（History：50）

ISBN 978-986-6451-55-3（平裝）

1. 北朝史　2. 通俗史話

623.64　101016954

逐鹿天下—北齊和北周四十年爭霸史

HISTORY 050

作　　者	姜狼
發 行 人	吳錫清
主　　編	陳玟玟
出 版 者	大地出版社
社　　址	114台北市內湖區瑞光路358巷38弄36號4樓之2
劃撥帳號	50031946（戶名　大地出版社有限公司）
電　　話	02-26277749
傳　　眞	02-26270895
E - mail	vastplai@ms45.hinet.net
網　　址	www.vastplain.com.tw
美術設計	普林特斯資訊股份有限公司
印 刷 者	普林特斯資訊股份有限公司
一版一刷	2012年9月

原出版者：現代出版社有限公司 中文簡體原書名為：《逐鹿天下（北齊和北周四十年爭霸史）》
版權代理：中圖公司版權部。經授權由大地出版社在台灣地區獨家出版發行。

大地

定　　價：320元